Methoden d[illegible]
Stakeholder[illegible]
sozialwissenschaftlichen Forschung

Marlen Niederberger
Sandra Wassermann (Hrsg.)

Methoden der Experten- und Stakeholdereinbindung in der sozialwissenschaftlichen Forschung

Springer VS

Herausgeber
Marlen Niederberger
TGU COMPARE Consulting
Albershausen, Deutschland

Sandra Wassermann
Universität Stuttgart, ZIRIUS
Stuttgart, Deutschland

ISBN 978-3-658-01686-9 ISBN 978-3-658-01687-6 (eBook)
DOI 10.1007/978-3-658-01687-6

Die Deutsche Nationalbibliothek verzeichnet diese Publikation in der Deutschen Nationalbibliografie; detaillierte bibliografische Daten sind im Internet über http://dnb.d-nb.de abrufbar.

Springer VS

Lektorat: Cori Antonia Mackrodt, Monika Kabas, Katharina Gonsior

Springer Fachmedien Wiesbaden ist Teil der Fachverlagsgruppe Springer Science+Business Media (www.springer.com)

Inhaltsverzeichnis

Bereitstellung von Wissen

Beratung

1 Einleitung

Marlen Niederberger, Sandra Wassermann

Die Einbindung von Experten und Stakeholdern[1] in die sozialwissenschaftliche Forschung ist mittlerweile weit verbreitet. Sowohl traditionell in der Technik- und Risikosoziologie oder der Arbeits-, Innovations- und Organisationssoziologie als auch zunehmend in anderen Bindestrichsoziologien, wie etwa der Familiensoziologie – in allen Bereichen werden inter- und transdisziplinäre Expertisen angefragt und benötigt. Die Ziele der Einbindung variieren je nach sozialwissenschaftlicher Disziplin und je nach Forschungsfrage und -projekt. Typischerweise geht es zunächst immer darum, Wissen systematisch zu erfassen. Viele sozialwissenschaftliche Fragestellungen und Forschungsprojekte verfolgen aber auch noch andere Ziele. Solche Ziele sind z. B. mit Hilfe von Experten Sachverhalte bewerten zu lassen, mögliche Zukünfte zu identifizieren, oder es werden Beratungsleistungen für Politik oder Gesellschaft gefordert.

Unabhängig von der konkreten Zielstellung geht es in der Regel nicht darum, den *einen* Experten zu integrieren, sondern darum, eine möglichst umfassende Darstellung, idealerweise die gesamte Spannbreite an Meinungen zu berücksichtigen. Grund ist neben dem Wunsch einer umfassenden Darstellung bzw. Integration des aktuellen Wissenstandes, vor allem die Problematik unterschiedlicher Argumentationslogiken und Erkenntnisse. Dabei sind sogenannte Expertendilemmata keineswegs eine Ausnahme: *Welche Risiken sind mit der Speicherung von CO_2 verknüpft? Sind gentechnisch veränderte Lebensmittel gesundheitsgefährlich oder nicht?* Derartige Fragen werden von unterschiedlichen Experten unterschiedlich beantwortet. Nicht zuletzt deshalb werden in der Regel mehrere Experten und Stakeholder integriert.

Die große Herausforderung für die Sozialwissenschaft ist es nun, die üblichen Kriterien der sozialwissenschaftlichen empirischen Forschung an die Qualität und Güte ihrer Verfahren auch an die Integration von Experten und Stakeholdern anzulegen. Gleichzeitig muss der Mehrwert der teilweise zeit- und kostenintensiven Verfahren gegenüber Geldgebern, der Öffentlichkeit aber auch den Experten deutlich werden. Denn Experten und Stakeholder werden häufig um Rat gefragt und von Politikern oder Journalisten zitiert. Sozialwissenschaftliche Methoden der Experten- und Stakeholdereinbindung zeichnen sich zunächst

---

1 In dem Buch wählen wir zugunsten der besseren Lesbarkeit die männliche Schreibweise.

dadurch aus, dass sie systematische und regelgeleitete Instrumente sind. Dies ist zum einen zwingend notwendig, um den wissenschaftlichen Gütekriterien zu entsprechen. Dies hat aber auch weitere Vorteile: Experten und Stakeholder sind strukturierte Gesprächssituationen gewöhnt, haben häufig volle Terminkalender und reagieren kritisch, wenn sie das Gefühl haben, unfair behandelt zu werden oder auf Inkompetenz zu stoßen. Mithilfe sozialwissenschaftlicher Verfahren ist es möglich, Experten fair und kompetent zu begegnen, Vorgehensweisen und Ergebnisse transparent zu machen und in einem klar definierten Zeitfenster möglichst viel Output zu produzieren. Aus diesem Grund sind systematische und regelgeleitete Instrumente der Experten- und Stakeholdereinbindung unabdingbar. Nur so kann in einem weiteren Schritt auch die Chance zur Akzeptanz der Ergebnisse in der Gesellschaft und der Berücksichtigung, beispielsweise für politische Entscheidungen, erhöht werden.

In den letzten Jahren wurden verschiedene Methoden zur Einbindung von Experten und Stakeholdern entwickelt und angewendet. Allerdings gibt es bis heute keine Überblicksliteratur über gängige, erprobte und gut durchführbare Methoden der Experten- und Stakeholdereinbindung. Diese Lücke möchte das vorliegende Buch schließen. In dem Buch werden verschiedene Methoden vorgestellt und diskutiert. Zur Illustration werden konkrete Projekte aus der sozialwissenschaftlichen Forschung, vor allem der Technik- und Umweltsoziologie, präsentiert. Bei der Auswahl der Methoden wurde versucht, einen umfassenden Überblick über gängige Verfahren auszuwählen, verschiedene Zielstellungen zu berücksichtigen, und sowohl analytische als auch dialogische Methoden zu präsentieren. Das Buch erhebt nicht den Anspruch auf Vollständigkeit. Strukturiert werden die verschiedenen Methoden anhand der primären Aufgabe, die Experten und Stakeholder jeweils übernehmen. Das sind 1. Wissensbereitstellung, 2. Bewertung, 3. Vorausschau und 4. Beratung. Die meisten der präsentierten Methoden sind allerdings universell einsetzbar, und es gibt unzählige Varianten und Modifikationen. In konkreten Forschungsprojekten können deshalb die Methoden und Aufgaben der Experten zielspezifisch angepasst werden.

Das grundlegende Verständnis über die Definition von Experten und Stakeholdern ist in allen Artikeln gleich. Experten sind Personen, denen eine besondere Kompetenz und Expertise in einem bestimmten Realitätsausschnitt durch den Forscher zugeschrieben werden. Diese Zuschreibung beruht in der Regel auf der beruflichen Position, entsprechenden Publikationen oder auch auf Empfehlungen Dritter. Den Experten wird unterstellt, keinerlei persönliche oder institutionelle Interessen zu vertreten, sondern aufgrund ihres Wissens und ihrer Erfahrungen möglichst objektiv zu argumentieren, zu bewerten oder zu beraten. Nicht ausgeschlossen ist dabei der Einfluss individueller Vorstellungen und Werte. Stakeholder sind dagegen Personen, denen neben einer inhaltlichen Kompetenz auch ein Interesse an der Ausgestaltung eines Realitätsausschnitts zugeschrieben wird, weil sie sich in diesem bewegen und ein Teil davon sind. Stakeholder sind z. B. Vertreter von Verbänden, Unternehmen oder Nichtregierungsorganisationen. Insofern stehen sie oftmals für bestimmte politische Wünschbarkeiten. Dieser oft mit Stakeholdern assoziierte Aspekt steht allerdings nicht im Vordergrund der in diesem Buch vorgestellten Methoden. Ziel und Schwerpunkt dieser Methoden ist es explizit *nicht* die *Interessen* von Stakeholdern zu erheben und systematisch auszuwerten, sondern das vorrangige Ziel der hier diskutierten Methoden und Beispiele aus der Forschungspraxis ist die Erfassung der fachlichen Expertise. Diese kann – und muss oftmals sogar – nicht nur von wissenschaftlichen Experten, sondern auch von anderen Akteuren (Stakeholdern) kommen, da sie sich als Praxisexperten in bestimmten gesellschaftlichen Subsystemen und Feldern bewegen und über entsprechendes „Insider"-Wissen verfügen.

Das Buch richtet sich zum einen an Sozialwissenschaftler, die eine Bandbreite an Methoden und Verfahren der Experten- und Stakeholdereinbindung kennenlernen wollen und die aufgrund der forschungspraktischen Beispiele, die alle Artikel aufweisen, viele hilfreiche Hinweise finden, wie sie die Methoden selbst auch anwenden und durchführen können. Das Buch richtet sich zum zweiten an Wissenschaftler anderer Disziplinen, die oftmals selbst neue Wege suchen, mit Expertendilemmata umzugehen oder transparente und systematische Verfahren der Kommunikation wissenschaftlicher Ergebnisse gegenüber Politik und Gesellschaft suchen. Die Mehrzahl der in diesem Buch vorgestellten Praxisbeispiele zeigen anschaulich auf, welche Formen der inter- und transdisziplinären Zusammenarbeit möglich sind und welche Ergebnisse diese liefern können.

Das Buch richtet sich drittens auch an Nichtwissenschaftler: an Vertreter aus Politik, Wirtschaft und Gesellschaft, also an diejenigen, die ein Interesse daran haben zu erfahren, welche Möglichkeiten es gibt, um das vielfältige Wissen, das in den verschiedenen gesellschaftlichen Subsystemen und insbesondere natürlich auch in der Wissenschaft produziert wird, zukünftig noch besser zu nutzen. Denn häufig ist es eine große Herausforderung, das vorhandene Wissen systematisch abzurufen und zu verarbeiten. Hier zeigen die Artikel eine große Bandbreite an konkreten Fragestellungen und Themen auf, bei denen sozialwissenschaftliche Methoden der Experten- und Stakeholdereinbindung bereits in der Vergangenheit erfolgreich eingesetzt wurden.

2 Expertendilemma

Sandra Wassermann

Zusammenfassung

Der Artikel untersucht die Ursprünge, Hintergründe und Konsequenzen widersprüchlicher Expertenmeinungen. Er zeigt auf, dass es sich hierbei um typische Phänomene moderner, arbeitsteilig organisierter Gesellschaften handelt. Dadurch wird die Relevanz und Bedeutung der im weiteren Verlauf des Buches vorgestellten und diskutierten Methoden der Experten- und Stakeholdereinbindung besonders offensichtlich. Der Artikel endet mit einer knappen Schilderung dreier aktueller Themen (Klimawandel, Energieszenarien und den Risiken bei der unterirdischen Speicherung von CO_2), die von Expertendilemmata geprägt waren bzw. noch sind und zeigt auf, welche weitreichenden Konsequenzen Expertenurteile und Expertendilemmata für Politik und Gesellschaft haben können. Dabei wird auch dargestellt, dass die Einbindung von Experten in sozialwissenschaftliche Forschungen aber auch bei politischen oder gesellschaftlichen Entscheidungen grundsätzlich hilfreich ist, selbst wenn dadurch kein Konsens herbeigeführt werden kann.

2.1 Einleitung

Dieser Artikel greift eine Debatte über die Rolle von Experten und Expertenurteilen bei politischen Entscheidungen und v. a. dem Umgang mit widersprüchlichen Expertenmeinungen auf. Die Debatte entstand in den 1990er Jahren, insbesondere im Zusammenhang mit der Disziplin der Technikfolgenabschätzung und stellt heute noch eine wichtige Herausforderung dar. Die Frage, wie Expertenmeinungen abzufragen sind, wie mit Expertenurteilen umzugehen ist, wie widersprüchliche Expertenmeinungen transparent diskutiert und bewertet werden, ist immer noch aktuell und war daher auch eine zentrale Motivation für dieses Buchprojekt. Der vorliegende Artikel zum Expertendilemma gliedert sich wie folgt: Nach einer kurzen Einführung und Auseinandersetzung mit dem Begriff und der gesellschaftlichen Funktion von Experten, insbesondere von wissenschaftlichen Experten, wird ein kurzer Rückblick auf die Debatte zum Expertendilemma, wie sie in den 1990er Jahren im Zusammenhang mit der Technikfolgenabschätzung geführt wurde, gegeben. Das Kapitel schließt mit einigen aktuellen Beispielen divergierender Expertenmeinungen und den sich daraus ergebenden gesellschaftlichen und politischen Konsequenzen und Problemen.

2.2 Experten

In einer stark ausdifferenzierten und arbeitsteilig organisierten Gesellschaft mit den verschiedenen gesellschaftlichen Subsystemen, dort ansässigen Organisationen, die sich wiederum in funktional sehr unterschiedliche Abteilungen und Arbeitsgruppen unterteilen, existiert kein einheitlicher Erfahrungsraum, den alle Gesellschaftsmitglieder teilen, sondern vielmehr sind vielfältige Realitätsausschnitte davon geprägt, dass dort exklusives Experten- bzw. „Sonderwissen“ (Sprondel 1979, S. 141ff.) existiert. Nach dem Wissenssoziologen Schütz können drei grundsätzliche Idealtypen von Wissen unterschieden werden: der Mann auf der Straße, der „gut informierte Bürger“ (Schütz 1972) und der Experte. Experten verfügen für bestimmte Wissensgebiete und einzelne Realitätsausschnitte über ein detailliertes und spezialisiertes Sonderwissen, das sie als Experten auszeichnet. Die Expertenrolle wird jedoch immer nur auf einen bestimmten Realitätsausschnitt beschränkt zugewiesen, in anderen Bereichen sind dieselben Personen Laien. Sonderwissen ist allerdings nicht grundsätzlich jedes Spezialwissen, sondern üblicherweise wird einem institutionalistischen Verständnis gefolgt, demnach Sonderwissen entweder an eine Berufsrolle (wie bei Sprondel 1979) oder noch allgemeiner gefasst „ … an einen spezifischen Funktionskontext gebunden“ (Meuser und Nagel 2009, S. 468) ist. Expertenwissen ist also immer an die Funktion, die eine Person ausübt gekoppelt, die privaten Meinungen eines Experten werden nicht als Expertenwissen gewertet und auch nicht explizit erhoben. Die Erhebung von Expertenwissen kann entweder darauf abzielen, implizites „Betriebswissen“ oder explizites „Kontextwissen“ (Meuser und Nagel 2009, S. 470) zu erhalten. Im ersten Fall soll die Meinung eines Experten „ … zu seinem eigenen Handeln und dessen institutionellen Maximen und Regeln …“ (Meuser und Nagel 2009, S. 479) eingeholt werden. In letzterem Fall soll der Experte über einen Kontext urteilen, in dem er selbst nicht persönlich agiert, sondern den er aus der externen Beobachterperspektive kennt.

2.3 Explizites Wissen und die Rolle wissenschaftlicher Gutachten

In diesem Abschnitt steht nun das explizite Kontextwissen von Experten im Vordergrund, das im Folgenden noch weiter eingegrenzt werden soll als wissenschaftliches Expertenwissen, das im gesellschaftlichen Teilsystem Wissenschaft produziert wird. Die These, dass sich dieses Wissenschaftssystem von anderen gesellschaftlichen Systemen wie der Politik und der Wirtschaft unterscheidet, wurde u. a. von systemtheoretischen Konzepten ausgearbeitet. Demzufolge gilt im Wissenschaftssystem der binäre Code wahr/unwahr, der das Funktionieren und Kommunizieren in der Wissenschaft leitet und prägt (Luhmann 1992, S. 174, 546). Wenn nach Mohr ein Experte eine Person ist, die „ ... sich auf einem bestimmten Fachgebiet durch Erfahrung und Leistung ausgewiesen hat und wenn diese Kompetenz von renommierten Fachkollegen auch international bestätigt und kontrolliert wird“ (Mohr 1997, S. 342f.), impliziert dies auch, dass die Entstehung und Kommunikation von explizitem Expertenwissen innerhalb des Wissenschaftssystems und mittels des dort geltenden binären Codes erfolgt. Ein anderes Verständnis hat die ökonometrische Innovationsforschung formuliert. Sie hat vorgeschlagen, explizites Wissen z. B. über die Anzahl von Publikationen und Patenten zu operationalisieren und entsprechen messen zu können (OECD und Eurostat 2005, S. 22; OECD 2005). Demnach zeichnen sich wissenschaftliche Experten und ihr Sonderwissen in einem bestimmten Gebiet durch die Anzahl und die Reputation ihrer einschlägigen Veröffentlichungen aus.

Ausgehend von der These, dass wissenschaftliches Sonderwissen immer objektiv ist und auch objektiv gemessen werden kann, hat Mohr, der in den 1990er Jahren mit einer Pilotstudie eine Debatte zum Expertendilemma losgetreten hatte, folgendes Verständnis von wissenschaftlichen Experten formuliert: „Die methodische Objektivität impliziert, daß keine außerwissenschaftlichen Kräfte, Meinungen und Wertungen die Grundsätze des wissenschaftlichen Forschens und die Ergebnisse beeinflussen dürfen. Der Wissenschaftler hat sich, solange er forscht und lehrt, von ideologischen und weltanschaulichen (besonders parteipolitischen) Vorgaben gänzlich freizuhalten und sie gegebenenfalls als solche aufzudecken und zurückzuweisen“ (Mohr 1998, S. 7). Dieses Verständnis spiegelt eine empirisch-analytische Wissenschaftstheorie wider, die v. a. in den Geistes- und Sozialwissenschaften immer auch hinterfragt wurde, wie z. B. von Vertretern der Kritischen Theorie und von Feministischen Wissenschaftlerinnen. Sie hatten darauf verwiesen, dass der wissenschaftliche Prozess des Erkenntnisgewinns nicht unabhängig von der forschenden Person stattfinden könne. Der Versuch der objektiven Forschung sei daher grundsätzlich zum Scheitern verurteilt (Adorno 1975; Habermas 1973; Keller 1986; Mies 1994).

Die Tatsache, dass der wissenschaftliche Experte seine Persönlichkeit und gewisse subjektive Aspekte in seine Arbeit einfließen lasse, ist sich Mohr durchaus bewusst, aber v. a. in Abgrenzung zwischen dem politischen System und dem Wissenschaftssystem kommt er nichtsdestotrotz zum Schluss: „Die Rolle des

Experten im politischen System muß eindeutig definiert bleiben“ (Mohr 1998, S. 7). Diese Rolle wurde von Mohr auf mehreren Ebenen wie folgt festgelegt:

> „1. Für die Güte (Verläßlichkeit) des Wissens (primäre Verantwortung).
> 2. Für die angemessene Umformung von theoretisch-kognitivem Wissen in Verfügungswissen.
> 3. Für sachgerechte Technikfolgenabschätzung nach wissenschaftlichen Grundsätzen.
> 4. Für eine vernünftige Technikfolgenbewertung und Politikberatung“ (Mohr 1996, S. 4).

Die Ebenen 2 bis 4 verweisen auf eine explizit gesellschaftliche Rolle wissenschaftlicher Experten und diese sah Mohr einerseits als besonders wichtig an, andererseits sei diese Rolle durch ein falsches Rollenselbstverständnis und Fehlverhalten mancher Experten bedroht.

Für diese Haltung war Mohr vielfach kritisiert worden. Braczyk (1996) formulierte z. B. die These, dass Experten sich automatisch auch an den Erwartungen, die an sie gerichtet sind, orientieren und davon leiten lassen (Braczyk 1996, S. 28). Eine Trennung zwischen reiner wissenschaftlichen Erkenntnis und den vorherrschenden Normen und Ansprüchen anderer gesellschaftlicher Teilsysteme sei daher nicht aufrecht zu erhalten.

Um diese unterschiedlichen Interpretationen und die aus der Technikfolgenabschätzung entstandene Debatte des Expertendilemmas noch besser einschätzen und verstehen zu können, soll im Folgenden auf den Zusammenhang zwischen wissenschaftlich generierten Kenntnissen im Wissenschaftssystem und ihrer weiteren Verwendung im politischen System näher eingegangen werden.

2.4 Expertendilemma

„Mit Expertendilemma (Gutachtendilemma) meint man die Situation, daß zu einem Problem verschiedene Gutachten eingeholt werden, die zu divergierenden, nicht selten zu widersprüchlichen Resultaten kommen“ (Mohr 1997, S. 342). Innerhalb des Wissenschaftssystems stellten widersprüchliche wissenschaftliche Ergebnisse (das sogenannte „Expertendilemma erster Art“ (Mohr 1996, S. 6ff.)) kein Problem dar, da das Wissenschaftssystem (hierbei blickte Mohr v. a. auf die Naturwissenschaften) vielfältige Methoden, Verfahren und Praktiken entwickelt hat, damit umzugehen. Mit Hilfe der Weiterentwicklung experimenteller und theoretischer Methoden wie den Punkt-für-Punkt-Vergleich, überlappende Gutachten, Meta-Analysen oder Konvergenzstrategien (Mohr 1997, S. 342; Bortz und Döring 2006; Borenstein 2010) sei es inzwischen unproblematisch möglich, Expertendilemmata wissenschaftsintern zu lösen, indem z. B. genau nachgewiesen werden kann, welche unterschiedlichen Prämissen, welche unterschiedlichen Verfahren für widersprüchliche Ergebnisse verantwortlich sind. Denn, so Mohr, in den Naturwissenschaften könne grundsätzlich nur eine objektive Wahrheit und entsprechend ein wissenschaftliches Ergebnis gelten und richtig sein (Mohr 1997, 1998). Ganz anders stelle sich das „Expertendilemma zweiter Art" (Mohr 1996, S. 11ff.) dar. Dieses betreffe die oben aufgezeigten Ebenen 2 bis 4 und entstehe an der Grenze zwischen Wissenschaft und Politik. So sei insbesondere problematisch, dass zu jedem Gutachten ein Gegengutachten erstellt werden könne und dass Wissenschaft sich häufig in ihren Aussagen nicht auf eine wenn-dann Formulierung und begrenzte Reichweite beschränke, sondern häufig diese Grenze überschreite. Ein Expertendilemma entsteht häufig dann, wenn Wissenschaft politische oder gesellschaftliche Ziele bewertet. Aus der Sicht von Mohr ist dies höchst problematisch und daher abzulehnen. Allenfalls sollte es gestattet sein, Mittel zur Zielerreichung zu bewerten – und auch nur dann, wenn sich die Bewertungskriterien wiederum wissenschaftlich (und nicht etwa politisch oder gesellschaftlich) begründen ließen.

In Mohrs Verständnis dürfe es das Expertendilemma zweiter Art also gar nicht geben und das Dilemma erster Art ließe sich unbemerkt von der Öffentlichkeit innerhalb des Wissenschaftssystems nach seinen eigenen Kriterien und Verfahren unproblematisch lösen. Auf diese Weise könnte eine durch widersprüchliche Expertenmeinungen verunsicherte Öffentlichkeit wieder beruhigt werden und politische Entscheidungsfindungsprozesse wären wieder klar allein auf moralische und ethische Kriterien im Hinblick auf das Gemeinwohl, das gute Leben etc. beschränkt (Mohr 1996). Dieser Standpunkt, dass Wissenschaft, Gesellschaft und Politik so klar voneinander getrennt betrachtet werden können, wird allerdings von einer großen Zahl an Wissenschaftlern nicht geteilt. Die lebhafte Debatte, die sich im Anschluss an Mohrs grundsätzliche Äußerungen über die Rolle wissenschaftlicher Experten in den 1990er Jahren ergaben, zeigt dies deutlich.

Lübbe (1996) widersprach Mohr z. B. mit dem Hinweis auf eine voranschreitende Verwissenschaftlichung der unterschiedlichen Lebenswelten, die dazu führe, dass „...Meinungsdivergenzen zwischen Wissenschaftlern, die sich zu ein und derselben Sache gutachterlich äußern, unvermeidlich ..." seien (Lübbe 1996, S. 38). Braczyk (1996, S. 27ff.) führte die Kritik noch weiter. Er argumentierte, dass eine wissenschaftliche Erkenntnis, die in der Gesellschaft umgesetzt wird, immer eine soziale Komponente habe, für deren Bewertung den wissenschaftlichen Experten dann jedoch üblicherweise nur die „Alltagssoziologie" zur Verfügung stünde. Gutachten, die z. B. eine Technik bewerten sollen, müssen dies immer perspektivisch für einen gesellschaftlichen Kontext, also explizit *außerhalb* eines wissenschaftlichen Experimentes oder Labors tun und „... Aussagen über Aus- und Rückwirkungen einer Technik lassen sich dann längst nicht mehr mit der gleichen Präzision erreichen, wie innerhalb der beweisfähigen Wissenschaft. Ins Spiel kommen hier immer (institutionalisierte) und mehr oder minder zutreffende Vorstellungen und Sichtweisen darüber, wie ‚Gesellschaft' oder Teilbereiche der Gesellschaft funktionieren" (Braczyk 1996, S. 28). Es sei daher keine gerechtfertigte Schlussfolgerung, dass divergierende Expertenurteile aus mangelnder Unabhängigkeit der Experten von politischen Entscheidungsträgern oder Interessensgruppen herrühren müssen. Als Ursache gutachterlicher Widersprüche sah Braczyk (1996) daher v. a. die an die Gutachter gerichteten externen Erwartungen, die sich deutlich von den im Wissenschaftssystem geltenden Erwartungen unterscheiden, weil die Entscheider und Anwender von Expertengutachten aus anderen Kontexten mit ganz „... unterschiedlichen gesellschaftlichen Sinnsystemen bzw. Funktionsbereichen ..." kommen (Braczyk 1996, S. 28). Grunwald griff diese Problematik in einer späteren Argumentation auf und verwies darauf, dass sich Gutachten explizit von reinen wissenschaftlichen Ergebnissen unterschieden, da die Erwartungen aus den anderen Funktionssystemen, wie etwa der Politik, aufgegriffen und von den Experten so erfüllt werden, dass Gutachten eben immer auch Bewertungen enthielten (Grunwald 2010, S. 155): „Wissen allein reicht in der Regel nicht, um z. B. zu Aussagen über die Eignung bestimmter Materialien, über die Sicherheit eines Staudammes oder über die Umweltverträglichkeit von Nanopartikeln zu kommen. Stets müssen in Expertenurteilen Wissensbestände und Beurteilungskriterien zusammengeführt werden: die Expertenrolle erschöpft sich nicht darin, Wissen bereitzustellen, sondern beinhaltet auch eine problembezogene *Urteilskraft*" (Grunwald 2010, S. 155). Ohne sich gegen ein empirisch-analytisches Wissenschaftsverständnis auszusprechen, argumentiert Grunwald in seiner Einschätzung von Expertengutachten, die politische und gesellschaftliche Empfehlungen zu bestimmten Entscheidungen und Handlungen abgeben sollen, in Anlehnung an die kritische Theorie und ihr Infrage stellen des Postulats der Werturteilsfreiheit. Dies sei dann eine Fiktion, wenn die Phase des Erkennens in eine Phase der gesellschaftlichen Bewertung übergehe, denn hier sei eine klare Trennung schlicht nicht möglich (Grunwald 2010, S. 156).

2.5 Expertendilemma in der Technikfolgenabschätzung

Die knappe Schilderung des von Mohr skizzierten und von anderen wiederum in Frage gestellten bzw. relativierten Expertendilemmas deutete bereits an mehreren Stellen an, dass das Expertendilemma v.a. bei der Bewertung, insbesondere der Wirkung und des Nutzens, neuer Techniken auftaucht. Nun kommt Expertenurteilen insbesondere bei gesellschaftlich und politisch umstrittenen Techniken und Mutmaßungen über technische Risiken und Folgen eine besondere Bedeutung zu. Denn die gesellschaftliche Akzeptanz einer Technologie und in der Folge auch politische Entscheidungen hängen von der öffentlichen Wahrnehmung und Bewertung von Nutzen und Risiken ab. Die sozialwissenschaftliche und psychologische Risikoforschung konnten zeigen, dass menschliches Verhalten oft von der subjektiven Wahrnehmung der Individuen bestimmt wird und weniger von objektiven Tatsachen und messbaren Risiken (Slovic 1987). Die Folgen einer neuen Technik werden also nicht ausschließlich objektiv bewertet, sondern vielmehr sind Aspekte wie Freiwilligkeit, Kontrollierbarkeit, ausgewogene Verteilung von Nutzen und Risiken sowie Vertrauen in das Risikomanagement entscheidende Einflussgrößen auf die Ausprägung der individuellen Technikwahrnehmung.

Dass neue Technologien dabei ohne ein Minimum an gesellschaftlicher Akzeptanz auf lange Sicht kaum durchsetzungsfähig sind, zeigen prominente Beispiele wie etwa die breite Ablehnung der Kernenergie in Deutschland. In verschiedenen techniksoziologischen Studien wurde nachgewiesen, dass die Akzeptanz und Bewertung von Technologien immer auch vom Typ der Technologie abhängt (Petermann und Scherz 2005). Während z. B. Alltags- und Arbeitstechniken generell breit akzeptiert werden, werden Großtechniken vielfach kritisch bewertet (Renn 2005). Die Bevölkerung fühlt sich Großtechniken oftmals unfreiwillig ausgeliefert und die Kosten-Nutzen-Verteilungen werden oft als ungerecht wahrgenommen. Insbesondere in Zeiten großer technologischer Umbruchsituationen, die auch die deutsche Energiewende darstellt, ist es von großer Relevanz aber auch eine große Herausforderung, den politischen und gesellschaftlichen Diskurs durch objektiv-wissenschaftliche Fakten zu prägen.

Es gibt zahlreiche Möglichkeiten, um wissenschaftliche Expertisen in politischen und gesellschaftlichen Diskursen aufzunehmen und so die Grundlagen für Technikbewertungen und Entscheidungen zu verbessern. Eine institutionalisierte Form der Experteneinbindung stellt das im Jahre 1990 gegründete Büro für Technikfolgen-Abschätzung beim Deutschen Bundestag (TAB) dar. Es wurde explizit als eine den Gesetzgebungsprozess begleitende Institution geschaffen. Grunwald, seit 2002 Leiter des TAB, beschreibt die Funktion dieser institutionalisierten Technikfolgenabschätzung als „‚expertising‘ democracy for ‚democratising‘ expertise“ (Grunwald 2003). Im Prinzip gehe es darum, mittels eines deliberativen Prozesses zwischen der Produktion und der Kommunikation wissenschaftlichen Wissens einerseits und der politischen Entscheidungsfindung auf der Grundlage der wissenschaftlichen Erkenntnisse andererseits, den Grenzverlauf dieser beiden Perspektiven immer wieder aufzuspüren oder zu kreieren (Grunwald 2003, S. 194). Denn grundsätzlich existiere zunächst ein großer Unterschied zwischen normativen und beschreibenden Aspekten, also zwischen Wissen und Werturteilen. In dieser Sichtweise schwingt deutlich mehr Verständnis für die Grenzen wissenschaftlicher Expertise insbesondere in Bezug auf die soziale Dimension, also dem Einsatz einer neuen Technik außerhalb des Wissenschaftssystems, mit. Es ist also bei der Einbindung von Experten wichtig, dass die Beziehung und die Konflikthaftigkeit des Gegensatzes von Wissenschaft und Werturteilen nicht verschwiegen werden darf. Werden widersprüchliche Experteneinschätzungen aber systematisch erfasst und kommuniziert und findet ein Diskurs über die möglichen Gründe für unterschiedliche Expertenmeinungen statt, dann kann durch die Einbindung von Experten ein wichtiger Beitrag geleistet werden, um gesellschaftliche oder politische Entscheidungsfindungsprozesse transparenter und klarer zu machen.

2.6 Aktuelle Expertendilemmata

Die mögliche Bandbreite an Methoden der Experteneinbindung und ihre jeweilige Funktion, angefangen von der Wissensbereitstellung, über die Bewertung, bis zur Vorausschau und Beratung, werden im Hauptteil dieses Buches ausführlich vorgestellt und diskutiert.

Um die Relevanz und Bedeutung dieser Methoden noch einmal deutlich hervorzuheben, widmet sich dieser Abschnitt zum Abschluss beispielhaft drei ganz aktuell drängenden Themen und Fragen, die Politik und Gesellschaft derzeit beschäftigen. Diese sind zum Teil im Kontext der Technikfolgenabschätzung anzusiedeln, gehen aber zum Teil darüber hinaus oder weisen einen anderen Schwerpunkt auf. Diese Themenbereiche, die globale Erwärmung, Energieszenarien und ihre Rolle in der Energiewende, sowie die Speicherung von CO_2, sollen im Folgenden knapp vorgestellt werden. Der Fokus liegt dabei auf den Fragen, welche Relevanz hier wissenschaftliche Expertise in der gesellschaftlichen Diskussion hat, wo diese zum Teil an ihre Grenzen stößt und welche Expertendilemmata hier exemplarisch beobachtet werden können.

2.6.1 Globale Erwärmung

Eines der bekanntesten Themenfelder, das lange Zeit von einem, auch in Politik und Gesellschaft diskutierten, Expertendilemma geprägt war, ist die globale Erwärmung, auch unter dem Stichwort Klimawandel bekannt. Die Forschungen und wissenschaftlichen Debatten zum Phänomen der globalen Erwärmung und insbesondere zu deren Ursachen gehen bis in die 1950er, 1960er Jahre zurück.

Mit der Verbesserung von Messinstrumenten und Messmethoden und Simulationsmodellen, herrschte dann ab den 1960er Jahren zunehmend wissenschaftlicher Konsens darüber, dass es das Phänomen der globalen Erwärmung gibt (Weart 2008, S. 205ff.; Houghton 1997, S. 45). Allerdings bestand noch längere Zeit Uneinigkeit unter den Experten über die Ursachen des Klimawandels. Zentral war dabei die Frage, ob der Klimawandel anthropogenen Ursprungs ist und welche Implikationen dies haben würde oder sollte. Mit Entwicklung und Anwendung der Fingerprint-Methode durch das Max-Planck-Institut für Meteorologie wurde dann zwar erstmalig eine 90%ige Wahrscheinlichkeit für die anthropogene Ursache ausgewiesen (Hegerl et al. 1996), doch noch im Jahr 2000 argumentierte z. B. die sonst sehr renommierte Bundesanstalt für Geowissenschaften und Rohstoffe (BGR), dass die Klimaänderungen auf solare Varianz zurückzuführen wäre (Berner und Streif 2000). Inzwischen sind sich zwar die Experten innerhalb des Wissenschaftssystems weitestgehend darüber einig, dass menschliches Handeln ursächlich für die globale Erwärmung verantwortlich ist: „Human activities […] are modifying the concentration of atmospheric constituents (…) that absorb or scatter radiant energy […]. [M]ost of the observed warming over the last 50 years is likely to have been due to the increase in greenhouse gas concentrations" (McCarthy et al. 2001, S. 21). Die Klimaforscher selbst betonen den Konsens mit dem Hinweis, dass alle wissenschaftlichen Experten, die in den wichtigen begutachteten Zeitschriften veröffentlichen, dieselbe Meinung teilen (Oreskes 2004, S. 1686). Aber diese Argumentation ist natürlich nur bedingt schlüssig, so ließe sich etwa dagegen sagen, dass es möglicherweise doch auch Schwierigkeiten bei der wissenschaftlichen Konsensfindung gibt, denn möglicherweise sorge das Reviewverfahren der renommierten Zeitschriften dafür, dass Mehrheitsmeinungen scheinbar zu einem Konsens werden – lange bevor dieser wirklich hergestellt ist.

Die Situation verhält sich noch einmal ganz anders, wenn das Wissen und die Expertise über die naturwissenschaftlichen Zusammenhänge in anderen gesellschaftlichen Subsystemen und Kontexten diskutiert werden. Mitte der 1980er Jahre wurde der geschilderte wissenschaftliche Diskurs zunehmend in einen politischen Diskurs überführt. „Dabei kam es auch zur wissenschaftsinternen Politisierung des Forschungsgegenstands, da die Wissenschaft nun direkt mit politischen Akteuren kommunizierte" (Weber 2007, S. 62). Zentral in diesem Zusammenhang war die Gründung des Intergovernmental Panel on Climate Change (IPCC). Dieser IPCC, seine Rolle in der Weltklimapolitik und den großen Einfluss, den wissenschaftliche Experten auf seine Gründung und sein politisches Wirken hatten, wurde bereits vielfach wissenschaftlich untersucht und gilt als Paradebeispiel für den Einfluss von „Epistemic Communities“ (Haas 2003), also von wissenschaftlichen Experten auf die Politik. Im Falle der Klimawissenschaftler war es hier einer Gruppe von Experten gelungen, das Thema auf die politische Agenda zu setzen.

Obwohl innerhalb des IPCC Einigkeit über die Ursachen des Klimawandels besteht, gelingt es einzelnen Experten, sogenannten „Klimaskeptikern“ (Brunnengräber 2013), immer wieder, im öffentlichen Diskurs Gehör zu finden und die Debatte neu zu entfachen – etwa wie im Falle der geschilderten Veröffentlichung der BGR geschehen. Dies ist möglich, da die wissenschaftlichen Arbeiten und Aussagen über die globale Erwärmung grundsätzlich unter großen Unsicherheiten stattfinden. Den IPCC-Szenarien, mit deren Hilfe die möglichen zukünftigen Entwicklungen abgeschätzt werden, liegt eine große Anzahl von Annahmen zugrunde, die immer wieder in Frage gestellt und auch korrigiert werden müssen. Diese Unsicherheiten nutzen Klimaskeptiker um sich Gehör zu verschaffen und auf diese Einzelstimmen verweisen v. a. Firmenvertreter und Politiker jener Branchen, die von Maßnahmen zur Bekämpfung des Klimaschutzes negativ betroffen sind (Oreske 2004, S. 1686). In diesem Zusammenhang darf allerdings auch nicht verschwiegen werden, dass es auch immer wieder Skandale und Aufregungen im Zusammenhang mit den neuesten wissenschaftlichen Erkenntnissen zum Klimawandel gegeben hat. So musste der IPCC etwa vor ein paar Jahren viel Kritik wegen mangelhaftem Umgang mit nicht passenden Ergebnissen einstecken (Der Spiegel 2009). Dieser Skandal war wieder von Skepsis und Verunsicherung gerade bei der Bevölkerung begleitet. Im Zuge solcher Skandale konnten wissenschaftliche Gegengutachten zum eigentlichen Konsens innerhalb der wissenschaftlichen Community relativ leicht lanciert und instrumentalisiert werden, um eigene Interessen durchzusetzen (Brunnengräber 2013, S. 34). Nichtsdestotrotz lässt sich inzwischen die These vertreten, dass der wissenschaftliche Konsens mittlerweile nicht nur den politischen und den öffentlichen Diskurs prägt, sondern auch in der Alltagskommunikation angekommen ist.

2.6.2 Energieszenarien

Die Bedrohung des globalen Klimas hat den politischen Diskurs, und insbesondere den Diskurs um die zukünftige Energieversorgung geprägt. Denn fossile Brennstoffe und das mit ihrer Verbrennung entweichende Kohlendioxid gelten als eine der Hauptursachen für die globale Erwärmung. Weitere Problemfelder der derzeitigen Energieversorgungsstrukturen sind die Endlichkeit der fossilen Ressourcen, die große Geschwindigkeit mit der die Nachfrage nach Energie in den Schwellen- und Entwicklungsländern steigt und die zunehmende Kritik und Ablehnung der Gefahren der Kernenergie, zumindest in einigen Teilen der Welt. Insbesondere in der Bundesrepublik Deutschland ist letzter Punkt einer der entscheidenden Faktoren, weshalb sich die Bundesregierung, getragen von einem breiten gesellschaftlichen Konsens, dem Ziel einer Energiewende verschrieben hat (BMWi und BMU 2011).

Grundlage für energiepolitische Entscheidungen und der Entwicklung energiepolitischer Instrumente und Maßnahmen zur Zielerreichung sind Energieszenarien. Bis in die 1970er Jahre wurde mit Energieszenarien v. a. die Basis für die gesellschaftliche, wirtschaftliche und politische Diskussion der wirtschaftlichen Verfügbarkeit von Ressourcen, Themen der Versorgungssicherheit u. ä. geschaffen. Eine wichtige Frage war damals auch, wie schnell die Nachfrage expandiert und wie schnell daher die Versorgung ausgebaut werden muss, um Knappheiten und eine dadurch bedingte Wirtschaftsdrosselung zu vermeiden.

Mit der aufkommenden Antiatomkraftbewegung in den 1980er Jahren und dann v. a. mit der politischen und gesellschaftlichen Auseinandersetzung der globalen Erderwärmung übernehmen die Energieszenarien immer weitere Funktionen und Aufgaben. So sondierten die Szenarien der Enquete-Kommission „Schutz der Erdatmosphäre" (1992) in den frühen 1990er Jahren mögliche Wege zum Klimaschutz. Die anschließend vom Umweltbundesamt (UBA) herausgegebene Serie der Szenarien „Politikmaßnahmen für den Klimaschutz" (z. B. Markewitz und Ziesing 2004) analysierten dann die dazu entwickelten Maßnahmenpakete. Die Szenarien „Die Entwicklung der Energiemärkte bis 2030" (IER et al. 2010) legten im Auftrag des Bundesministerium für Wirtschaft (BMWi) ausführlich dar, welche Vorteile die von der schwarz-gelben Koalition zunächst geplanten Laufzeitverlängerung der Atomkraftwerke mit sich bringen würde (bevor dann der Reaktorunfall in Fukushima zu einer kompletten Neubewertung und Neuausrichtung des Energiekonzeptes führten).

Spätestens seit die Bundesregierung im Jahr 2011 die Energiewende beschlossen hatte und daran die klaren Zielvorgaben einer CO_2-Reduktion von 80% bis zum Jahr 2050 knüpfte, die u. a. mit Hilfe eines Minderung des Primärenergieverbrauchs von 50% erreicht werden soll (BMWi und BMU 2011, S. 5), sind die regelmäßig von verschiedenen, zum Teil energiepolitisch konkurrierenden Energieszenarien der führenden deutschen (und auch internationalen) energiewirtschaftlichen Forschungseinrichtungen von großer Brisanz. Modellbasierte Energieszenarien erfordern in der Regel zahlreiche Rahmenannahmen über zukünftige gesellschaftliche, politische und wirtschaftliche Entwicklungen. Wichtige Energieszenarien in Deutschland sind z. B. die sogenannte „Leitstudie", die bislang unter Federführung des DLR für das Bundesumweltministerium (BMU) erstellt wurde (DLR et al. 2012) sowie die Energieszenarien (früher der Energiereport) für das Bundesministerium für Wirtschaft (BMWi), die meistens von Prognos, EWI und GWS (zwischenzeitlich auch von IER/IWR/ZEW) für das Bundeswirtschaftsministerium erarbeitet wurden (Prognos et al. 2011). Vergleicht man diese Studien und die darin geschilderten Szenarien, zeigen sich zum Teil Unterschiede bei einigen der verwendeten Modell-Input-Daten, die sich auf unterschiedliche Experteneinschätzungen zurückführen lassen. Dies sei beispielhaft für die Entwicklung der CO_2-Zertifikatspreise geschildert: Bei der erwarteten Entwicklung der Preise für CO_2-Zertifikate liegen die Studien zwar in den nächsten Jahren zunächst nahe beieinander, allerdings steigt der Preis bei Prognos ab dem Jahr 2025 schneller an, als bei den Szenarien des DLR.

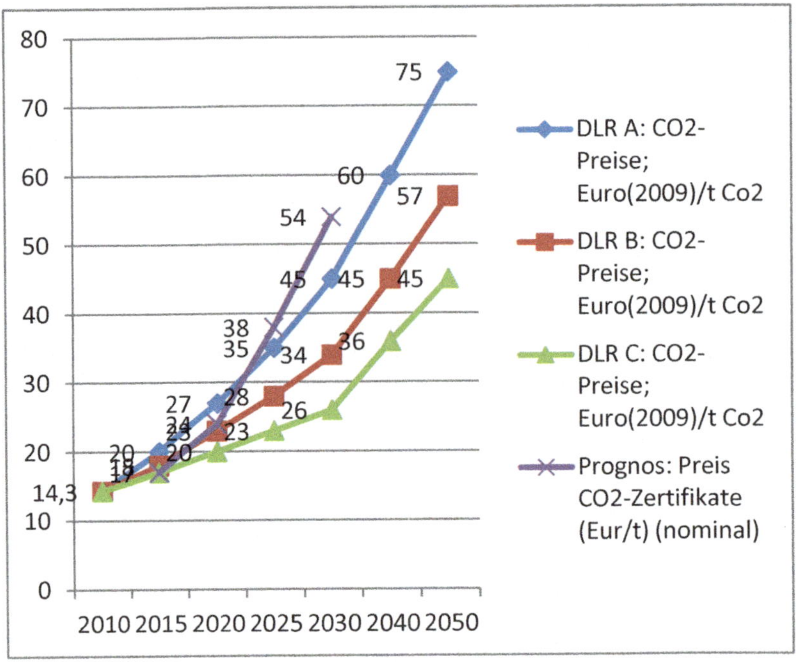

Tabelle 2.1: Annahmen über die Entwicklung der CO_2-Zertifikatpreise (Quelle: ©DLR et al. (2012) und Prognos et al. (2011))

Geht man z. B. von zukünftig stark steigenden CO_2-Zertifikatspreisen aus, impliziert dies einen optimistischen Blick auf einen gut funktionierenden Markt auf dem die CO_2-Zertifikate gehandelt werden. Dies lässt wiederum den Schluss zu, dass keine zusätzlichen, den Markt noch weiter regulierenden oder unterstützenden Mechanismen notwendig sind. Steigende Preise für CO_2-Zertifikate würden Investitionen in Erneuerbare Energien dann quasi automatisch anreizen. Zusätzliche politische Unterstützungen sind in diesem Zukunftsbild nicht notwendig.

Geht man dagegen davon aus, dass die Preisentwicklung schwächer ausfallen wird, bedeutet dies auch, dass konventionelle Kraftwerkstechnologien noch längerfristig wettbewerbsfähig bleiben, da die Betreiber von den relativ geringen Zertifikatspreisen profitieren. So würden insbesondere Betreiber von Braunkohlekraftwerken und Steinkohlekraftwerken keinen Anreiz haben, die Kraftwerke zu schließen. Die Investitionen in Erneuerbare Energien würden sich ohne zusätzliche Anreize verzögern.

Widersprüchliche Expertenmeinungen führen in diesem Fall zu unterschiedlichen energiepolitischen Empfehlungen. Da Prognosen über zukünftige Entwicklungen selbstverständlich immer von großen Unsicherheiten geprägt sind, zeigt sich an diesem Beispiel der Energieszenarien, dass die Frage, wie mit Expertendilemmata umzugehen sei, nicht grundsätzlich eine Lösung erfordert, um Konsens unter den Experten herbeizuführen. Oftmals ist es angemessen, sich damit zu begnügen, die unterschiedlichen Expertenurteile transparent und verständlich zu kommunizieren. Dies gilt insbesondere in jenen Fällen, in denen es sogar zielführender ist, auf unterschiedliche zukünftige Entwicklungen vorbereitet zu sein. Innerhalb des Wissenschaftssystems gelingt dies etwa dadurch, dass die gewählten wissenschaftlichen Methoden transparent kommuniziert werden und indem z. B. die Modellinputdaten öffentlich gemacht werden. Allerdings ist immer wieder zu überprüfen, mit welchen Mitteln und Möglichkeiten widersprüchliche Expertenmeinungen auch im öffentlichen Diskurs verständlich dargelegt werden können. Bei dieser Aufgabe können die in diesem Buch vorgestellten sozialwissenschaftlichen Methoden der Experteneinbindung und Kommunikation wissenschaftlicher Ergebnisse einen wesentlichen Beitrag leisten.

2.6.3 CO_2-Speicherung

In einem letzten Praxisbeispiel soll insbesondere diese Frage, welchen Stellenwert Expertendilemmata im öffentlichen Diskurs haben können, aufgegriffen werden. Denn v.a. dann, wenn widersprüchliche Expertenmeinungen die Bevölkerung verunsichern, wird es schwierig, politische oder gesellschaftliche Entscheidungen unter rationaler Abwägung der Vor- und Nachteile, etwa bei Infrastrukturmaßnahmen oder umstrittenen Großtechnologien zu treffen.

Dies soll im Folgenden am Beispiel der CCS (Carbon Capture and Storage)-Technologie, der Abscheidung und der Lagerung von CO_2, aufgezeigt werden. Nach Ansicht vieler Energie- und Klimaexperten, u. a. der Internationalen Energieagentur (IEA) und den Mitgliedern des IPCC, könnte die CCS-Technologie einen wesentlichen Beitrag zum Klimaschutz leisten. Diese Experten betonen, dass CCS als Brückentechnologie bis zum Übergang zu einer nachhaltigen Energieversorgung wichtig wäre, da die nachhaltige Umgestaltung der Energiesysteme nicht schnell genug zu realisieren sein wird, um den Klimawandel zu verhindern (IPCC 2005). Doch in vielen Regionen potenzieller Speicherstandorte, insbesondere in Deutschland, wie z. B. in Brandenburg und Schleswig-Holstein, sahen sich Politik und Wissenschaft mit erheblichen Bürgerprotesten konfrontiert. Diese wurden von Nichtregierungsorganisationen (NGOs) und kritischen Wissenschaftlern, die in der CCS-Technologie v.a. ein Hemmnis für die rasche Transformation des Energiesystems sahen, unterstützt.

CCS stellt eine externe Technik dar, die auf Akzeptanzprobleme stößt, wenn die Kosten- und Nutzenverteilung als ungerecht wahrgenommen wird und die direkt Betroffenen unbekannte Risiken fürchten. Denn Nachbarn von externen Technologien schätzen das damit verbundene Risiko aufgrund der Unfreiwilligkeit der Risikoübernahme höher ein und lehnen diese deshalb häufig ab (Renn 2005). Obwohl der aktuelle Stand des Wissens zur CO_2-Speicherung von beherrschbaren gesundheitlichen und ökologischen Risiken für Anwohner eines Speichers ausgeht (Stroink et al. 2009), befürchtet die lokale Bevölkerung genau diese Aspekte. Aber auch ökonomische Bedenken, wie Einbußen für die regionale Tourismusbranche und ökonomischen Druck auf die Bodenpreise wurden von den kritischen CCS-Experten genannt. Diese Unsicherheit und der Widerstand gegen die Technologie wurden dadurch verschärft, dass die Bevölkerung sich sehr früh mit sehr widersprüchlichen Expertenmeinungen konfrontiert sah. Auf der einen Seite schienen Wissenschaftler und Behörden die Risiken als minimal und beherrschbar einzustufen. Auf der anderen Seite warnten CCS-Kritiker, allen voran NGOs. Die lokal Betroffenen wussten nicht mehr, wem sie glauben sollten, und diese Verunsicherung führte zu einer noch größeren Ablehnung. In der Kommunikation über die geplante Speicherung von CO_2 wurde es versäumt, das bestehende Expertendilemma systematisch aufzugreifen und in einen transparenten öffentlichen Diskurs zu führen (Wassermann et al. 2010). Auf diese Weise konnten sich Ängste und auch Missverständnisse ausbreiten und letztendlich nicht mehr aufgelöst werden.

Eine systematischere Aufarbeitung und Aufbereitung verschiedener Blickwinkel und Expertisen hätte helfen können, die emotional geführten Diskurse wieder zu versachlichen. Mit verschiedenen Methoden der Expertenbefragung, der Experten- und Stakeholdereinbindung wäre dies leicht möglich gewesen. Auf diese Weise hätten die Unterschiede bei der Einschätzung der Risiken der Technologie sorgfältiger dokumentiert und im Hinblick auf ihre Ursachen überprüft werden können. Ggf. hätte man sogar den Versuch unternehmen können, in einem Dialogverfahren Konsens zwischen den verschiedenen Parteien herzustellen oder zumindest notwendige Anpassungen der geplanten Verfahren an die lokalen Gegebenheiten zu identifizieren (Wassermann et al. 2010).

2.7 Fazit

Mit zunehmender Ausdifferenzierung der Gesellschaft sind politische Entscheidungen immer stärker von Expertengutachten abhängig, die über Sonderwissen der gesellschaftlichen Subsysteme verfügen. Aber auch in wirtschaftlichen oder zivilgesellschaftlichen Organisationen werden Entscheidungen oft von Expertenurteilen geleitet. Wie diese Expertenmeinungen einbezogen werden können und wie insbesondere widersprüchliche Expertenmeinungen zu bewerten und ggf. mit ihnen umzugehen ist, war Gegenstand dieses Artikels. Anhand dreier Beispiele aus der Praxis wurde aufzeigt, wie fundamental und weitreichend Expertendilemmata sein können. Die weiteren Artikel in diesem Buch werden eine Bandbreite verschiedener Methoden der Experteneinbindung diskutieren. Solche Methoden der Experteneinbindung finden inzwischen in einer Vielzahl von politischen und gesellschaftlichen Ebenen ihren Einsatz. Die jeweilige Ausprägung solcher Governance-Formen kann sich stark unterscheiden, etwa im Hinblick auf ihren Institutionalisierungsgrad, die Reichweite der Inklusion von Experten oder ihr Mandat. Aber zentraler Gedanke der Einbindung von Experten in gesellschaftliche oder politische Entscheidungsfindungsprozesse ist es, die Transparenz zu erhöhen und mehr Klarheit zu schaffen. Hier ist allerdings Voraussetzung, dass die Beziehung und die Konflikthaftigkeit des Gegensatzes von Wissenschaft und Werturteilen nicht verschwiegen oder den Experten überlassen werden darf. Die letztendliche Bewertung und Entscheidung über neue Technologie, Infrastrukturen oder gesellschaftliche Transformationen, wie die Energiewende, müssen daher selbstverständlich in den zuständigen politischen und gesellschaftlichen Gremien getroffen werden.

Die Bewältigung und der Umgang mit großen gesellschaftlichen Herausforderungen und Aufgaben, etwa dem Klimawandel oder die Energiewende können nicht gelingen, ohne die im Wissenschaftssystem erworbenen wissenschaftlichen Erkenntnisse. Die systematische Einbeziehung wissenschaftlicher Ergebnisse und Einschätzungen in politische und gesellschaftliche Diskurse und Entscheidungen ist dabei ebenso wichtig wie ein souveräner und transparenter Umgang mit existierenden Expertendilemmata. Wenn dies gelingt, können Politik und Gesellschaft sogar von widersprechenden Expertenurteilen profitieren, etwa wenn Expertendilemmata dazu führen, einen umfassenden und langfristigen Blick auf sensible gesellschaftliche Themen und Fragestellungen einzunehmen.

2.8 Literatur

Adorno, T. W. (1975). Empirische Sozialforschung. In ders., *Soziologische Schriften, Band 9, Zweite Hälfte*. Frankfurt a.M.: Suhrkamp.

Berner, U., & Streif, H. (Hrsg.). (2000). *Klimafakten*. Stuttgart: Schweizerbart'sche Verlagsbuchhandlung.

Borenstein, M. (2010). *Introduction to meta-analysis*. Chichester: Wiley.

Bortz J., & Döring, N. (2006). *Forschungsmethoden und Evaluation für Human- und Sozialwissenschaftler (4. Aufl.)*. Heidelberg: Springer-Medizin-Verlag.

Braczyik, H.-J. (1996). „Das Expertendilemma" – ein Kommentar. In H.-U. Nennen, & D. Garbe (Hrsg.), *Das Expertendilemma: Zur Rolle wissenschaftlicher Gutachter in der öffentlichen Meinungsbildung* (S. 25-34). Berlin: Springer-Verlag.

Brunnengräber, A. (2013). *Klimaskeptiker und ihr Kampf in Deutschland gegen die Energiewende. IPW Working Paper. No. 1. Universität Wien*. Wien: Institut für Politikwissenschaft.

BMWi (Bundesministerium für Wirtschaft), BMU (Bundesministerium für Umwelt, Naturschutz und Reaktorsicherheit) (2011). Das Energiekonzept der Bundesregierung 2010 und die Energiewende 2011. http://www.bmu.de/fileadmin/bmu-import/files/pdfs/allgemein/application/pdf/energiekonzept_bundesregierung.pdf. Zugegriffen: 03. Mai 2013.

Der Spiegel (2009). Datenklau: Cyberkrieg unter Klimaforschern. http://www.spiegel.de/wissenschaft/natur/datenklau-cyberkrieg-unter-klimaforschern-a-662673.html. Zugegriffen: 29. Mai 2013.

DLR, Fraunhofer IWES, IfnE (2012). Langfristszenarien und Strategien für den Ausbau der erneuerbaren Energien in Deutschland bei Berücksichtigung der Entwicklung in Europa und global: Schlussbericht. http://www.dlr.de/dlr/Portaldata/1/Resources/bilder/portal/portal_2012_1/leitstudie2011_bf.pdf. Zugegriffen: 16. Mai 2013.

Enquête-Kommission „Schutz der Erdatmosphäre" (1992). Erster Bericht zum Thema Klimaänderung gefährdet globale Entwicklung. Zukunft sicher – Jetzt handeln. http://dip21.bundestag.de/dip21/btd/12/024/1202400.pdf. Zugegriffen: 29. Mai 2013.

Grunwald, A. (2003). Experts dilemma: Technology assessment at the German Bundestag: ‚expertising' democracy for 'democratising' expertise. *Science and Public Policy 30/3*, 193-198.

Grunwald, A. (2010). *Technikfolgenabschätzung: Eine Einführung*. (zweite, grundlegend überarbeitete und wesentlich erweiterte Auflage), Berlin: edition sigma.

Haas, P. M. (2003). Introduction: Epistemic Communities and International Policy Coordination. *International Organization 46/1*, 1-35.

Habermas, J. (1973). *Erkenntnis und Interesse*. Frankfurt a.M.: Suhrkamp.

Hegerl, G. C., von Storch, H., Hasselmann, K., Santer, B. D., Cubasch, U., & Jones, P. D. (1996). Detecting greenhouse-gas-induced climate change with an optimal fingerprint method. *Journal of Climate Change 9/10*, 2281-2306.

Houghton, J. (1997). *Globale Erwärmung: Fakten, Gefahren und Lösungswege*. Heidelberg und Berlin: Springer-Verlag.

IER, IWR, & ZEW (2010). *Die Entwicklung der Energiemärkte bis 2030. Energieprognose 2009. Hauptbericht. Untersuchung im Auftrag des Bundesministeriums für Wirtschaft und Technologie*. Berlin: BMWi.

IPCC (2005). *IPCC Special Report on Carbon Dioxide Capture and Storage. Prepared by Working Group III of the Intergovernmental Panel on Climate Change* [Metz, B., Davidson, O., de Coninck, H., Loos, M. & L. Meyer (Hrsg.)]. Cambridge: Cambridge University Press.

Keller, E. F. (1986). *Liebe, Macht und Erkenntnis*. München: Hanser.

Luhmann, N. (1992). *Die Wissenschaft der Gesellschaft*. Frankfurt a.M.: Suhrkamp-Taschenbuch Verlag.

Lübbe, H. (1996). Das Expertendilemma. In H.-U. Nennen, & D. Garbe (Hrsg), *Das Expertendilemma: Zur Rolle wissenschaftlicher Gutachter in der öffentlichen Meinungsbildung* (S. 37-42). Berlin: Springer.

Markewitz P., & Ziesing, H.-J. (Hrsg.). (2004). *Politikszenarien für den Klimaschutz. Langfristszenarien und Handlungsempfehlungen ab 2012 (Politikszenarien III) Untersuchungen im Auftrag des Umweltbundesamtes*. Jülich: Forschungszentrum Jülich.

McCarthy, J. J., Canziani, O. F., Leary, N. A., Dokken, D. J., & White, K. S. (Hrsg.). (2001). *Climate Change 2001: Impacts, Adaption, and Vulnerability*. Cambridge: Cambridge University Press.

Meuser, M., & Nagel, U. (2009). Das Experteninterview: Konzeptionelle Grundlagen und methodische Anlagen. In S. Pickel, G. Pickel, H.-J. Lauth, & D. Jahn (Hrsg.), *Methoden der vergleichenden Politik- und Sozialwissenschaft: Neue Entwicklungen und Anwendungen* (S. 465-479). Wiesbaden: Verlag für Sozialwissenschaften.

Mies, M. (1994). Frauenbewegung und 15 Jahre „Methodische Postulate zur Frauenforschung". In A. Diezinger (Hrsg.), *Erfahrung mit Methode: Wege sozialwissenschaftlicher Frauenforschung* (S. 105-128). Freiburg: Kore.

Mohr, H. (1996). Das Expertendilemma. In H. U. Nennen, & D. Garbe (Hrsg.), *Das Expertendilemma: Zur Rolle wissenschaftlicher Gutachter in der öffentlichen Meinungsbildung* (S. 3-24). Berlin: Springer.

Mohr, H. (1997). Wissenschaft muss Flagge zeigen: Hat sich der Experte klassischen Zuschnitts überlebt? *Wissenschaft und Journalismus 7/97*, 342-345.

Mohr, H. (1998). *Technikfolgenabschätzung in Theorie und Praxis.* Berlin: Springer.

Nennen H. U., & Garbe, D. (Hrsg.). (1996). *Das Expertendilemma: Zur Rolle wissenschaftlicher Gutachter in der öffentlichen Meinungsbildung.* Berlin: Springer.

OECD, & Eurostat (Hrsg.). (2005). *Oslo Manual: Guidelines for Collection and Interpreting Innovations Data. 3. Ausgabe.* Paris.

OECD (2005). *Measuring Globalization: OECD Handbook on Economic Globalization Indicators.* Paris.

Oreskes, N. (2004). Beyond the ivory tower: The scientific consensus on Climate Change. *Science. Vol 306. December 2004, AAAS.*

Prognos, EWI, GWS (2011). Energieszenarien 2011. Projekt Nr. 12/10 des Bundesministeriums für Wirtschaft und Technologie. http://www.prognos.com/fileadmin/pdf/publikationsdatenbank/11_08_12_Energieszenarien_2011.pdf. Zugegriffen: 16. Mai 2013.

Schütz, A. (1972). Der gut informierte Bürger. In ders., *Gesammelte Aufsätze. Band 2* (S. 85-101). Den Haag: Nijhoff.

Sprondel, W. M. (1979). ‚Experte' und ‚Laie': Zur Entwicklung von Typenbegriffen in der Wissenssoziologie. In W. M. Sprondel, & R. Grathoff (Hrsg.), *Alfred Schütz und die Idee des Alltags in den Sozialwissenschaften* (S. 140-154). Stuttgart: Ferdinand Enke Verlag.

Stroink, L., Gerling, J. P., Kühn, M., & Schilling, F. R. (Hrsg.). (2009). Die dauerhafte geologische Speicherung von CO_2 in Deutschland: aktuelle Forschungsergebnisse und Perspektiven. *Geotechnologien science report, Nr. 14.*

Wassermann, S., Schulz, M., & Scheer, D. (2010). Linking Public Acceptance with Expert Knowledge on CO_2 Storage: Outcomes of a Delphi Approach. Paper presented at the 10th International Conference on Greenhouse Gas Control Technologies, Amsterdam, September 19-23, 2010.

Weart, S. R. (2008). *The Discovery of Global Warming. Revised and expanded Edition.* Cambridge/London: Havard University Press.

Weber, M. (2008). Die soziale Konstruktion des Klimawandels. In: dies., *Alltagsbilder des Klimawandels: Zum Klimabewusstsein in Deutschland.* Wiesbaden: Verlag für Sozialwissenschaften.

3 Methoden der Experteneinbindung

Marlen Niederberger

Zusammenfassung

Dieser Artikel gibt einen Überblick über zentrale, häufig eingesetzte Methoden der Experten- und Stakeholdereinbindung in der sozialwissenschaftlichen Praxis. Dazu werden verschiedene Methoden vorgestellt, mögliche Abgrenzungen diskutiert und ein Vorschlag für eine sinnvolle Klassifizierung der in diesem Buch vorgestellten Methoden formuliert. Diese Klassifizierung orientiert sich an den spezifischen Aufgaben, die Experten im Rahmen einer Methode ausüben. Abschließend werden einige typische Besonderheiten und Herausforderungen bei der Einbindung von Experten und Stakeholdern dargestellt.

3.1 Einleitung

Zentrales Ziel sozialwissenschaftlicher Forschung ist es, soziales Handeln ursächlich zu erklären und den Sinn zu verstehen (Weber 1980, S. 1). Typischerweise werden deshalb Individuen quantitativ oder qualitativ befragt. In den letzten Jahren werden neben Bürgern zunehmend Experten unterschiedlicher Disziplinen in die empirische sozialwissenschaftliche Forschung eingebunden. Dies passiert auf verschiedenen Ebenen. Experten können beispielsweise selbst Untersuchungsgegenstand sein oder (aber auch) bei anspruchsvollen technischen oder naturwissenschaftlichen Fragestellungen Sozialwissenschaftler bei ihrer Arbeit unterstützen und beraten.

Der folgende Artikel soll einen kurzen Überblick über die gängigen Methoden der Experteneinbindung in der sozialwissenschaftlichen Forschung bieten und dabei insbesondere auf spezifische Herausforderungen eingehen. Der Begriff „Methoden" meint hier empirische Verfahren, die systematisch und ergebnisorientiert geplant und durchgeführt werden. Diese Methoden können sich dabei aus einzelnen Erhebungsinstrumenten oder der Kombination verschiedener Verfahren zusammensetzen. Der Einsatz dieser Methoden kann darüber hinaus sehr unterschiedlich motiviert sein und verschiedene Ziele verfolgen; entsprechend divergent sind daher die möglichen, damit erreichbaren Ergebnisse und Verwertungsoptionen.

3.2 Relevanz der Experten- und Stakeholdereinbindung in der sozialwissenschaftlichen Praxis

Inter- und Transdisziplinarität sind zu zentralen Kennzeichen wissenschaftlicher Erkenntnis avanciert (Bergmann et al. 2010). Hintergrund ist die sogenannte „neue Wissensordnung" (Howaldt 2004; Weingart 2003). In dieser werden immer höhere Anforderungen an die Nützlichkeit und Verwertbarkeit wissenschaftlicher Erkenntnisse gestellt und das Tempo für die Produktion und Haltbarkeit neuen Wissens erhöht (Stehr 2001). In allen gesellschaftlichen Subsystemen, wie z. B. in der Politik, in der Wirtschaft, in der Kultur oder in der Bildung, beeinflussen wissenschaftliche Erkenntnisse die Wahrnehmung und das Handeln jedes Einzelnen (Weingart 2003). Dabei zeichnen sich eine zunehmende Spezialisierung, vermehrte fachwissenschaftliche Zuständigkeiten und erhöhte Tiefenschärfe von Wissen (Bergmann et al. 2010) ab, welche die Erfassung, Nutzung und Bündelung von aktuellem und vollständigem Wissen zu bestimmten Problemfeldern erschweren. Semantische Besonderheiten, theoretische Differenzen und methodische Unterschiede unterstreichen diese Problematik. Gleichzeitigt wachsen in der neuen Wissensordnung Unsicherheiten über vertrauenswürdige Quellen. Der Beratungsbedarf bei Bürgern, Industrie und Politik steigt (Blättel-Mink und Katz 2004). Aber auch die verschiedenen wissenschaftlichen Disziplinen sehen sich zunehmend mit der Forderung konfrontiert, disziplinübergreifendes Verständnis zu erwerben und Lösungen für komplexe gesellschaftliche Themen zu erarbeiten, denen eine disziplinär beschränkte Perspektive nicht gerecht werden würde. Es werden daher zum einen Verfahren benötigt, um unterschiedliche Expertisen zu bündeln bzw. alle relevanten Wissensbestände zu erfassen. Zum anderen sind Kommunikations- und Dialogprozesse für die Implementierung, Umsetzung und Aufbereitung neuen Wissens notwendig. Hier haben vor allem Sozialwissenschaftler verschiedene innovative Methoden entwickelt, weshalb gerade ihre Expertise vermehrt nachgefragt wird.

Die Veränderungen der neuen Wissensordnung prägen also auch die Arbeit von Sozialwissenschaftlern und machen deutlich, warum das Wissen und das Knowhow von Experten unterschiedlicher Disziplinen sowohl für disziplinübergreifende als auch für die genuin sozialwissenschaftliche Fragestellungen zunehmend an Relevanz gewinnen. Zum einen erfassen, bündeln und integrieren Sozialwissenschaftler aktuelles Wissen und zum anderen sind Sozialwissenschaftler zunehmend die Berater von Politik, Wirtschaft und Gesellschaft und unterstützen bei der Kommunikation neuen Wissens. Bergmann et al. (2010, S.41f.) unterscheiden drei Aufgaben bei der Integration trans- und interdisziplinärer Forschung, die auch in diesem Zusammenhang zutreffen: kommunikative Dimension, sozial-organisatorische Dimension und kognitiv-epistemische Dimension. Bei der kommunikativen Dimension geht es um das Herstellen einer gemeinsamen Sprache. Ziel der sozial-organisatorischen Dimension ist die Bündelung unterschiedlicher Interessen und bei der kognitiv-epistemischen Dimension geht es um die Bündelung von Fachwissen und dem Verstehen der Methoden und Begriffe anderer Disziplinen. Die verschiedenen Methoden der Experten- und Stakeholdereinbindung konzentrieren sich dementsprechend auf das eine oder andere Themenfeld, können aber auch verschiedene Aufgaben kombinieren bzw. integrieren.

3.3 Klassifizierung der Methoden

Die sozialwissenschaftliche Forschung kennt eine Vielzahl an Methoden. Dabei reicht die Spannbreite an assoziierten Methoden von konkreten Verfahren, wie standardisierte Befragungen, bis hin zu einem allgemeineren Verständnis als Gestaltungsmöglichkeiten von Workshops. Hier werden Methoden in einem klassisch sozialwissenschaftlichen Sinn als Verfahren verstanden, die systematisch und regelgeleitet durchgeführt werden, ein spezifisches Ziel (z. B. Report) verfolgen, deren Befunde auf qualitativen und/oder quantitativen Analysen beruhen und die sich verschiedener Erhebungsinstrumente bedienen können (z. B. Leitfäden, Fragebögen). Derartige Methoden können beispielweise Experimente, Beobachtungen, Interviews aber auch Workshops sein.

In der sozialwissenschaftlichen Praxis gibt es mittlerweile eine Vielzahl an unterschiedlichen Methoden, deren Klassifizierung nicht einfach und nicht trennscharf ist. Auf einer allgemeinen Ebene werden diese üblicherweise nach qualitativen und quantitativen Methoden unterschieden (Schnell et al. 1999; Schulz und Ruddat 2008). Diese Unterteilung ist aber mit zunehmender Komplexität der Methoden und der Etablierung von sogenannten Mixed-Method-Designs (Kelle 2008) nicht immer sinnvoll. Zudem werden als dritte Kategorie mitunter Diskurs- und Dialogmethoden eingeführt. Geht es konkret um Methoden der Experteneinbindung, ist diese grobe Unterteilung wenig sinnvoll, weil damit die unterschiedlichen Ziele und Bedarfe nicht ausreichend berücksichtigt werden.

Einen konkreten Vorschlag für die Klassifizierung von Methoden der Experteneinbindung stammt von Burghardt (1999, S. 101ff). Er unterscheidet vier Formen:

- Einzelschätzung: Befragung einzelner Experten
- Mehrfachbefragung: Befragung einer Gruppe von Experten
- Delphi-Methode: Mehrmalige Befragung von Experten

- Schätzklausur: Berücksichtigung gruppendynamischer Aspekte, beispielsweise Erfassung von Kommunikations- und Dialogprozessen während eines Workshops

Burghardts Klassifizierung unterteilt die Methoden auf Basis der Art der Befragung bzw. der Anzahl der Experten. Sie vergisst aber beispielsweise, dass in den Sozialwissenschaften Experten manchmal auch als eine Art Beirat bzw. beratendes Gremium eingesetzt werden, die kontinuierlich den Forschungsprozess begleiten und unterstützen.

Alternativ könnte eine Unterteilung in dialogische versus analytische Methoden der Experten- und Stakeholdereinbindung erfolgen. Bei dialogischen Methoden werden Experten zu einem Austausch angeregt, üblicherweise auf einer Konferenz oder einem Workshop. Bei analytischen Methoden steht dagegen die Erfassung der relevanten Expertenurteile im Zentrum. Dies kann beispielsweise über Interviews geschehen. Viele Methoden der Experteneinbindung verbinden allerdings analytische und dialogische Elemente; eine trennscharfe Unterteilung ist demzufolge nicht möglich.

Eine andere Möglichkeit der Klassifizierung wäre eine Unterscheidung der Methoden nach ihrer Rolle bzw. ihrer Funktion im Forschungsprozess. Hier steht die Frage im Vordergrund, ob es sich eher um explorative, hypothesengenerierende oder um hypothesenüberprüfende Methoden handelt. Diese Unterteilung ist allerdings sehr allgemein und in der Praxis der Experten- und Stakeholdereinbindung werden häufig beide Ziele gleichzeitig verfolgt. Aufgestellte Hypothesen werden geprüft, aber es wird auch Raum für neue Erkenntnisse gelassen.

Eine weitere Möglichkeit wäre eine inhaltliche Unterscheidung auf Basis des Erkenntnisinteresses. Die zentrale Fragen lautet dann: Welche Ziele werden mit der jeweiligen Methode verfolgt? Hier kann es sich beispielsweise um die Erfassung der Expertenurteile, um eine Synthese, um die Integration oder um Konsensbildung zwischen den Experten handeln. Bei dieser Unterteilung fällt im Detail aber eine Differenzierung schwer, weil die Integration von Wissen oftmals impliziert ist. Deshalb sprechen Bergmann et al. (2010) in diesem Zusammenhang auch von Integrationsmethoden. Sie meinen damit unter einer transdisziplinären Sichtweise einerseits Methoden im Sinne von reproduzierbarem geregeltem wissenschaftlichem Vorgehen und andererseits Integrationsmethoden, die ein ebenfalls reproduzierbares, aber vielleicht eher ein als praktisch und prozessorientiert zu bezeichnendes Vorgehen beschreiben (Bergmann et al. 2010, S. 45). Unter diesen Methoden zählen die Autoren auch konzeptionelle Begriffsarbeit oder die Bildung fachübergreifender Teams. Gemeint sind damit also eher

Grundlagen, Prinzipien oder Ziele, die eine disziplinübergreifende Arbeit erst ermöglichen – nicht Methoden im hiesigen Sinne.

Vielversprechender erscheint eine Klassifizierung der Methoden nach dem Input der Experten: Welche Aufgabe haben sie in dem Verfahren bzw. in unserem Fall in der sozialwissenschaftlichen Forschung? Dabei können fünf unterschiedliche idealtypische Aufgaben unterschieden werden:

- *Wissens- und Faktenbereitstellung:* Hier geht es darum, das Wissen und das Knowhow der Experten zu erfassen. Dies kann u. a. über Literaturrecherchen, Einzelgespräche oder auch Workshops geschehen. Typischerweise werden reine Wissensaspekte bei der Vorbereitung von Erhebungsinstrumenten, vor allem von standardisierten Fragebögen oder Leitfäden benötigt. So kann sichergestellt werden, dass alle relevanten Inhalte und die korrekte Terminologie eingesetzt werden. Es ist beispielsweise wichtig zu wissen, welche technischen Möglichkeiten zur Verbesserung des CO_2-Ausstoßes bei Autos existieren, um diese bei Befragungen mit Bürgern thematisieren zu können. Eine besondere Herausforderung bei der Wissensbereitstellung ist die Auswahl der Experten, die Identifikation relevanter Fragestellungen, die präzise und sachlich-korrekte Formulierung und das Verständnis bzw. die passende Interpretation/Einordnung der Antworten. Im Ergebnis dieser Verfahren kann das Wissen nicht nur zusammenfassend oder synthetisierend dargestellt werden, sondern auch neues Wissen entstehen. Gerade wenn die Experten und Stakeholder in einen direkten Dialog treten, können in konstruktiver und anregender Diskussion innovative und weiterführende Ideen entwickelt werden.
- *Vorausschau und Schätzung:* Hier geht es darum, auf Basis des Wissens, Abschätzungen über die Zukunft zu machen. Hierfür werden traditionell Delphi-Befragungen oder Szenariotechniken eingesetzt (Häder 2002; Wilms 2006; Graf und Klein 2003). Ziel ist es dabei nicht, die Zukunft realiter vorherzusagen, sondern möglichst wahrscheinliche Szenarien oder qualitative Modelle über Wirkungszusammenhänge im System zu entwickeln.
- *Bewertung, Priorisierung und Transfer von Erkenntnissen bzw. Innovationen:* Hier geht es darum, wissenschaftliche Erkenntnisse von Experten und Stakeholdern bewerten zu lassen. Am Ende stehen hier in der Regel entweder normative Empfehlungen oder systematische Zusammenstellungen von Beurteilungskriterien für verschiedene Handlungs- und Entscheidungsoptionen. So können beispielsweise Handlungsempfehlungen, die aus wissenschaftlichen Analysen gewonnen werden, von Experten und Stakeholdern im Hinblick auf ihre Umsetzbarkeit und Machbarkeit bewertet und priorisiert werden. Die große Herausforderung dabei ist der unterschiedliche

fachspezifische Blickwinkel der Experten. Denn die Bewertung unter technischen, juristischen oder politischen Aspekten, kann unterschiedliche Ergebnisse hervorbringen. Typische Methoden wären hier beispielsweise transdisziplinäre Workshops (Bergmann et al 2002).

- *Austausch, Beratung und Dialog:* Diese Aufgabe kann sich auf die Kommunikation mit Bürgern beziehen oder auf die Beratungsleistung in der sozialwissenschaftlichen Forschung. 1. Experten können eingebunden werden, um Bürger über bestimmte Themenfelder zu informieren oder aufzuklären. Dies kann beispielsweise bei der Konzeption von Informationsangeboten geschehen. Auch bei Partizipationsveranstaltungen wie Konsensus- oder Bürgerkonferenzen, wird oftmals entsprechende Expertise angefragt und Experten unterschiedlicher Disziplinen eingebunden (Niederberger et al. 2013). Eine derartige Einbindung ist auch bei Online-Dialogen häufig relevant. In diesen Fällen sind die Experten sozusagen Teil der Methode und nicht selbst Untersuchungsgegenstand.[1] Die Experteneinbindung bedeutet aber nicht zwangsläufig, dass sie die Ergebnisse von Bevölkerungsumfragen oder Partizipationsverfahren beeinflussen oder gar dirigieren. Den Output erstellen in der Regel die Bürger. 2. Nicht selten wird eine Gruppe von Experten und Stakeholder, beispielsweise als Berater oder begleitendes Gremium bzw. Expertenbeirat eingebunden. Diese Gruppe wird regelmäßig über den Fortgang bzw. aktuelle Entwicklungen eines sozialwissenschaftlichen Projektes informiert, beratend hinzugezogen und in die weiteren Planungen einbezogen. Bei längeren Prozessen können dabei verschiedene Methoden der Experten- und Stakeholdereinbindung integriert und angewendet werden. Damit assoziiertes Ziel ist oftmals die Anschlussfähigkeit sozialwissenschaftlicher Erkenntnis in die Praxis. Die Chance der Umsetzung neuer Erkenntnisse und Innovationen soll erhöht werden. Gleichzeitig kann die Integration von „namhaften Persönlichkeiten“ die mediale Aufmerksamkeit auf das Projekt ziehen. Grundsätzlich besteht bei solchen Gremien aber die Gefahr, dass sie nur pro forma eingesetzt werden, um die Legitimität des Projektes zu erhöhen. Es gibt aber Verfahren wie zum Beispiel Runde Tische, die versuchen, Stakeholder systematisch einzubinden und die Chance relevanter und kontinuierlicher Beratungsleistung zu erhöhen. Sozialwissenschaftler liefern nicht nur den In-

1 Es sei denn, sie werden beispielsweise im Rahmen von Evaluationen selbst befragt. Im Rahmen solcher Evaluationen hat sich gezeigt, dass Experten nicht nur Informationsgeber sind, sondern auch selbst etwas lernen können, beispielsweise wie Bürger zu ihrem Urteil kommen. Bisherige Studien deuten beispielsweise darauf, dass sie u. a. die Sichtweisen von Bürgern besser verstehen lernen und sich mit ihnen face-to-face auseinander zu setzen (Joss 2000).

put, sondern werden in diesem Zusammenhang auch oftmals als Moderatoren angefragt und eingesetzt.

- *Umsetzung und Multiplikatoren:* Ein oft nicht explizit formuliertes aber häufig assoziiertes Ziel der Experten- und Stakeholdereinbindung ist die Anschlussfähigkeit (sozial-)wissenschaftlicher Erkenntnis zu sichern. Durch die Einbindung soll sichergestellt werden, dass die Experten die Ergebnisse mittragen, akzeptieren und idealerweise in ihrem beruflichen Alltag berücksichtigen und diese weitergeben. Diese Aufgabe der Experten und Stakeholder ist häufig ein übergeordnetes Ziel und mit den meisten entsprechenden Methoden assoziiert. Deshalb werden Protokolle und Ergebnisberichte häufig den Experten zur Verfügung gestellt.

Die einzelnen Aufgaben der Experten sind nicht trennscharf. Die Bereitstellung von Wissen ist oftmals die Basis, auf dessen Grundlage die Experten und Stakeholder bewerten, beraten oder vorausschauen. Einige Methoden können auch so eingesetzt werden, dass die Experten mehrere Aufgaben erfüllen. So werden beim Gruppendelphi die Experten oftmals gebeten, ihr Wissen zu teilen, aber auch Erkenntnisse oder normative Vorschläge zu bewerten (vgl. Schulz und Renn 2009). Viele Methoden werden kontinuierlich weiterentwickelt und neue Ziele bzw. Ansprüche kristallisieren sich heraus. So wurde bei der Cross-Impact-Analyse ursprünglich vor allem mit Wahrscheinlichkeiten gearbeitet (Gordon und Hayward 1968), mittlerweile aber zunehmend mit qualitativen Modellen (Weimer-Jehle 2006.). Deshalb kann die Einordnung konkreter Methoden nur auf Basis der „typischen" bzw. „charakteristischen" Aufgabe der Experten und Stakeholder basieren.

Zudem sind viele Methoden der Experten- und Stakeholdereinbindung komplexe Verfahren, die über einen längeren Zeitraum aus unterschiedlichen Elementen bestehen und mit mehreren Erhebungsinstrumenten arbeiten. Viele Methoden setzen sich aus ähnlichen Grundelementen (vor allem Einzelinterviews und Workshops) zusammen, führen aber durch verschiedene Kombinationen, Aufgabenstellungen und Vorgehensweisen zu sehr unterschiedlichen Resultaten. Bei den ersten drei Aufgaben (Wissensbereitstellung, Bewertung und Vorausschau) sind die Experten selbst Untersuchungsgegenstand. Bei den letzten beiden Aufgaben (Dialog und Umsetzung) werden Experten typischerweise eingesetzt, um die Qualität und Anschlussfähigkeit der methodischen Verfahren sicher zu stellen. Sie fungieren hier als eine Art „Qualitätsmanager". Alle Methoden können dabei off- und online durchgeführt werden. So stehen Experten, beispielsweise häufig im Rahmen von politischen Partizipationsprojekten, über entsprechende Internetseiten interessierten Bürgern bei Fragen zur Verfügung.

Einige häufig eingesetzte Methoden in der sozialwissenschaftlichen Forschung werden in diesem Buch anhand von konkreten Praxisbeispielen vorgestellt und diskutiert. Viele der Methoden werden nicht nur in der sozialwissenschaftlichen Forschung eingesetzt, sondern haben sich zu Standardinstrumenten der inter- und transdisziplinären Forschung etabliert. Im Folgenden soll zunächst ein kurzer Überblick über die Methoden gegeben werden. Damit soll nicht der Eindruck entstehen, es gäbe „nur" diese Methoden. Die vorliegende Auswahl soll aber die Bandbreite an Verfahren und Zielstellungen aufzeigen und präsentiert die in der sozialwissenschaftlichen Forschung häufig eingesetzten Methoden.

3.4 Überblick über zentrale Methoden der Experten- und Stakeholdereinbindung

Ziel der verschiedenen Verfahren ist es, eine breite Wissensbasis zu schaffen, wissenschaftliche Erkenntnisse zu bewerten und damit letztendlich die Relevanz und Verwertbarkeit der Ergebnisse zu erhöhen. Zur Erhöhung der Nachvollziehbarkeit und Validität der Befunde braucht es systematische und regelgeleitete Methoden der Experteneinbindung.

Bei den verschiedenen Verfahren der Experten- und Stakeholdereinbindung geht es darum, eine größere Gruppe an Experten einzubinden. Als Experten gelten dabei Personen, die sich per Beruf danach auszeichnen. In der Regel werden keine Personen integriert, die sich im Rahmen eines Hobbys entsprechendes Wissen angeeignet haben. Ausnahmen sind Personen, die sich beispielsweise in Vereinen oder Verbänden engagieren und somit auch extern wahrnehmbar werden. Derartige Nicht-Regierungs-Organisationen (NGOs) spielen gerade in der transdisziplinären Forschung eine wichtige Rolle, weil sie hier als Praxisakteure eingebunden werden. Für alle Methoden gilt, wenn eine ausreichend große Zahl an Experten integriert wird, erhöht sich zum einen die Chance einer umfassenden Darstellung und zum anderen wird die Gefahr der Einseitigkeit und damit auch der mögliche Vorwurf, Wissenschaft würde sich von der einen oder anderen Seite institutionalisieren lassen, eingedämmt.

In dem vorliegenden Buch werden elf Methoden der Experten- und Stakeholdereinbindung in die sozialwissenschaftliche Forschung beispielhaft präsentiert:

1. *Qualitative Experteninterviews:* Dabei handelt es sich typischerweise um Einzelgespräche mit Experten oder Stakehodern, die in der Regel anhand eines Leitfadens durchgeführt werden und anschließend vom sozialwissen-

schaftlichen Forscherteam ausgewertet und im Hinblick auf zentrale Aussagen zusammengefasst werden.

2. *Transdisziplinäre Workshops:* Hier werden Experten und Stakeholder gemeinsam zu einem Workshop eingeladen, der unterschiedlich ausgestaltet werden kann. Wichtig ist hierbei die Herstellung eines geeigneten Rahmens für einen anregenden und konstruktiven Diskurs zwischen den Experten. Aufgabe der Sozialwissenschaftler ist typischerweise die Gestaltung, Organisation und Auswertung des Workshops.
3. *Konstellationsanalyse:* Das ist ein Verfahren, bei dem, auf Basis von Interviews oder Workshops mit Experten und Stakeholdern, ein Team von Sozialwissenschaftlern Konstellationen untersucht und grafisch aufbereitet.
4. *Gruppendelphi:* Das Gruppendelphi ist eine Art Workshop, bei dem in rotierenden Kleingruppen ein standardisierter Fragebogen von Experten beantwortet wird. Ziel ist in der Regel, Konsens bzw. Konsens über Dissens über einen Wissensdiskurs zu erhalten.
5. *Victorian Calling:* Victorian Calling ist eine Methode zur Gestaltung einer transdisziplinären Fachtagung, in deren Rahmen Forschungsergebnisse und sich daraus ergebende Empfehlungen für die Praxis zur Diskussion gestellt und im Dialog weiterentwickelt werden können.
6. *Wertbaumanalyse:* Bei der Wertbaumanalyse werden verschiedene Methoden, in der Regel Interviews und Workshops, mit dem Ziel der Entwicklung eines gemeinsamen Wertbaums eingesetzt. Die Aufgabe der Experten und Stakeholder ist dabei die diskursive Festlegung und systematische Zuordnung von Beurteilungskriterien für Handlungs- oder Entscheidungsoptionen.
7. *SWOT-Analyse:* Ziel der SWOT-Analyse ist es, Trends und Faktoren für die Erreichung von Zielen mit den Kategorien interne Stärken und Schwächen sowie externe Chancen und Bedrohungen systematisch zu erfassen. Als Quelle für deren Erfassung können Interviews oder Workshops mit Experten dienen.
8. *Szenariotechnik:* Hier werden Experten und Stakeholder einbezogen, um ihre Annahmen und Bewertungen von zukünftigen Entwicklungen zu erfahren. Experten und Stakeholder dienen dabei als Wissens- und Datenquellen und ihr Standing der Sicherung der Glaubwürdigkeit der Szenarien.
9. *Cross-Impact-Analyse:* Bei diesem Verfahren werden Experteneinschätzungen verwendet, um die Interdependenzen komplexer, interdisziplinärer Systeme qualitativ zu diskutieren, zu formulieren und zu analysieren. Die Einschätzungen werden über Einzelbefragungen und Workshops eingeholt.
10. *Partizipative Modellierung:* Ziel der Partizipativen Modellierung ist die Mitwirkung von gesellschaftlichen Anspruchsgruppen und Wissensträgern

bei der Erstellung und/oder Nutzung konzeptioneller und computergestützter Modelle.

11. *Bürgerkonferenz:* Eine Bürgerkonferenz ist ein Partizipationsverfahren, bei dem Bürger zu einem bestimmten Thema diskutieren und gemeinsam einen Bürgerreport erarbeiten, der an die Politik weitergegeben wird. Zur Vorbereitung und während der Veranstaltung werden Experten beratend und unterstützend hinzugezogen, sowohl für das Organisationsteam als auch für die Bürger.

Die verschiedenen Verfahren werden in dem vorliegenden Buch nach der idealtypischen Aufgabe der Experten gegliedert und präsentiert. Dabei wird entsprechend der oben ausformulierten Clusterung zwischen vier Aufgaben für die Experten bzw. Stakeholder unterschieden: Wissenbereitstellung, Bewertung, Vorausschau und Beratung. Hierbei gilt einschränkend, dass alle dargestellten Methoden modifiziert werden können und dementsprechend auch die Aufgaben der Experten sich verändern können. Oftmals erfüllen die Experten und Stakeholder auch mehrere Aufgaben. Eine Trennschärfe zwischen den einzelnen Aufgabenbereichen ist in der Praxis nicht gegeben. Dennoch gibt es unserer Ansicht nach immer eine typische Aufgabe für die Experten und Stakeholder und diese dient als Grundlage für die Einordnung. Die fünfte Aufgabe der Experten, nämlich die Unterstützung bei der Umsetzung und Verbreitung der Erkenntnisse, liegt quer über allen Methoden und wird deshalb nicht gesondert dargestellt.

1. Für die erste Aufgabe, die *Bereitstellung von Wissen*, werden vier Methoden präsentiert: Mittels qualitativer Interviews werden Experten und Stakeholder nach ihrem Wissen befragt. Am Ende steht in der Regel eine Art Zusammenfassung zentraler Aussagen und Thesen. Bei den transdisziplinären Workshops werden Experten und Stakeholder gebeten, auf Basis ihres Wissens einen regelgeleiteten und systematischen Diskurs zu führen. Durch den direkten Austausch kann dabei auch neues Wissen produziert werden. Bei der Konstellationsanalyse wird das Wissen der Experten und Stakeholder zur grafischen Aufarbeitung eines Sachverhalts genutzt. Bei dem Gruppendelphi wird versucht, das Wissen aller relevanten Expertengruppen zu erfassen und im Idealfall ein gemeinsames Votum zu einem spezifischen Sachverhalt formuliert.
2. Bei der zweiten Aufgabe, der *Bewertung*, werden drei Methoden präsentiert. Bei dem Victorian Calling werden typischerweise vorläufige praxisrelevante Ergebnisse und Empfehlungen, die von Wissenschaftlern erarbeitet wurden, bewertet. Bei der Wertbaumanalyse geht es darum, verschiedene Handlungs-und Entscheidungsoptionen durch die Experten und Stake-

holder bewerten zu lassen. Die SWOT-Analyse ist kein originäres Mittel zur Einbindung von Experten und Stakeholdern, kann aber durch eine entsprechende Ausgestaltung zur verbal-argumentativen Bewertung von Situationen und Handlungsoptionen, beispielsweise für Industrie oder Politik, eingesetzt werden.

3. Die *Vorausschau* steht bei der Szenario- und der Cross-Impact-Analyse im Vordergrund. Bei diesen Methoden geht es um mögliche Zukünfte, dargestellt über quantitative Szenarien oder auch über qualitative Modelle. So werden bei der Cross-Impact-Analyse klassischerweise verschiedene Faktoren und Wirkungszusammenhänge im Hinblick auf ihre Eintrittswahrscheinlichkeit untersucht, zunehmend aber auch qualitative Modelle entwickelt.
4. Die *Beratung* von Bürgern und Wissenschaftlern ist die Aufgabe der Experten und Stakeholder bei Bürgerkonferenzen und bei der Partizipativen Modellierung. Bei den Bürgerkonfernzen helfen die Experten ein Bürgergutachten bzw. Bürgerreport zu formulieren, wohingegen sie bei der Partizipativen Modellierung die Entwicklung und Anwendung computergestützer Modelle unterstützen. Während bei ersterem also Bürger beraten werden, geht es bei der Partizipativen Modellierung um die Begleitung eines wissenschaftlichen Prozesses mit dem Ziel der gemeinsamen Entwicklung eines konkreten Outputs. Dabei können verschiedene Methoden der Experten- und Stakeholdereinbindung angewendet und integriert werden.

Wissenbereitstellung	• Qualitative Experteninterviews • Transdisziplinäre Workshops • Konstellationsanalyse • Gruppendelphi
Bewertung	• Victorian Calling • Wertbaumanalyse • SWOT-Analyse
Vorausschau	• Szenariotechnik • Cross-Impact-Analyse
Beratung	• Partizipative Modellierung • Bürgerkonferenzen

Tabelle 3.1: Überblick über die Methoden nach idealtypischen Aufgaben der Experten

3.5 Herausforderungen bei der Experten- und Stakeholdereinbindung

Es ist unumstritten, dass die Einbindung von Experten und Stakeholdern in der sozialwissenschaftlichen Forschung zunehmend wichtig wird. Die verschiedenen, in diesem Buch vorgestellten Methoden, haben sich explizit dieser Zielgruppe verschrieben. Quer über diese Verfahren zeigen sich einige typische, immer wieder auftauchende Probleme. Die größten Herausforderungen beziehen sich auf die frühzeitige Planung und eine sachgerechte und qualifizierte Kommunikation während des gesamten Verfahrens. Diese Punkte sind Grundvoraussetzung, damit Experten sich bereit erklären, bei den Verfahren kontinuierlich, mitunter über einen Zeitraum von mehreren Monaten oder gar Jahren, mitzumachen und die Ergebnisse mitzutragen.
Einige typische Probleme, die sich aus der täglichen Praxis mit der Arbeit mit Experten und Stakeholdern ergeben, werden im Folgenden kurz dargestellt. Diese Punkte sind bei der Planung, Durchführung und Auswertung der verschiedenen Methoden zu berücksichtigen:

- *Wahl einer geeigneten Methode und Kommunikation an die Experten:* Grundsätzlich gilt, wie in allen sozialwissenschaftlichen Studien, dass die Wahl der Methode der Zielstellung und den Ressourcen angemessen sein muss. Die ausgewählte Methode ist den designierten Experten und Stakeholdern entsprechend zu kommunizieren. Oftmals kennen die Experten und Stakeholder die Methoden nicht, zeigen aber ein gewisses Interesse und Offenheit für neue Verfahren, wenn sie überzeugend, professionell und zielführend kommuniziert und umgesetzt werden. Es sollte aber nicht der Eindruck entstehen, dass sie als Versuchskaninchen für den Test innovativer Methoden dienen. In diesem Fall besteht die Gefahr, dass sie ihre Teilnahme verweigern.
- *Expertendilemma:* Viele Methoden der Experten- und Stakeholdereinbindung sind auf den Dialog ausgelegt. Damit wird die Hoffnung verbunden, dass durch den direkten Austausch positive Gruppenprozesse initiiert werden und so ein umfassenderes Bild über den Gegenstandsbereich möglich ist. Dabei muss aber klar sein, dass Experten unterschiedliche Standpunkte und Sichtweisen vertreten, die mitunter ideologisch überformt sind (siehe Wassermann „Expertendilemma" in diesem Buch). In solchen Fällen kann eine konstruktive und ergebnisorientierte Diskussion zwischen den Experten schwierig sein. Eine kompetente, qualifizierte und neutrale Moderation kann diese Gefahr abmildern, ist aber kein Garant für einen erfolgreichen Dialog.

- *Zeit:* Eine große Herausforderung bei allen Methoden der Experten- und Stakeholdereinbindung ist die Terminfindung. Je nach Position, Reputation und Expertise, können Experten und Stakeholder über Monate ausgebucht sein. Deshalb ist eine frühzeitige Ansprache der relevanten Experten eine Grundvoraussetzung für ein gelungenes Verfahren.
- *Vertretung:* Eng mit der Problematik eines vollen Terminkalenders hängt zusammen, dass manchmal nicht der angefragte Experte zur Verfügung steht, sondern ein Vertreter (in der Regel ein Mitarbeiter) vorgeschlagen wird. Grundsätzlich ist dies bei vergleichbarer Expertise kein Problem. Es sollte aber bei den dialogischen Verfahren geprüft werden, inwieweit Status und Seniorität der Experten eine Kommunikation auf Augenhöhe ermöglichen.
- *Fensterreden:* Experten sind in der Kommunikation mitunter nicht einfach. Gerade wenn sie den Eindruck bekommen, dass sie nicht ernst genommen werden oder wenn sie die Verfahren als politische Plattformen sehen, kann eine sachliche, konstruktive und ergebnisorientierte Kommunikation problematisch werden. Durch kompetentes Auftreten und eine neutrale Moderation kann dieses Risiko aber zumindest abgeschwächt werden.
- *Akzeptanz der Ergebnisse:* Bei vielen Verfahren werden die Ergebnisse in Berichtform den eingebundenen Experten mitgeteilt. In der Regel erhalten sie dabei auch die Möglichkeit, noch einmal Stellung zu den Aussagen zu nehmen und ggfs. zu ergänzen oder zu korrigieren. Die Erfahrung zeigt, dass solche Berichte, nicht zuletzt aufgrund des vollen Terminplans von Experten und Stakeholder, erst angeschaut werden, wenn sie für die breite Öffentlichkeit oder den Auftraggeber formuliert werden. Folglich kann es vorkommen, dass Dinge, die bis dato in Ordnung waren, nun doch kritisch angemerkt werden und es zu Verzögerungen kommt; im schlimmsten Fall sogar zu einer Ablehnung der Ergebnisse.
- *Verknüpfung mit anderen Instrumenten:* Oftmals werden die verschiedenen Methoden im Kontext eines größeren Forschungsprojektes eingesetzt und die Ergebnisse mit anderen empirischen Untersuchungen, z. B. mit Bevölkerungsumfragen in Beziehung gesetzt. Der Gesamtkontext und die Rolle im Forschungsprozess muss für die Experten offengelegt werden. Wichtig ist dabei der Auftraggeber der Studie. Wenn Experten das Risiko sehen, dass sie instrumentalisiert werden, verweigern sie ihre Teilnahme. Für Grundlagenforschung stehen sie erfahrungsgemäß gerne zur Verfügung.

Zu beachten ist, dass Experten und Stakeholder für die Teilnahme an den Verfahren in der Regel kein Geld bekommen, bestenfalls eine Aufwandsentschädigung und auch ihre Namen oftmals anonym bleiben. Deshalb ist die Bereitschaft ihrerseits für die Teilnahme keinesfalls eine Selbstverständlichkeit und ihnen sollte mit Sachverstand, Kompetenz und Taktgefühl begegnet werden. Dann versprechen die eingesetzten Methoden umfassende und valide Ergebnisse, die in der weiteren wissenschaftlichen Forschung oder für den gesellschaftlichen Diskurs genutzt werden können.

3.6 Fazit

Die Einbindung von Experten und Stakeholdern in die sozialwissenschaftliche Forschung wird zunehmend wichtiger. Gerade bei interdisziplinären Forschungsfragen spielen sie oftmals eine zentrale Rolle. Mittlerweile gibt es eine Vielzahl an Methoden, die zu verschiedenen Fragestellungen und mit unterschiedlichem Aufwand durchgeführt werden können. Welche Methode angemessen ist, hängt von der Forschungsfrage und vom Forschungsdesign ab. Als Grundvoraussetzungen für ein gelingendes Verfahren haben sich dabei eine frühzeitige Organisation und eine kompetente und sachgerechte Kommunikation erwiesen. So können Sozialwissenschaftler bei der Klärung von Expertendilemmata helfen, Politik und Gesellschaft beraten und die Anschlussfähigkeit wissenschaftlicher Erkenntnis gewährleisten. Denn auf der normativen Ebene verbindet sich mit der Einbindung von Experten und Stakeholdern oftmals die Hoffnung, die praktische Relevanz und Umsetzungschance der Erkenntnisse zu erhöhen.

3.7 Literatur

Bergmann, M., Jahn, T., Knoblauch, T., Krohn, W.. Pohl, C., & Schramm, E. (2010). *Methoden transdisziplinärer Forschung. Ein Überblick mit Anwendungsbeispielen.* Frankfurt/New York: Campus Verlag GmbH.

Blättel-Mink, B., & Katz, I. (Hrsg.). (2004). *Soziologie als Beruf? Soziologische Beratung zwischen Wissenschaft und Praxis.* Wiesbaden: VS Verlag für Sozialwissenschaften.

Burghardt, M. (1999). Einführung in Projektmanagement. Definition, Planung, Kontrolle, Abschluss. Siemens-Aktiengesellschaft (Hrsg.), Berlin und München: Publicis Corporate Publishing.

Gordon, T. J., & Hayward, H. (1968). Initial Experiments with the Cross Impact Matrix Method of Fore-casting. *Futures 1*, 100-116.

Graf, H. G., & Klein, G. (2003). *In die Zukunft führen. Strategieentwicklung mit Szenarien.* Zürich: Rüegger Verlag.

Häder, M. (2002). *Delphi-Befragungen. Ein Arbeitsbuch.* Wiesbaden: VS Verlag für Sozialwissenschaften.

Howaldt, J. (2004). *Neue Formen sozialwissenschaftlicher Wissensproduktion in der Wissensgesellschaft. Forschung und Beratung in betrieblichen und regionalen Innovationsprozessen.* Münster: Lit Verlag.

Joss, S. (2000). Participation in parliamentary technology assessment. In Vig, N. J., & Paschen, H. (Hrsg.), *Parliaments and Technology. The development of technology assessment in Europe* (S. 325-362). Albany.

Kelle, U. (2008). *Die Integration qualitativer und quantitativer Methoden in der empirischen Sozialforschung: Theoretische Grundlagen und methodologische Konzepte.* Wiesbaden: VS Verlag für Sozialwissenschaften.

Niederberger, M., Keierleber, V., & Schneider, I. (2013). Kompetenzerwerb und Meinungsbildung in Bürgerkonferenzen. *Zeitschrift für Politikwissenschaft 23*, 39-76.

Schulz, M., & Renn, O. (Hrsg.). (2009). *Das Gruppendelphi. Konzept und Fragebogenkonstruktion.* Wiesbaden: VS Verlag für Sozialwissenschaften.

Schulz, M., & Ruddat, M. (2008). Unvereinbare Gegensätze? Eine Diskussion zur Integration quantitativ-qualitativer Ergebnisse. *Soziale Welt 59*, 107-122.

Stehr, N. (2001). Moderne Wissensgesellschaften. *Aus Politik und Zeitgeschichte 36*, 7-13.

Weber, M. (1980). *Wirtschaft und Gesellschaft. Grundriss der verstehenden Soziologie*/besorgt von Johannes Winkelmann, erstmals 1922. Tübingen.

Weimer-Jehle, W. (2006). Cross-Impact Balances: A System-Theoretical Approach to Cross-Impact Analysis. *Technological Forecasting and Social Change 73*, 334-361.

Weingart, P. (2003). *Wissenschaftssoziologie.* Bielefeld: transcript.

Wilms, F. (2006). *Szenariotechnik. Vom Umgang mit der Zukunft.* Bern: Haupt Verlag.

Bereitstellung von Wissen

4 Das qualitative Experteninterview

Sandra Wassermann

Zusammenfassung

Der Artikel stellt die Methode des qualitativen Experteninterviews vor. Die Methode wird zunächst wissenschaftstheoretisch im Hinblick auf ihre Funktion und Einsatzmöglichkeit im sozialwissenschaftlichen Forschungsprozess diskutiert. Dabei fragt der Artikel auch danach, was genau unter Experten zu verstehen ist und schlägt dabei einen sehr weit gefassten Expertenbegriff vor. In einem weiteren Abschnitt werden dann die Grenzen der Methode des qualitativen Experteninterviews aufgezeigt, aber auch auf Möglichkeiten der Kombination mit anderen Methoden hingewiesen. Darüber hinaus zeigt der Artikel in einem praktischen Abschnitt auf, welche Herausforderungen das qualitative Experteninterview in der Praxis häufig mit sich bringt und wie diesen begegnet werden kann.

4.1 Einleitung

Der vorliegende Artikel stellt das Experteninterview als eine sehr wichtige und häufig verwendete Methode in den Sozialwissenschaften vor. Nach einem Definitionsversuch diskutiert der Artikel die in Abhängigkeit des jeweiligen Erkenntnisinteresses üblichen Einsatzmöglichkeiten und die Funktion, die die Methode des Experteninterviews in einem Forschungsprozess erfüllen kann. Des Weiteren werden Herausforderungen und Schwierigkeiten angesprochen, sowie konkrete und praktische Tipps zum Umgang mit diesen Herausforderungen. Nach einem kurzen Abschnitt zu den üblichen Auswertungsmethoden folgt ein längerer Abschnitt, der beispielhaft den Einsatz der Methode des qualitativen Experteninterviews in einem interdisziplinären Forschungsprojekt skizziert.

4.2 Definition Experte

Was ist ein „Experte"? Nach Schütz (1972) zeichnet sich ein Experte durch ein detailliertes und spezialisiertes Wissen aus. Das Wissen eines Experten beschränke sich grundsätzlich auf ein bestimmtes, klar abgestecktes Wissensgebiet und ist

„... durch auferlegte Relevanzen ...“ (Liebold und Trinczek 2009, S. 34) bestimmt. Es existiert also ein klar begrenzter Bezugsrahmen, den der Experte auch kennt und dessen er sich bewusst ist, wenn er Aussagen über diese Wissensgebiete und Realitätsausschnitte tätigt. Dieses Verständnis weicht von einer rein forschungspragmatischen Vorstellung ab, der zufolge allein der Forscher einem Experten diesen Status verleiht, nämlich „ ... durch seine Befragtenrolle“ (Meuser und Nagel 2009b, S. 466). Außerhalb der interessierten Realitätsausschnitte, zu denen ein Experte befragt werden kann, gilt er nicht mehr als Experte, sondern nur noch als „Mann auf der Straße“ oder „gut informierter Bürger“ (Schütz 1972). Dieses Verständnis verweist darauf, dass der Interviewer und der interviewte Experte ein gemeinsames Verständnis davon haben, welche Realitätsausschnitte im fraglichen Interview betrachtet werden und für welche dieser Wissensbereiche der Experte ein exklusives Expertenwissen besitzt, das abgefragt wird. Die betrachteten und abgefragten Wissensbestände beziehen sich ausdrücklich nicht nur auf wissenschaftliches Wissen, sondern können alle Formen von Sonderwissen aus verschiedenen gesellschaftlichen Subsystemen, wie der Politik, der Wirtschaft, der Zivilgesellschaft aufweisen. Denn eine stark ausdifferenzierte und arbeitsteilig organisierte Gesellschaft mit den verschiedenen gesellschaftlichen Subsystemen, dort ansässigen Organisationen, die sich wiederum in funktional sehr unterschiedliche Abteilungen und Arbeitsgruppen unterteilen, produziert auf den verschiedenen Ebenen und allen Bereichen exklusives Expertenwissen bzw. „Sonderwissen“ (Sprondel 1979, S. 141ff.). Dieses Sonderwissen kann oftmals an eine berufliche Position geknüpft sein, allerdings kritisieren Meuser und Nagel (2009b, S. 468) diese verkürzte Definition, da diese eine Vielzahl anderer Experten ausschließe. Sie plädieren daher für die Definition nach Gorden (1975), der Experten als Personen versteht, die auf einem bestimmten Gebiet aktiv sind, „... regardless of their position in the social status system“ (Gorden 1975, S. 199). Diese Definition umfasst also auch Mitarbeiter von NGOs und Vereinen oder Kommunalpolitiker, die unter Umständen nur ehrenamtlich tätig sind, aber durch ihre Aktivitäten Sonderwissen besitzen und daher als Experten zu betrachten sind. Die Definition sollte jedoch nicht unendlich ausgeweitet werden, wie dies z. B. von Dexter (1970) vorgeschlagen worden war, der jeden Interviewpartner als Experten betrachtet haben wollte.

Das Sonderwissen von Experten kann entweder „Kontextwissen“ und/oder „Betriebswissen“ (Meuser und Nagel 2009b, S. 470) sein. Werden Interviews mit Experten durchgeführt, um möglichst objektive Wissensbestände über Akteure, Institutionen und Regeln in einem Feld zu erhalten, in dem die befragten Experten selbst nicht oder nur am Rande aktiv sind, aber trotzdem (etwa durch ihre berufliche Rolle oder Aktivitäten in einem angrenzenden Handlungsfeld) umfassendes explizites Wissen über das zu untersuchende Handlungsfeld besitzen, zielen die Interviews darauf ab, Kontextwissen zu erhalten. Werden dagegen im betrachteten Feld agierende Akteure nach ihrem Insiderwissen, ihrem Routinehandeln im Feld sowie den subjektiven Wahrnehmungen und Auswirkungen der im Feld existierenden Regeln und Institutionen befragt, so zielt das Experteninterview darauf ab, sogenanntes Betriebswissen, das insbesondere auch implizites Wissen umfasst, zu erhalten.

Oftmals werden in einem Interview beide Wissensformen abgefragt, denn ein Experte, der in einem Feld aktiv ist, besitzt nicht nur sein subjektives Betriebswissen, sondern kann in der Regel auch einschätzen, welche anderen Akteure und welche Regeln es im Feld gibt. Gleichsam kann bei der Befragung eines Experten zum Kontextwissen in einem Feld, das er nur von außen kennt auch sein Betriebswissen z. B. im Nachbarfeld des eigentlich untersuchten Handlungsfeldes abgefragt werden, das wiederum einen wichtigen Kontext des eigentlichen Untersuchungsgegenstandes darstellt.

4.3 Einsatzmöglichkeiten

In Abhängigkeit unterschiedlicher Erkenntnisinteressen und des jeweiligen Forschungsdesigns kann die Methode des qualitativen Experteninterviews in unterschiedlichen Phasen eines Forschungsprozesses und zu sehr verschiedenen Zwecken eingesetzt werden. Üblicherweise wird zwischen der Verwendung von qualitativen Experteninterviews bei einem vorrangig induktiven und einem vorrangig deduktiven Erkenntnisinteresse unterschieden. Im ersten Fall erfolgt der Einsatz der Methode insbesondere zu explorativen Zwecken, d. h. zur Strukturierung und Präzisierung des Forschungsfeldes und des weiteren Forschungsprozesses oder zur Hypothesengenerierung. Viele Sozialwissenschaftler weisen qualitativen Methoden wie auch dem qualitativen Experteninterview ausschließlich jene Funktion zu und verweisen im Hinblick auf den Einsatz qualitativer Methoden vorrangig auf das Forschungsprogramm der Grounded Theory von Glaser und Straus (1967) (Kromrey 2009, S. 508ff.). Ob ein qualitatives Experteninterview dagegen auch die Funktion haben kann, einen Beitrag zur qualitativen Überprüfung aus der Literatur oder aus anderen Erhebungen abgeleiteter Forschungshypothesen zu leisten, ist umstritten. Wengraf (2001) äußert sich zu dieser Frage und macht deutlich, dass qualitative Interviews sowohl explorativ, für die Formulierung erster Forschungshypothesen („model building") als auch zur Überprüfung einer Theorie („model testing") genutzt werden können. Darüber hinaus verweist er darauf, dass qualitative Experteninterviews auch an mehreren Stellen im Forschungsprozess eingesetzt werden können und dabei jeweils unterschiedliche Funktionen erfüllen (Wengraf 2001, S. 51ff.). In der Organisations- und Innovationssoziologie und in der Vergleichenden Politikwissenschaft, die vielfach Fallstudien untersuchen, ist z. B. das Verfahren des „process tracing" (Mahoney 2001; Hall 2003) üblich, das verschiedene Methoden, und insbesondere auch das qualitative Experteninterview nutzt, um einen Untersuchungsgegenstand in seiner Entwicklung detailliert nachzuzeichnen. Die Beobachtungen sind dabei von theoretisch abgeleiteten Thesen geleitet, diese werden dann üblicherweise im Forschungsprozess ergänzt und ggf. modifiziert. Anders als bei statistischen Verfahren, die darauf abzielen kausale Wirkungen zu erklären, fokussiert die Methode des Process Tracing und die hier häufig zum Einsatz kommenden qualitativen Experteninterviews darauf, kausale Mechanismen zu untersuchen (George und Bennett 2005, S. 206). Ein ähnliches Verständnis teilen z. B. auch Gläser und Laudel (2009), die sich mit dem qualitativen Experteninterview als ausgewiesene Methode für „rekonstruierende Untersuchungen" (Gläser und Laudel 2009, S. 13) befasst haben.

Ebenfalls vom Erkenntnisinteresse und vom jeweiligen Stand im Forschungsprozess abhängig ist die Frage, ob externe Experten über Kontextwissen oder interne, im Feld selbst aktive Experten zu ihrem Betriebswissen interviewt werden sollen. Zur Erhebung und Rekonstruktion möglichst objektiver Wissensbestände in einem bestimmten Feld werden systematisierende Experteninterviews durchgeführt. Dabei ist wichtig, dass die Interviewten einen möglichst umfassenden Blick auf das Feld bzw. auf den relevanten Realitätsausschnitt haben. Dies ist häufig bei externen Experten, z. B. bei Akteuren angrenzender Felder oder der Wissenschaft der Fall. Kommt dagegen einem Interview die Aufgabe zu, einen Beitrag zur Theoriengenerierung zu leisten und daher gezielt auf das implizite im betrachteten Forschungsfeld existierende „... Handlungs- und Deutungswissen, das in der professionellen Praxis erworben wird ..." (Bogner und Menz 2005, S. 13) fokussiert, müssen Experten aus dem Feld befragt werden. Hier ist bei der Auswertung dann darauf zu achten und verstärkt zu berücksichtigen, dass das Material subjektive Wissensbestände und vielfach subjektive Meinungen und Wahrnehmung umfasst und weniger objektives, das Feld systematisierende, Wissen.

Allen Fällen und Einsatzvarianten ist jedoch gleich, dass mit diesen Experteninterviews Daten erhoben werden, die in verbaler Kommunikation in einem interaktiven Prozess entstehen. Der interviewte Experte muss seine Routinen, Praktiken und Erfahrungen sowie wichtige Geschehnisse und das Feld kennzeichnende Merkmale rekonstruieren (Bergmann 1985). Es fließt daher immer auch eine subjektive, die Realität verzerrende Wahrnehmung des Experten mit ein, so dass auch qualitative Experteninterviews, die mit dem Ziel durchgeführt werden, möglichst objektives Sonderwissen zu erheben, im Ergebnis ein „... systematic knowledge about subjective experience ..." (Bryman 1999, S. 55) produzieren. Diese Tatsache ist bei der Auswertung des Materials zu berücksichtigen. Daher empfiehlt es sich immer, auch wenn „nur" Kontextwissen erhoben werden soll und es ausschließlich um eine explorative oder ergänzende Systematisierung des Feldes geht, mehrere Experten zu befragen.

4.4 Vorgehen

4.4.1 Literatur- und Dokumentenauswertung

Vor der Durchführung eines qualitativen Experteninterviews steht zunächst eine Literatur- und Dokumentenrecherche und deren systematische Aufbereitung und Auswertung. Je nach Forschungsfeld ist die Auswertung sehr unterschiedlich intensiv und erfolgt mit einer unterschiedlichen Zielsetzung. Falls das Forschungsfeld sehr unbekannt ist, werden die wenigen existierenden Quellen genutzt, um das Feld in einem ersten Schritt vorab zu strukturieren, die Forschungsfragen zu konkretisieren und erste Experten zu identifizieren. Existieren zum untersuchten Feld dagegen schon diverse Publikationen und Forschungsergebnisse, gestaltet sich die Literaturrecherche und -auswertung umfangreicher, hat dann aber auch i. d. R. das Ziel, aus der Literatur entweder Thesen oder zumindest Vorüberlegungen für mögliche Thesen abzuleiten, die dann z. B. mittels der Experteninterviews überprüft oder modifiziert werden sollen.

Dieser Arbeitsschritt gestaltet sich je nach Untersuchungsgegenstand zum Teil sehr schwierig, insbesondere wenn hierfür auch die Einarbeitung zumindest in Grundkenntnisse eines technischen oder naturwissenschaftlichen Gegenstandsbereiches erforderlich ist. In umweltsoziologischen Arbeiten, die etwa den Umgang mit naturwissenschaftlichen Risiken analysieren, ist es beispielsweise unabdingbar, dass zumindest ein grobes Verständnis für die betrachteten naturwissenschaftlichen Zusammenhänge erarbeitet wurde. Ähnliche Herausforderungen stellen sich für Technik- und Innovationssoziologen, wenn sie beispielsweise zu Nanotechnologie, Energieerzeugungstechnologien oder komplexen Infrastrukturen arbeiten. In allen diesen Fällen ist zumindest ein begrenztes Fachwissen notwendig, um Experten zu identifizieren, um die Interviews gut vorzubereiten, souverän durchzuführen und um diese dann auch produktiv auszuwerten.

4.4.2 Identifikation der Experten

Die Frage der Identifikation der relevanten Experten ist je nach Forschungsgegenstand und Projektgruppe unterschiedlich zu beantworten. Eine theoriegeleitete Begründung für die Identifikation wichtiger Akteure in einem Handlungsfeld bietet zunächst die Netzwerkanalyse (Jansen 1999). Netzwerke werden immer relationsspezifisch identifiziert, d. h. die Identifikation der Elemente (bzw. der Experten) erfolgt über ihre Relationen, ihre Beziehungen. Relationen lassen sich hinsichtlich ihrer Form, ihres Inhaltes oder ihrer Intensität unterscheiden. Die Identifikation der Experten kann also z. B. über die Abgrenzung bestehender Netzwerke in einem Feld erfolgen. Mögliche Kriterien für die Abgrenzung der zugehörigen Netzwerkexperten sind Organisations- oder Gruppengrenzen, geografische Grenzen, die Teilnahme an einem oder mehreren Ereignissen, die Eigenschaften der Experten, Beziehungen der Experten zueinander oder eine bestimmte Problemorientierung (Jansen 1999).

Da keines der Kriterien i. d. R. alle Experten erfasst, wird die Identifikation üblicherweise unter Berücksichtigung mehrerer Kriterien durchgeführt. V. a. in interdisziplinären Forschungsprojekten oder im Fall persönlicher Beziehungen zu Experten im Feld, kann sich die Identifikation in einem ersten Schritt auch auf den Sachverstand der Projektgruppe stützen. In einem nächsten Schritt empfiehlt sich dann das „Schneeballverfahren“, indem die Interviewpartner um die Benennung weiterer Experten gebeten werden (Gabler 1992).

Die Anzahl der zu befragenden Experten richtet sich nach dem Forschungsfeld und dem Forschungsdesign. Geht es im Wesentlichen darum, das Forschungsfeld durch objektives Expertenwissen zu systematisieren, reichen einige wenige Experteninterviews aus. Dabei ist wichtig, dass die Experten über alle relevanten Dimensionen Auskunft geben können und den Untersuchungsgegenstand in seiner Breite kennen. Wenn dagegen v. a. auf das implizite im betrachteten Forschungsfeld existierende Handlungswissen der im Feld agierenden Experten abgezielt wird, und sich das Forschungsfeld wiederum in viele Teilfelder unterteilt, kann auch eine größere Anzahl an durchzuführenden qualitativen Experteninterviews erforderlich sein. In explorativen Arbeiten wird erst im Laufe des Forschungsprozesses deutlich, wie viele verschiedene Handlungsfelder mit jeweils unterschiedlichem Handlungswissen existieren. Dann erhöht sich die Anzahl der zu identifizierenden Experten und durchzuführenden Interviews im Laufe des Forschungsprojektes manchmal erheblich. Allerdings werden in der Praxis selten mehr als 20 qualitative Experteninterviews geführt. Sollte sich im Forschungsprozess abzeichnen, dass sich die Anzahl der zu befragenden Experten deutlich erhöht, ist zu überlegen, inwiefern doch andere Methoden, wie etwa schriftliche Delphibefragungen oder dialogische Verfahren, zweckmäßig wären.

Nachdem die Experten identifiziert wurden, müssen diese kontaktiert und um einen Interviewtermin gebeten werden. Bei der Kontaktaufnahme sollte das Forschungsvorhaben und die Themen des Interviews kurz skizziert werden. In manchen Fällen müssen auch zusätzliche Informationen (etwa zum Datenschutz) bereits bei der Kontaktaufnahme gegeben werden, wenn der Forscher z. B. das Gefühl hat, die angefragten Personen so besser zu motivieren oder er mit skeptischen Nachfragen konfrontiert ist. Zudem kann die Motivation des zu Interviewenden gesteigert werden, indem man ihm bereits bei der Kontaktaufnahme in Aussicht stellt, dass er Zugang zu den Forschungsergebnissen erhält. Wobei allerdings z. B. Dexter den einschränkenden Hinweis gibt, dass eine zu ausführliche Erläuterung des Forschungsvorhabens und der betrachteten Themenfelder oft auch missinterpretiert werden könnten und abschreckend wirkten (Dexter 1970). Hier ist also eine gute Einschätzung des Gegenübers wichtig, was ihn interessieren und motivieren könnte.

4.4.3 Leitfragebogen

Als Erhebungsinstrument für Experteninterviews ist ein leitfadengestütztes, offenes Interview üblich und zu empfehlen. Eine Vorstrukturierung ist v. a. deshalb wichtig, um vom Interviewten als genügend kompetent wahrgenommen zu werden und um das Interview thematisch auf das Sonderwissen des Experten im Feld zu fokussieren (Meuser und Nagel 2009a, S. 58). Die gängige Methodenliteratur teilt dieses Vorgehen, kritisiert jedoch mehrfach, dass es sich hierbei oft um einen „vordergründige(n) Konsens“ (Liebold und Trinczek 2009, S. 32) handle, den man zwar teile, der jedoch nicht die Tatsache leugnen solle, dass Experteninterviews auch mit anderen Verfahren durchgeführt werden könnten. So sei beispielsweise die qualitative Methode des narrativen Interviews zunächst nicht zur Analyse privater Einzelbiographien entwickelt worden, sondern zur Erhebung von Expertenwissen zur Analyse von Machtprozessen auf Gemeindeebene (Liebold und Trinczek 2009, S. 32). Des Weiteren wird Expertenwissen natürlich auch vielfach standardisiert erhoben, etwa im Rahmen von Delphibefragungen oder dem Gruppendelphiverfahren (siehe Niederberger „Das Gruppendelphi als Instrument zur Experteneinbindung“ in diesem Buch).

Ziel eines Experteninterviews ist i. d. R. einerseits eine Analyse erster literaturgestützter Hypothesen sowie zweitens das Entdecken „des Unbekannten“ (Liebold und Trinczek 2009, S. 53). Alle Experteninterviews variieren zwischen dieser Bandbreite. Der Leitfragebogen umfasst daher die wichtigen aus der Literatur und aus bereits durchgeführten Interviews bekannte Themenfelder und Kategorien. Er muss allerdings so flexibel eingesetzt werden, dass auch Raum und Möglichkeiten für narrative Passagen während des Interviews zugelassen werden können (Meuser und Nagel 2009b, S. 473). Nur so bietet sich die Gelegenheit, auch „Unbekanntes" explorativ zu entdecken. An dieser Stelle ist deutlich zu betonen, dass ein Interview ein interaktiver Prozess ist, in dessen Verlauf gemeinsames Wissen zwischen Interviewer und Experten erzeugt wird, d. h. auch der Interviewte lernt und entdeckt, welche Themen den Interviewer interessieren und welches Wissen im Zentrum des Gesprächs steht (Rüegg-Sturm 2001, S. 23; Bryman 1999). Eine flexible Handhabung und Umgang mit dem Leitfragebogen ist auch wichtig, um ihn ggf. von Gespräch zu Gespräch anzupassen, etwa um auf bestimmte, bereits im Vorfeld bekannte Besonderheiten eines Experten eingehen zu können und um z. B. die narrativen Gesprächsanteile bereits durchgeführter Interviews noch einmal gezielter aufzugreifen, abzufragen und so durch mehrere Experten diskutieren zu lassen. Dies ist z. B. ein wichtiger Unterschied zum leitfadengestützten Interview mit Angehörigen anderer Populationen, denn dort ist der Leitfaden zwar flexibel in der Handhabung, wird aber oft nicht durch vorhergehende Interviews verändert. Dabei entspricht eine solche kontinuierliche Anpassung des Leitfragebogens eigentlich in besonderem Maße dem Prinzip der Offenheit, das für qualitative Methoden charakteristisch ist.

4.4.4 Vorbereitung

In der Literatur wird zum Teil darauf hingewiesen, dass die inhaltliche Kompetenz des Interviewers wenn möglich durch seinen formalen Status verdeutlicht werden sollte, insbesondere wenn Führungskräfte oder hochrangige Politiker interviewt werden. In diesen Fällen sei es hilfreich, wenn der Interviewer einen Titel trägt und eine leitende Stelle begleitet. Neben dem formalen Status ist aber natürlich die inhaltliche Kompetenz des Interviewers zentral. Nur wenn diese klar kommuniziert werden kann, kann sichergestellt werden, dass der Experte auch tatsächlich detailliert und präzise über seine Wissensbestände reflektiert und berichtet, also thematisch fokussiert ist und z. B. Fachterminologien verwendet (Pfadenhauer 2009, S. 104). Eine thematische Kompetenz auf Seiten des Interviewers ist daher die Voraussetzung für ein gelingendes Interview (Trinczek 1995, S. 65). Ob eine solche Kompetenz während des Interviews erfolgreich vermittelt werden konnte, könne man, so Trinczek, z. B. auch daran erkennen, dass die Interviewten häufig das Gespräch bereitwillig überziehen, wohingegen i. d. R. im Vorfeld nur ein enges Zeitfenster unter großem Termindruck in Aussicht gestellt wird (Trinczek 1995, S. 63).

Wenn solche Interviewsituationen erzielt werden sollen, bieten sich neben einer intensiven Vorbereitung und Dokumentenrecherche für die Erstellung des Leitfragebogens noch andere Möglichkeiten an. Neben einer allgemeinen Kenntnis vom Feld empfiehlt es sich, sich auch intensiv auf den Gesprächspartner vorzubereiten. Existieren Veröffentlichungen oder Vorträge? Hat der Experte Positionspapiere zu den Regeln und zum aktuellen Geschehen im Feld verfasst? Insbesondere bei interdisziplinären Forschungskonsortien ist zu überlegen, einen einschlägig fachlich kompetenten Projektpartner als Co-Interviewer hinzuzuziehen. Dieses Vorgehen setzt allerdings die grundsätzliche methodische Bereitschaft voraus, die Interviews zu zweit zu führen und auf diese Weise die Interviewsituation im Vergleich zu einem Vier-Augen-Gespräch von Grund auf zu verändern. In der Methodendiskussion haben beide Formen sowohl Befürworter als auch Gegner. Kritiker weisen hier auf die Problematik hin, dass der zweite Interviewer vom Interviewten als Beobachter, als Zeuge wahrgenommen wird und man daher Gefahr laufe, weniger vertrauliche und ehrliche Aussagen zu erhalten als dies in einem Vier-Augen-Gespräch möglich wäre (Gläser und Laudel 2010, S. 155).

4.4.5 Interviewsituation

Die Interviewsituation ist aufgrund der inhaltlichen Vorbereitung und des Leitfragebogens einerseits stark strukturiert und inhaltlich thematisch abgesteckt, allerdings weist ein Interview, das letztlich eine soziale Interaktion darstellt und einen eigenen „Beziehungsraum" (Tietel 2000) bildet, immer auch eigene, oftmals unvorhersehbare Dynamiken auf. Obwohl interaktive Gesprächsdynamiken durchaus positiv genutzt werden können, so sollte ein Experteninterview doch grundsätzlich durch eine klare (auch klar gegenüber dem Gesprächspartner kommunizierte) Strukturierung und thematische Fokussierung geprägt sein.

Zu Beginn des Interviews stellt sich der Interviewer noch einmal mit Namen und Institution vor, zeigt den Zusammenhang zum Forschungsprojekt auf, in dessen Rahmen das Interview durchgeführt wird und skizziert dann dem Interviewten die geplante Struktur und den thematischen Fokus. Auch das weitere Vorgehen, die Auswertungsschritte und der Verwertungszusammenhang sollten transparent dargestellt werden. Es wird auch die Erlaubnis eingeholt, das Interview aufzeichnen zu dürfen und es sollte dargestellt werden, wer Zugang zu den Daten erhalten wird und welche Maßnahmen zur Anonymisierung der Aussagen getroffen werden. In der Regel sollte eine kurze Skizzierung des Forschungsvorhaben und der Themen des Interviews zwar bei der Kontaktaufnahme erfolgt sein, aber es empfiehlt sich, diese Punkte zum Einstieg in das Interview noch einmal zu wiederholen.

Experten und Eliten sind eine (teil-)strukturierte Gesprächssituation gewohnt, daher sollte diese auch für das Interview gewählt werden, denn nur dann gelingt es, das Gespräch auf Augenhöhe zu führen. Dies ist entscheidend, um zu verhindern, dass der Experte sich in Allgemeinplätzen oder Verallgemeinerungen und somit unpräzisen Äußerungen verliert. Dies kann leicht der Fall sein, wenn er das Gefühl hat, der Gegenüber könne ihm inhaltlich nicht folgen. Grundsätzlich ist es zentral, dass die Befragten ausführlich antworten können. Der Interviewer sollte dabei immer in der Lage sein, die angesprochenen Aspekte durch Nachfragen noch weiter zu vertiefen. Für ein gelingendes Ergebnis ist es zudem wichtig, dass ein Experteninterview eine möglichst alltagsnahe Kommunikationssituation darstellt, in der der Experte weder das Gefühl hat, verhört zu werden, noch dass er durch ein komplett offenes, narratives Setting irritiert wird (Pfadenhauer 2009, S. 103).

Die besondere Herausforderung bei der Durchführung eines Experteninterviews ist die dynamische und interaktive Situation. Diese sei, so z. B. auch Lamnek, „...im Vergleich zu qualitativen Interviews mit Angehörigen anderer Populationen (...) besonders störanfällig" (Lamnek 2010, S. 657). So machen viele Forscher die Erfahrung, dass die Interviewten versuchen, sie „... in die Dynamik des institutionellen Lebens hineinzuziehen ..." (Tietel 2000, S. 3). Wenn sich der Interviewer der sozialen Interaktion und Dynamik allerdings bewusst ist, und dies in die Auswertung mit einfließt, stellt diese kein Problem dar. Im Gegenteil kann dies durchaus auch positiv gesehen werden, weil es darauf hindeutet, dass der Interviewer ernst genommen wird und ein Gespräch auf gleicher Augenhöhe stattfindet.

Während des Interviews empfiehlt es sich, ggf. heikle Themen und Fragestellungen an den Schluss zu stellen, so dass diese die Interviewsituation insgesamt nicht zu stark dominieren. Es ist nämlich davon auszugehen, dass bei manchen Themen, insbesondere Themen, bei denen sich Interviewte auch eine politische Einflussnahme und Instrumentalisierung des Interviews erhoffen, versucht wird, diese zeitintensiv und detailliert auszuführen. Hier sind erfahrungsgemäß umfangreiche narrative Interviewanteile zu erwarten. Werden diese Themen gleich zu Beginn angesprochen, fehlt diese Zeit oft für die anderen, aus Sicht des Interviewten unwichtigeren Themenbereiche. Zudem läuft man Gefahr, dass dann das gesamte Gespräch als zu stark politisch belastet wahrgenommen wird. Wenn dagegen dem Interviewten am Ende des Interviews noch entsprechend Raum eingeräumt wird, hat dies auf die anderen Interviewteile keinen Einfluss – und stellt aber gleichzeitig auch den Interviewten zufrieden.

Am Ende des Interviews empfiehlt sich eine Nachfrage, ob wichtige Punkte vom Interviewer vergessen wurden und ob der Experte abschließend einen wichtigen Punkt erwähnen möchte. Falls weitere Experten gesucht werden, kann das Interview z. B. mit der Nachfrage beendet werden, ob der Experte noch einen weiteren möglichen Gesprächspartner benennen kann und ggf. auch die Kontaktdaten zu Verfügung stellen kann.

4.4.6 Auswertung

Für die Auswertung von qualitativen Experteninterviews gibt es nicht den einen Königsweg (Gadenne 2001). Verschiedene qualitative Auswertungsstrategien kommen dafür in Frage, häufig wird die zusammenfassende Inhaltsanalyse gewählt (Mayring 2010). Die Wahl der Auswertungsmethode sollte sich an der Fragestellung, am Erkenntnisinteresse sowie an den verfügbaren Ressourcen orientieren. Grundsätzlich gilt, dass sich die Auswertung von qualitativen Experteninterviews dahingehend von einzelfallinteressierten Interpretationen narrativer Interviews unterscheidet, als dass sie „... an inhaltlich zusammengehörigen, über die Texte verstreuten Passagen – nicht an der Sequenzialität von Äußerungen je Interview ...“ (Meuser und Nagel 2009b, S. 476) orientiert ist. Quantitative Auswertungsmethoden kommen daher eher nicht in Frage.

Falls das Experteninterview im Rahmen eines explorativen Forschungsdesigns oder im explorativen Forschungsstadium dazu dient, induktiv Thesen zu entwickeln, empfiehlt sich in jedem Fall das aufgezeichnete Audiomaterial zu transkribieren. Dies ist insbesondere auch sinnvoll, wenn das Betriebswissen von Experten abgefragt werden soll und das Textmaterial von subjektiven Eindrücken geprägt ist. Das verschriftlichte Material wird dann kodiert, d. h. thematisch geordnet. Dies erfolgt üblicherweise als ein Prozess kontinuierlichen Abgleichens von theoretischen Annahmen und aus dem Textmaterial heraus entwickelten Kategorien. Je nach Stellenwert eines Interviews im Forschungsprozess, kann eine Vielzahl der Kategorien (sowie ihre möglichen Eigenschaften und dimensionalen Ausprägungen), die die Auswertung leiten, im Vorfeld theoretisch abgeleitet und begründet werden und systematisch im Leitfragebogen abgefragt werden. Die Kategorien werden dann anhand des Textmaterials ergänzt und erweitert. In einem weiteren Schritt erfolgt der thematische Vergleich der verschiedenen Interviews.

In Fällen, in denen qualitative Experteninterviews nur als Ergänzung, etwa zur Bestätigung bereits bekannter und vermuteter Wissensinhalte, eingesetzt werden oder in denen ausschließlich Kontextwissen erhoben werden soll, kann u. U. aus Ressourcengründen überlegt werden, auf eine Transkription des gesamten Audiomaterials zu verzichten. Stattdessen können gezielt einzelne thematisch ausgewählte Passagen verschriftlicht und kodiert werden. Dieses Vorgehen lässt sich v. a. dann rechtfertigen, wenn die Auswertungsergebnisse (fast) alle aus der Literatur bekannten Dimensionen des Forschungsgegenstandes abdecken. Dies ist im Nachhinein ein guter Gradmesser für die Angemessenheit der Wahl des forschungsökonomischen Verfahrens.

4.5 Praxisbeispiel: Vorgehen und spezifische Herausforderungen im Projekt AMIRIS

In dem zunächst vom Bundesministerium für Umwelt (BMU) geförderten und inzwischen im Rahmen der Helmholtz Allianz „Energy-Trans“ weitergeführten Projekt AMIRIS[1] waren qualitative Experteninterviews die zentrale sozialwissenschaftliche Methode, um ein bislang völlig unbekanntes Handlungsfeld zu erschließen (Wassermann et al. 2012a; Wassermann et al. 2012b). Untersuchungsgegenstand waren die Herausforderungen, die sich durch den Zuwachs an fluktuierenden erneuerbaren Energieträgern und das Auftauchen neuer Akteure im Stromsystem ergeben haben. Wie neue technische, organisatorische und finanzielle Herausforderungen von neuen Akteuren gestaltet werden und inwiefern die verschiedenen Handlungsoptionen und -muster der Akteure wiederum Auswirkungen auf das Gesamtsystem haben würden, war die übergeordnete Fragestellung in AMIRIS. Diese sollte in einem ersten Schritt mittels Dokumentenanalysen und qualitativer Experteninterviews untersucht werden. Die Ergebnisse der Auswertung der Interviews flossen in einem zweiten Schritt in einen standardisierten Fragebogen ein, der dann in einem Workshop von den zuvor interviewten Akteuren gemeinsam ausgefüllt wurde (ähnlich dem Vorgehen bei einem Gruppendelphi, siehe Niederberger „Das Gruppendelphi als Instrument zur Experteneinbindung“ in diesem Buch). Das Interviewmaterial und die Workshopergebnisse wurden nicht nur qualitativ ausgewertet, sondern die Ergebnisse wurden in einem dritten Schritt in eine formale Modellsprache überführt und bildeten die Grundlage für die Programmierung eines agentenbasierten Simulationsmodells (Reeg et al. 2012).

1 AMIRIS (ausgeschrieben „Weiterentwicklung eines agentenbasierten Simulationsmodells zur Untersuchung des Akteursverhaltens bei der Marktintegration von Strom aus Erneuerbaren Energien unter verschiedenen Fördermechanismen“ wurde vom DLR (Deutsches Zentrum für Luft- und Raumfahrt e.V.) – Abteilung Systemanalyse und Technikbewertung gleitet. Projektpartner waren Thomas Kast Simulation Solutions, das Institut für ZukunftsEnergieSysteme (IZES) sowie das Zentrum für Interdisziplinäre Risiko- und Innovationsforschung der Universität Stuttgart (ZIRIUS).

In der Vorbereitungsphase fanden zunächst intensive Dokumentenanalysen statt. Dann folgte eine zweistufige Expertenbefragung. Zunächst wurden leitfadengestützte Experteninterviews mit Akteuren geführt, die v.a. Kontextwissen besaßen, um so einen ersten Zugang zum Feld zu bekommen. Diese Experteninterviews erfolgten mit Repräsentanten verschiedener Verbände sowie einem Bankenvertreter, der für die Projektfinanzierung von Erneuerbaren Energien Anlagen zuständig war und detaillierte Kenntnis über die Investitionsverhalten und Hemmnisse im Feld hatte. Nach Auswertung der Experteninterviews wurden die Leitfragebögen für die Leitfadeninterviews mit Repräsentanten der wichtigsten Akteursgruppen in ihrer finalen Fassung fertiggestellt. Nicht nur die Ergebnisse der ausgewerteten Experteninterviews sondern auch theoriegeleitete wirtschaftssoziologische Überlegungen zu Wirtschaftsakteuren, Wettbewerbsverhalten und neuen Märkten flossen in die Formulierung der Leitfragebögen ein. Des Weiteren umfasste der Fragebogen auch „technische" Fragen zur konkreten Ausgestaltung zukünftiger geplanter Geschäftsmodelle, der Genauigkeit von Windprognosen u. ä.. Dieser Teil des Fragebogens war von den Projektpartnern mit einem energiewirtschaftlichen Hintergrund entwickelt worden.

Der Leitfragebogen umfasste Stichpunkte zu den relevanten Themenkomplexen und Schlüsselfragen, die allen Interviewpartnern gestellt wurden und Fragen, die je nach Verlauf des Interviews oder je nach Interviewpartner gestellt wurden (insbesondere die „technischen" Fragen trafen nicht auf alle Interviewpartner gleich zu).

Aufgrund der Komplexität der Thematik entschied man sich für die Durchführung der Interviews in Zweierteams, um eine Unterstützung durch die inhaltliche Expertise der energiewirtschaftlichen Projektpartner zu haben. Die befragten Experten als Repräsentanten des neuen Feldes verfügten sowohl über Betriebswissen, nämlich die neuen Geschäftsmodelle und die Probleme und Herausforderungen, mit denen sie bei der Entwicklung der neuen Geschäftsmodelle in ihren Firmen konfrontiert waren. Sie konnten auch als direkt Betroffene berichten, wie neue Regeln im Feld auf sie wirken. Gleichzeitig verfügten diese Experten aber auch über Kontextwissen, d. h. sie kannten andere Akteure und die wichtigen Regeln im Feld.

Am Beispiel von AMIRIS lässt sich aufzeigen, wie manche Phänomene, insbesondere bei neuen Forschungsfeldern und komplexen Untersuchungsgegenständen intensiv von mehreren Seiten und durch mehrere Experten beleuchtet werden müssen. Des Weiteren lässt sich an diesem Beispiel darstellen, welche Herausforderungen sich bei sehr komplexen und zudem sehr politischen Themen für die Interviewsituation ergeben können.

Die Interviewpartner in diesem Projekt waren in besonderem Maße an den Forschungsergebnissen interessiert, da sie selbst das betretene Neuland als sehr unsicher empfanden. Von daher war es zunächst nicht sehr schwierig, die Experten für die Interviews zu gewinnen, insbesondere da ihnen mit der Kontaktaufnahme der Hintergrund zum Forschungsprojekt und der Auftraggeber (BMU) genannt worden war. Während einiger Interviews entstand zudem der Eindruck, dass manche Interviewpartner gehofft hatten, das Interview zur politischen Einflussnahme nutzen zu können. So zeigten sich Versuche der Instrumentalisierung und Einflussnahme der Interviewten auf den Interviewer. In den Interviews äußerten sich diese Versuche z. B. dahingehend, dass der gesetzliche Rahmen, der einen bedeutenden Einfluss auf die Erfolgsaussichten und die Ausgestaltung der Geschäftsmodelle der Marktakteure hatte, und der aufgrund der Dynamik im Feld eine permanente Anpassung durch das BMU erfuhr, von vielen Interviewten zum zentralen Gegenstand des Interviews gemacht wurde. In einigen der Interviews war die Intention einer Instrumentalisierung der Interviews zur Einflussnahme auf den regulativen Rahmen deutlich spürbar. Diesen Versuchen wurde so begegnet, dass die politisch brisanteren Themen erst gegen Ende des Interviews aufgegriffen wurden. So umging man die Gefahr, dass das gesamte Gespräch zu stark von der politischen Einflussnahme belastet wurde. Gleichzeitig profitierte die Forschung auch vom großen Interesse der Interviewten an den politischen Themen, denn diese nahmen sich viel Zeit für die Interviews und führten sie auch mit hoher Motivation und Ernsthaftigkeit.

Die Interviews wurden aufgezeichnet und anschließend transkribiert und mit der Methode der zusammenfassenden Inhaltsanalyse ausgewertet. Ziel der Auswertung war es a) erste Thesen zu den Akteuren, zum allgemeinen Marktgeschehen und den zu erwartenden Wirkungen des neuen regulativen Rahmens zu formulieren. Darüber hinaus erfolgte die Auswertung b) v. a. auch mit dem Ziel, einen umfangreichen Fragebogen für den Akteursworkshop zu entwickeln. Des Weiteren hatte die Auswertung c) die Aufgabe einer Ausdifferenzierung und Charakterisierung unterschiedlicher Akteurstypen und diese mit wenigen Attributen so zu beschreiben, dass sie in eine Programmiersprache überführt werden konnten.

Bei der Inhaltsanalyse konnten einerseits theoretisch und technisch abgeleitete Kategorien und mögliche Ausprägungen zur Interpretation der Ergebnisse genutzt werden. Gleichzeitig wurden aus dem Material heraus neue Kategorien bzw. neue Ausprägungen entwickelt und aufgenommen. Zur Rekonstruktion eines komplett neuen Handlungsfelds und zum Verstehen der kausalen Mechanismen, die das Feld und die Akteure prägen, war die Methode des Experteninterviews sehr gut geeignet. Zudem konnten die Ergebnisse genutzt werden, um im nächsten Schritt eine dialogische Methode vorzubereiten und ein agentenbasiertes Modell zu entwickeln.

4.6 Fazit

Das qualitative Experteninterview ist eine häufig verwendete Methode in den Sozialwissenschaften. Insbesondere in Arbeiten, in denen es um die Rekonstruktion sozialer Situationen oder Prozesse und um die verstehende Analyse kausaler Mechanismen geht, spielt das qualitative Experteninterview eine bedeutende Rolle. In diesen Arbeiten findet es seine Verwendung nicht „nur" zu explorativen Zwecken, sondern wird breit genutzt um ergänzend mit Dokumentenanalysen und deskriptiven Methoden Wirkungsmechanismen der untersuchten Fälle, etwa der Entstehung eines neuen Marktes bzw. Handlungsfeldes zu verstehen und zu erklären.

Der jeweilige Einsatz und die Bedeutung von qualitativen Experteninterviews in Forschungsprozessen können also sehr unterschiedlich sein. Daher ist die Rolle von Experteninterviews immer stark von der Fragestellung und dem Forschungsdesign geprägt. Insbesondere bei interdisziplinären Projekten sind Methodenkombinationen üblich (siehe Niederberger „Methoden der Experteinbindung" in diesem Buch). Je nach dem kommt dem Experteninterview oftmals nur eine ergänzende Rolle zu. Entsprechend unterscheidet sich auch die jeweilige Durchführung ebenso wie der Aufwand bei der Vorbereitung. Je nach Projektkontext, Untersuchungsgenstand und Forschungsdesign sind ganz unterschiedliche Ressourcen für Experteninterviews zu planen. Das geschilderte Praxisbeispiel zeigt deutlich, wie der Projektkontext auf die Methode Einfluss nimmt und einwirkt. Er bestimmt ihren Stellenwert, ihren Einsatzbereich und das jeweilige konkrete Vorgehen.

4.7 Literatur

Bergmann, J. R. (1985). Flüchtigkeit und methodische Fixierung sozialer Wirklichkeit. Aufzeichnungen als Daten der interpretativen Soziologie. In W. Bonß, & H. Hartmann (Hrsg.), *Entzauberte Wissenschaft. Zur Relativität und Geltung soziologischer Forschung* (S. 299-320). Göttingen: Schwartz.

Bogner, A., & Menz, W. (2002). Das theoriegenerierende Experteninterview. Erkenntnisinteresse, Wissensformen, Interaktionen. In A. Bogner, B. Littig, & W. Menz (Hrsg.), *Das Experteninterview. Theorie, Methode, Anwendung.* (S. 33-70). Wiesbaden: Verlag für Sozialwissenschaften.Bryman, A. (1999). *Qualitative Research.* London: SAGE Publications.

Dexter, L. A. (1970). Elite and specialized interviewing. In J. A. Robinson (Hrsg.), *Handbooks for Research in Political Behavior.* Evanston: Northwestern University Press.

Gabler S. (1992). Schneeballverfahren und verwandte Stichprobendesigns. *ZUMA-Nachrichten 31*, 47-69.

Gadenne, V. (2001). Wozu sind Hypothesen gut? Zum Prinzip der Offenheit in der qualitativen Sozialforschung. In C. Hook (Hrsg.), *Jahrbuch für kritische Sozialwissenschaft und Philosophie, Methodologie qualitativer Sozialforschung, Band 1* (S. 11-25). Münster: Kontrapunkt.

George, A. L., & Bennett A. (2005). *Case Studies and Theory Development in the Social Sciences.* Cambridge, MA and London: MIT Press.

Gläser, J., & Laudel G. (2010). *Experteninterviews und qualitative Inhaltsanalyse als Instrumente rekonstruierender Untersuchungen. 4. Auflage.* Wiesbaden: Verlag für Sozialwissenschaften.

Gorden, R. L. (1975). *Interviewing. Strategy, Techniques, and Tactics.* Homewood: Dorsey Press.

Hall, P. A. (2003). Aligning Ontology and Methodology in Comparative Politics. In J. Mahoney, & D. Rueschemeyer (Hrsg.), *Comparative Historical Analysis in the Social Sciences* (S. 373-404). New York: Cambridge University Press.

Jansen, D. (1999). *Einführung in die Netzwerkanalyse. Grundlagen, Methoden, Anwendungen.* Opladen: Leske und Budrich.

Kromrey, H. (2009). *Empirische Sozialforschung (12. Aufl..).* Stuttgart: Lucius & Lucius.

Lamnek, S. (2010). *Qualitative Sozialforschung. Lehrbuch (5., überarbeitete Aufl.).* Weinheim und Basel: Beltz.

Liebold, R., & Trinczek, R. (2009). Experteninterview. In S. Kühl, P. Strodthol, & A. Traffertshofer (Hrsg.), *Handbuch der Organisationsforschung. Quantitative und Qualitative Methoden* (S. 32-56). Wiesbaden: Verlag für Sozialwissenschaften.

Mahoney, J. (2001). Beyond Correlational Analysis: Recent Innovations in Theory and Method, *Sociological Forum 16 (3)*, 575-593.

Mayring, P. (2010). *Qualitative Inhaltsanalyse. Grundlagen und Technik (11., aktualisierte und überarbeitete Aufl.).* Weinheim und Basel: Beltz.

Meuser, M., & Nagel, U. (2009a). Experteninterview und der Wandel der Wissensproduktion. In A. Bogner, B. Littig, & W. Menz (Hrsg.), *Experteninterviews. Theorien, Methoden, Anwendungsfelder (3., grundlegend überarbeitete Auflage)* (S. 35-60). Wiesbaden: VS Verlag für Sozialwissenschaften.

Meuser, M., & Nagel, U. (2009b). Das Experteninterview: Konzeptionelle Grundlagen und methodische Anlagen. In S. Pickel, G. Pickel, H.-J. Lauth, & D. Jahn (Hrsg.), *Methoden der vergleichenden Politik- und Sozialwissenschaft: Neue Entwicklungen und Anwendungen* (S. 465-479). Wiesbaden: Verlag für Sozialwissenschaften.

Pfadenhauer, M. (2009). Auf gleicher Augenhöhe. Das Experteninterview. Ein Gespräch zwischen Experte und Quasi-Experte. In A. Bogner, B. Littig, & W. Menz (Hrsg.), *Das Experteninterview. Theorie, Methode, Anwendungsfelder. (3., grundlegend überarbeitete Auflage)* (S. 99-116). Wiesbaden: VS Verlag für Sozialwissenschaften.

Reeg, M., Nienhaus, K., Pfenning, U., Roloff, N., Hauser, W., Wassermann S., Weimer-Jehle, W., Klann, U., & Kast, T. (2012). AMIRIS – An Agent-based Simulation Model for the Analysis of Market Integration of Renewable Energy under various Policy Frameworks. In *Conference Proceedings of 12th IAEE European Conference. 12th IAEE European Conference – Energy challenge and environmental sustainability, 09.-12.09.2012, Venice, Italy.*

Schütz, A. (1972). Der gut informierte Bürger. In A. Schütz (Hrsg.), *Gesammelte Aufsätze. Band 2* (S. 85-101). Den Haag: Nijhoff.

Sprondel, W. M. (1979). ‚Experte' und ‚Laie': Zur Entwicklung von Typenbegriffen in der Wissenssoziologie. In W. M. Sprondel, & R. Grathoff (Hrsg.), *Alfred Schütz und die Idee des Alltags in den Sozialwissenschaften* (S. 140-154). Stuttgart: Ferdinand Enke Verlag.

Tietel, E. (2000). Das Interview als Beziehungsraum. *Forum qualitative Sozialforschung, Volume 1, No. 2*, Art. 26.

Trinczek, R. (1995). Experteninterviews mit Managern. Methodische und methodologische Hintergründe. In C. Brinkmann, A. Deeke, & B. Völkel (Hrsg.), *Experteninterviews in der Arbeitsmarktforschung. Diskussionsbeiträge zu methodischen Fragen und praktischen Erfahrungen* (S. 59-67). Nürnberg.

Wassermann, S., Hauser, W., Klann, U., Nienhaus, K., Reeg, M., Rhiel, B., Roloff, N., & Weimer-Jehle, W. (2012a). Renewable Energy Policies in Germany. Analysis of Actors and new Business Models as a Reaction to the Redesign and Adjustment of Policy Instruments. In *Conference Proceedings of 12th IAEE European Conference. Energy challenge and environmental sustainability, 09.-12.09.2012, Venice, Italy.*

Wassermann, S., Reeg, M., & Hauser, W. (2012b). Auswirkungen der Marktprämie auf die Akteure der Direktvermarktung. Ein agentenbasierter Modellansatz. *et – Energiewirtschaftliche Tagesfragen 62 (9)*, 60-63.

Wengraf, T. (2001). *Qualitative Research Interviewing. Biographic Narrative and Semi-Structured Methods.* London: SAGE Publications.

5 Methodische Gestaltung transdisziplinärer Workshops

Rico Defila, Antonietta Di Giulio

Zusammenfassung

Persönliche Arbeitstreffen, an denen gemeinsam Wissen produziert wird, spielen eine große Rolle für eine gelingende inter- oder transdisziplinäre Zusammenarbeit. Dennoch wird das methodische Design solcher Workshops oft vernachlässigt. Vor dem Hintergrund des Anspruchs, den inter- und transdisziplinäre Forschung einlösen sollte, wird im Beitrag die Bedeutung von Workshops für diese Forschung erörtert. Darauf aufbauend werden allgemeine Prinzipien skizziert, die sich bei der Konzipierung solcher Treffen bewährt haben. Den Fokus des Beitrags bildet die transdisziplinäre Forschung, an der Anwenderinnen und Anwender punktuell als „externe Beteiligte" mitwirken. Deshalb werden die besonderen Charakteristika von persönlichen Arbeitstreffen erörtert, an denen externe Beteiligte teilnehmen, und die Prinzipien, die für solche transdisziplinären Workshops von besonderer Bedeutung sind, werden vertieft. Die Darlegungen werden illustriert anhand konkreter Methoden aus verschiedenen Forschungsprojekten, die vom Autor und der Autorin mit Erfolg eingesetzt wurden. Folgerungen für den Umgang mit Workshops in transdisziplinären Forschungsvorhaben schließen den Beitrag ab.

5.1 Aufbau und Hintergrund des Beitrags

Der vorliegende Beitrag ist grundlegenden Aspekten der Konzipierung transdisziplinärer Workshops gewidmet. Damit sind hier längere persönliche Treffen gemeint, die im Rahmen eines transdisziplinären Forschungsvorhabens stattfinden und Zielen dienen, die einen direkten Zusammenhang mit dem Projektfortschritt haben. Konferenzen u. ä., die in erster Linie der (gegenseitigen) Kenntnisnahme von Ergebnissen und Projektideen bzw. der Verbreitung dienen, sind hier also explizit nicht mit gemeint.

Persönliche Arbeitstreffen spielen, darüber besteht weitgehend Einigkeit, eine große Rolle für eine gelingende inter- oder transdisziplinäre Zusammenarbeit. Dennoch werden solche Workshops sowohl im methodischen Design als auch hinsichtlich der Planung oft vernachlässigt. Entsprechend ist oft nicht genau erkennbar, wie sich solche Treffen jeweils in die Ergebniserarbeitung einfügen, und oft sind sowohl die zeitliche als auch die finanzielle und personelle Ressourcenausstattung für solche Treffen zu knapp bemessen.

Im Beitrag wird zuerst die Bedeutung von Workshops für die inter- und transdisziplinäre Forschung aufgezeigt, und zwar vor dem Hintergrund des Anspruchs, den diese Forschung einlösen sollte. Darauf aufbauend werden allgemeine Prinzipien skizziert, die sich in unserer Erfahrung bei der Konzipierung solcher Treffen bewährt haben. Der Beitrag fokussiert auf die transdisziplinäre Forschung, an der Anwenderinnen und Anwender punktuell als „externe Beteiligte" mitwirken. Deshalb werden in einem nächsten Schritt die besonderen Charakteristika von Treffen erörtert, an denen externe Beteiligte teilnehmen. Diejenigen der allgemeinen Prinzipien, die für solche Treffen eine spezifische Ausprägung erhalten, werden auf dieser Grundlage nochmals aufgegriffen und vertieft. Konkrete Methoden, die von uns mit Erfolg eingesetzt wurden, illustrieren dabei das Ausgeführte. Folgerungen für den Umgang mit Workshops in transdisziplinären Forschungsvorhaben schließen den Beitrag ab.

Der Beitrag baut wesentlich auf den Erfahrungen auf, die wir in den letzten rund 20 Jahren, in wechselnden inter- und transdisziplinären Kontexten und Teams namentlich in den Themenbereichen Umwelt und Nachhaltigkeit, gewinnen durften. Gleichzeitig befassen wir uns auch forschend mit inter- und transdisziplinärer Forschung und Lehre. Unsere Ausführungen zur Gestaltung von Workshops speisen sich daher auch aus solchen Forschungsprojekten und aus der Begleitung inter- oder transdisziplinärer Forschungsvorhaben.

5.2 Der besondere Anspruch an inter- und transdisziplinäre Forschung und die Rolle dialogischer Verfahren beim Einlösen dieses Anspruchs

5.2.1 Der Anspruch an inter- und transdisziplinäre Forschung

Unter ‚Interdisziplinarität' in der Forschung verstehen wir ein integrationsorientiertes und kollaboratives Zusammenwirken von Personen aus mindestens zwei Disziplinen im Hinblick auf gemeinsame Ziele und Ergebnisse, bei dem die disziplinären Sichtweisen zu einer Gesamtsicht zusammengeführt werden. ‚Transdisziplinarität' wiederum verstehen wir akteursorientiert und als Spezialform interdisziplinären Arbeitens. Wir bezeichnen damit eine Variante von Interdisziplinarität, bei der Anwenderinnen und Anwender substanziell an der Forschung beteiligt sind (für die Einbettung unserer Definitionen von Inter- und Transdisziplinarität im Diskurs s. bereits Defila und Di Giulio (1998)). Anwenderinnen und Anwender wiederum sind diejenigen Personenkreise, die die Produkte und Resultate der Forschung in ihrer beruflichen oder alltäglichen Praxis anwenden sollen, unabhängig davon, ob es sich dabei um Berufsfelder, Organisationen, Unternehmen oder gesellschaftliche Gruppen handelt. Ein Berufsfeld betrachten wir als Analogon einer Disziplin. Personen aus dem Kreis der Anwenderinnen und Anwender können als gleichberechtigte Mitglieder des Forschungsteams mitwirken oder als externe Beteiligte, die zwar substanziell am Forschungsvorhaben beteiligt, aber nicht Forschungsteam-Mitglieder sind; Letzteres ist weitaus häufiger der Fall als Ersteres. Externe Beteiligte wirken in aller Regel punktuell mit, d. h. sie werden lediglich zu ausgewählten Arbeitsschritten hinzugezogen (einmalig oder mehrmals im Verlauf der Forschung). Sind Anwenderinnen und Anwender hingegen nur Untersuchungsgegenstand oder Zielpublikum der Ergebnisse eines Forschungsvorhaben, handelt es sich nicht um eine transdisziplinäre Zusammenarbeit (Defila et al. 2006, S. 216).

Bei inter- und transdisziplinärer Forschung arbeiten also Personen mit je einer bestimmten disziplinären oder außerwissenschaftlichen Expertise zusammen. Diese Expertise umfasst ein spezifisches Wissen genauso wie eine je eigene Perspektive auf Phänomene (in der Art und Weise, wie Phänomene strukturiert, gewichtet, aufeinander bezogen, beurteilt werden etc.), eine spezialisierte Vorgehensweise sowie spezifische Erkenntnisinteressen, Normen und Qualitätskriterien. Diese Expertise gilt es, für das Forschungsvorhaben fruchtbar zu machen.

Der Qualitätsanspruch, dem inter- und transdisziplinäre Forschungsvorhaben zu genügen haben, lässt sich anhand der Begriffe Konsens, Integration und Diffusion fassen (s. dazu ausführlicher Defila und Di Giulio (1998), Defila et al. (2006), aber z. B. auch Deppert und Theobald (1998), Röbbecke et al. (2004)):

Konsens – Die Beteiligten müssen sich auf gemeinsame Ziele einigen, sich über eine gemeinsame Fragestellung und über das Vorgehen zu deren Bearbeitung verständigen, zu einer gemeinsamen Problemsicht gelangen und eine gemeinsame theoretische Basis entwickeln. Konsens meint dabei nicht die Einwilligung in etwas, die Aushandlung eines Kompromisses oder gar die Suche nach dem kleinsten gemeinsamen Nenner, sondern das Erarbeiten von Gemeinsamem in der Art, dass die unterschiedlichen Sichtweisen zu etwas Neuem integriert werden und das Gemeinsame für alle gilt. Eine gemeinsame Problemsicht zu entwickeln, heißt also nicht, eine für alle identische, sondern eine von allen geteilte Problemsicht zu entwickeln.

Integration – Es gilt, gemeinsame Ergebnisse und Produkte hervorzubringen, zu denen alle Beteiligten einen relevanten Beitrag leisten. Die Beteiligten aus verschiedenen Disziplinen bzw. Berufsfeldern u. ä. produzieren Ergebnisse, die zu einem Ganzen zusammengefügt werden müssen, bzw. sie bringen Befunde und Theorien mit, die zu einem Ganzen zusammengefügt werden müssen. Dieses Ganze muss mehr sein als das bloße Nebeneinanderstellen dieser einzelnen Teile und darauf abzielen, die gemeinsamen Fragen zu beantworten. Die Integration darf nicht erst gegen Ende der Arbeit erfolgen, sondern hat von Anfang an, d. h. im Zuge der Erarbeitung der Ergebnisse, zu geschehen. Eine erste Syntheseleistung in einem inter- oder transdisziplinären Vorhaben besteht in der Regel in der gemeinsamen Beschreibung des Forschungsgegenstandes.

Diffusion – Das Zielpublikum der Forschungsergebnisse ist in aller Regel nicht ein disziplinäres und oft auch kein nur wissenschaftliches. Die Ergebnisse müssen deshalb so aufbereitet werden, dass sie von den Zielpublika verstanden werden können. Zudem sind sie so zu verbreiten, dass sie von den Zielpublika rezipiert und genutzt werden können; dies betrifft die Form, in der die Ergebnisse zur Verfügung gestellt werden, ebenso wie die Kanäle, über welche sie kommuniziert werden.

Letzteres, die Diffusion, bezieht sich vor allem auf die Verbreitung der Ergebnisse inter- und transdisziplinärer Forschung. Selbstverständlich spielen dabei persönliche Treffen eine nicht zu unterschätzende Rolle. Solche Treffen haben jedoch zumeist den Charakter von Tagungen, d. h. es handelt sich nicht um Treffen, die direkt dem Projektfortschritt dienen. Da solche Tagungen nicht Gegenstand des vorliegenden Beitrags sind, spielt der Anspruch der Diffusion im Folgenden eine untergeordnete Rolle.

5.2.2 *Die Bedeutung dialogischer Verfahren im Rahmen von Workshops für das Einlösen des Anspruchs an inter- und transdisziplinäre Forschung*

Mit Blick auf den dargelegten Anspruch geht es bei der Gestaltung inter- und transdisziplinärer Forschung wesentlich darum, Prozesse der Konsensbildung und der Integration (oder „Synthesebildung“) zu gestalten. Dies hat sowohl eine kognitive als auch eine soziale Dimension: In der kognitiven Dimension geht es um die Frage, wie sich theoretische Ansätze, Methoden, Befunde, Qualitätskriterien etc. zu einem 'neuen Ganzen' zusammenfügen lassen und worin dieses neue Ganze besteht. In der sozialen Dimension geht es um die Frage, wie sich die Kommunikation und Interaktion der beteiligten Personen so strukturieren lässt, dass diese ihre Expertise fruchtbar und kreativ in den Prozess von Konsensbildung und Integration einbringen (die Frage der Rückwirkung dieses Prozesses auf die Expertise der Beteiligten und damit auch auf deren Herkunftsdisziplin, Berufsfeld o. ä. ist hier ausgeklammert).

Für die Prozesse der Konsensbildung und der Integration müssen spezifische Methoden eingesetzt werden.[1] Allerdings ist der diesbezügliche Methodologie-Diskurs vergleichsweise jung, d. h. es liegt noch kein umfassender und systematisierter Korpus bewährter Methoden vor, aus dem man sich bedienen könnte (Methodensammlungen, die besonders zu erwähnen sind, sind die von McDonald et al. (2009) und die von Bergmann et al. (2010))[2]. Trotzdem zeichnet sich eine besondere Bedeutung sogenannter „dialogischer Methoden" ab. Dialogische Methoden sind Methoden, die auf Dialogtechniken aufbauen, d. h. auf Vorgehensweisen zur Gestaltung der Diskussion einer Gruppe von Personen. Dialogische Methoden sind darauf ausgerichtet, Diskussionen so zu strukturieren, dass die daran beteiligten Personen „jointly create meaning and shared understanding about real-world problems by bringing together knowledge from relevant disciplines and stakeholders" (McDonald et al. 2009, S. 5).[3] Werden inter- und transdisziplinäre Forschungsvorhaben verstanden als Kooperationen verschiedener Personen im oben dargelegten Sinn, ist es naheliegend, dass dialogische Verfahren bei Konsensbildung und Integration eine wichtige Rolle spielen, da es solche Verfahren in besonderem Masse ermöglichen, sich mit unterschiedlichen Perspektiven auf Phänomene auseinanderzusetzen, diese aufeinander zu beziehen und dabei zu einer geteilten Position zu finden. Es ist daher nicht erstaunlich, dass solche Methoden z. B. bei Bergmann et al. (2010) einen prominenten Platz einnehmen (McDonald et al. (2009) ist gänzlich solchen Methoden gewidmet).

Ein nach wie vor überzeugender Vorschlag für die Systematisierung der möglichen Vorgehensweisen der Integration ist der von Rossini und Porter (1978), der von Krott aufbereitet und in den deutschsprachigen Diskurs eingeführt wurde (Krott 1994, 1996). In diesem Vorschlag werden vier Typen von Verfahren unterschieden, denen konkrete Methoden der Integration zugeordnet werden können (so auch die von McDonald et al. (2009) oder die von Bergmann et al. (2010) beschriebenen Verfahren). Diese Typen sind (Kurzbeschreibung entnommen aus Defila et al. (2006, S. 124f.)):

---

1 Dass dafür auch ein spezielles wissenschaftliches Management erforderlich ist, das die Prozesse der Konsensbildung und Integration anregt, moderiert und begleitet (s. z. B. von Blanckenburg et al. (2005), Defila et al. (2006), Mogalle (2001), Schophaus et al. (2004)), ist nicht Thema des Beitrags, soll aber der Vollständigkeit halber erwähnt werden.

2 Die Ordnung von McDonald et al. (2009) ist eine nach Methoden wie z. B. citizens' jury, consensus conference, scenario planning, appreciative inquiry oder ethical matrix, die von Bergmann et al. (2010) eine nach Zwecken wie z. B. Verfahren zur interdisziplinären Begriffsarbeit oder Hypothesenbildung, zur Entwicklung von Bewertungsverfahren, Modellen oder Produkten.

3 Schon lange anerkannt ist die Rolle, die solche Verfahren in Prozessen der Bürgerbeteiligung spielen (z. B. Zukunftskonferenz, Delphi, Zukunftswerkstatt).

- Typ „System“: Die Ergebnisse der Einzelprojekte bzw. das Wissen aus Disziplinen und Berufsfeldern werden in den Rahmen eingefügt, den eine bestehende Theorie oder Methode (z. B. Politikevaluation, Systemtheorie, Modellierung, Szenariotechnik) liefert.
- Typ „Gruppe“: Das Zusammenführen der Ergebnisse bzw. des Wissens erfolgt durch die Beteiligten als Gruppe. Die Beteiligten handeln als Gruppe und erwerben ein gemeinsames Gruppenwissen, das integrierte Ergebnis, über das alle gleichermaßen verfügen.
- Typ „Aushandlung“: Die Einzelprojekte verbinden schrittweise ihre Ergebnisse bzw. ihr Wissen untereinander, und aus solchen Teilsynthesen entsteht im Laufe der Arbeit das integrierte Ergebnis.
- Typ „Delegation“ (oder „Projektleitung“): Die Einzelprojekte resp. Disziplinen oder Berufsfelder liefern ihre Ergebnisse bzw. ihr Wissen getrennt, die Zusammenführung wird an eine Person (oder eine kleine Gruppe) delegiert.

Die vier Verfahrenstypen schließen sich nicht gegenseitig aus, sondern sind in einem inter- oder transdisziplinären Forschungsvorhaben sinnvoll zu kombinieren. Bei zweien der Verfahrenstypen (Typen „Gruppe“ und „Aushandlung“) ist es evident, dass diese das gemeinsame Ringen im Rahmen persönlicher Treffen, und damit den Einsatz dialogischer Methoden, voraussetzen, und beim Typ „System“ ist es mindestens nicht ausgeschlossen. Kaum Bedeutung haben solche Methoden beim Typ „Projektleitung“.

Die Bedeutung dialogischer Verfahren im Rahmen persönlicher Treffen verstärkt sich, wenn Anwenderinnen und Anwender punktuell als externe Beteiligte hinzugezogen werden: Dieser Einbezug erfolgt erfahrungsgemäß sehr oft in Form persönlicher Treffen, und dialogische Verfahren wiederum kommen zumeist (wenn auch nicht ausschließlich) im Rahmen von Treffen zum Einsatz. Persönliche Arbeitstreffen, Workshops, spielen also generell eine wichtige Rolle für die inter- oder transdisziplinäre Konsensbildung und Integration und spezifisch für den punktuellen Einbezug von Anwenderinnen und Anwendern.

5.3 Prinzipien der Gestaltung von Arbeitstreffen und Charakteristika von Arbeitstreffen mit Anwenderinnen und Anwendern als externe Beteiligte

Da Arbeitstreffen für das Einlösen des Anspruchs an inter- und transdisziplinäre Forschung wichtig sind, sollte deren methodischer Gestaltung besonderes Augenmerk geschenkt werden (s. dazu auch Schäfer (2004)).[4] Die Frage ist, woran man sich bei der methodischen Gestaltung solcher Treffen orientieren kann. Methodensammlungen wie die bereits erwähnten sind dabei sicher dienlich. Unserer Erfahrung nach ist es jedoch erfolgversprechender, bei der Gestaltung solcher Workshops von gewissen Prinzipien auszugehen, als sich an konkreten Methoden zu orientieren, d. h. als ganz bestimmte Methoden umzusetzen und die Hoffnungen in DIE Methode zu setzen. Selbstverständlich ist die Wahl des methodischen Vorgehens wichtig und muss seriös erfolgen, aber wie generell in der Forschung sind auch hier die Methoden instrumentell. Hinzu kommt in der inter- und transdisziplinären Arbeit, dass man die konkrete Methode sehr oft selbst 'erfinden muss', da noch kein umfangreiches 'Set' validierter Methoden vorliegt, aus dem man sich bedienen kann.

Im ersten Teil dieses Abschnittes werden die Prinzipien kurz dargestellt, die sich generell als hilfreich erwiesen haben bei der methodischen Gestaltung inter- und transdisziplinärer Workshops (einen vergleichbaren Ansatz verfolgt auch Schäfer (2004)). Im zweiten Teil wird dargelegt, welches die Charakteristika transdisziplinärer Workshops sind, die der punktuellen Mitwirkung von Anwenderinnen und Anwendern als externe Beteiligte dienen. Auf dieser Grundlage werden im darauf folgenden Abschnitt diejenigen Prinzipien vertieft, die eine spezifische Ausprägung erhalten, wenn sie bei der Gestaltung transdisziplinärer Workshops angewendet werden, in denen punktuell Personen als externe Beteiligte mitwirken. Diese Vertiefungen werden illustriert durch Methoden, die von uns selbst bei der Umsetzung des entsprechenden Prinzips mit Erfolg eingesetzt wurden.

5.3.1 Prinzipien, die sich als nützlich erwiesen haben für die Gestaltung inter- und transdisziplinärer Arbeitstreffen[5]

Stets prüfen, wozu man sich treffen muss und was sich gut auch außerhalb eines Treffens erledigen lässt.

Es wird stets in Rechnung gestellt, dass ein Treffen mit einem hohen Aufwand aller Beteiligten verbunden ist. Auf der Tagesordnung gemeinsamer Treffen

4 Solche Treffen sollten auch aus rein 'ökonomischen Gründen' so gestaltet werden, dass sie für die gemeinsame Arbeit genutzt werden können: diskutieren 20 Personen während 1h, entspricht dies einer halben Arbeitswoche, und wenn sich 20 Personen für 6h treffen, sind das 120 Stunden potenzieller Arbeitsleistung!

5 Die in diesem Unterabschnitt dargelegten allgemeinen Prinzipen wurden gemeinsam mit Dr. Michael Scheuermann (Universität Freiburg i. Br., Mitglied der Forschungsgruppe Inter-/ Transdisziplinarität) formuliert. In diesen Prinzipien spiegelt sich also auch unsere gemeinsame Erfahrung in der Beratung von Forschungsverbünden.

stehen nur Dinge, die aufwendiger und unergiebiger wären, wenn man sie nicht an einem Treffen behandeln würde. Dinge, die man genauso gut oder sogar besser außerhalb eines Treffens erledigen könnte (z. B. Terminfindung, Kontrolle und Ergänzung von Listen), haben auf der Tagesordnung nichts verloren oder nehmen höchstens einen kleinen Randplatz ein. Die Häufigkeit von Treffen ist weniger entscheidend als die Qualität der Interaktion und der Ergebnisse. Die Häufigkeit ergibt sich aus dem gemeinsamen Arbeitsplan, d. h. der Sinn eines Treffens muss einleuchten und Aufwand und Ertrag müssen in einem guten Verhältnis stehen.

Ein Thema erst dann und nur dann auf die Tagesordnung setzen, wenn die nötigen Vorleistungen erbracht werden können.
Bei jedem Thema, das an einem Treffen behandelt werden soll, wird vorher kritisch geprüft, ob es wirklich ‚reif' ist. Zum Ersten wird geprüft, ob es mit Blick auf den gesamten Prozess sinnvoll und nötig ist, das Thema an genau diesem Treffen zu bearbeiten. Steht zu befürchten, dass das, was zum Zeitpunkt des Treffens diesbezüglich erreichbar wäre, später sowieso ‚über Bord geworfen werden muss', weil es absehbar überholt sein wird, wird es nicht behandelt. Zum Zweiten wird geprüft, welche Vorleistungen nötig sind, damit das Thema sinnvoll bearbeitet werden kann, und ob es möglich ist, diese Vorleistungen in ausreichender Qualität zu erbringen. Ist dies nicht der Fall, wird das Thema nicht behandelt.

Methoden stets auf die Ziele abstimmen.
Für jedes Treffen und für jeden Punkt der Tagesordnung wird zuerst das Ziel identifiziert, das damit erreicht werden soll. Dieses Ziel muss konkret und klar sein. Erst wenn diese Ziele schriftlich vorliegen, werden die Methoden bestimmt, die eingesetzt werden sollen. Sind die Methoden einmal bestimmt, wird pro Tagesordnungspunkt geprüft, ob das Ziel mit der gewählten Methode erreichbar ist. Bestehen Zweifel, wird eine andere Methode gewählt. Erst am Ende wird geprüft, ob die Methoden abwechslungsreich genug sind und ob der 'Rhythmus' der Veranstaltung stimmt.

An Treffen gemeinsam produzieren.
An Treffen wird gemeinsam produziert, d. h. es werden immer Ergebnisse generiert. Die Teilnehmenden werden nicht auf eine konsumierende, passive Haltung reduziert, sondern müssen sich produktiv beteiligen, d. h. sie müssen einen aktiven Beitrag leisten. Dies bedeutet jedoch nicht, dass die Teilnehmenden in einem basisdemokratischen Verständnis den Ablauf des Treffens bestimmen. Methoden, die eine Konsumhaltung nahelegen, werden mit äußerster Zurückhaltung gewählt. Wird zu einem Punkt der Tagesordnung kein Ergebnis erzielt, wird er

nach Möglichkeit später nochmals auf die Tagesordnung gesetzt und nicht einfach zwischenzeitlich auf eine andere Art bzw. von Anderen erledigt.

Alle Ergebnisse und Produkte eines Treffens auswerten.
Was im Rahmen eines Treffens erarbeitet wird, wird immer dokumentiert, umfänglich ausgewertet und für die nächsten Schritte verwendet. Erweist sich dies ausnahmsweise als unmöglich, wird dies kommuniziert und begründet. Alle Ergebnisse eines Treffens werden den Teilnehmenden in geeigneter Form zur Verfügung gestellt. Entsprechend wird sorgfältig und für jeden Tagesordnungspunkt gesondert geprüft, welche Produkte aus einem Treffen hervorgehen sollen. Die Art und Weise, in der die Ergebnissicherung stattfinden soll, wird in der Planung stets mitbedacht. Nicht ausgewertete und nicht aufbereitete ‚Rohergebnisse' eines Treffens werden nur im Ausnahmefall zugemutet. Den Teilnehmenden wird mitgeteilt, wie Auswertung und Aufbereitung erfolgten.

Nicht die volle Verantwortung für das Gelingen übernehmen, Verantwortung auch an die Teilnehmenden übertragen.
Konsensbildung und Integration setzen voraus, dass die Beteiligten aktiv ihre Expertise und Kreativität einbringen und für das Gemeinsame fruchtbar machen. Ein Arbeitstreffen kann mit Blick auf Konsensbildung und Integration nur gelingen, wenn sich alle für dieses Gelingen mitverantwortlich fühlen. Nach Möglichkeit werden die Teilnehmenden in die Vorbereitung eingebunden. Mindestens aber werden sie im Vorfeld über die Ziele informiert und darüber, was von ihnen als Vorleistung und am Treffen erwartet wird. Treffen werden so gestaltet, dass die verlangte Vorbereitung auch tatsächlich vorausgesetzt wird.

Alle, die teilnehmen, als wichtig einstufen, und die Beschlüsse von Treffen realisieren.
Diejenigen, die an einem Treffen teilnehmen, sind die wichtigen Personen, und nicht diejenigen, die nicht teilnehmen. Diejenigen, die anwesend sind, beschließen über das, was auf der Tagesordnung steht. Mit den an einem Treffen erlangten Ergebnissen wird weitergearbeitet, und die gemeinsam getroffenen Beschlüsse werden umgesetzt. Erweist sich dies im Vorfeld als unmöglich, weil Personen fehlen, deren Beitrag für einen Tagesordnungspunkt unabdingbar ist, wird geprüft, ob diese Personen ihren Beitrag zuhanden der Teilnehmenden im Vorfeld leisten können. Andernfalls wird der entsprechende Punkt nicht auf die Tagesordnung gesetzt; im Extremfall wird das Treffen abgesagt bzw. verschoben.

Bei der Methodenwahl keine Vermeidungsstrategie fahren und keine Angst vor dem Misserfolg haben.
Es darf nicht sein, dass eine Methode, die als sinnvoll eingestuft wird, nicht umgesetzt wird aus der Angst heraus, ‚vorgeführt zu werden'. Es darf nicht sein, dass die Furcht vor einem möglichen Scheitern methodische ‚Wagnisse' verhindert und zur Wahl von Methoden führt, die zwar nicht als zielführend, aber als gewohnt und daher ‚sicher' eingestuft werden. Es darf nicht sein, dass Themen, die zur Diskussion anstehen, nicht auf die Tagesordnung gesetzt werden, um zu vermeiden, dass ein Dissens ausgesprochen oder ein Konflikt explizit wird. Werden Methoden eingesetzt, die ein Wagnis darstellen, oder Punkte behandelt, die umstritten sind, wird dies jedoch bei Bedarf begründet.

Gewisse Widerstände als normal hinnehmen.
Es ist unmöglich, immer alle glücklich zu machen und immer allen Personen gerecht zu werden. Widerstände gegenüber Themen und Methoden sind in gewissen Grenzen eine normale Erscheinung, mit der man leben muss und kann. Allen zu gefallen ist auch nicht nötig für eine gute und ergebnisorientierte Zusammenarbeit an einem Treffen. Wertschätzung auch bei Widerstand, eine nachvollziehbare Begründung von Themen- und Methodenwahl sowie eine gewisse Klarheit und Konsequenz im Vorgehen sind wichtiger. Dennoch wird bei jedem Thema, bevor es auf die Tagesordnung kommt, und bei jeder Methode, bevor sie definitiv gewählt wird, geprüft, wer welche Vorbehalte haben könnte, inwieweit diese gerechtfertigt sein könnten und ob dies gegen das Thema bzw. die Methode spricht. Überstehen Thema bzw. Methode diesen ‚Test', wird überlegt, wie mögliche Vorbehalte ausgeräumt werden könnten.

Jedes Treffen sorgfältig planen.
Arbeitstreffen sind nicht etwas, das neben dem Kerngeschäft 'auch noch zu tun ist', sondern ein wichtiges Element der gemeinsamen Arbeit. Jedes Treffen wird mit genügend Vorlauf sorgfältig geplant. Dies umfasst das Setting (Örtlichkeit, Anfangs- und Endzeiten, Räume und Verpflegung) ebenso wie den thematischen und methodischen Aufbau. Der Ablauf wird gedanklich 1:1 durchgespielt, um rechtzeitig zu erkennen, ob und ggf. wo Änderungen vorgenommen werden müssen. Für die Diskussionen in Gruppen werden schriftliche Arbeitsaufträge formuliert (inkl. der Form des erwünschten Ergebnisses/Produkts), und jeder Auftrag wird mittels Introspektion geprüft (dazu dienen Fragen wie z. B.: Könnte ich diesen Auftrag erledigen? Möchte ich ihn angehen? Wie genau würde ich ihn anpacken?).

Das eigene 'Unterhaltungsgen' aktivieren.
Die gemeinsame Arbeit in einem Treffen soll allen Beteiligten auch Spaß machen. Es ist der wissenschaftlichen Seriosität nicht abträglich, wenn zusammen gelacht wird. Wer zu einem Treffen kommt, soll ein bisschen verwöhnt werden und auch unterhalten werden als Entschädigung dafür, dass er bzw. sie 'den Weg unter die Füße genommen hat' und seine bzw. ihre Kreativität und Expertise einbringt. Die Teilnehmenden sollen sich nicht um organisatorische Fragen kümmern müssen, sondern davon ausgehen dürfen, dass für alles gesorgt ist, so dass ihnen wohl ist und sie sich auf die inhaltliche Arbeit konzentrieren können.

5.3.2 Wichtige Charakteristika transdisziplinärer Workshops, in denen punktuell Personen als externe Beteiligte hinzugezogen werden

In transdisziplinären Forschungsvorhaben sind Workshops, wie bereits dargelegt, ein zentraler Rahmen der Zusammenarbeit zwischen Personen aus der Wissenschaft und Anwenderinnen und Anwendern, wenn Letztere, was sehr oft der Fall ist, als externe Beteiligte an der Forschung mitwirken. Zumeist werden Anwenderinnen und Anwender zu einem ausgewählten Treffen des Forschungsvorhabens eingeladen oder es wird ein spezieller Workshop für sie ausgerichtet. Dies kann einmalig erfolgen oder auch mehrmals im Lauf eines Projekts.

Solche Treffen zeichnen sich durch eine Reihe von Merkmalen aus, die sie grundlegend von anderen Arbeitstreffen inter- oder transdisziplinärer Forschungsvorhaben unterscheiden. Diese Merkmale sind:

- Die Teilnehmenden kommen lediglich für eine begrenzte Zeit zusammen, für die Dauer des Treffens, und arbeiten sonst nicht im Projekt zusammen. Man darf nicht davon ausgehen, dass es ihnen in jedem Fall wichtig ist, mit den anderen Teilnehmenden eine geteilte Sichtweise zu entwickeln, in der ihre eigene Expertise differenziert Eingang findet.
- Viele der Teilnehmenden kennen sich untereinander nicht, und viele haben sonst in ihrem Berufsalltag nichts miteinander zu tun. Sie müssen sich daher, um in einen produktiven Diskurs zu kommen, zuerst gegenseitig kennenlernen. Man darf jedoch nicht davon ausgehen, dass sie ein ausgeprägtes Interesse haben, sich vertieft mit den Positionen und Denkweisen der anderen Teilnehmenden auseinanderzusetzen und um gegenseitiges Verständnis zu ringen.
- Die Teilnehmenden können in der kurzen zur Verfügung stehenden Zeit, die der Workshop dauert, keine Kultur der Zusammenarbeit aufbauen. Das Aufbauen und Etablieren einer solchen Kultur ist weder zwingend er-

wünscht noch notwendig, entsprechende Maßnahmen würden von den Beteiligten sogar eher als Zeitverschwendung taxiert.

- Die eingeladenen Anwenderinnen und Anwender identifizieren sich nicht oder nur bis zu einem eher geringen Grad mit dem Projekt. Sie müssen und wollen nicht jedes Detail des Projekts kennen. Man darf nicht davon ausgehen, dass sie von sich aus besondere Anstrengungen unternehmen dafür, dass die Ergebnisse des Treffens für das Projekt dienlich sind.
- Das Ziel des Treffens ergibt sich aus der Projektlogik und nicht aus der Denk- und Handlungslogik der eingeladenen Anwenderinnen und Anwender. Gleichzeitig sind diese wegen ihrer spezifischen Perspektive eingeladen, und sie sollen ihrer Denk- und Handlungslogik auch verhaftet bleiben (dürfen).

5.4 Vertiefung und Illustration ausgewählter Prinzipien

Die in Ziffer 5.3.1 skizzierten Prinzipien beachten wir bei der Gestaltung aller Treffen. Aufgrund der in Ziffer 5.3.2 aufgelisteten besonderen Merkmale von Treffen, bei denen Anwenderinnen und Anwender als externe Beteiligte teilnehmen, gewinnen jedoch einzelne dieser Prinzipien eine besondere Virulenz bzw. sie erhalten eine spezifische Ausprägung für solche Treffen. Diese sollen in diesem Abschnitt eingehender dargestellt werden. Zum einen wird dargelegt, welche besondere Virulenz bzw. Ausprägung diese Prinzipien erhalten, zum anderen wird die Umsetzung der Prinzipien jeweils an einem Beispiel illustriert. Die vertieften Prinzipien sind:

- Methoden stets auf die Ziele abstimmen.
- An Treffen gemeinsam produzieren.
- Alle, die teilnehmen, als wichtig einstufen, und die Beschlüsse von Treffen realisieren.

5.4.1 *Prinzip „Methoden stets auf die Ziele abstimmen": Vom Ergebnis (von den 'Daten') her aufrollen und Ablauf als kognitiven Aufbau denken*

Workshops mit externen Beteiligten sind in transdisziplinären Forschungsprojekten oft wichtige Meilensteine. In solchen Treffen soll etwas erarbeitet werden, das relevant ist für die Erkenntnisse und/oder Produkte des Projekts. Solche Workshops finden auch nicht oft statt. Der Vorbereitungsaufwand für die Forschenden ist groß und der Nachbereitungsaufwand ebenso, wenn die Ergebnisse tatsächlich verwendet werden sollen. Anwenderinnen und Anwender wiederum werden zumeist nicht für ihre Teilnahme entschädigt. Schließlich ist für solche Workshops kennzeichnend, dass die Zeit für die gemeinsame Arbeit auf die Dauer des Treffens limitiert ist. Alles, was nicht im Rahmen des Treffens erreicht werden kann, kann im Regelfall auch nicht nachgeholt werden. Gemeinsame Zeit ist deshalb unter jedem Titel wertvolle Zeit.

Das sollte zum Ersten Auswirkungen auf die Methodenwahl haben. Die gewählten Methoden müssen es ermöglichen, die zur Verfügung stehende Arbeitszeit bestmöglich für die gemeinsame Arbeit zu nutzen. Es empfiehlt sich, in erster Linie aus dem Fundus dialogischer Verfahren zu schöpfen. Gegenüber Referaten u. ä. ist hingegen Zurückhaltung angesagt. Dies ist kein Plädoyer gegen Referate, sondern lediglich der Hinweis darauf, dass diese mit Bedacht eingesetzt werden sollten. Dient ein Referat lediglich dazu, dass die Teilnehmenden gewisse Informationen zur Kenntnis nehmen, ist zu fragen, ob dieses Ziel auch außerhalb des Treffens und auf anderem Weg erreicht werden kann.

Zum Zweiten sollte es Konsequenzen haben für die Art und Weise, wie an die Konzipierung des Workshops herangegangen wird. Diese darf sich nicht darin erschöpfen, Tagesordnungspunkte in eine thematisch stimmige, aber unverbundene Reihenfolge zu bringen. Vielmehr sollte ein solches Treffen gedacht sein als ein eigentliches 'Teil-Forschungsprojekt im Forschungsprojekt' mit klaren Ergebnissen ('Daten') und einem darauf ausgerichteten Aufbau. So an die Konzipierung heranzugehen, bedeutet Folgendes:

Vor der methodischen Planung muss klar sein, welche Ergebnisse (welche 'Daten') man sich vom Treffen für das Projekt erhofft, in welcher Form diese vorliegen sollten und wie die Ergebnissicherung während des Treffens und die Auswertung im Anschluss daran vonstattengehen sollen. Selbstverständlich geht es nicht darum, das Ergebnis inhaltlich vorwegzunehmen, sondern lediglich hinsichtlich Form und Art vorzudenken. Ebenso ist vor der eigentlichen methodischen Planung zu überlegen, wie die Ergebnisse in die weitere Arbeit im Projekt einfließen sollen, d. h., in welche Arbeitsschritte, und in welcher Art und Weise dies geschehen soll. Den Teilnehmenden ist im Idealfall vor oder zu Beginn des Treffens, spätestens jedoch an dessen Ende, zu kommunizieren, was mit den Ergebnissen weiter geschieht. Sie sollten wissen, wofür genau, in welcher Form und mit welchem Gewicht das, was sie am Treffen erarbeiten werden bzw. erarbeitet haben, verwendet wird.

Bei der methodischen Planung ist vom gewünschten Ergebnis auszugehen und der Workshop ist als wissenschaftliche Ergebnisproduktion zu konzipieren. Es ist also zu überlegen, welche kognitiven Schritte in welcher Reihenfolge stattfinden müssen und im Rahmen des Treffens stattfinden können, damit dieses Ergebnis daraus hervorgehen kann und der Weg zum Ergebnis nachvollziehbar dargestellt werden kann. Der Workshop muss zu einem verwendbaren Ergebnis führen, d. h., es darf keine 'losen Enden' geben, und im Rahmen des Treffens müssen alle für das angestrebte Ergebnis notwendigen Schritte getan werden.

Beispiel 1: Schrittweise Entwicklung von Handlungsfeldern für eine Schule

Ziel eines eintägigen transdisziplinären Workshops mit externen Beteiligten (Schulleitung und Lehrpersonen aus verschiedenen Schulen; 9 Personen) war es, Grundlagen für eine umfassende Beschreibung von Schulen als Organisationen zu erarbeiten, beinhaltend die Funktionen der Schule in der Gesellschaft, die schulischen Akteure und insbesondere die schulischen Handlungsfelder. Zu Letzterem lag ein Vorschlag vor, generiert aus der Literatur und aus der induktiven Analyse der Tätigkeiten einer Partnerschule. Die Ergebnisse des Treffens sollten für die Überarbeitung des vorliegenden Vorschlags genutzt werden. Was es zu verhindern galt, war, dass die Teilnehmenden nur an ihre eigene Schule und/oder ausschliesslich an den schulischen Unterricht denken. Um den Blick auch auf das Geschehen außerhalb des Unterrichts zu lenken, wurde zum einen zur Einstimmung eine kurze, aber umfassende Beschreibung der Zauberschule „Hogwarts" präsentiert. Zum anderen wurde jede der Analyseperspektiven (Funktionen, Akteure, Handlungsfelder) im Verlauf des Workshops anhand des Beispiels 'Industriebetrieb' erläutert. Zum dritten wurden zuerst Funktionen und Akteure diskutiert, um die Weitung des Horizonts über das Schulzimmer hinaus vor der Diskussion von Handlungsfeldern weiter zu unterstützen. Der Workshop war folgendermaßen aufgebaut:

Schritt 1 – Benennen von Funktionen (rund 30')

In Zweier- bzw. Dreiergruppen wurden nach der Erläuterung, was mit dieser Analyseperspektive gemeint ist, folgende Fragen beantwortet: (1) Welche Funktionen (nebst der Bildung) erfüllt die Schule in der und für die Gesellschaft? (2) Was ist (nebst Bildung) Sinn und Zweck der Institution Schule? Die Antworten wurden auf Karten notiert, die anschließend im Plenum präsentiert und geordnet wurden.

Schritt 2 – Benennen der Akteure (rund 15')

Dieser Schritt erfolgte im Plenum, indem den Teilnehmenden nach der Erläuterung der Analyseperspektive auf Flipchart eine Liste schulischer Akteure präsentiert wurde, die auf Zuruf ergänzt wurde.

Schritt 3 – Identifizieren von Handlungsfeldern (rund 90', unterbrochen durch Mittagessen)

Nach der Erläuterung, was Handlungsfelder sind, arbeiteten die Teilnehmenden parallel in zwei Gruppen. Ihre erste Aufgabe bestand darin, schulische Handlungsfelder zu benennen (auf Karten schreiben). Konkret lautete der Auftrag so: „Stellen Sie sich folgende Situation vor: Ihre Schule hat ein Partnerschaftsprojekt in Lateinamerika. Sie unterstützt den Aufbau einer Schule in Guatemala, indem Sie mittels Schüleraktionen

Geld sammelt und dieses weiterleitet. Mit diesem Geld soll besagte Schule aufgebaut werden. Die Schule soll nach dem Modell einer Schweizer Schule funktionieren. Damit die Schulverwaltung in Guatemala weiß, an was alles sie beim Aufbau und bei der Planung denken muss, müssen zuerst alle Handlungsfelder festgelegt werden. Zu diesem Zweck erhalten Sie Besuch einer Delegation aus Guatemala. Sie müssen dieser Delegation erläutern, welches die für eine Schweizer Schule relevanten Handlungsfelder sind und wie sich diese strukturieren lassen. Was sagen Sie der Delegation?" Als Leitfragen dienten: „(1) In welchen schulischen Bereichen müssen Handlungen erfolgen, stehen Aufgaben an, damit eine Schule funktioniert? (2) In welchen schulischen Bereichen können oder müssen übergeordnete Ziele definiert werden? (3) In welchen Bereichen sind die Akteure Ihrer Schule aktiv?" (Quelle: Workshopunterlagen Projektteam StabeNE, 2007). Die zweite Aufgabe der Gruppen bestand darin, die auf Karten notierten Handlungsfelder in eine sinnvolle (hierarchische) Ordnung zu bringen, und zwar in Form von Mindmaps, die sie auf dem Boden auslegten (Laken dienten als Hintergrund und Schnüre bildeten die Äste, s. Abb. 1). Als Abschluss dieses Arbeitsschritts präsentierten die Gruppen ihre Mindmaps.

Schritt 4 – Vergleich mit dem vorliegenden Vorschlag (rund 70')
Zuerst wurde im Plenum der bereits vorliegende Handlungsfeldmodell-Vorschlag präsentiert. Anschließend wurde in denselben Gruppen gearbeitet wie bei Schritt 3. Die beiden Gruppen erhielten den Vorschlag als ausgedruckte Mindmap (Format A2). Dazu erhielten sie den Auftrag, das von ihnen entwickelte Modell mit diesem Vorschlag zu vergleichen anhand folgender Fragen: (1) Was ist auf dem Vorschlag zu ergänzen bzw. zu streichen? (2) Was ist auf dem Vorschlag anders zu gruppieren? (3) Was ist auf dem Vorschlag anders zu benennen? Die Ergebnisse schrieben sie direkt in das erhaltene Mindmap-Exemplar. Die so korrigierten Mindmaps wurden schließlich im Plenum vorgestellt, und die jeweils andere Gruppe konnte darauf reagieren.
(Beispiel aus dem transdisziplinären Projekt „Schule und Nachhaltige Entwicklung – Entwicklung und Erprobung eines Instrumentariums zur Standortbestimmung (Projekt StabeNE)"; Schweizerischer Nationalfonds; Leitung: Antonietta Di Giulio, Christine Künzli David)

Die einzelnen Schritte sollten aufeinander aufbauen. Sie dürfen weder einfach nebeneinander stehen, noch dürfen sie redundant oder widersprüchlich sein. Die konkreten Methoden werden erst bestimmt, wenn dieser kognitive Aufbau klar ist. Die Methodenwahl erfolgt, indem für jeden einzelnen der kognitiven Schritte überlegt wird, wie sich dieser Schritt in das konkrete Handeln der Teilnehmenden übersetzen lässt (was ganz genau müssen die Teilnehmenden bei diesem Schritt tun, damit er zum gewünschten Ergebnis führt?) und mit welcher Methode dieses Handeln erzeugt werden kann. Zudem ist zu überlegen, welche kontrollierten Bedingungen geschaffen werden sollen und können, um das Funktionieren der Methode und die Brauchbarkeit der Ergebnisse zu gewährleisten.

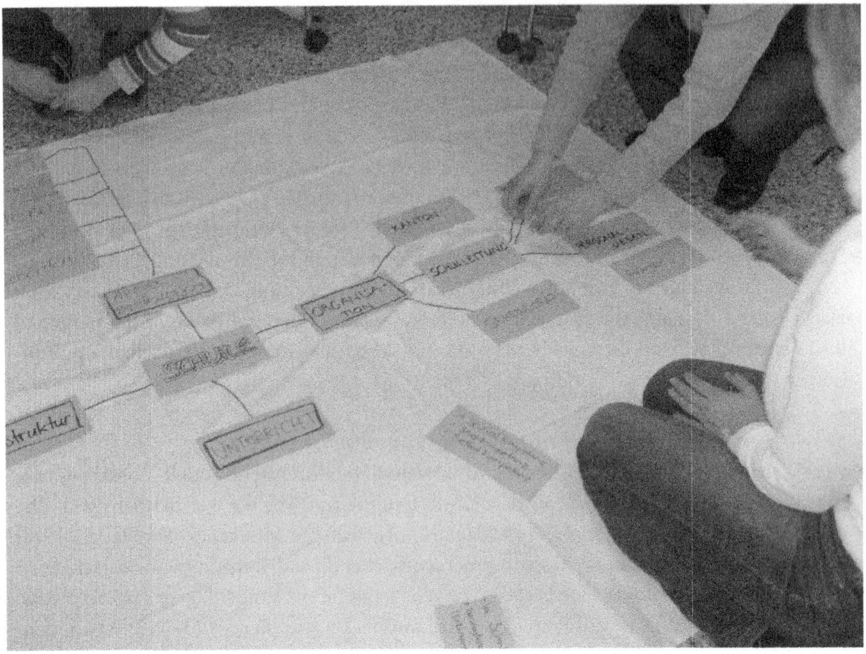

Abbildung 1: Mindmap-Erstellung durch eine Gruppe von Praxisakteuren, die im nächsten Schritt anhand ihres Produkts eine von den Forschenden vorgängig entwickelte Mindmap zum selben Gegenstand bewerten (s. Beispiel 1). © StabeNE

5.4.2 *Prinzip „An Treffen gemeinsam produzieren": Allen Raum geben und alle in die Pflicht nehmen*

In transdisziplinären Workshops treffen meist Personen aufeinander, die sich in ihrem 'normalen Leben' oft nicht in dieser Konstellation begegnen. Zudem werden sie durch den Workshop in eine nicht alltägliche Situation versetzt, die den Charakter eines 'Ausnahmezustands' hat. Dies hat zur Folge, dass die außerhalb des Workshops geltenden Hierarchien für die Dauer des Treffens weniger ausgeprägt sind. Sie sind aber nicht außer Kraft gesetzt. Explizite oder implizite Hierarchien können nicht nur die Produktivität Einzelner einschränken, sondern auch die Leistung der Gruppe beeinträchtigen – sei es dadurch, dass sich Einzelne dominant in Szene setzen, dadurch, dass sich Einzelne zurückziehen, oder dadurch, dass in der Diskussion um Einfluss und Status statt um Sachinhalte gerungen wird. Natürlich können darüber hinaus eine Reihe ganz anderer Gründe ausschlaggebend sein dafür, dass sich Einzelne nicht an der Diskussion in der größeren Gruppe beteiligen.

Unabhängig davon, welches die Gründe sind, ist es bedauerlich, wenn Teilnehmende eines Workshops ihre Expertise, für die sie ja schließlich eingeladen wurden, nicht einbringen (können) oder wenn sachfremde Aspekte die Erarbeitung des Ergebnisses stören. Um sicherzustellen, dass jede vertretene Perspektive, jede vorhandene Expertise, angemessen Eingang findet in das Ergebnis des Treffens, gilt es, Methoden einzusetzen, die allen den nötigen Raum geben, sich zu entfalten, die die Dominanz Einzelner eingrenzen und die keine (oder mindestens nur eine eingeschränkte) Bühne für Statuskämpfe bieten. Die unerwünschten Erscheinungen können mindestens eingedämmt und die erwünschten mindestens gefördert werden, wenn die Arbeit im Workshop nicht mehrheitlich im Plenum erfolgt, sondern in kleineren Gruppen. Kleinere Gruppen bieten mehr Raum für Menschen, die sich in größeren Gruppen nicht äußern mögen, sie zwingen die Schweigenden, sich zu beteiligen, und sie halten dominante Personen in Schach. Besteht der Verdacht darauf, dass Hierarchien, alte Seilschaften, Rivalitäten oder sogar Feindschaften die Diskussionen stören könnten, bietet es sich an, die Gruppenbildung für die Diskussionen in Kleingruppen nicht dem Zufall zu überlassen, sondern sie selbst vorzunehmen.

Aus der Forschung über Teams ist das Phänomen des „Social Loafing" ('Soziales Bummeln') bekannt (z. B. Högl (1998)). Dieses tritt ein, wenn Menschen den Eindruck gewinnen, ihr eigener Beitrag sei für das Ganze nicht speziell wichtig, weil Andere genau denselben Beitrag leisten. Dem kann entgegen getreten werden, indem darauf geachtet wird, dass alle Mitglieder eines Teams (auch eines solchen, das nur für eine ganz kurze Zeit existiert), disjunkte Aufgaben wahrnehmen, so dass die Bedeutung des Beitrags eines jeden Individuums für das Ganze klar ist. Das Phänomen des „Social Loafing" kann einer der Gründe sein, weshalb sich manche Menschen in Plenumsdiskussionen nicht beteiligen. Es kann aber auch zu schlechten Leistungen von Gruppen führen, wenn exakt dieselbe Aufgabe von mehreren Gruppen parallel erledigt wird. Deshalb sollte bei der Planung eines Treffens geprüft werden, ob es sinnvoll und möglich ist, Schritte einzubauen, bei denen die Teilnehmenden in kleineren Gruppen arbeitsteilig etwas erarbeiten, mit dem dann aber im weiteren Verlauf des Treffens weitergearbeitet wird. Unterscheiden sich die Teilnehmenden hinsichtlich ihres Erfahrungshintergrunds und ihrer Expertise sehr stark, kann dies auch ein Weg sein, um ihre jeweilige Expertise besser nutzen und in Wert setzen zu können. Dies ist weder ein apodiktisches Plädoyer gegen Plenardiskussionen noch eines gegen Arbeitsgruppen mit identischem Auftrag – beides kann je nach Kontext, Ziel und Gruppengröße sinnvoll sein, beides sollte aber nicht 'reflexartig' vorgesehen werden. Ein arbeitsteiliges und gleichzeitig aufeinander aufbauendes Vorgehen setzt seitens der Verantwortlichen die Bereitschaft voraus für ein 'Arbeiten ohne Sicherheitsnetz': versagt bei einem solchen Vorgehen eine der Gruppen, ist das Gesamtergebnis des Workshops gefährdet. Diesem Risiko steht der hohe Ertrag entgegen, der sich durch ein solches Vorgehen erzielen lässt.

Beispiel 2: Arbeitsteilige Entwicklung von Vorschlägen in Kleingruppen

Ziel eines ersten halbtägigen transdisziplinären Workshops war es, Indikatoren für den Bereich Bildung für Nachhaltige Entwicklung (BNE) aus nationaler Sicht vorzuschlagen zuhanden eines internationalen Projekts. Es nahmen rund 25 Personen sowohl aus verschiedenen Teile des Bildungssystems (inkl. Bildungsberichterstattung und Verwaltung) teil als auch Personen, die sich forschend oder umsetzend mit BNE befassten. Der größte Teil der Teilnehmenden hatte untereinander keine alltäglichen beruflichen Kontakte, und von den Expertinnen und Experten aus dem Bildungssystem hatten sich nur die allerwenigsten mit dem Thema BNE bereits befasst.

Im Workshop wurden zuerst das internationale Projekt und die Zwischenergebnisse daraus präsentiert. Dabei wurde auch erläutert, was im Projekt unter 'Nachhaltigkeit' und unter 'Bildung für Nachhaltige Entwicklung' verstanden wurde. Anschließend wurde in Gruppen arbeitsteilig an der Entwicklung von Indikatoren gearbeitet, die noch am selben Nachmittag eine erste Beurteilung durch die Teilnehmerinnen und Teilnehmer erfuhren. Als Einführung in die Gruppenarbeit wurden die Gütekriterien für die Indikatoren, die im Projekt entwickelt werden sollten, dargestellt, und es wurde dargelegt, wie das Indikatoren-Set strukturiert und wie die einzelnen Indikatoren aufgebaut sein sollten. Die Teilnehmenden wurden entsprechend ihrem spezifischen disziplinären und beruflichen Hintergrund in Gruppen eingeteilt und erhielten folgenden Auftrag (Auftrag an die Gruppen, März 2009, Auszug): „(1) Diskutieren Sie in Ihrer Gruppe, wie Sie das übergeordnete Ziel, BNE in das Schweizer Bildungssystem zu integrieren, konkretisieren würden, und einigen Sie sich in Ihrer Gruppe auf 3-5 konkretisierte Ziele. (2) Erarbeiten Sie in Ihrer Gruppe Indikatoren zur Beurteilung der von Ihnen entwickelten Ziele (Kriterien und Messgrößen)." Die Ergebnisse wurden als Poster festgehalten. In einem zweiten Schritt beurteilte jede dieser Gruppen die Ergebnisse jeder anderen Gruppe mit Blick darauf, ob diese sinnvoll und verständlich schienen; methodisch wurde dies als Brainwriting durchgeführt, d. h. jede Gruppe hatte nur wenige Minuten Zeit, um ein Poster zu diskutieren und Kommentare auf Karten zu schreiben, dann wurde auf Kommando rotiert (s. Abb. 2).

Die Ergebnisse wurden nach dem Treffen vom Projektteam weiterverarbeitet und mit den Ergebnissen aus den anderen nationalen Teams zu einem vorläufigen Set, bestehend aus 16 Indikatoren, zusammengeführt. Rund ein halbes Jahr später fand erneut ein transdisziplinärer Workshop statt (daran nahmen nicht alle Personen aus dem ersten Treffen teil, dafür kamen neue hinzu). Die Teilnehmenden wurden im Vorfeld entsprechend ihrem Hintergrund und ihrer Tätigkeit in vier Gruppen eingeteilt (NGOs, Lehrerbildung, Verwaltung, Wissenschaft). Jede Person erhielt das vollständige Indikatoren-Set und dazu eine Reihe von Fragen zur Vorbereitung. Im Workshop selbst wurde dann arbeitsteilig in den vier Gruppen gearbeitet. In einer ersten Runde beurteilten die Gruppen gestützt auf ihre Vorbereitungen jeden einzelnen der Indikatoren. Sie notierten Anmerkungen, Ergänzungen, Kommentare, Streichungsvorschläge etc. auf Karten und klebten diese zu den einzelnen Indikatoren (diese waren je auf einem Poster dargestellt). Dabei fing, analog zu einem Kanon in der Musik, jede Gruppe mit einem anderen Indikator an. In einer zweiten Runde erhielten die Gruppen Fragen, die auf ihren Hintergrund zugeschnitten waren. Anhand dieser Fragen beurteilten sie das Indikatoren-Set als Ganzes. Zum Schluss gab es eine Plenums-Diskussion, in der das Projektteam die Ergebnisse der ersten Diskussionsrunde zu jedem Indikator präsentierte und ggf. Verständnisfragen stellte und in der die Ergebnisse aus der zweiten Diskussionsrunde präsentiert wurden.

(Beispiel aus dem internationalen transdisziplinären Projekt „Entwicklung von Indikatoren zur Überprüfung von Angeboten und Leistungen im Bereich Bildung für Nachhaltige Entwicklung (BNE)"; Teilprojekt Schweiz: Staatssekretariat für Bildung, Forschung und Innovation; Leitung Teilprojekt Schweiz: Antonietta Di Giulio, Ruth Kaufmann-Hayoz)

Abbildung 2: Brainwriting in Gruppen zur Beurteilung arbeitsteilig entwickelter Gruppenergebnisse (s. Beispiel 2). © BNE-Indikatoren

5.4.3 Prinzip „Alle, die teilnehmen, als wichtig einstufen, und die Beschlüsse von Treffen realisieren": Unterschiede herausarbeiten, bevor Perspektiven zusammengeführt werden

Die spezielle Ausprägung, die dieses Prinzip erhält, wenn es auf transdisziplinäre Treffen angewendet wird, in denen Anwenderinnen und Anwender als externe Beteiligte mitwirken, lässt sich kurz fassen:

Diese besteht zum einen darin, dass Ergebnisoffenheit sehr hoch gehängt wird und die erzielten Ergebnisse tatsächlich in der geplanten und kommunizierten Art und Weise in die weiteren Forschungsarbeiten Eingang finden. Da die Ergebnisse eines solchen Treffens auch unter den Erwartungen liegen können oder sich aus verschiedenen Gründen auch beim besten Willen als nicht 1:1 verwendbar erweisen können, muss das, was über die weitere Verwendung der

Ergebnisse kommuniziert wird, an die Qualität der Ergebnisse (der 'Daten') angepasst werden. Dies wiederum setzt einen klaren Plan voraus, von dem man explizit abweichen kann. Es setzt aber auch voraus, dass man in der Lage ist, die Qualität und Verwendbarkeit der Workshop-Ergebnisse während ihrer Entstehung zu beurteilen so, dass man am Ende des Treffens die Teilnehmenden über die nächsten Schritte informieren kann.

Zum anderen, und das ist der wichtigere Punkt, besteht sie darin, dass die im Workshop bestehenden unterschiedlichen Perspektiven in ihrer Unterschiedlichkeit so scharf wie möglich herausgearbeitet und in Wert gesetzt werden, bevor ein Zusammenführen der Perspektiven an die Hand genommen wird. In transdisziplinären Workshops wird oft sehr schnell in gemischten Gruppen diskutiert. Das kann sinnvoll sein, oft wäre aber ein besseres Ergebnis möglich, wenn der Schritt, die Sicht der Wissenschaftlerinnen und Wissenschaftler und die Sicht der Anwenderinnen und Anwender zu verbinden, erst erfolgen würde, nachdem die Unterschiede (und Unvereinbarkeiten) klar auf dem Tisch liegen. Dies setzt seitens der Wissenschaftlerinnen und Wissenschaftler voraus, dass sie willens sind, das, was die Anwenderinnen und Anwender diskutieren und produzieren, nicht zu beeinflussen.

Beispiel 3: Schärfung der Unterschiede vor der Zusammenführung mit Blick auf die Darstellung von Best-Practices

An einem zweitägigen transdisziplinären Reflexions-Workshop nahmen 18 Personen teil. Die bisherige Zusammenarbeit mit den anwesenden Anwenderinnen und Anwendern („Praxispartner") war unterschiedlich gewesen, d. h. mit einigen war intensiver als mit anderen zusammengearbeitet worden. Der Workshop wurde von einem Moderationsteam konzipiert und realisiert, das nicht Teil des Projekts war. Der Workshop war drei Themen gewidmet: (1) Stärken und Schwächen der Zusammenarbeit, (2) Qualität von Interventionen (damit waren Interventionen in Schulen und Hochschulen zur Förderung nachhaltigen Konsums gemeint), (3) Anforderungen an gemeinsame Produkte für die Praxis. Hier wird nur auf das zweite Thema eingegangen. Im Projekt war beabsichtigt, Bildungseinrichtungen, die nicht im Projekt mitgewirkt hatten, modellhaft Best-Practice-Interventionen zur Verfügung zu stellen. Im Workshop sollte erarbeitet werden, wie solche Best-Practice-Interventionen dargestellt werden sollten. Die Diskussion, die zu diesem Zweck geführt wurde, war folgendermaßen strukturiert:

Aus den Praxispartnern wurden 3 Gruppen gebildet (Allgemeinbildende Schulen, Berufsbildende Schulen, Hochschulen/Universitäten) und aus den Forscherinnen und Forschern 4 Gruppen entsprechend ihrem fachlichen Hintergrund und ihren Forschungsthemen. Für die Gruppenarbeit erhielten die Gruppen unterschiedliche Aufträge, wobei die Praxispartner den Auftrag an die Forschenden nicht kannten und umgekehrt. Die Praxispartner erhielten folgenden Auftrag (Auftrag an die Gruppen, April 2010, Auszug): „Erstellen Sie ein Poster, mit dem Sie Allgemeinbildende Schulen [bzw. Berufsbildende Schulen bzw. Hochschulen/Universitäten] dazu motivieren möchten, Interventionen zu planen und umzusetzen. Die Grundmotivation, Veränderungen in der Konsumkultur und Veränderungen im Konsumverhalten Jugendlicher bewirken zu wollen, können Sie dabei voraussetzen. Konstruieren Sie eine 'ideale Intervention', die alle Ihre Überlegungen [zu 'guten' Interventionen] zusammenfasst, und stellen Sie diese auf einem Poster dar, mit dem Sie bei Allgemeinbildenden Schulen dafür werben könnten, solche Interventionen zu planen und umzusetzen." Die Forschenden erhielten folgenden Auftrag (Auftrag an die Gruppen, April 2010, Auszug): „Erstellen Sie ein Poster, mit dem Sie an einer disziplinären oder interdisziplinären wissenschaftlichen Tagung im deutschsprachigen Raum, die für Ihr Forschungsgebiet von Bedeutung ist, eine aus Ihrer Sicht gelungene Intervention präsentieren. Konstruieren Sie eine 'ideale Intervention', die alle Ihre Überlegungen [zu 'guten' Interventionen] zusammenfasst, und stellen Sie diese auf einem Poster dar, mit dem Sie über das Gelingen der Intervention berichten. Geben Sie an, an welche Scientific Community sich das Poster richtet." Die Poster wurden aufgehängt (s. Abb. 3).

In einem nächsten Schritt wurden die Poster besichtigt und diskutiert. Dies erfolgte in den Gruppen, die zusammen ein Poster erstellt hatten. Der Auftrag an die Gruppen lautete (Auftrag an die Gruppen, April 2010, Auszug): „Besichtigen Sie die Poster der anderen Gruppen und diskutieren Sie zu jedem der Poster folgende Fragen: (1) Welche Wirkungen bzw. welche Aspekte des Gelingens (Qualitäts-Dimensionen) werden betont und welche werden ausgeblendet? (2) Was an dem, was auf dem Poster besonders betont wird, überrascht Sie? (3) Wo sehen Sie Gemeinsamkeiten zwischen dem, was auf dem Poster festgehalten ist, und Ihren eigenen Überlegungen, wo sehen Sie Differenzen?" Dies diente als Vorbereitung für die sich anschließende Plenumsdiskussion, in der die Frage im Zentrum stand, was sich aus den unterschiedlichen Vorstellungen über die Qualität von Interventionen ergeben würde für die Dokumentation der Interventionen und für die Aufarbeitung und Darstellung der Best-Practice-Interventionen für Dritte. Die Ergebnisse der Plenumsdiskussion wiederum wurden allen zur Verfügung gestellt und flossen in die Weiterarbeit an den Produkten ein.

(Projekt „BINK": Beitrag von Bildungsinstitutionen zur Förderung nachhaltigen Konsums bei Jugendlichen und jungen Erwachsenen; Bundesministerium für Bildung und Forschung; Leitung: Gerd Michelsen; externes Moderationsteam für den Workshop: Rico Defila, Antonietta Di Giulio)

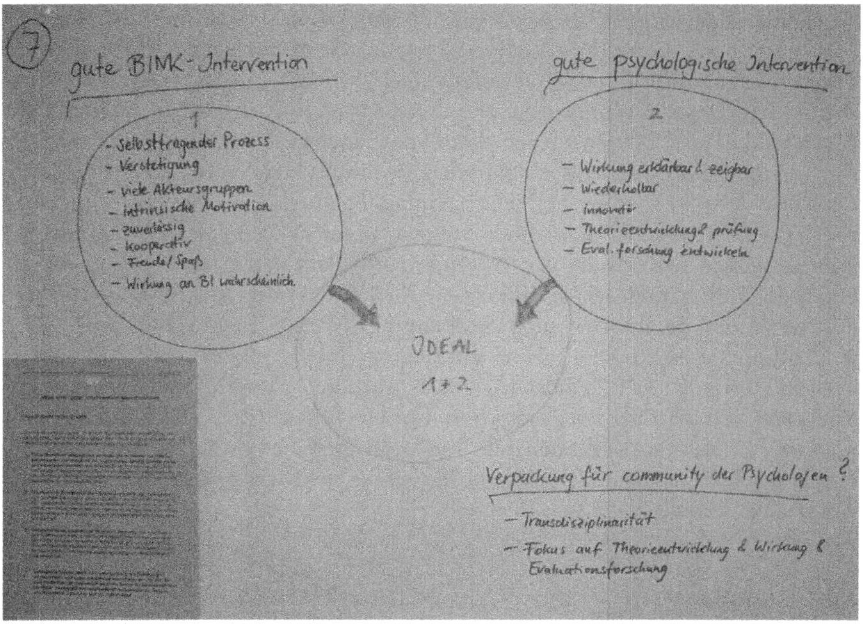

Abbildung 3: Poster einer Gruppe von Forschenden als Grundlage für die anschließende Herausarbeitung der unterschiedlichen Zugänge von Forschungs- und Praxispartnern (s. Beispiel 3). © BINK/SÖF-Konsum-BF

5.5 Schluss

Unsere Erfahrungen führen uns zu drei Folgerungen für den Umgang mit Workshops in transdisziplinären Forschungsvorhaben:

Transdisziplinäre Workshops sind ein wirkungsvolles Instrument, sowohl mit Blick auf die Ergebnisse als auch mit Blick auf die Netzwerkbildung und die Verständigung zwischen Personen aus Wissenschaft und Praxis. Sie sollten deshalb einen entsprechenden Raum einnehmen in der Projektplanung und in der Ressourcenallokation. Es wäre schade, transdisziplinäre Workshops zu reduzieren auf ein Instrument, das lediglich dazu dient, Forschungsergebnisse einem externen Publikum zu präsentieren oder Vorschläge aus dem Projekt durch ein externes Publikum 'absegnen' zu lassen.

Damit transdisziplinäre Workshops ein gutes Ergebnis erbringen, muss Aufwand in Bezug auf deren methodische Gestaltung betrieben werden. Dabei ist es unabdingbar, sich für jeden solchen Workshop neu zu überlegen, welche Methoden dazu dienlich sind, die gesetzten Ziele zu erreichen, die erwarteten Ergebnisse zu produzieren. Selbstverständlich wäre es wünschenswert, es würden mehr Methodensammlungen wie die von Bergmann et al. (2010) oder die von McDonald et al. (2009) vorliegen. Man käme aber gleichwohl nicht darum herum, auf der Basis bestehender Methoden die jeweils eigenen Methoden 'zu erfinden', und dabei ist wissenschaftliche Kreativität gefragt.

Transdisziplinäre Workshops müssen, wenn sie Teil eines Forschungsvorhabens sind, den Kriterien der Wissenschaftlichkeit genügen. Das betrifft zum einen die Umsetzung der gewählten Methoden, die korrekt zu erfolgen hat. Es betrifft zum anderen aber auch die Planung der einzelnen Workshops: Diese sind, wenn sie zu einem Ergebnis führen, das im Forschungsvorhaben weiterverwendet werden soll, Teil des wissenschaftlichen Designs des Vorhabens, d. h., konkreter Teil der Ergebnisproduktion. Der Gesamtaufbau eines Workshops wie auch die einzelnen Methoden, die im Workshop eingesetzt werden, müssen damit genauso nachvollziehbar und begründet sein wie andere Verfahren der Erkenntnisproduktion.

5.6 Literatur

Bergmann, M., Jahn, T., Knobloch, T., Krohn, W., Pohl, C., & Schramm, E. (2010). *Methoden transdisziplinärer Forschung. Ein Überblick mit Anwendungsbeispielen.* Frankfurt a.M.: Campus.

Defila, R., & Di Giulio, A. (1998). Interdisziplinarität und Disziplinarität. In J.-H. Olbertz (Hrsg.), *Zwischen den Fächern – über den Dingen? Universalisierung versus Spezialisierung akademischer Bildung* (S. 111-137). Opladen: Leske + Budrich.

Defila, R., Di Giulio, A., & Scheuermann, M. (2006). *Forschungsverbundmanagement. Handbuch für die Gestaltung inter- und transdisziplinärer Projekte.* Zürich: vdf.

Deppert, W., & Theobald, W. (1998). Eine Wissenschaftstheorie der Interdisziplinarität. Zur Grundlegung integrativer Umweltforschung und -bewertung. In A. Daschkeit, & W. Schröder (Hrsg.), *Umweltforschung quergedacht. Perspektiven integrativer Umweltforschung und -lehre* (S. 75-106). Berlin: Springer.

Högl, M. (1998). *Teamarbeit in innovativen Projekten. Einflussgrößen und Wirkungen.* Wiesbaden: Deutscher Universitätsverlag; Betriebswirtschaftlicher Verlag Dr. Th. Gabler.

Krott, M. (1994). *Management vernetzter Umweltforschung. Wissenschaftspolitisches Lehrstück Waldsterben.* Wien, Köln, Graz: Böhlau.

Krott, M. (1996). Interdisziplinarität im Netz der Disziplinen. In P. Balsiger, R. Defila, & A. Di Giulio (Hrsg.), *Ökologie und Interdisziplinarität – eine Beziehung mit Zu-*

kunft? Wissenschaftsforschung zur Verbesserung der fachübergreifenden Zusammenarbeit (S. 87-97). Basel: Birkhäuser.

McDonald, D., Bammer, G., & Dean, P. (2009). *Dialogue tools for research integration.* Canberra, Australia: ANU E Press, The Australian National University.

Mogalle, M. (2001). *Management transdisziplinärer Forschungsprozesse.* Basel, Boston, Berlin: Birkhäuser.

Röbbecke, M., Simon, D., Lengwiler, M., & Kraetsch, C. (2004). *Inter-Disziplinieren – Erfolgsbedingungen von Forschungskooperationen.* Berlin: edition sigma.

Rossini, F. A., & Porter, A. L. (1978). The management of interdisciplinary, policy-related research. In J. W. Sutherland, & A. J. Legasto (Hrsg.), *Management handbook for public administrators* (S. 302-333). New York: Van Nostrand Reinhold Company.

Schäfer, B. (2004). Projektmanagement. In M. Schophaus, S. Schön, & H.-L. Dienel (Hrsg.), *Transdisziplinäres Kooperationsmanagement. Neue Wege in der Zusammenarbeit zwischen Wissenschaft und Gesellschaft* (S. 103-135). München: ökom.

Schophaus, M., Schön, S., & Dienel, H.-L. (Hrsg.). (2004). *Transdisziplinäres Kooperationsmanagement. Neue Wege in der Zusammenarbeit zwischen Wissenschaft und Gesellschaft.* München: ökom.

von Blanckenburg, C., Böhm, B., Dienel, H.-L., & Legewie, H. (2005). *Leitfaden für interdisziplinäre Forschergruppen: Projekte initiieren – Zusammenarbeit gestalten.* Berlin: Franz Steiner.

6 Konstellationsanalyse: Einbindung von Experten und Stakeholdern in interdisziplinäre Forschungsprojekte

Dörte Ohlhorst, Melanie Kröger

Zusammenfassung

Die Konstellationsanalyse wurde als Handwerkszeug für die problemorientierte Technik-, Innovations- und Nachhaltigkeitsforschung entwickelt. Sie ist hilfreich für die Integration unterschiedlicher disziplinärer und praktischer Wissensbestände. Sie bietet ein Instrumentarium für die Visualisierung und Analyse komplexer Zusammenhänge und fördert so den Dialog zwischen den Disziplinen sowie zwischen Wissenschaft und Praxis. Im vorliegenden Beitrag werden die einzelnen Arbeitsschritte idealtypisch vorgestellt und anhand von konkreten Projekten illustriert. Die Konstellationsanalyse eignet sich zur Wissensintegration, zur Validierung vorläufiger Forschungsergebnisse, zur Strukturierung von unterschiedlichen Perspektiven auf ein Problem sowie zur Entwicklung von Strategien.

Die Erfahrungen mit der Konstellationsanalyse in diesen Einsatzbereichen zeigen sowohl die Möglichkeiten als auch die Grenzen der Methode auf, die abschließend resümiert werden. So gewinnen die Leserinnen und Leser Einblick in die Spannbreite der Nutzungsmöglichkeiten dieses Instruments für die Beteiligung von Experten und Stakeholdern an interdisziplinärer Forschung.

6.1 Brückenkonzept „Konstellationsanalyse"

Die Konstellationsanalyse ist ein Brückenkonzept für die Technik-, Nachhaltigkeits- und Innovationsforschung. Sie wurde als Handwerkszeug für die inter- und transdisziplinäre Zusammenarbeit konzipiert.[1] Die Methodik ist keiner speziellen wissenschaftlichen Theorie oder Disziplin zuzuordnen, sondern soll vor allem den problembezogenen Dialog verschiedener Disziplinen und Expertisen sowie zwischen Wissenschaft und Praxis befördern. Ihr Instrumentarium ermög-

---

1 Die Konstellationsanalyse wurde von den Autoren des „Handbuchs Konstellationsanalyse" (Schön et al. 2007) konzeptionell entwickelt und methodisch ausgearbeitet.

licht es, den Blick auf einen wissenschaftlichen Untersuchungsgegenstand für unterschiedliche Perspektiven und Zugänge zu öffnen. Denn in der Innovations- und Nachhaltigkeitsforschung lassen sich Untersuchungsgegenstände meist nicht isoliert betrachten, sondern unterliegen technischen, sozialen und ökologischen Entwicklungen, die eng miteinander verflochten sind. Unterschiedliche Einflussfaktoren spielen eine Rolle, die verstärkend oder hemmend auf die Entwicklung des Untersuchungsgegenstandes wirken. Dies ist charakteristisch für viele Probleme, die sowohl in der Wissenschaft als auch in der Alltagswelt als drängend wahrgenommen werden.

Ziel der Konstellationsanalyse ist es zum einen, Schnittstellen unterschiedlicher Disziplinen aktiv ins Auge zu fassen und zum anderen, Experten und Stakeholder in den Forschungsprozess einzubinden und die verschiedenen Problemsichten, Wissensbestände und Lösungsansätze aufeinander zu beziehen (Schön et al. 2007, S. 10). Die Methodik bietet den unterschiedlichen Perspektiven gemeinsame analytische Anknüpfungspunkte, um das Zusammenwirken problemrelevanter Faktoren in komplexen Konstellationen zu untersuchen.

Die Konstellationsanalyse wird für verschiedene Zwecke eingesetzt: zur Analyse, Beschreibung und Visualisierung komplexer Untersuchungsgegenstände, zur Strukturierung von Problemfeldern oder Diskursen, zur Integration unterschiedlicher Wissensbestände, zur Validierung von Forschungsergebnissen, zur Strategie- oder Projektentwicklung und zur Darstellung konträrer Sichtweisen. Im Mittelpunkt steht dabei ein gemeinsames Problem oder ein gemeinsamer Untersuchungsgegenstand. Es wird davon ausgegangen, dass eine produktive Bezugnahme von unterschiedlichen Perspektiven auf komplexe Problemlagen sowohl für deren Analyse als auch für die Entwicklung von Lösungen nutzbringend ist. Die Konstellationsanalyse soll einer Forschung nützlich sein, die ihre Fragestellungen nicht aus rein wissenschaftlichem Erkenntnisinteresse heraus entwickelt, sondern zur Lösung von gesellschaftlichen Problemen beitragen will.[2]

6.2 Durchführung der Konstellationsanalyse

Mit der Konstellationsanalyse steht ein Instrument zur Darstellung und Analyse komplexer Problemlagen bereit, mit dem ein Ordnungsmuster herausgearbeitet werden kann, das im Idealfall von allen am Forschungsprozess beteiligten Parteien geteilt oder zumindest akzeptiert wird. Ausgangspunkt ist ein Problem oder eine Fragestellung und die entsprechenden, problemrelevanten Elemente, die zueinan-

2 Beispiele für die unterschiedlichen Einsatzfelder finden sich hier: http://www.tu-berlin.de/ztg/menue/forschung/konstellationsanalyse/v-menue/beispiele/

der in Beziehung gesetzt werden. Im Rahmen der Konstellationsanalyse werden verschiedene Elemente-Typen unterschieden (Abbildung 6.1 und Tabelle 6.1).

Elemente-Typen	Was ist gemeint?	Beispiele aus Projekten
Akteur	Soziale Akteure und Akteursgruppen, Stakeholder, Institutionen und Organisationen	Ministerium, Planungsbüros, Forschungsprojekt, örtlicher Wasserversorger, Verbraucher, Landrat, Forstverwaltung
Zeichen	Ideen, Ideologien, Interessen, Normen, Gesetze, Preise, Programme und Konzepte, Diskurse, Leitbilder, institutionelle, rechtliche und ökonomische Faktoren	Sondergenehmigung, Monitoring, Kosten, Wissen, Grundwasserverordnung, Funktion der Naherholung, Wertschöpfung, Naturschutzrecht, Erneuerbare-Energien-Gesetz
Natürliches Element	Stoffe, Ressourcen, Umweltmedien, tierische und pflanzliche Lebewesen, die Landschaft sowie Naturphänomene (z. B. Klima); Entwicklungen in Natur und Umwelt	Grundwasser, Oberflächengewässer, Nordsee, Vögel, Uferfiltrat, Trinkwasser, Rieselfelder, Bodeneigenschaften, Bodenorganismen
Technisches Element	Artefakte, technische Einrichtungen und Verfahren	Windkraftanlage, technische Reinigungsverfahren, Kontamination, Analytik, Schifffahrt

Tabelle 6.1: Elemente-Typen und Beispiele

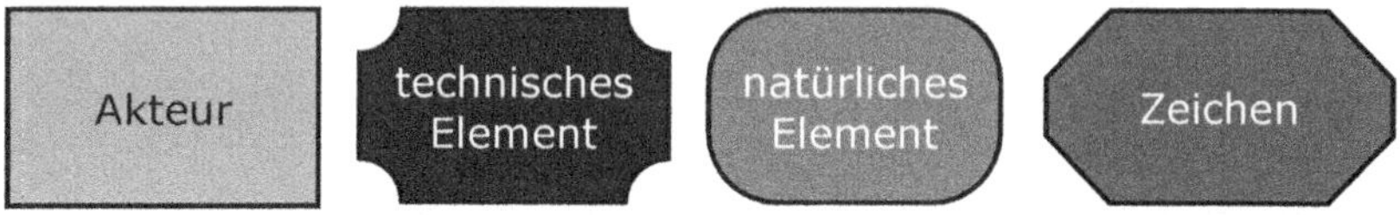

Abbildung 6.1: Die in der Konstellationsanalyse verwendeten Elemente-Typen (Quelle: © Schön et al. (2007, S. 18))

Eine Konstellationsanalyse erfolgt idealtypisch in drei Arbeitsschritten (Schön et al. 2007, S. 24ff.):

a) Kartierung der Konstellation

Als erster Arbeitsschritt werden diejenigen Elemente identifiziert, die das jeweilige Problem prägen. Dies kann in unterschiedlicher Weise erfolgen, etwa im Rahmen eines Workshops oder auf der Basis von Interviews mit Experten oder Praxisakteuren. In jeder Konstellation stehen die als zentral erachteten Wirkfaktoren im Mittelpunkt. Dieser Kern der Konstellation kann durch einen Kreis gekennzeichnet werden. Durch die räumliche Nähe oder Entfernung wird gezeigt, ob die Elemente in enger oder loser Beziehung stehen. Diese Elemente können in gerichteten oder ungerichteten, konflikthaften oder ungeklärten Beziehungen zueinander stehen. Es kann positive oder negative Rückkopplungen zwischen Elementen geben. Die Relationen zwischen den Elementen werden durch entsprechende Linien oder Pfeiltypen gekennzeichnet (vgl. Abbildung 6.2). Dabei sind die Beziehungen zwischen den Elementen nicht notwendigerweise „hart" im Sinne einer Messbarkeit, sondern der Indikator ist die empirisch festgestellte Beziehung und ihre Intensität. Schließlich wird der Konstellation ein Name gegeben. Diese Schritte werden vom Konstellationsanalyse-Team durchgeführt, das sowohl inter- als auch transdisziplinär zusammengesetzt sein kann.

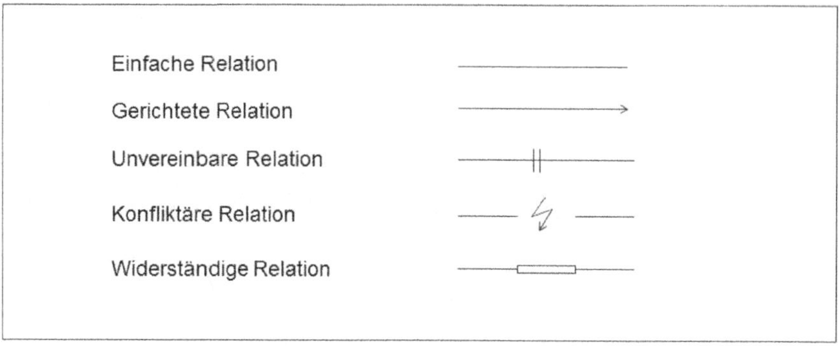

Abbildung 6.2: Beispiele für Relationstypen in der Konstellationsanalyse (Quelle: eigene Darstellung)

Diese Kartierung von Elementen (Einflussfaktoren im Sinne der Fragestellung bzw. des Problems) und ihren Relationen bildet den methodischen Kern der Konstellationsanalyse. Die Konstellation ist jedoch nicht selbsterklärend, sondern erfordert eine textliche Beschreibung. Bild und Text ergänzen sich und kompensieren so ihre jeweiligen Defizite: Während die Kartierung zur Konzentration auf die wesentlichen Einflussfaktoren und deren Beziehungen zwingt, wird die schriftliche Analyse und Interpretation der komplexen Realität gerecht (Schön et al. 2007, S. 17, 62).

Die Konstellation ist jeweils in einen Kontext eingebettet. Als Kontextbedingungen werden gesamtgesellschaftlich bedeutsame, übergeordnete Rahmenbedingungen bezeichnet, die nicht nur auf einzelne Elemente innerhalb der Konstellation, sondern auf die Konstellation als Ganzes Einfluss haben (z. B. politische Machtwechsel, Katastrophen oder Ereignisse, die die Problemwahrnehmung verändern). Sie bilden den Hintergrund, der bestimmte Entwicklungen katalysiert oder erschwert.

Ein zentraler konzeptioneller Grundsatz der Konstellationsanalyse besteht darin, dass die heterogenen Elemente, aus denen sich die Konstellation zusammensetzt, als gleichrangig betrachtet werden. Dadurch soll eine voreilige Unterscheidung in wichtige und unwichtige Elemente verhindert werden. Zudem soll dieser Grundsatz eine gleichrangige Zusammenarbeit der beteiligten Partner ermöglichen (Schön et al. 2007, S. 22). Die Relevanz der Elemente und Beziehungen wird im Diskurs herausgearbeitet, sie existiert nicht per se.

b) Analyse und Interpretation der Charakteristika

In einem zweiten Schritt werden die Funktionsprinzipien und Charakteristika der Konstellation durch das Konstellationsanalyse-Team analysiert und interpretiert. Es wird herausgearbeitet, nach welchen Prinzipien die Konstellation funktioniert, welche Eigenschaften und Besonderheiten sie aufweist und ob Allianzen zwischen Elementen existieren. Die Ergebnisse werden grafisch und textlich festgehalten, möglicherweise wird die Kartierung dabei modifiziert.

Die Interpretation der Konstellationen ist ein diskursiver Aushandlungsprozess über die beste Abbildung der Realität. Dabei reflektiert und integriert das Modell der Konstellation nicht die Realität, sondern das Verständnis der beteiligten Perspektiven von der Realität. Sie dient so der inter- und transdisziplinären Verständigung.

c) Analyse der Veränderungsprozesse

Im dritten Schritt wird danach gefragt, welche Veränderungsprozesse in der Konstellation wirken oder wirken könnten. Es geht darum zu identifizieren, welche Elemente die Konstellation in welcher Form verändern. Es wird gefragt, wie stabil die Konstellation ist und was sie möglicherweise destabilisiert. Dabei werden zum einen bisherige Verläufe in den Blick genommen. Zum anderen geht es darum, zukünftige Entwicklungen zu antizipieren und danach zu fragen, welche Elemente in einer Konstellation verändert werden müssten, um bestimmte Ziele zu erreichen oder Strategien umzusetzen.

Diese drei Schritte, die aufeinander aufbauen, vermischen sich in der praktischen Konstellationsarbeit und stellen eher iterative Prozesse dar, die in Schleifen wiederholt werden können. Wichtig ist, dass alle drei Stadien mindestens einmal durchlaufen werden.

Im Folgenden sollen vier Beispiele illustrieren, wie mit Hilfe dieses methodischen Ansatzes Experten und Stakeholder in die Forschung eingebunden werden können.

6.3 Einbindung von Experten und Stakeholdern mit der Konstellationsanalyse

6.3.1 Synthese von Wissen verschiedener Disziplinen und der Praxis (Wissensintegration)

Inter- und transdisziplinäre Forschungsprojekte sind mit besonderen Anforderungen konfrontiert. Wesentlich für ihr Gelingen ist die Integration unterschiedlicher Wissensbestände, sowohl aus verschiedenen Disziplinen als auch aus Praxisfeldern. Ziel ist es, im Rahmen eines Forschungsteams oder -verbundes ein gemeinsames Produkt zu entwickeln, das mehr ist als die Summe der einzelnen Ergebnisse. Diese Integration sollte nicht erst zum Ende des Projektes, sondern systematisch von Beginn an erfolgen. Von grundlegender Bedeutung ist dabei ein gemeinsames Verständnis des zu untersuchenden Problems als Basis für die Integration von Ergebnissen und Wissen (Defila et al. 2006, S. 35f.; Bergmann et al. 2010, S. 266). Im Folgenden wird der Einsatz der Konstellationsanalyse am Beispiel des Projekts ELaN[3] vorgestellt und diskutiert (Kröger et al. 2012).

Wissensintegration am Beispiel von ELaN

Im Verbundprojekt ELaN werden die Potentiale und Risiken der Nutzung gereinigten Abwassers im Rahmen eines nachhaltigen Landmanagements in der Region Berlin-Brandenburg untersucht. Ausgangspunkt ist die bisherige Praxis gereinigtes Abwasser über die Oberflächengewässer abzuleiten, wodurch es der Landschaft verloren geht. ELaN soll einen Beitrag zur Klärung der Fragen leisten, ob der regionale Wasserhaushalt durch den Einsatz dieses Wassers punktuell

3 ELaN – Entwicklung eines nachhaltigen Landmanagements durch nachhaltige Wasser- und Stoffnutzung in Nordostdeutschland, Laufzeit: 2011 bis 2015, gefördert durch das BMBF, www.elan-bb.de.

unterstützt werden und ob damit wertvolle Feuchtgebiete renaturiert und Biomasse erzeugt werden kann. Die Untersuchungen beziehen sich auf zwei Flächentypen in der Region Berlin-Brandenburg: ehemalige Rieselfelder im Umland Berlins und Niedermoore unterschiedlicher Degradationsstufen im ländlichen Raum.

ELaN zielt auf die Verknüpfung technologischer und organisatorischer Innovationen sowie Formen innovativer sozio-ökonomischer Steuerung. Ein inter- und transdisziplinäres Wissensmanagement soll die Tragfähigkeit der erarbeiteten Lösungen sicherstellen. Die Konstellationsanalyse wird als Instrument zur Synthese von Wissen verschiedener Disziplinen und von Praxisakteuren eingesetzt. Als erster Schritt der kommunikativen Integration wurde angestrebt, im Gesamtverbund zunächst das Problem gemeinsam zu beschreiben, was in der einschlägigen Literatur als wesentliche Basis für alle weiteren Schritte empfohlen wird[4] (Defila et al. 2006, S. 73; Kröger et al. 2012, S. 5).

Konstellationen kartieren

Im Projekt ELaN waren 17 leitfadengestützte Interviews mit Experten aus der Wasser- und Landwirtschaft, dem Umwelt- und Naturschutz, aus Politik, Verwaltung und Wissenschaft Basis für die Erstellung der Konstellationen. Gefragt wurde nach Problemen des Landschaftswasserhaushalts sowie nach Potentialen und Risiken der Nutzung gereinigten Abwassers. Im Zuge der Auswertung wurde deutlich, dass sich die Expertensicht für die beiden Flächentypen signifikant unterschied. Daher wurde für jeden Flächentyp eine eigene Status-Quo-Konstellation mit jeweils eigener Leitfrage erstellt. Die Frage für den Flächentyp Rieselfeld lautete: Welche Probleme und Risiken sind derzeit mit der Nutzung gereinigten Abwassers verbunden (vgl. Abbildung 6.3)? Für den Flächentyp Niedermoor war die Frage leitend: Mit welchen Problemen und Risiken ist das gegenwärtige Wassermanagement für Niedermoorflächen verbunden?

Eine der beiden Status Quo-Konstellationen, mit denen die ELaN-Problembeschreibungen grafisch dargestellt wurden, findet sich in Abbildung 6.3. Die Konstellationen wurden durch eine umfassende textliche Beschreibung und Analyse ergänzt.

4 Im Falle von ELaN wurde die Problembeschreibung im ersten Projektjahr parallel zu den anderen Teilprojekten erstellt. Auch wenn eine Problembeschreibung idealerweise in Vorbereitung eines Projektes erfolgen sollte, war dies aufgrund der herrschenden Projektlogik und -finanzierung des Drittmittelprojekts nicht realisierbar.

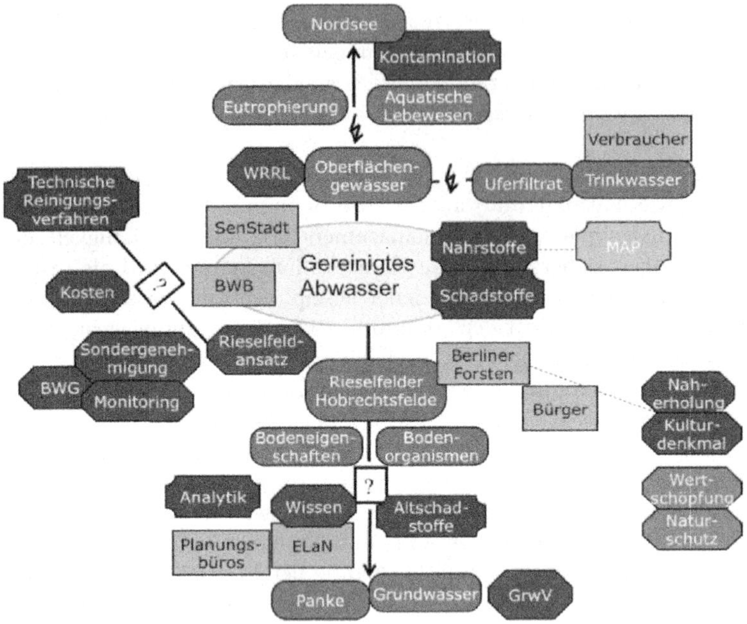

Abbildung 6.3: Status Quo Konstellation Rieselfeld (Quelle: © Kröger et al. 2012)[5]

Inter- und transdisziplinäre Abstimmung
Zur Erstellung der Problembeschreibung wurden folgende Schritte vollzogen:

1. Erstellung eines ersten Entwurfs der Konstellationen nach Transkription und inhaltsanalytischer Auswertung der Interviews und Sichtung der Literatur.
2. Ausführliche Besprechung des Entwurfs im Rahmen des Koordinationsteams des Projekts. Erste Modifizierung der Konstellationen sowie der Problem- und Fragestellung des Verbundprojekts.

5 Legende für die Abbildung:
BWB=Berliner Wasserbetriebe; BWG=Berliner Wassergesetz; GrwV=Grundwasserverordnung; MAP=Magnesium-Ammonium-Phosphat Dünger; SenStadt=Senatsverwaltung für Stadtentwicklung und Umwelt; WRRL=Europäische Wasserrahmenrichtlinie; gestrichelte Linie: Potenziale der heller unterlegten Elemente sind noch nicht voll entfaltet; Fragezeichen: zentrale Fragestellungen im ElaN-Projekt.

3. Validierung: Modifizierte Konstellationen als Basis für eine Reihe von Feedback-Interviews mit Wissenschaftlern verschiedener Disziplinen. Nach Auswertung der Interviews Überarbeitung der Konstellationen.
4. Diskussion im Rahmen eines Gesamtverbundtreffens, erneute Überarbeitung. Aufforderung an alle Wissenschaftler, zu den Kartierungen und zur textlichen Analyse Stellung zu nehmen. Auswertung der Rückmeldungen. Abschließende Fertigstellung einer interdisziplinär abgestimmten Problembeschreibung mit entsprechender Konstellationsabbildung.
5. Vorstellung und Diskussion der Problembeschreibung und -konstellation im Rahmen einer Veranstaltung mit Akteuren aus relevanten Praxisbereichen unter der Fragestellung: Welche Vorteile können sich aus ihrer Sicht aus einer Nachnutzung gereinigten Abwassers in der Region Berlin-Brandenburg ergeben? Welchen Problemen könnte man hiermit begegnen? Welche Fragen müssten ihrer Meinung nach geklärt werden, damit eine solche Nutzung eine realistische Option darstellt?

Die Erstellung der inter- und transdisziplinär abgestimmten Problembeschreibung vollzog sich in rekursiven Schleifen und wurde 13 Monate nach Beginn der Arbeit abgeschlossen. Durch das Durchlaufen der einzelnen Stufen konnten die Kartierungen sukzessive mit Wissen, Fakten und unterschiedlichen Sichtweisen angereichert werden, bis ein Einvernehmen aller Beteiligten erreicht wurde (Kröger et al. 2012).

In der Zusammenschau der Rückmeldungen ergab sich ein differenziertes Bild eines veränderten Umgangs mit gereinigtem Abwasser in der Region. Die Konstellationen konnten durch Praxiswissen ergänzt werden. Die sich als fehlerhaft herausstellenden Aspekte wurden modifiziert und bislang fehlende Fakten wurden aufgenommen. So wurde beispielsweise berücksichtigt, dass die Bundesländer – entgegen ursprünglicher Annahmen bzgl. ihrer Handlungsspielräume – keine Kompetenzen bei Gesetzesnovellierungen im Bereich des Grundwasserschutzes haben. Auch wurde deutlich herausgestellt, dass die Ausbringung gereinigten Abwassers zwingend jeweils standortspezifisch geprüft werden muss. Die Stakeholder benannten darüber hinaus Themen, die im Projekt zukünftig stärkere Beachtung finden sollten, etwa die Übernahme der Haftung bei möglichen Kontaminationen durch Schadstoffe im Abwasser, die Sanierung der Infrastruktur für Be- und Entwässerung als Gelegenheitsfenster für neue Strategieentwicklungen sowie die zukünftige Verfügbarkeit von Abwasser. Auch wurden konflikthafte Sichtweisen deutlich, die zum einen stärker auf die Wasserqualität, die Gewährleistung der Daseinsvorsorge und den Besorgnisgrundsatz fokussierten. Dem gegenüber steht eine eher ganzheitliche Betrachtung der Potenziale und Risiken einer Ausbringung gereinigten Abwassers, die den schützenswerten

Zustand renaturierter Flächen und der Landschaft herausstellte und für einen umfassenden Qualitätsbegriff plädierte (Kröger et al. 2012, S. 28).

Ein Gutteil der Anmerkungen wurde im Nachgang der Veranstaltung entweder in die Kartierungen oder schriftliche Analyse aufgenommen oder verworfen, je nachdem, was bei dem gegebenen Abstraktionsniveau sinnvoll erschien. Darüber hinaus verblieben wenige Konflikte und Widersprüche, die zum gegebenen Zeitpunkt nicht aufgelöst werden konnten. Diese wurden im Rahmen der Analyse schriftlich zusammengefasst und somit dokumentiert; da hierüber jedoch kein Konsens herrschte, gingen sie nicht in die Kartierung ein.

Konstellation analysieren und interpretieren

In einem zweiten Schritt analysierte das Projektteam die Gemeinsamkeiten und Unterschiede der Konstellationen für die beiden Flächentypen sowie die sich hieraus ergebenden Problemlinien und Risiken (Kröger et al. 2012). Dabei wurden unterschiedliche Handlungslogiken zentraler Akteure im Wasser- und Landmanagement deutlich und anhand zweier Konfliktlinien in Textform herausgearbeitet. Es zeigte sich, dass die Logik der Daseinsvorsorge, welche das Handeln der Verwaltung prägt, in einem Spannungsverhältnis zur Logik der Wirtschaftlichkeit steht, welche für die Wasserver- und Abwasserentsorger handlungsleitend ist. Des Weiteren konnte das konfliktgeladene Verhältnis zwischen effizienzorientierter Landnutzung und ressourcenschonendem Naturschutz sowie den dahinterliegenden Logiken der Akteure herausgearbeitet werden. Diese Betrachtungen verdeutlichen nicht nur die unterschiedlichen Problemwahrnehmungen und Interessen, sondern auch die Schwierigkeiten einer Vermittlung zwischen den Akteuren.

Der beschriebene Verständigungsprozess auf eine gemeinsame Problembeschreibung und die Kommentierung der Konstellationen durch Wissenschaftler des Verbunds, externe Experten und Praxisakteure war eine wesentliche Voraussetzung dafür, vorhandenes wissenschaftliches und praktisches Wissen frühzeitig aufzugreifen. Mit Hilfe des Instrumentariums der Konstellationsanalyse wurde eine integrierte Sicht auf das Problem entwickelt und eine erste Syntheseleistung erbracht. So konnte eine wesentlich umfassendere, stärker differenzierte und fundierte Beschreibung des Status Quo erstellt werden, als die ursprüngliche, im Projektantrag formulierte Problembeschreibung. Diese Einschätzung wird gestützt durch eine qualitative telefonische Befragung der Wissenschaftler aus den vier Themenbereichen des ELaN-Verbunds.

Die Problembeschreibung bietet Wissenschaftlern, die an Teilfragestellungen arbeiten, die Möglichkeit, ihre Arbeit in den übergreifenden Fragestellungen zu verorten. In späteren Projektphasen und mit anderen Instrumenten (bspw.

Szenarien) kann auf diesen Rahmen zurückgegriffen werden, um neu generiertes Wissen zu integrieren.

Mit Hilfe der Konstellationsanalyse konnten komplexe Sachverhalte visualisiert und analysiert werden. Sie lieferte zudem eine Systematik für die Aufarbeitung des empirischen Materials. Ihr Mehrwert in der interdisziplinären Verständigung bestand nicht nur in der Reduktion von Komplexität, sondern auch in der systematischen und übersichtlichen Abbildung des Wissens der teilnehmenden Akteure über Einflussfaktoren, deren Beziehungen und Wirkungsweisen sowie die Einschätzungen der Wissenschaftler und Praxisakteure über die jeweiligen Funktionsprinzipien der Konstellationen (Kröger et al. 2012).

Das Vorgehen, das idealerweise von allen Beteiligten getragen wird, ist zwar zeitaufwendig und bindet Ressourcen. Es gewährleistet aber, dass die Konstellationsanalyse ihre Funktion erfüllt: Anschlüsse für die verschiedenen beteiligten Disziplinen und Praxispartner bereitstellen, ihr Wissen integrieren und dieses im Gesamtprojekt verorten.

6.3.2 *Validierung von Forschungsergebnissen durch konstellationsgestützte Interviews*

Ein weiteres Anwendungsfeld der Konstellationsanalyse ist es, Zwischenergebnisse aus der interdisziplinären, wissenschaftlichen Forschung auf Basis des Wissens von Experten und Stakeholdern zu validieren, die nicht Teil des Projektteams sind. Dies kann durch konstellationsgestützte Interviews erfolgen. Ziel ist es zu prüfen, ob die konsultierten Personen mit der Darstellung in der Konstellationsabbildung einverstanden sind oder ob sie eine abweichende Sicht auf den Untersuchungsgegenstand haben.

Zu diesem Zweck werden leitfadengestützte Experteninterviews durchgeführt. Während des Interviews werden den befragten Personen eine oder mehrere Konstellationsabbildungen vorgelegt, die das Wissenschaftlerteam zuvor auf der Basis von Literatur-, Internet- und Datenrecherchen, teilnehmender Beobachtung erarbeitet hat. Die Interviewpartner werden um Kommentierung, Kritik sowie Ergänzungen gebeten. Ihre Aussagen fließen später in den Aushandlungsprozess über die „bestmögliche Abbildung der Realität“ ein.

Vorgehen

Im interdisziplinären Projekt „Innovationsbiographie der Windenergie“ wurde die Entwicklung der Windenergie in Deutschland mit der Frage nach den zentralen treibenden und hemmenden Kräften analysiert. Es ging darum, den Innovationsverlauf als einen Prozess aus sich verändernden sozio-technischen Konstellationen zu beschreiben (Bruns et al. 2008). Ziel war eine schrittweise Annäherung an eine von allen Beteiligten geteilte Gesamtsicht des Prozesses.

Dazu teilte das interdisziplinär zusammengesetzte Projektteam den Prozess zunächst in Phasen ein, die sich aufgrund bedeutender Ereignisse und Veränderungen voneinander abgrenzen lassen. In einem zweiten Schritt kartierte das interdisziplinäre Projektteam für jede der identifizierten Phasen eine Konstellation zentraler Einflussfaktoren sowie deren Beziehungen und Wechselwirkungen auf der Basis von Literaturauswertungen und wissenschaftlicher Expertise. Jede dieser Konstellationen zeigt die sozio-technische Konfiguration für einen bestimmten, zeitlich abgegrenzten Abschnitt des Entwicklungsprozesses („Phasenkonstellationen"). Das Aneinanderreihen von einzelnen Phasenkonstellationen verdeutlicht sowohl die individuelle Charakteristik der jeweiligen Phase als auch die Charakteristik des Entwicklungsverlaufs (Schön et al. 2007, S. 82). Die Phasenkonstellationen bildeten die Basis für eine gemeinsame textliche Beschreibung und Interpretation des Verlaufs – die „Innovationsbiographie" (vgl. Abbildung 6.4).

Abbildung 6.4: Phasen der Innovationsbiographie der Windenergie in Deutschland (Quelle: © Bruns et al. 2008)

Mit dem Instrumentarium der Konstellationsanalyse wurde das Feld heterogener Einflussfaktoren aufgespannt, in dem sich die Windenergie dynamisch entwickelt hat. Ausgangspunkt war die Annahme, dass multiple Einflussbereiche sich gegenseitig bedingen und dass es ganz unterschiedlicher Wissensbestände bedarf, um den Innovationsprozess angemessen analysieren zu können. Ein mehrdimensionaler Blick erschien wichtig für die Erklärung des Innovationsprozesses. Für die Analyse war es daher von wesentlicher Bedeutung, Personen einzubinden, die den Prozess oder Teile des Prozesses aus der Perspektive ihrer wissenschaftlichen oder praktischen Arbeit erlebt hatten. Ziel war es, die Perspektiven und Wissensbestände dieser Experten in die Analyse einzubeziehen.

Das Wissenschaftlerteam führte Interviews mit einer Reihe von Experten aus der Praxis, in die eine Diskussion über Konstellationsabbildungen integriert wurde. Den Interviewpartnern wurden der methodische Ansatz und das Vorgehen der Konstellationsanalyse anhand der kartierten Konstellationsentwürfe kurz erläutert. Ziel war es, eine Diskussion mit den Interviewpartnern darüber anzuregen, welche Einflussfaktoren eine zentrale oder weniger wichtige Rolle im Entwicklungsprozess gespielt haben, ob Elemente in der Abbildung fehlten oder ob Elemente in ihrer Beziehung oder Nähe zu anderen Elementen richtig oder falsch bewertet und platziert wurden. Die Interviewpartner wurden aufgefordert, die Konstellation in ihrer Struktur und ihren Schwerpunktsetzungen zu kommentieren. Auch die Charakterisierung der jeweiligen Phase des Prozesses und ihre Bedeutung für den Innovationsverlauf wurden zur Diskussion gestellt.

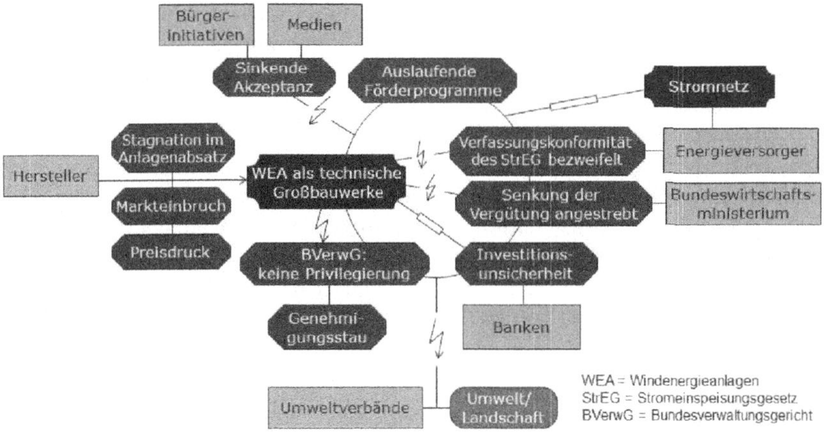

Abbildung 6.5: Phasenkonstellation „Sand im Getriebe" 1995-1997 (Quelle: © Bruns et al. 2008)

Die Kommentierung der Konstellationsabbildungen durch die Befragten vertiefte das Verständnis des Untersuchungsgegenstands. In manchen Fällen wurde der bisherige Kenntnisstand des Wissenschaftlerteams bestätigt, in anderen ergänzt oder es wurde widersprochen. Im Fall abweichender Aussagen wurden diese im wissenschaftlichen Team diskutiert. Gegebenenfalls wurden die Hinweise der Interviewpartner überprüft, zum Beispiel durch das Hinzuziehen von Literatur oder die Befragung weiterer Experten und Stakeholder. Abschließend handelten die Mitglieder des Forscherteams untereinander aus, ob und wie die grafische und textliche Darstellung des Innovationsverlaufs auf Basis der Kommentierungen durch die Interviewpartner modifiziert werden sollten.

Rekursive Schleifen vollziehen

Analyse, Beschreibung und Interpretation einer Konstellation bilden zusammen eine zugespitzte Aussage über die Realität. Die Kartierungen der Konstellationen haben somit einen gewissen Zwischencharakter und bereiten die Bearbeitung der eigentlichen Forschungsfragen vor. Das methodische Vorgehen der Konstellationsanalyse ähnelt somit einer experimentellen Situation. Jede Kartierung einer konkreten Konstellation fixiert auch eine vorläufige Annahme über die wesentlichen Zusammenhänge. Diese werden in einem nächsten Schritt auf ihre Tragfähigkeit hin überprüft. Indem das Konstellationsanalyse-Team Experten und Stakeholder einbezieht, wird der zuvor bereits vollzogene Arbeitsschritt der Kartierung überprüft und ausdifferenziert. Der Überarbeitungsprozess verläuft somit in mehreren Schleifen und bringt schrittweise Präzisierungen hervor. Dieses in der Methodik vorgesehene Vorgehen erwies sich als geeignet, um einen Anschluss zwischen der wissenschaftlichen Arbeit und der Empirie herzustellen (Schön et al. 2007, S. 49).

Die Konstellationsabbildungen unterstützten den Diskussionsprozess mit Experten und Stakeholdern darüber, wie die Einflussfaktoren gewirkt haben und wie die Konstellation in ihrer Struktur und in ihren Charakteristika interpretiert werden kann. In der Konstellation können die Komplexitäten des realen Prozesses in stilisierten Einflussfaktoren dargestellt und vereinfacht werden. Die visualisierten Konstellationen müssen dabei einerseits handhabbar sein, andererseits aber auch die Komplexität der Realität erfassen. Im Vergleich zum Text, der die jeweilige Konstellation erläutert und beschreibt, sind die Abbildungen zwar weniger differenziert. Sie sind aber prägnanter und bieten den Vorteil, dass sich Praxispartner rasch einen Überblick verschaffen und Strukturen schnell erkennen können. So kann den Interviewpartnern der bisherige Kenntnisstand des Wissenschaftlerteams schnell und übersichtlich vermittelt werden. Stakeholder und Experten können sich in ihren Kommentierungen auf die Abbildungen beziehen. Die Konstellationsabbildungen können somit die Kommunikation über den Gegenstand, der in der Regel sehr komplex ist, unterstützen. Sie eignen sich als Hilfsmittel zur transdisziplinären Verständigung. Das relativ einfache Vokabular, die begriffliche Offenheit und der geringe theoretische „Ballast" der Konstellationsanalyse sind dabei von Vorteil.

6.3.3 *Perspektivenvielfalt strukturieren*

Die Konstellationsanalyse lässt sich darüber hinaus in Forschungsprojekten einsetzen, in denen die Vielfalt von Perspektiven ein Problem – und damit einen Forschungsgegenstand – darstellt, oder in denen die Analyse, Strukturierung und wechselseitige Bezugnahme von heterogenen Perspektiven eine notwendige Voraussetzung für die Bearbeitung der Forschungsfragen ist. Die separate Kartierung unterschiedlicher Perspektiven kann auch als Zwischenschritt zur Herausarbeitung von Gemeinsamkeiten und Unterschieden und zur Erarbeitung möglicher Lösungsstrategien dienen (Schön et al. 2007, S. 98ff.).

Vorgehen

Idealtypisch gliedert sich die Strukturierung der Perspektivenvielfalt in drei Schritte:

In einem ersten Schritt erstellt das Projektteam auf der Basis von Literatur, Positionspapieren etc. eine erste Kartierung der Konstellation als Ausgangspunkt für die Strukturierung unterschiedlicher Perspektiven. Damit werden die relevanten Elemente (vorläufig) identifiziert und ein erster Überblick über die relevanten Akteure sowie ihre Positionen und Interessen gewonnen. Die Ausgangskartierung dient als Bezugsrahmen für die Kartierung der unterschiedlichen Perspektiven. Insofern ist sie kein Ergebnis, sondern ein Startpunkt für die anschließende Untersuchung.

Im Projekt „Blockierter Wandel?"[6] erscheint die Ausgangskartierung als eine dichotom strukturierte Gegenüberstellung zweier gegensätzlicher Strategien (technischer vs. natürlicher Hochwasserschutz). Die Akteure und Elemente können – so scheint es – eindeutig der einen oder anderen Seite zugeordnet werden, zwischen den beiden Perspektiven scheint es kaum Schnittmengen und Anknüpfungspunkte zu geben (Schön et al., 2007, S. 98ff.). Weitere Recherchen und explorative Gespräche zeigten jedoch bereits in diesem Schritt, dass die dichotome Trennung inkonsistent und unterkomplex ist (Schön et al. 2007, S. 101ff.).

In einem zweiten Schritt werden die unterschiedlichen Perspektiven relevanter Akteure auf der Basis von Interviews und Dokumenten getrennt kartiert. Diese Kartierungen sollen die vielfältigen Sichtweisen sicht- und nutzbar machen. Jede Perspektivkartierung nimmt einen sozialen Akteur in den Fokus und analysiert dessen Sichtweise auf die Konstellation. Um die unterschiedlichen Kartierungen vergleichen zu können, steht jeweils im Mittelpunkt der Kartierung der gleiche Kern aus einem oder zwei Elementen. Im Falle des Projektes „Blockierter Wandel?" waren dies die Flüsse Elbe und Mulde, das Hochwasser sowie der jeweilige Akteur (Schön et al. 2007, S. 104ff.).

Als Ergebnis dieses Schrittes entstehen Perspektivkartierungen zentraler Akteursgruppen, im Fall des Beispielprojekts „Blockierter Wandel" waren dies das Landesamts für Hochwasserschutz, vom Elbehochwasser potentiell bedrohte

6 An diesem Projekt war keine der beiden Autorinnen beteiligt.

Bürger (Abbildung 6.6) sowie die zuständige Denkmalschutzbehörde (Abbildung 6.7) (Schön et al. 2007, S. 105ff.).

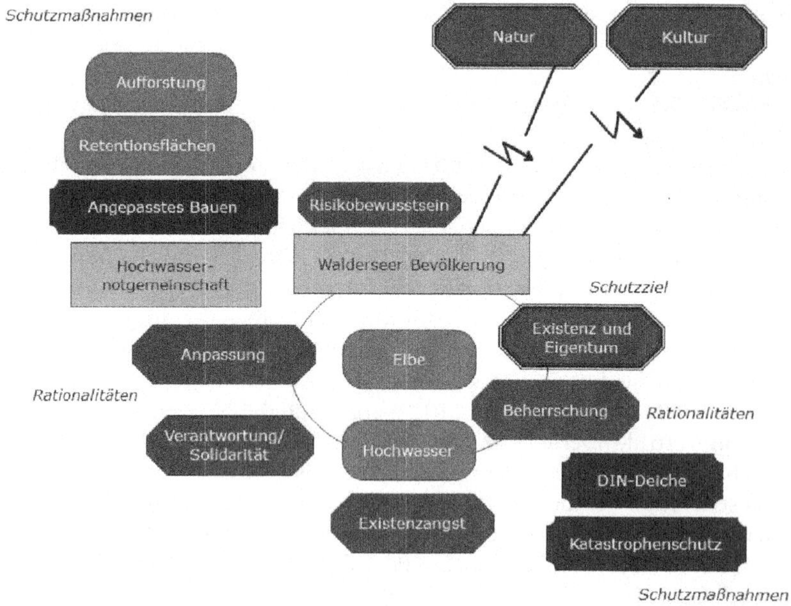

Abbildung 6.6: Perspektivkonstellation Walderseer Bürger
(Quelle: © Kruse 2008, übersetzt)

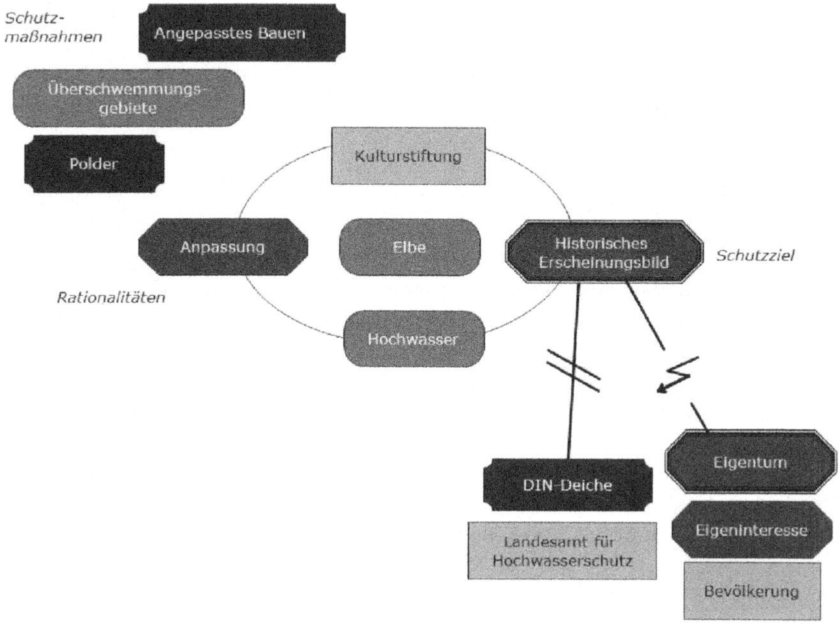

Abbildung 6.7: Perspektivkonstellation Kulturstiftung
(Quelle: © Kruse 2008, übersetzt)

Im dritten Schritt werden die Perspektivkartierungen verglichen, aufeinander bezogen und mit den Akteuren rückgekoppelt. Da die Konstellationen jeweils den gleichen Kern aufweisen, ist eine Vergleichbarkeit gegeben. Im Vergleich werden Gemeinsamkeiten, Unterschiede sowie die jeweils handlungsanleitenden Rationalitäten der Akteure deutlich, die Basis für die Erarbeitung von Handlungsoptionen sein können. Ziel der Rückkopplung mit den Akteuren ist eine Reflexion der eigenen und der Perspektiven anderer Akteure sowie eine Initiierung von Verständigungs- und Lernprozessen.

Dissens identifizieren

Im Projekt „Blockierter Wandel?“ zeigte sich, dass auf der Ebene der als notwendig erachteten Maßnahmen weit weniger Dissens bestand als auf der Ebene der Schutzziele und der leitenden Rationalitäten. Mit dem Instrumentarium der Konstellationsanalyse konnten sowohl die bestehenden Ursachen für Blockaden als auch mögliche Anknüpfungspunkte für deren Auflösung herausgearbeitet werden (Schön et al. 2007, S. 108f.). Die Perspektivenkonstellationen ermöglichten eine Fokussierung der Gespräche mit Akteuren sowie eine Reflexion nicht nur der jeweiligen Akteursperspektiven, sondern auch der wissenschaftlichen Arbeit. Blinde Flecken auf beiden Seiten wurden so aufgedeckt.

Rationalitäten erkennen
Für die teilnehmenden Akteure wurde deutlich, dass die Wahrnehmung von Risiken und Problemen und die Bewertung möglicher Lösungsansätze nicht „objektiv" sind und nicht für alle Akteure gleichermaßen gelten. Akteure aus unterschiedlichen gesellschaftlichen Funktionssystemen (z. B. Wissenschaft, Politik, Wirtschaft) und mit unterschiedlichen Interessenlagen agieren im Rahmen ihrer jeweils eigenen Logik, was zu Konflikten führen kann. Eine Herausforderung für deren Lösung besteht darin, diese Logiken zu analysieren und transparent zu machen. Im Kontext der Erforschung gesellschaftlich relevanter Probleme ist eine solche Leistung keinesfalls banal: es geht darum, die grundsätzliche Legitimität der Sichtweisen anzuerkennen und darauf basierend vermittelnde Anschlüsse zu identifizieren (Kröger et al. 2012). Auch hierbei erwies sich das Instrumentarium der Konstellationsanalyse als hilfreich.

6.3.4 Strategien entwickeln

Das Ziel, nachhaltige Lösungen zu entwickeln, stellt Forscher oft vor die Herausforderung, dass unterschiedliche Einflussfaktoren sowie heterogene Akteursinteressen die Ausgangssituation komplex und schwer handhabbar machen. Für die Entwicklung strategischer Interventionen zur gezielten Veränderung bestehender Situationen und Prozesse ist es notwendig, die einzelnen Komponenten dieses Flechtwerks zu identifizieren und in ihren Interaktionen zu strukturieren. Oft mangelt es aber an der hinreichenden und doch in der Komplexität noch beherrschbaren Erfassung aller Akteure, Einflussfaktoren und Kontexte, die für eine Strategieentwicklung wesentlich sind. Hierin besteht ein weiteres Anwendungsfeld der Konstellationsanalyse.

Strategien sind häufig deshalb nicht tragfähig, weil die mit der praktischen Umsetzung befassten Akteure konkurrierende Interessen und Ansichten vertreten und kontroversen Handlungslogiken folgen. Um eine Chance auf Umsetzung zu haben, müssen sie nah an den gesellschaftlichen und politischen Realitäten entwickelt werden. Daher ist der frühzeitige Einbezug von Experten und Stakeholdern von besonderer Relevanz. Ihre Hinweise können verhindern, dass Maßnahmen, die als wirksam identifiziert wurden, nicht umgesetzt werden. Die

Konstellationsanalyse kann dazu genutzt werden, zu vermeiden, dass die Grundlage für die Strategieentwicklung von vorneherein instabil und unausgewogen ist.

Dabei kann die Kartierung von Konstellationen dazu beitragen, Ansatzpunkte für Strategien zu identifizieren. Konstellationen können Ausgangspunkt für die Entwicklung zielorientierter, verantwortlicher und gemeinsam getragener Handlungsstrategien sein. Sie können auch dabei helfen, (unerwünschte) Implikationen und Nebeneffekte von Strategien zu identifizieren und diesen frühzeitig zu begegnen. Darüber hinaus kann anhand von Konstellationen herausgestellt werden, welche institutionellen, technischen oder rechtlichen Rahmenbedingungen hinderlich oder förderlich für den Erfolg einer Strategie sind.

Vorgehen

Für die Strategieentwicklung werden zunächst die relevanten Faktoren identifiziert und mit Hilfe des Instrumentariums der Konstellationsanalyse dargestellt (Ausgangskonstellation). In einem zweiten Schritt wird eine Zielkonstellation erarbeitet, die den Zielzustand nach der strategischen Intervention abbildet. Der Vergleich zwischen Ausgangs- und Zielkonstellation kann als Basis für die Entwicklung entsprechender Strategien genutzt werden[7].

So wurden zum Beispiel im Projekt „Urban Climate and Heat Stress“[8] erfolgsversprechende „Good Governance-Konstellationen“ entwickelt, auf deren Basis Schlüsse für Planung und Politik gezogen wurden. Im Projekt ELaN wurden für beide Flächentypen (Rieselfeld, Niedermoor) Zukunftskonstellationen erstellt, die von einer zukünftigen Nutzung gereinigten Abwassers ausgehen und nach Effekten dieser Ausbringung fragen. Die Frage für die Zukunftskonstellation des Flächentyps Rieselfeld lautete: Welche Effekte sind zukünftig mit der erweiterten Ausbringung gereinigten Abwassers auf Rieselfeldflächen in Berlin und Brandenburg verbunden? Für den Flächentyp Niedermoor war die Frage leitend: Welche Effekte hat ein zukünftiges integrierendes Wassermanagement für die Niedermoorflächen? Mit den Zukunftskonstellationen wird ein Rahmen für eine mögliche zukünftige Entwicklung aufgespannt, der im weiteren Projekt-

7 Eine Ausgangs- und eine Zielkonstellation wurden zum Beispiel im Projekt „Entwicklung und Vernetzung nachhaltiger Tourismusangebote in Kärnten – c-sustour“ kartiert (http://www.tu-berlin.de/ztg/menue/forschung/konstellationsanalyse/v-menue/beispiele/strategien_entwickeln/c-sustour/).

8 Das Projekt „Urban Climate and Heat Stress in mid-latitude cities in view of climate change“ (UCaHS) befasst sich mit der Frage, wie den Herausforderungen des Hitze-Stress-Effekts in Planung und Politik begegnet werden kann. Ziel der Anwendung der Konstellationsanalyse ist es, erfolgsversprechende „Good Governance-Konstellationen“ zu entwickeln (www.klima.tu-berlin.de/index.php).

verlauf der Entwicklung von Umsetzungsstrategien eines nachhaltigen Wasser- und Landmanagements dient (Kröger et al. 2012).

Die Ausgangskonstellation kann als Grundlage für ein systematisches Durchspielen von Konsequenzen genutzt werden, die eine strategische Veränderung nach sich ziehen würde. Experten und Stakeholder werden danach gefragt, in welche Richtung sich eine Konstellation (insgesamt oder Teile der Konstellation) aus ihrer Sicht entwickeln sollte, wie die konkreten Ziele dieser Entwicklung lauten, und welche Einflussfaktoren die Konstellation dabei stützen oder destabilisieren können. Gemeinsam werden strategische Ansatzpunkte innerhalb der Konstellation identifiziert. Das strategische Potenzial der Elemente in der Konstellation und ihre jeweilige potenzielle Wirkung auf andere Elemente oder auf Beziehungen zwischen Elementen werden systematisch geprüft. Von Bedeutung ist dabei die Einschätzung der Stakeholder und Experten im Hinblick darauf, ob und inwiefern die jeweiligen Faktoren beeinflussbar oder in ihrem strategischen Potenzial aktivierbar sind. Darüber hinaus kann die Konstellationsanalyse dabei unterstützen, die identifizierten strategischen Ansatzpunkte in einer abgestimmten und konsistenten Gesamtstrategie zu bündeln und eine Priorisierung relevanter Maßnahmen vorzunehmen.

Gemeinsame Problemsicht als wesentliche Voraussetzung

Bei der Strategieentwicklung ist die gemeinsame Problemsicht trotz unterschiedlicher fachlicher bzw. praxisbezogener Perspektiven eine wesentliche Voraussetzung für gemeinsam getragene Lösungen. Die Nutzung der Konstellationsanalyse bietet die Möglichkeit, unterschiedliches Wissen und Erfahrungen für die Problemlösung zu integrieren und verdeckte Widersprüche und Gegensätze ans Licht zu bringen. Sie kann dazu beitragen, die für den strategischen Erfolg unerlässlichen Faktoren und deren Funktionen herauszustellen. Mit dem Instrumentarium der Konstellationsanalyse können zentrale Stabilisierungsfaktoren herausgearbeitet und auf deren Fehlen (zum Beispiel die mangelnde Verknüpfung von Organisationsstrukturen oder das Fehlen engagierter Akteure an zentralen Positionen) aufmerksam gemacht werden.[9] Auch kann die Konstellationsanalyse dabei unterstützen, die erarbeiteten strategischen Empfehlungen an Entscheidungsträger zu kommunizieren.

---

9 Diese Aspekte wurden im Projekt „Regionale Netze zur Wieder- und Weiterverwendung elektronischer Geräte (ReUse-Computer) hervorgehoben (http://www.tu-berlin.de/ztg/menue/forschung/konstellationsanalyse/v-menue/beispiele/strategien_entwickeln/reuse-computer/)

6.4 Resümee

Die ausgeführten Anwendungsbeispiele illustrieren die Möglichkeiten, die die Konstellationsanalyse für die Einbindung von Experten und Stakeholdern in interdisziplinäre Forschungsprojekte bietet. Hervorzuheben ist dabei die visualisierte, grafische Darstellung nach einer schlüssigen Systematik, mit deren Hilfe Situationen und komplexe Sachverhalte umfassend und differenziert dargestellt und zugleich in ihrer Komplexität reduziert und übersichtlich gestaltet werden können. So können sich Experten und Stakeholder rasch einen Überblick über ein Problem oder Phänomen in seiner Gesamtheit verschaffen und Strukturen erkennen. Verständigungsprozesse werden damit erleichtert. Das Instrumentarium der Konstellationsanalyse kann eine hilfreiche Grundlage für die Integration unterschiedlicher Wissensbestände und die aktive, synthetisierende Verknüpfung der identifizierten Einflussfaktoren sein. Sie kann dabei unterstützen, Zwischenergebnisse aus der Forschung zu validieren, gemeinsame oder unterschiedliche Perspektiven auf ein Problem zu identifizieren und darzustellen sowie umsetzbare, valide Lösungsstrategien zu entwickeln.

Ein Mehrwert der Konstellationsanalyse besteht in der systematischen und übersichtlichen Abbildung des Wissens über Einflussfaktoren, deren Wirkungsweisen und Relationen sowie darin, die Einschätzungen der Beteiligten über allgemeine Funktionsprinzipien von sozio-technischen Konstellationen abzubilden. Sie liefert zudem eine Systematik für die Aufarbeitung umfänglichen empirischen Materials auf einem bestimmten Abstraktionsniveau.

Die Konstellationsanalyse weist allerdings auch Grenzen auf. Die Konstellationen erleichtern den inter- und transdisziplinären Diskussions- sowie den Aushandlungsprozess über die bestmögliche Abbildung der Realität. Gleichwohl ist der Erklärungswert der Abbildungen jedoch begrenzt, da Diskurse erklärungsmächtiger sind als Abbildungen. Interaktionsmuster und Netzwerke zwischen Akteuren werden darin nur grob erfasst, aber nicht differenziert beschrieben – dies kann nur im begleitenden Text erfolgen. Die Abbildungen sind nicht selbsterklärend, sondern nur durch Erläuterungen bzw. den Text nachvollziehbar.
Die Konstellationsanalyse ist ein explorativer Ansatz, der eine nützliche Ordnungsleistung liefert, was hilfreich ist bei der Einbindung von Stakeholdern und Experten. Dies allein ist jedoch nicht ausreichend für eine wissenschaftliche Analyse – es muss eine Perspektive für die Interpretation gewählt werden, zum Beispiel anhand einer wissenschaftlichen Fragestellung.

Bei der Bestimmung der Elemente erscheinen die vier Elemente-Typen – Akteure, technische Elemente, natürliche Elemente und Zeichen – zuweilen als nicht hinreichend ausdifferenziert und theoretisch fundiert, etwa bezüglich des der Konstellationsanalyse zugrundeliegenden Natur- und Technikbegriffs. Nicht immer ist eine Zuordnung trennscharf und eindeutig möglich. So stellte sich zum Beispiel im ELaN-Projekt die Frage, ob gereinigtes Abwasser ein technisches oder ein natürliches Element ist. Verändert sich die Zuordnung, wenn Wasser in Oberflächengewässer eingeleitet wird? Auch ein nachwachsender Rohstoff, wie z. B. Holz aus Kurzumtriebsplantagen, ist je nach Sichtweise ein natürliches oder technisches Element. Diskutiert wurde daher im Projekt ELaN eine Erweiterung der vier Elemente-Typen um einen fünften Typ „Ressourcen".

Zu berücksichtigen ist auch, dass Risiken und Problemsichten in der Konstellationsanalyse sozial konstruiert werden: Nicht der Sachverhalt an sich ist der Ausgangspunkt, sondern dessen Wahrnehmung und Bewertung durch die Beteiligten als Risiken oder Probleme (Framing). Soziale Konstruktionen sind jedoch oftmals nicht stabil, sondern unterliegen einem Prozess des Wandels. Die Deutungsmuster können sich verändern – und dieser Veränderungsprozess kann zum Beispiel durch den Austausch zwischen Wissenschaftlern und Vertretern gesellschaftlicher Gruppen oder Organisationen befördert werden. Im Kontext der Nachhaltigkeitsforschung ist dies oftmals willkommen, die Dokumentation eines solchen Veränderungsprozesses aber nicht immer einfach.

6.5 Literatur

Bergmann, M., Jahn, T., Knobloch, T., Krohn, W., Pohl, C., & Schramm, E. (2010). *Methoden transdisziplinärer Forschung: Ein Überblick mit Anwendungsbeispielen.* Frankfurt a.M.: Campus Verlag.

Bruns, E., Köppel, J., Ohlhorst, D., & Schön, S. (2008). *Die Innovationsbiographie der Windenergie: Absichten und Wirkungen von Steuerungsimpulsen.* Münster: LIT Verlag.

Defila, R., Di Giulio, A., & Scheuermann, M. (2006). *Forschungsverbundmanagement: Handbuch für die Gestaltung inter- und transdisziplinärer Projekte.* Zürich: VdF Verlag.

Schön, S., Kruse, S., Meister, M., Nölting, B., & Ohlhorst, D. (2007). *Handbuch Konstellationsanalyse: Ein interdisziplinäres Brückenkonzept für die Nachhaltigkeits-, Technik- und Innovationsforschung.* München: Oekom Verlag.

Kröger, M., Rückert-John, J., Schäfer, M. (2012). Wissensintegration im nachhaltigen Landmanagement: Inter- und transdisziplinäre Problembeschreibung im Projektverbund ELaN. ElaN-Discussion Paper. http://www.elan-bb.de/media/pdf/Publikationen/EDP2_Kroeger_978-3-943679-05-2.pdf. Zugegriffen: 07. Juli 2013.

Kruse, S. (2008). Structuring Multiple Perspectives in Environmental Decision-Making: Flood Protection in the Middle Elbe River. In R. Edmundson, & H. Rau (Hrsg.), *Environmental Argument and Cultural Differences: Locations, Fractures and Deliberations* (S. 37-64). Oxford: Peter Lang Publisher.

7 Das Gruppendelphi

Marlen Niederberger

Zusammenfassung

Bei einem Gruppendelphi werden Wissensdiskurse zwischen Experten und Stakeholdern angeregt, moderiert und ausgewertet. Auf einem ein- bis zweitägigen Workshop beantworten Experten einen standardisierten Fragebogen mit dem idealtypischen Ziel, Konsens bzw. Konsens über Dissens zu erzielen und qualitative Begründungsurteile über verschiedene Expertenurteile zu erfassen.

In dem Artikel werden drei Projekte der sozialwissenschaftlichen Forschungspraxis vorgestellt. Anhand der Beispiele wird deutlich, wie vielfältig Gruppendelphis einsetzbar sind. Sie zeigen aber auch deutlich die Herausforderungen und Schwierigkeiten des Verfahrens auf. Gerade wenn institutionelle Interessen oder persönliche Werthaltungen der Teilnehmer die Diskussion determinieren, kommt das Verfahren an seine Grenzen. Insgesamt erweist sich das Gruppendelphi damit eher als ein geeignetes Instrument der Experten- denn der Stakeholdereinbindung.

7.1 Einleitung

Das Gruppendelphi wird seit über 30 Jahren in der sozialwissenschaftlichen Forschung als Instrument der Experten- und Stakeholdereinbindung eingesetzt. Ziel ist es, Experten unterschiedlicher Disziplinen zu einem offenen und konstruktiven Diskurs zusammen zu bringen und im Idealfall ein gemeinsames Votum zu einer wissenschaftlichen Fragestellung zu erhalten.

Im Folgenden werden drei Gruppendelphis aus verschiedenen Projekten der sozialwissenschaftlichen Forschungspraxis vorgestellt. Alle drei Gruppendelphis wurden zu verschiedenen Themen durchgeführt. Das jeweilige Vorgehen und die Ergebnisse werden im Hinblick auf die Relevanz und Bedeutung des Gruppendelphis als Instrument für die Experten- und Stakeholdereinbindung diskutiert. Doch zuvor soll die Methode allgemein vorgestellt werden.

7.2 Das Gruppendelphi

Das Gruppendelphi ist eine Modifikation des klassischen Delphis. Bei dem klassischen Delphi werden Experten anhand eines standardisierten Fragebogens über ihre Einschätzungen und Bewertungen zu einem bestimmten Thema in mehreren Befragungswellen befragt. Ziel ist zum einen eine umfassende Darstellung des aktuellen Wissensstandes anerkannter Experten des jeweiligen Themas und zum anderen eine Annäherung bzw. Verständigung über divergierende Expertenurteile. Letzteres soll durch die Befragung in mehreren Wellen mit der Besonderheit der Offenlegung der Ergebnisse der vorherigen Befragung geschehen. Im Wesentlichen setzt sich ein klassisches Delphi-Verfahren aus folgenden Schritten zusammen:

- Ein Forschungsteam entwickelt einen standardisierten Fragebogen und verschickt ihn an eine Gruppe von anerkannten Experten und Stakeholder des jeweiligen Fachgebiets. Diese beantworten die Fragen und schätzen zugleich bei jeder Frage ihre eigene Urteilssicherheit.
- Das Forschungsteam wertet den Fragebogen deskriptiv aus, d. h. es ermittelt die Durchschnittswerte, die Extremwerte und die Streuung der Antworten.
- Der ursprüngliche Fragebogen wird zusammen mit der Auswertung der ersten Befragung an die Experten zurückgesandt. Dabei werden alle Namen der Experten anonym gehalten, um Beeinflussungen jeglicher Art, beispielsweise durch Status oder Seniorität auszuschalten. Die Befragten werden gebeten, den Fragebogen ein zweites Mal auszufüllen, diesmal aber mit der Vorgabe, die Ergebnisse der ersten Befragung als Korrektiv der eigenen Urteile mit in die erneute Urteilsbildung einzubeziehen. Zweck dieser zweiten Befragung ist es, die Varianz der Antworten zu reduzieren und die Urteilssicherheit zu erhöhen.
- Die Befragung wird idealerweise solange wiederholt, bis die Experten und Stakeholder keine Änderungen ihrer Urteile mehr vornehmen.

Das klassische Delphi hat sich vor allem in der Zukunftsforschung bewährt (Cuhls 2009; Cuhls et al. 1995; Cuhls et al. 1998; Cuhls und Kimpeler 2008). Allerdings gibt es auch Kritik an dem Verfahren. Ein gewichtiger Kritikpunkt liegt darin, dass Begründungs- und Bewertungshorizonte der Experten, wie auch bei anderen standardisierten Befragungen, unberücksichtigt bleiben (Hill und Fowles 1975). Damit bleibt beispielsweise unklar, warum manche Experten ihre Urteile revidieren und andere nicht.

Aus diesem Grund wurde in den 80er Jahren das Gruppendelphi als Modifikation des klassischen Delphis entwickelt. Hier werden die Experten zu einem ein- bis zweitägigen Workshop eingeladen und gebeten, in rotierenden Kleingruppen den standardisierten Fragebogen auszufüllen (Webler et al. 1991; Schulz und Renn 2009). Gewünscht wird, dass sich die Experten auf ein gemeinsames Votum einigen – wobei auch Minderheitsvoten zulässig sind. Zu einem Gruppendelphi werden in der Regel zwischen 12 und 36 Experten bzw. Stakeholder eingeladen, welche die in der Fachwelt diskutierte Bandbreite an unterschiedlichen Auffassungen und Interpretationen vertreten. Wer dabei als Experte gilt, wird in der Regel durch das Forscherteam anhand der beruflichen Qualifikationen und Stellungen definiert (Bogner und Menz 2002).

Die Experten werden zu Beginn des Workshops in Kleingruppen aufgeteilt. Jede dieser Kleingruppen von drei bis sechs Personen füllt einen standardisierten Fragebogen aus. Dabei wird zwar Konsens angestrebt, aber auch die Angabe von Mehrheits- bzw. Minderheitsvoten ist möglich. In der anschließenden Plenumsdiskussion müssen diejenigen Experten, deren Bewertungen deutlich von denen aller anderen Teilnehmer abweichen, ihren Standpunkt begründen und ggfs. verteidigen. Sinn dieses Austauschs von Argumenten ist es, die knappe Workshopzeit auf die Themen zu lenken, bei denen offensichtlich die größte Diskrepanz in den Einschätzungen auftritt. Herausgefunden werden soll, worin der Dissens begründet liegt und ob die Diskrepanzen durch Informationen und Argumente der anderen Experten aufzulösen sind.

In einer zweiten Runde wird das Verfahren in neuen Kleingruppen wiederholt. Die Abfolge von Einzelgruppensitzungen und Plenarsitzungen wird idealerweise so lange fortgeführt, bis keine relevanten Verschiebungen der Standpunkte mehr auftreten. Ziel ist es, eine wesentlich eindeutigere Verteilung der Antwortmuster zu erhalten. Entweder kann ein Konsens erzielt werden oder man kann mehrere, voneinander getrennte Positionen ausmachen (Konsens über den Dissens). In allen Fällen liefert das Gruppendelphi, anders als das klassische Delphi, ausführliche Begründungen für jede Position. Denn die offene Expertendiskussion erlaubt die Erfassung der inhaltlichen Argumente für unterschiedliche Abschätzungen. Das Potential von Gruppendelphis liegt dementsprechend darin, mehr Klarheit und Transparenz in wissensbasierte Kontroversen zu bringen. Damit sind Gruppendelphis vor allem zur Behandlung von sogenannten Expertendilemmata geeignet, bei denen unterschiedliche Expertenbewertungen aufeinander prallen, ohne dass eine Lösung allein auf der Basis epistemologischer Instrumente (wie Nachmessung, Peer Review) gelingt (Schulz und Renn 2009, S. 14).

Auch das Gruppendelphi hat sich in der sozialwissenschaftlichen Forschung mittlerweile etabliert. Vor allem in der Technik- und Umweltsoziologie gibt es vielfältige Anwendungsbeispiele (Schulz und Renn 2009; Niederberger und Kuhn 2013). Dies zeigt sich auch bei den drei sozialwissenschaftlichen Projektbeispielen, die nun unter dem Blickwinkel der Experten- und Stakeholdereinbindung vorgestellt und diskutiert werden sollen.

7.3 Projektbeispiele

Die Frage, inwiefern das Gruppendelphi ein adäquates Instrument der Experten- und Stakeholdereinbindung ist, wird anhand von drei Gruppendelphis aus der sozialwissenschaftlichen Forschungspraxis diskutiert. Das „mikromakro"-Gruppendelphi wurde im Rahmen einer Evaluation eines Programms zur Förderung des technisch-naturwissenschaftlichen Nachwuchses durchgeführt. Das CCS- und das Nako-Gruppendelphi stammen aus dem Energiebereich. Ersteres wurde zur Analyse des Wissenstandes und das zweite für die Bewertung von Handlungsempfehlungen für Privatnutzer von Wärmeenergie durchgeführt. Eine Kurzinformation zu den Projekten enthält Tabelle 7.1.

Akronym	Projekt	Gefördert durch	Durchgeführt durch	Primäres Ziel
mikromakro	Förderung von Erfinderteams der weiterführenden Schulen aus Baden-Württemberg mit mindestens vier Mitgliedern	Baden-Württemberg Stiftung	Dialogik 2010	Evaluation des Programms
CCS	Analyse des Wissensstands über die Speicherung von CO_2	Bundesministerium für Bildung und Forschung	Universität Stuttgart, ZIRIUS 2010[1]	Analyse des Wissenstandes: Identifikation von Konsens und Konsens über Dissens
Nako	„Energie nachhaltig konsumieren – nachhaltige Energie konsumieren. Wärmeenergie im Spannungsfeld von sozialen Bestimmungsfaktoren, ökonomischen Bedingungen und ökologischem Bewusstsein“	Bundesministerium für Bildung und Forschung im Rahmen der Sozialökologischen Forschung zur Förderbekanntmachung: „Vom Wissen zum Handeln – Neue Wege zum nachhaltigen Konsum.“	Universität Stuttgart ZIRIUS 2010	Bewertung von Handlungsempfehlungen auf Basis der Forschungsergebnisse

Tabelle 7.1: Überblick Projektbeispiele

1 ZIRIUS steht für Zentrum für interdisziplinäre Risiko- und Innovationsforschung.

Die drei Projektbeispiele repräsentieren typische Anwendungsfelder von Gruppendelphis. Gemeinsamkeiten, Besonderheiten und Unterschiede im Hinblick auf die Einbindung von Stakeholdern und Experten sollen an diesen Beispielen diskutiert werden. Doch zuvor sollen die drei Projektbeispiele kurz beschrieben werden.

7.3.1 Das Gruppendelphi als Evaluationsinstrument („mikromakro")

7.3.1.1 Projekthintergrund

„mikromakro" ist ein Programm der Baden-Württemberg Stiftung, bei dem Erfinderclubs aus Baden-Württemberg unterstützt werden. Erfinderclubs sind Schülerteams, die innerhalb eines frei wählbaren Themengebiets ein oder mehrere technische und/oder naturwissenschaftliche Projekte bearbeiten. Betreut werden sie in der Regel von einem Lehrer. Mit dem Programm soll die Begeisterung von Kindern und Jugendlichen ab der 5. Klasse für die Themen Technik und Naturwissenschaft sensibilisiert und nachhaltig gefördert werden. Mitmachen können Schülergruppen aller weiterführenden Schulen aus Baden-Württemberg mit mindestens vier Mitgliedern.

„mikromakro" wurde 2008 zum ersten Mal ausgeschrieben. 2012 startete die fünfte Ausschreibungsrunde. Mit der Evaluation der ersten, zweiten und dritten Runde von „mikromakro" hat die Baden-Württemberg Stiftung ein unabhängiges Forschungsinstitut (Dialogik gGmbH www.dialogik-expert.de) beauftragt. Die Evaluation war als formative Effektevaluation angelegt (Niederberger und Kuhn 2013). Das heißt, durch Zwischenberichte wurde die Baden-Württemberg Stiftung über die aktuellen Ergebnisse informiert und konnte somit bei Bedarf bereits ab der zweiten Ausschreibungsrunde von „mikromakro" Veränderungen im Programm vornehmen (Schulz und Keierleber 2011).

7.3.1.2 Ablauf des Gruppendelphis

Das Gruppendelphi wurde 2010, also während die erste und zweite Ausschreibungsrunde von „mikromakro" lief, durchgeführt. Eingeladen wurden 39 Betreuer dieser Erfinderclubs, teilgenommen haben im Endeffekt 12 Betreuer. Mit dem Gruppendelphi wurden zwei Forschungsfragen verknüpft:

1 Wie bewerten die Betreuer der Erfinderclubs das Programm „mikromakro"?
2 Welche Vorschläge haben sie für die weiteren Aktivitäten der Baden-Württemberg Stiftung für das Programm „mikromakro" bzw. thematisch ähnlich gelagerte Programme?

Die Betreuer wurden beispielsweise gebeten, die Zielgruppengerechtigkeit, die Effektivität und die Organisation des Programms zu bewerten. Zudem sollten sie verschiedene Vorschläge für die Weiterentwicklung des Programms diskutieren und priorisieren.

Der Ablauf des Gruppendelphis orientierte sich an dem typischen Ablauf eines Gruppendelphis mit einer schriftlichen Vorabbefragung und dem anschließenden Versand des Ergebnisprotokolls an die Teilnehmer (Niederberger und Kuhn 2013). Während des Workshops konnten zwei Delphi-Runden durchgeführt werden. Am Ende des Tages wurde in allen wesentlichen Aspekten Konsens zwischen den Teilnehmern hergestellt. Die Ergebnisse wurden von dem Forscherteam in einem Bericht zusammengestellt und den Teilnehmern im Nachhinein mit der Bitte um Prüfung zugeschickt. Kritische Anmerkungen und Ergänzungen zum Ergebnisprotokoll gab es nicht. Den genauen Ablauf des Gruppendelphis „mikromakro" zeigt Tabelle 7.2.

▪ Postalische Individualbefragung im Vorfeld des Workshops mit den designierten Teilnehmern
▪ Durchführung eines eintägigen Workshops mit 12 Experten
▪ Verfassen eines Ergebnisprotokolls und Versand an die Teilnehmer

Tabelle 7.2: Ablauf „mikromakro"-Gruppendelphi

7.3.1.3 Experten- und Stakeholdereinbindung

Als Experten galten bei dem „mikromakro" Gruppendelphi die Betreuer der Erfinderclubs, denn nur sie verfügten über einen fundierten und tiefgründigen Einblick in die Arbeitsweise und Erfolge der Erfinderclubs. Alle Betreuer arbeiteten als Lehrer in verschiedenen naturwissenschaftlichen Fächern in den jeweiligen Schulen. Ihnen konnte eine gewisse pädagogische wie didaktische Kompetenz und ein fundierter Einblick in aktuelle formale Bildungsangebote unterstellt werden. Sie waren damit als Experten für eine wissens- und erfahrungsbasierte Diskussion über die Förderung technisch-naturwissenschaftlicher Interessen bei Kindern und Jugendlichen prädestiniert.

Die Erfahrungen mit dem Gruppendelphi „mikromakro“ zeigen im Hinblick auf die Experteneinbindung positive wie negative Aspekte.

- Mit insgesamt zwölf Betreuern war die Teilnehmeranzahl des „mikromakro“-*Gruppendelphis relativ klein.* Dadurch hatten alle Teilnehmer die Möglichkeit, sich aktiv und ausführlich an der Diskussion zu beteiligen. Außerdem haben sich die Teilnehmer im Laufe des Tages relativ gut kennen gelernt und konnten so ihr Netzwerk erweitern. Vereinzelt wurde sogar der Austausch über den Workshop hinaus vereinbart. Am Ende des Tages konnten nicht zuletzt aufgrund der regen und konstruktiven Diskussion bei allen Aspekten des Fragebogens Konsens erreicht werden und gemeinsame Vorschläge für die Weiterführung des Programms „mikromakro“ formuliert werden. Die Baden-Württemberg Stiftung erhielt einen guten Eindruck über die Einschätzung der Betreuer zum Programm und eine gute Grundlage für ihre weiteren Planungen. So wurde beispielsweise angeraten, die Höchstfördersumme von 10.000 Euro pro Erfinderclub auf maximal 8.000 Euro zu reduzieren, weil dies nach Ansicht der Betreuer für einen schulischen Erfinderclub ausreicht. Doch dass sich die Teilnehmer wie beim „mikromakro“- Gruppendelphi so gut verstehen, muss nicht immer so sein. Im vorliegenden Fall erwiesen sich der ähnliche berufliche Hintergrund und der gemeinsame Wunsch, durch das Programm der Stiftung Unterstützung für die eigene Arbeit zu erhalten, als eine gute Grundlage für eine konstruktive und freundliche Diskussion. Wenn allerdings konkurrierende Ziele und sehr unterschiedliche Fachrichtungen aufeinanderstoßen, besteht ein erhöhtes Risiko für kritische bis hin zu unsachgemäßen Diskussionen.
- Die Erfahrungen mit dem „mikromakro“-Gruppendelphi zeigen auf der negativen Seite, *die Schwierigkeit genug Experten für den Workshop zu gewinnen.* Zwar signalisierten viele Betreuer das Interesse an dem Thema und den Ergebnissen, aber eine Teilnahme war vielen aufgrund beruflicher Überschneidungen nicht möglich. Durch die Betreuung des Erfinderclubs mussten sie bereits einige Unterrichtseinheiten ausfallen lassen und konnten deshalb keinen zusätzlichen Arbeitstag freinehmen. Zwar konnte mit den zwölf Betreuern die Mindestanzahl an Teilnehmern für ein Gruppendelphi gewonnen werden, aber die Anzahl lag am unteren Bereich. Hätten noch mehr Betreuer abgesagt, hätte das Gruppendelphi nicht stattfinden können. Hier zeigen sich die Relevanz einer frühzeitigen Planung und die Schwierigkeit, Personen, die beruflich stark eingespannt sind, für derartige Workshops zu gewinnen. Die Chance zur Teilnahme kann zwar durch ein inhaltliches Interesse und der Übernahme eventueller finanzieller Aufwen-

dungen erhöht werden, aber das Risiko vieler Absagen bleibt aufgrund der aufzubringenden Zeit für die Teilnehmer bestehen.

7.3.2 Das Gruppendelphi zur Ermittlung des Wissenstandes („CCS")

7.3.2.1 Projekthintergrund

CCS steht für Carbon Dioxide Capture and Storage und meint großtechnische Vorhaben mit dem Ziel der Reduzierung von CO_2-Emissionen in die Atmosphäre durch die technische Abspaltung am Kraftwerk und Einlagerung in unterirdische Lagerstätten. CCS ist im Hinblick auf seine Risiken für Mensch und Natur in Deutschland sowohl bei den Bürgern als auch bei den Experten umstritten (Schulz et al. 2010). So sorgen sich die Bürger bei der CO_2-Speicherung beispielsweise vor unkalkulierbaren Risiken durch Erdbeben oder verunreinigtes Grundwasser. Deshalb gab es in vielen deutschen Regionen potenzieller Speicherstandorte, wie z. B. in Brandenburg und Schleswig-Holstein, erhebliche Bürgerproteste. Diese wurden von Nichtregierungsorganisationen (NGOs) und CCS-kritischen Wissenschaftlern unterstützt, die diese Technologien u. a. als ein Hemmnis für die rasche Transformation des Energiesystems kritisierten (IZT et al. 2009). Doch nach Ansicht verschiedener Energie- und Klimaexperten könnten CCS-Technologien als Brückentechnologie, bis zum Übergang zu einer nachhaltigen Energieversorgung, einen wesentlichen Beitrag zum Klimaschutz leisten (OECD und IEA 2009; IPCC 2005).

Um das Für und Wider der Speicherung von CO_2 systematisch in den Blick zu nehmen, hat die Universität Stuttgart im Auftrag des Bundesministeriums für Bildung und Forschung (BMBF) im Jahr 2010 ein Delphi-Prozess durchgeführt (Schulz und Wassermann 2010; Wassermann et al. 2011).[2] Ziel war ein wissensbasierter Diskurs. Das Spektrum unterschiedlicher Ansichten und die dahinterliegenden Argumentationsketten sollten identifiziert und festgehalten werden. Ein damit assoziiertes Ziel war die Erstellung einer Grundlage für die weiteren Aktivitäten im Bereich Kommunikation und Partizipation. Hierfür wurde ein

2 Dieser Delphiprozess fand vor der Nuklearkatastrophe in Fukushima im Jahr 2011 statt. Diese Katastrophe war der Auslöser für einen beschleunigten Umbau der Energieversorgung in Richtung Erneuerbare Energien (Energiewende). Aktuell spielt CCS in Deutschland kaum eine Rolle. In Deutschland ist der Einsatz von CCS seit 2012 durch das *Gesetz zur Demonstration der dauerhaften Speicherung von Kohlenstoffdioxid* gesetzlich geregelt. Hier gibt es u. a. eine Klausel, die es einzelnen Bundesländern ermöglichen soll, ein generelles Verbot der CO_2-Speicherung auf ihrem Territorium auszusprechen.

Delphi-Verfahren, als Kombination aus einem klassischen Delphi und einem Gruppendelphi, durchgeführt.

7.3.2.2 Ablauf des Gruppendelphis

Das CCS Delphi wurde zu einem sowohl in der Wissenschaft als auch in der Gesellschaft sehr heiklen Themenfeld durchgeführt. Um die Chance einer Verwertbarkeit der Ergebnisse zu erhöhen, sollten deshalb möglichst viele Experten mit allen relevanten Standpunkten und Institutionen vertreten sein. Da dies im Rahmen eines Workshops nicht möglich war, wurde vorab eine schriftliche Befragung durchgeführt. Hier wurden 300 Experten um ihre Einschätzung bezüglich der Chancen und Risiken von CCS gebeten. Die Expertenliste beinhaltete, zu etwa gleichen Teilen, Personen aus der Wissenschaft, der Politik, NGOs und Industrie. Der Rücklauf lag mit 25% (n=75) im üblichen Bereich bei derartigen Delphi-Befragungen (Cuhls 2009). 48% der Experten arbeiteten in der Wissenschaft, 30% in der Industrie, 7% bei NGOs, 4% in der Politik und 11% gaben „Sonstiges" als Tätigkeitsfeld an. Ihr thematisches Sachverständnis schätzten über 90% der Experten als eher bzw. sehr hoch ein.

Auch auf dem anschließenden Workshop wurde versucht, die gesamte Spannbreite an Meinungen und Urteilen vertreten zu haben. Teilgenommen haben 16 Experten aus den Bereichen Wissenschaft, Industrie, Politik und NGO mit unterschiedlichen Standpunkten zu CCS und der Speicherung von CO_2. Die größte Gruppe stellten Experten aus der Industrie.

- Entwicklung eines standardisierten Fragebogens anhand von Literaturanalysen
- Versand des Fragebogens an 300 Experten aus Deutschland unterschiedlicher Disziplinen und Institutionen (Wissenschaft, Wirtschaft und Vereine/Verbände)
- Auswertung der schriftlichen Befragung und Kürzung des Fragebogens auf die Fragen mit großen Streuungen
- Durchführung eines zweitägigen Gruppendelphis mit 16 Experten und Diskussion der strittigen Fragen
- Auswertung der Ergebnisse und Rückkopplung des Abschlussberichtes an die Teilnehmer des Gruppendelphis mit der Bitte um Korrektur
- Veröffentlichung der Ergebnisse

Tabelle 7.3: Ablauf des CCS-Gruppendelphis

7.3.2.3 Experten- und Stakeholdereinbindung

Das CCS-Beispiel zeigt sehr deutlich, dass mit dem Gruppendelphi keine repräsentativen Schlüsse oder Verteilungsaussagen erfolgen können und sollen. Auch wenn der standardisierte Fragebogen statistische Analysen zulässt, die u. a. als Diskussionsinput für den Workshop dienen, geht es nicht um die Frage wie viele Experten die eine oder andere Meinung vertreten. Wichtig ist allein, dass die gesamte Bandbreite an Urteilen vertreten ist und die Argumente der verschiedenen Positionen transparent werden. Die Problematik rührt vor allem aus dem Ungleichgewicht der Teilnehmer im Hinblick auf ihre Positionen zu CCS. Denn sowohl in der schriftlichen Befragung als auch beim Workshop haben mehr Befürworter als Kritiker von CCS teilgenommen. Entsprechend hielt die Mehrzahl der Befragten CCS für eine sehr wichtig Technologie zum Klimaschutz. Damit darf nicht unterstellt werden, dass diese Meinung Konsens oder „richtiger" ist als die andere. Minderheitsvoten haben in Gruppendelphis die gleiche Bedeutung wie die Mehrheitsvoten und müssen auch gleichwertig herausgearbeitet werden. Allerdings hat dieses Ungleichgewicht Auswirkungen auf den Dialog zwischen den Experten. Denn die wenigen CCS-Kritiker wurden sehr häufig um Stellungnahme bzw. um eine Begründung gebeten. Die Befürworter konnten sich dagegen gegenseitig in ihren Argumenten stützen und ergänzen.

Das CCS-Gruppendelphi zeigt aber auch, dass die Experten nicht allein aufgrund ihres Wissens argumentieren, sondern individuelle Erfahrungen und Einstellungen einfließen (Wassermann „Expertendilemma" in diesem Buch). Die Gegner von CCS sind vor allem bei Mitgliedern von Umweltvereinen bzw. -verbänden zu finden, die ausschließlich auf Erneuerbare Energien setzen und andere Technologien verteufeln. Entsprechend argumentierten sie während des Workshops. Damit werden die Grenzen des Verfahrens offenbar. Derartige Diskussionen sind in der Regel nicht mit sachlichen Argumenten aufzulösen. Bei einstellungsbasierten Konflikten sind deshalb andere Verfahren vorzuziehen. Abzuwägen ist auch, ob ausschließlich Wissenschaftler, also Experten, die anders als Stakeholder, kein primäres Interesse am Verlauf oder dem Ergebnis des Gruppendelphis haben, einzuladen sind.

Gleichzeitig verdeutlichen die Erfahrungen, dass die Qualität des Workshops vor allem von dem Moderator abhängt. Er braucht viel Erfahrung, Fingerspitzengefühl und zumindest rudimentäre Grundkenntnisse über das Thema. Denn wenn sehr unterschiedliche Positionen aufeinander treffen, können heftige Diskussionen folgen, deren Moderation nicht immer einfach ist. Dazu gehört auch die Fähigkeit zu erkennen, wann keine weitere Annäherung der Positionen mehr möglich ist und Konsens über Dissens besteht. So war beim CCS-Workshop vor allem das Verhältnis von CCS und den Erneuerbaren Energien immer wieder Kernpunkt der Diskussion. Einige Experten bestanden auf eine ausschließliche Förderung Erneuerbarer Energien. Andere Experten präferierten eine multioptionale Klimaschutzstrategie, der zufolge sowohl die Entwicklung von CCS als auch der Ausbau der Erneuerbaren Energien vorangetrieben werden sollten. Eine Annäherung war hier nicht möglich und Konsens über Dissens wurde festgehalten.

Im Fazit konnten bei dem CCS Delphi viele Experten in Deutschland ihren Standpunkt zu CCS deutlich machen, in vielen Punkten konnte ein gemeinsames Votum formuliert werden. Aber gleichzeitig wurden die Grenzen des Delphi-Verfahrens bei sehr konträren Themen deutlich. So distanzierte sich ein Kritiker von CCS am Ende von den Ergebnissen ohne genaue Angabe der Gründe.

7.3.3 Das Gruppendelphi zur Bewertung von Handlungsempfehlungen („Nako")

7.3.3.1 Projekthintergrund

In dem BMBF-Projekt „Energie *na*chhaltig *ko*nsumieren – nachhaltige Energie konsumieren. Wärmeenergie im Spannungsfeld von sozialen Bestimmungsfaktoren, ökonomischen Bedingungen und ökologischem Bewusstsein" – kurz „Nako" – wurden sowohl wissenschaftliche als auch praktische Ziele verfolgt. Wissenschaftliches Ziel war die umfassende und interdisziplinäre Analyse von Wärmeenergiekonsum. Praktisches Ziel war die Formulierung von Handlungsempfehlungen sowohl für Konsumenten, für die Akteure im Umfeld der Konsumenten, wie z. B. Handwerker oder Energieberater als auch für politische Entscheidungsträger zur aktiven Förderung eines nachhaltigen Umgangs mit Wärmeenergie (Projekthomepage http://www.uni-stuttgart.de/nachhaltigerkonsum/de/index.html; Gallego Carrera und Schulz 2012; Fink et al. 2012).

Am Ende des Projektes wurde ein Gruppendelphi durchgeführt, bei dem die Ergebnisse der Forschung in Form von Handlungsempfehlungen für die Politik diskutiert und priorisiert werden sollten. Dabei ging es ausschließlich um Handlungsempfehlungen, die sich auf den privaten Konsumenten von Wärmeenergie (Mieter und Eigentümer) beziehen. Auf Grund der Interdisziplinarität des Projektes wurden bei dem Gruppendelphi technische, juristische, ökonomische als auch sozialwissenschaftliche Aspekte thematisiert. Eingeladen wurden Wissenschaftler aller relevanten Disziplinen aus dem universitären und außeruniversitären Forschungsbereich.

7.3.3.2 Ablauf des Gruppendelphis

Bei dem Nako-Gruppendelphi wurde eine schriftliche Vorab-Befragung mit den designierten Teilnehmern durchgeführt. Dadurch sollte den Experten die Möglichkeit eingeräumt werden, sich gezielt auf den Workshop vorzubereiten. Außerdem konnten so eine relativ große Anzahl an Handlungsempfehlungen aufgenommen werden und konträre Empfehlungen identifiziert werden. Für den eintägigen Workshop wurden aus den zehn Handlungsempfehlungen der Vorabbefragung fünf Empfehlungen ausgewählt, bei denen die Expertenurteile am weitesten auseinandergingen.

▪ Entwicklung eines standardisierten Fragebogens
▪ Versand des Fragebogens an die Teilnehmer des Gruppendelphis
▪ Auswertung der schriftlichen Befragung
▪ Kürzung des Fragebogens auf die Fragen, bei denen die Experten unterschiedlicher Meinung waren
▪ Durchführung eines eintägigen Gruppendelphis mit 16 Wissenschaftlern und Diskussion der strittigen Fragen
▪ Auswertung der Ergebnisse und Erstellen eines Protokolls

Tabelle 7.4: Ablauf Nako-Gruppendelphi

7.3.3.3 Experten- und Stakeholdereinbindung

Am NAKO-Gruppendelphi zeigen sich die Chancen und Herausforderungen einer interdisziplinär zusammengesetzten Gruppe von Experten. Denn teilgenommen haben Sozialwissenschaftler, Ingenieure, Ökonomen und Raumplaner. Die Interdisziplinarität der Teilnehmer war bewusst gewählt, um die Handlungsempfehlungen unter verschiedenen Blickwinkeln betrachten, analysieren und bewerten zu können. In der Diskussion erwies sich diese Interdisziplinarität als fruchtbar. Die Experten nahmen zu unterschiedlichen Aspekten Stellung und konnten sich gegenseitig ergänzen. Heftige Diskussionen oder unüberbrückbare Kontroversen gab es nicht. Denn bei sehr spezifischen Aspekten wurde den Experten mit dem entsprechenden Knowhow vertraut. Gleichzeitig bestand die Tendenz, dass der Dialog zwischen den Experten nicht mehr möglich war und die Experten nur zu ihrem jeweiligen Themengebiet Stellung bezogen haben. Zudem haben sich Teile der Diskussion weniger um inhaltliche Kernaussagen, sondern um Formulierungsfragen gedreht. Wenn dies auf Grundlage eines Konsenses über die Kernaussagen geschieht ist es unproblematisch, wenn es aber auf eine mangelnde Verständigungsbasis zurückzuführen ist, wird der Sinn des

Gruppendelphis fraglich. In dem Nako-Delphi wurden Formulierungsfragen auf Basis eines Konsenses über die grundsätzliche Angemessenheit und Relevanz der Handlungsempfehlungen geführt. Am Ende des Gruppendelphis konnten für die besprochenen Handlungsempfehlungen fertige und publizierbare Resultate erzielt werden und dem Auftraggeber zusammen mit anderen Empfehlungen in einer Broschüre übergeben werden (Zech et al. 2011).

7.4 Schlussfolgerungen aus den Projektbeispielen

Die Darstellung der drei Projektbeispiele zeigt, dass der allgemeine Ablauf der Delphi-Prozesse immer ähnlich ist. In allen Projekten wurde zunächst ein standardisierter Fragebogen entwickelt, der vorab von einigen Experten anonym und schriftlich beantwortet wurde. Beim Workshop selbst haben die Experten in rotierenden Kleingruppen eine gekürzte Form des Fragebogens beantwortet und im Plenum diskutiert. Unterschiede zeigen sich beim Ablauf, bei der Teilnehmerstruktur, der Anzahl der Experten, dem Ziel des Gruppendelphis sowie bei der Diskussion und den erzielten Ergebnissen. Einen vergleichenden Überblick zeigt Tabelle 7.5.

	mikromakro	CCS	NAKO
Ablauf	Gruppendelphi mit Vorab- und Anschlussbefragung	Kombination klassisches Delphi und Gruppendelphi	Gruppendelphi mit Vorabbefragung
Teilnehmer	Betreuer der Erfinderclubs (Lehrer)	Experten zu CCS (Wissenschaftler und NGOs)	Wissenschaftler unterschiedlicher Disziplinen
Teilnehmeranzahl	12 Experten	300 Experten bei der Vorabbefragung 12 Experten beim Gruppendelphi	16 Experten

	mikromakro	CCS	NAKO
Ziel des Gruppendelphis	Evaluation des Programms	Identifikation von Konsens bzw. Konsens über Dissens	Bewertung und Priorisierung von Handlungsempfehlungen, die im Projekt entwickelt wurden
Hinweise zur Diskussion	Konstruktive, sachliche und freundliche Diskussion, persönliche Kontakte wurden geknüpft	Heftige Diskussion über Grundsatzfragen	Konstruktive Diskussion, bei der sich die Experten gegenseitig in ihrem Wissen ergänzten
Hinweise zum Ergebnis	In allen Punkten Konsens erreicht	Einige Punkte blieben strittig, Konsens und Konsens über Dissens wurde erreicht, ein Experte distanzierte sich von den Ergebnissen	In allen Punkten Konsens erreicht
Besondere Schwierigkeit/ Herausforderung	Gewinnung von Experten zur Teilnahme	Einstellungen und Werte der Experten flossen in den Dialog mit ein, sehr strittiges Thema	Interdisziplinäre Zusammensetzung der Teilnehmer

Tabelle 7.5: Unterschiede zwischen den Projekten

Die drei Projektbeispiele zeigen die vielfältigen Einsatzmöglichkeiten von Gruppendelphis und deren Potenzial. Allerdings verweisen die Beispiele auch auf die Grenzen bzw. Schwierigkeiten des Verfahrens, die im Folgenden herausgearbeitet werden sollen. Ziel ist es am Ende, Schlussfolgerungen für die Chancen einer erfolgreichen und konstruktiven Experten- und Stakeholdereinbindung mittels eines Gruppendelphis zu ziehen.

7.4.1 Themenfelder der Gruppendelphis

Gruppendelphis können sowohl für die Bewertung und Priorisierung von Maßnahmen bzw. Konzepten als auch zur Analyse des Wissensstandes bei strittigen Themen eingesetzt werden. Grundsätzlich empfiehlt sich eine Vorabbefragung der designierten Teilnehmer, weil damit die Experten die Möglichkeit haben, sich entsprechend vorzubereiten und so besonders strittige Aspekte frühzeitig identifiziert werden können. Bei sehr komplexen Themenfeldern wie CCS, kann die Vorabbefragung auch mit einer größeren Anzahl an Experten durchgeführt werden. Damit erhöht sich die Chance, alle relevanten Meinungen und Expertisen zu integrieren. Auch die Akzeptanz von Maßnahmen und Entscheidungen, die auf der Grundlage der Delphi-Ergebnisse gewonnen werden, kann damit erhöht werden.

Allerdings zeigt die Erfahrung auch, dass es nicht immer möglich ist, ein von allen Experten getragenes Ergebnis zu erhalten und in allen Punkten Konsens bzw. Konsens über Dissens zu erreichen. Einzelne Experten können durch eine grundsätzliche Blockade die Ergebnisse bewusst manipulieren und damit Konsens verhindern. Zudem kann die Distanzierung von den Ergebnissen im Nachhinein als ein politisches Statement eingesetzt werden. Damit kann beispielsweise versucht werden, die Glaubwürdigkeit des Verfahrens bzw. dessen Ergebnisse herabzusetzen.

Wenn die Experten bei Grundsatzfragen unterschiedlicher Ansicht sind und persönliche Einstellungen und Werte in die Diskussion einfließen, ist ein Gruppendelphi wenig sinnvoll. In diesem Fall wären eher konfliktlösende oder mediative Verfahren zu prüfen.

7.4.2 Teilnahmebereitschaft der Experten

Die Teilnahmebereitschaft der Experten bei den drei Projektbeispielen zeigt, dass sie für solche Verfahren grundsätzlich offen sind und gern ihre Expertise einbringen. In keinem der Gruppendelphis haben die Experten für ihre Teilnahme ein Honorar erhalten. Auch die Namen wurden nicht öffentlich gemacht. Persönliche Bereicherungen oder Profilierungen können damit als Teilnahmegrund weitestgehend ausgeschlossen werden.

Allerdings ist es für die Experten nicht immer leicht, sich für den Workshop ein bis zwei Tage freizuhalten. Dies kann verschiedene Ursachen haben. Beim „mikromakro"-Gruppendelphi lag es beispielsweise an anderen beruflichen Verpflichtungen der Lehrer. Deshalb ist ein Gruppendelphi frühzeitig zu planen und zu organisieren. Es kann aber auch wie beim CCS-Delphi am Thema liegen. Hier waren beispielsweise nur wenig Kritiker zur Teilnahme zu bewegen. Da mit einem Gruppendelphi keine Verteilungsaussagen getroffen werden, spielt eine solche Ungleichverteilung keine zentrale Rolle. Wenn die Verweigerung aber dazu führt, dass nicht alle relevanten Meinungen vertreten sind, ist dies bei der Ergebnispräsentation entsprechend zu kommunizieren und ggfs. ein Alternativverfahren zu überlegen.

7.4.3 Durchführungsorganisation und Moderation

Alle Projektbeispiele wurden von einer neutralen und unabhängigen wissenschaftlichen Institution durchgeführt, die weder an der Konzeption des zu evaluierenden Programms beteiligt war, noch ein wirtschaftliches Interesse an den Ergebnissen des Gruppendelphis hatte. Zudem verfügten die Mitarbeiter über umfangreiche Erfahrungen bei der Durchführung und Moderation von Gruppendelphis. Diese Bedingungen scheinen für die Teilnahmebereitschaft der Experten und Stakeholder, einen offenen und konstruktiven Diskurs während des Workshops sowie für die Akzeptanz der Ergebnisse Grundvoraussetzung zu sein. Zusätzlich zeigen die Erfahrungen, dass die Mitarbeiter der durchführenden Institution zumindest rudimentäre Kenntnisse vom Thema haben sollten. Nur so ist es möglich, die relevanten Experten zu identifizieren, einen entsprechenden Fragebogen zu entwickeln und eine sachliche Diskussion anzuleiten. Wichtig ist, dass sich die Experten ernst genommen fühlen, da sonst die Gefahr eines frühzeitigen Abbruchs besteht.

7.4.4 Plenumsdiskussionen zwischen den Experten

Die Erfahrungen aus den Projektbeispielen bestätigen, dass es in relativ kurzer Zeit möglich ist, verwertbare Ergebnisse zu produzieren. Experten unterschiedlicher Disziplinen, Status und Seniorität treten bei einem Gruppendelphi konstruktiv miteinander in den Diskurs. Eine unabhängige Moderation und die Strukturierung der Diskussion anhand eines standardisierten Fragebogens erscheinen dabei eine wichtige Voraussetzung zu sein. Auch die Vorabbefragung der Experten erhöht die Chance einer erfolgreichen Diskussion, weil die Experten dadurch gut vorbereitet sind und sich ggfs. auch noch einmal genauer informieren können.

Allerdings zeigen die Erfahrungen, dass es nicht immer nur um den Austausch von Argumenten und Wissen geht, sondern auch Formulierungsfragen in den Vordergrund rücken können. Gerade bei Handlungsempfehlungen, die später an die Politik bzw. den Auftraggeber der Studie weiter gegeben werden sollen, spielt die Wortwahl eine wichtige Rolle. Damit derartige Aspekte allerdings nicht zu viel Zeit in Anspruch nehmen, ist ein gut recherchierter und vorbereiteter Fragebogen wichtig. Hier ist es von Vorteil, wenn der Fragebogen mit Experten im Pretest geprüft wurde.

7.4.5 Akzeptanz der Ergebnisse durch die Experten

Bei dem Workshop werden die statistischen Analysen vor Ort durchgeführt und während der Plenumsdiskussionen den Experten präsentiert. So sehen die Experten sofort die Ergebnisse ihrer Antworten. Auch die Verteidigung konträrer Standpunkte im Plenum macht Argumentationslinien und Begründungsmuster offenbar. Diese Verfahrens- und Ergebnistransparenz erhöht die Chance der Akzeptanz der Ergebnisse durch die teilnehmenden Experten (Schulz und Renn 2009). Dies kann durch den Versand eines Ergebnisprotokolls mit der Bitte um Freigabe weiter verbessert werden. Das bestätigen auch die Projektbeispiele. Nur beim CCS-Gruppendelphi hat sich ein Experte von den Ergebnissen distanziert. Ansonsten wurden bis auf wenige Formulierungsfragen die Ergebnisse von den Experten noch einmal bestätigt.

Die hohe Akzeptanz ist aber zumindest in Teilen auch darauf zurückzuführen, dass in einem Gruppendelphi typischerweise Experten und weniger Stakeholder eingebunden werden. Wichtig ist, dass keine persönlichen oder institutionellen Interessen einen sachlichen Dialog verhindern.

7.5 Fazit und Schlussfolgerungen

Im Ergebnis erweist sich das Gruppendelphi vor allem als ein geeignetes Instrument zur Experteneinbindung. Hier können Experten unterschiedlicher Disziplinen miteinander in Diskurs treten und Konsens aber auch Konsens über Dissens zwischen ihnen offensichtlich werden. Die Ergebnisse dienen oftmals als Grundlage für weitere politische Schritte, zum Beispiel für die Öffentlichkeitsarbeit oder als Basis für Bürgerbeteiligungsverfahren. Im Rahmen einer formativen

Evaluation kann das Gruppendelphi als Grundlage für die Modifikation oder Neugestaltung eines Programms fungieren.

Für eine erfolgreiche Planung und Durchführung eines Gruppendelphis ist es aber auch wichtig, die Grenzen des Verfahrens zu kennen. Diese liegen bei Grundsatzfragen oder bei Themenfeldern, bei denen die Teilnehmer stark auf Basis ihrer Einstellungen, Werte oder Interessen argumentieren. Außerdem braucht ein Gruppendelphi eine gewisse Vorlaufzeit von ca. sechs bis zwölf Monaten (Schulz und Renn 2009). Nur so ist es möglich, eine möglichst große Zahl an Experten zu gewinnen und einen korrekten und umfassenden Fragebogen zu entwickeln und zu testen. Dabei sollten die eingeladenen Experten die gesamte Bandbreite an Meinungen vertreten, damit eine Verwertbarkeit der Ergebnisse möglich ist. Die durchführende Organisation sollte möglichst unabhängig sein und die Mitarbeiter über thematische Grundkenntnisse verfügen. Nur wenn sich die Experten ernst genommen fühlen, ist ein sachlicher und konstruktiver Diskurs möglich. Allerdings reicht die Zeit auf einem Workshop von ein bis zwei Tagen nur für eine begrenzte Anzahl an Forschungsfragen. Sehr umfangreiche Fragestellungen sollten deshalb mit einem klassischen Delphi oder einem anderen Verfahren, bei dem mehr Zeit zur Verfügung steht, durchgeführt werden.

Für eine erfolgreiche Experteneinbindung mit Hilfe des Gruppendelphis können abschließend folgende Schlussfolgerungen gezogen werden:

- frühzeitige Planung und Einladung der Experten
- Einladung von Experten unterschiedlicher Disziplinen und der gesamten Bandbreite an Meinungen
- neutrale und unabhängige Durchführung und Moderation des Gruppendelphis
- Konzentration des Fragebogens und der Diskussion auf eine begrenzte Anzahl an Forschungsfragen
- Versand des Ergebnisprotokolls an die Experten mit der Möglichkeit für Anmerkungen vor der Veröffentlichung

7.6 Literatur

Bogner, A., & Menz, W. (2002). Das theoriegenerierende Experteninterview: Erkenntnisinteresse, Wissensformen, Interaktion. In A. Bogner, B. Littig, & W. Menz (Hrsg.), *Das Experteninterview: Theorie, Methode, Anwendung* (S. 33-70). Opladen: Leske + Budrich.

Cuhls, K. (2009). Delphi-Befragungen in der Zukunftsforschung. In R. Popp, & E. Schül (Hrsg.), *Zukunftsforschung und Zukunftsgestaltung* (S. 207-221). Berlin, Heidelberg: Springer Verlag.

Cuhls, K., Blind, K., & Grupp, H. (1998). *Delphi '98 Studie zur globalen Entwicklung von Wissenschaft und Technik.* Karlsruhe: Fraunhofer Institut für Systemtechnik und Innovationsforschung.

Cuhls, K., Breiner S., & Grupp, H. (1995). *Delphi-Bericht 1995 zur Entwicklung von Wissenschaft und Technik - Mini-Delphi.* Karlsruhe: Fraunhofer-Institut für Systemtechnik und Innovationsforschung.

Cuhls, K., & Kimpeler, S. (2008). Delphi-Report: Zukünftige Informations- und Kommunikationstechniken. FAZIT-Schriftenreihe (MFG Stiftung Baden-Württemberg) 10. http://www.fazit-forschung.de/fileadmin/_fazit-forschung/downloads/FAZIT_Schriftenreihe_Band_10.pdf. Zugegriffen: 18. Mai 2010.

Fink, K., Wassermann, S., Laborgne, P., & Schulz, M. (2012). Nachhaltiger Wärmekonsum und Aspekte der Verbrauchermachtstärkung von Mietern. In D. Gallego Carrera, S. Wassermann, W. Weimer-Jehle, & O. Renn (Hrsg.), *Nachhaltige Nutzung von Wärmeenergie: Eine soziale, ökonomische und technische Herausforderung* (S. 135-159). Wiesbaden: Vieweg + Teubner.

Gallego Carrera, D., & Schulz, M. (2012). Warmduscher contra Umweltfreak: Warum der Einzug der Nachhaltigkeit in die Privathaushalte so schwierig ist. In D. Gallego Carrera, S. Wassermann, W. Weimer-Jehle, & O. Renn (Hrsg.), *Nachhaltige Nutzung von Wärmeenergie: Eine soziale, ökonomische und technische Herausforderung* (S. 71-85). Wiesbaden: Vieweg + Teubner.

Hill, K. Q., & Fowles, J. (1975). The Methodological Worth of the Delphi Forecasting Technique. *Technological Forecasting and Social Change 7,* 179-192.

IPCC (2005). Special report on Carbon Capture and Storage. http://www.ipcc.ch/publications_and_data/publications_and_data_reports_carbon_dioxide.htm. Zugegriffen: 21. Dezember 2010.

IZT (Institut für Zukunftsstudien und Technologiebewertung), Wasserverband Nord/ Wasserverband Norderdithmarschen (2009). CO_2-Speicherung: Wasserversorgung im Raum Flensburg in Gefahr? Gemeinsame Pressemitteilung vom 23. Oktober 2009. http://www.izt.de/fileadmin/downloads/pdf/PM_CCS_Schleswig-Holstein_23_10_2009.pdf. Zugegriffen: 16. Dezember 2010.

Niederberger, M., & Kuhn, R. (2013). Das Gruppendelphi als Evaluationsinstrument. *Zeitschrift für Evaluation 1,* 53-77.

OECD, IEA (2009). Technology Roadmap: Carbon Capture and Storage. http://www.iea.org/papers/2009/CCS_Roadmap.pdf. Zugegriffen: 15. Oktober 2010.

Schulz, M., & Keierleber, V. (2011). Förderung des technischen und naturwissenschaftlichen Interesses bei Schülern durch außerschulische Erfinderclubs. Ergebnisse einer empirischen Evaluation. In M. Schulz (Hrsg.), Stuttgarter Projektergebnisse zum Thema technisch-naturwissenschaftliche Wissensvermittlung an Kinder und Jugendliche. Stuttgart: Stuttgarter Beiträge zur Risiko- und Nachhaltigkeitsforschung, (S. 67-97). http://elib.uni-stuttgart.de/opus/schriftenreihen_ebene2.php?sr_id=15&la=en. Zugegriffen: 12. Februar 2014.

Schulz, M., & Renn, O. (2009). *Gruppendelphi: Konzept und Fragebogenkonstruktion.* Wiesbaden: VS Verlag für Sozialwissenschaften.

Schulz, M., Scheer, D., & Wassermann, S. (2010). Neue Technik, alte Pfade? Zur Akzeptanz der CO_2-Speicherung in Deutschland. *GAIA 19/4*, 287-296.

Schulz, M., & Wassermann, S. (2010). Expertenbewertung einer dauerhaften Speicherung von Kohlendioxid: Ergebnisse des Delphis über den Stand des Wissens zur Speicherung von Kohlendioxid. http://www.zirn-info.de/pdf/zirn_kurzbericht_delphi_ccs.pdf. Zugegriffen: 12. Februar 2014.

Wassermann, S., Schulz, M., & Scheer, D. (2011). Linking Public Acceptance with Expert Knowledge on CO_2 Storage: Outcomes of a Delphi Approach. *Energy Procedia 4*, 6353–6359.

Webler, Th., Levine, D., Rakel, H., & Renn, O. (1991). The Group Delphi - A Novel Attempt at Reducing Uncertainty. *Technological Forecasting and Social Change. 3*, 253-263.

Zech, D., Jenssen, T., & Eltrop, L. (2011). Broschüre Informieren, Fördern und Fordern: Handlungsempfehlungen zur Unterstützung eines nachhaltigen Wärmekonsums. http://www.uni-stuttgart.de/nachhaltigerkonsum/de/Downloads.html. Zugegriffen: 12. Februar 2014.

Bewertung

8 „Victorian Calling" – eine Tagungsmethode für den transdisziplinären Dialog

Rico Defila, Antonietta Di Giulio, Ruth Kaufmann-Hayoz

Zusammenfassung

Das „Victorian Calling" wurde für eine transdisziplinäre Fachtagung entwickelt, in deren Rahmen Forschungsergebnisse und sich daraus ergebende Empfehlungen für die Praxis im Entwurf zur Diskussion gestellt und im Dialog weiterentwickelt wurden. Ziel war ein transdisziplinärer Dialog, der der gemeinsamen Arbeit dienen sollte und nicht lediglich dazu, ein Feedback des Zielpublikums einzuholen. Das „Victorian Calling" ist also eine konkrete Methode für die punktuelle Einbindung von Anwenderinnen und Anwendern in die transdisziplinäre Genese eines wissenschaftlichen Produkts im Rahmen einer Tagung. Bei der Entwicklung der Methode stand die Idee Patin, dass die zu einer solchen Tagung eingeladenen Praxis-Akteure bei den Forschenden zu Gast sind, dass die Gäste zu Besuch kommen, um mit den Gastgebern und untereinander ins Gespräch zu kommen, und dass die Gäste die Hauptpersonen sind und nicht die Gastgeber. Primäre Inspirationsquelle für die Methode, daher auch ihr Name, bildete das im viktorianischen England für Hausbesuche gepflegte Ritual. Im Beitrag werden der Entstehungs-Kontext und die Rückmeldungen der Teilnehmenden dargelegt. Zudem wird die Umsetzung der Methode im Einzelnen präsentiert, um Dritten zu ermöglichen, die Methode selbst anzuwenden.

8.1 Ziel und Aufbau des Beitrags

In diesem Beitrag wird eine konkrete Methode für die punktuelle Einbindung von Anwenderinnen und Anwendern in die transdisziplinäre Genese eines wissenschaftlichen Produkts vorgestellt. Die Methode „Victorian Calling" wurde vom Autor und den Autorinnen für eine transdisziplinäre Fachtagung entwickelt, in deren Rahmen Forschungsergebnisse und sich daraus ergebende Empfehlungen für die Praxis im Entwurf zur Diskussion gestellt und im Dialog weiterentwickelt wurden. In einem ersten Schritt wird dargelegt, für welchen Kontext die Methode generiert wurde und welche Ansprüche sie erfüllen sollte. In einem zweiten Schritt werden Inspirationsquelle und Methode präsentiert, und in einem dritten Schritt werden die Rückmeldungen der Teilnehmenden der Fachtagung zur Methode ausgewertet.

8.2 Kontext der Generierung des „Victorian Calling" und Anspruch an die Methode

Die Methode wurde im Rahmen der Begleitforschung zum Themenschwerpunkt „Vom Wissen zum Handeln – Neue Wege zum nachhaltigen Konsum" entwickelt. Der Themenschwerpunkt wurde vom Bundesministerium für Bildung und Forschung (BMBF) im Rahmen der Sozial-ökologischen Forschung (SÖF) in den Jahren 2008-2013 gefördert; er bestand aus zehn Forschungsverbünden mit insgesamt 28 Teilvorhaben und einem Begleitforschungsprojekt. Im Themenschwerpunkt wurden verschiedene Aspekte nachhaltigen Konsums bearbeitet. Inhaltlich deckten die zehn Verbünde ein breites Spektrum von Konsumhandlungen ab: bewusst getroffene Entscheidungen ebenso wie Alltagsroutinen, Analyse und Rekonstruktion sozialer Bedeutungen des Konsumhandelns ebenso wie konkrete veränderungsanregende Interventionen, Untersuchungen von Design und Wirkung politischer Steuerungsinstrumente ebenso wie Fragen der Vermittlung von Bewusstsein und Kompetenz für nachhaltiges Konsumhandeln (Näheres zum Schwerpunkt und zu den Verbünden findet sich in Defila et al. (2011)).

Das BMBF erwartete über die Ergebnisse der einzelnen Verbünde hinaus eine Gesamtsynthese, und es bestand der Wunsch, die Wirkung der Forschung in zentrale gesellschaftliche Handlungs- und Politikbereiche zu fördern. Die zehn thematischen Verbünde wurden deshalb um ein Begleitforschungsprojekt ergänzt, dessen Aufgabe darin bestand, die Synthesebildung im Themenschwerpunkt anzuregen und die Diffusion der Ergebnisse in Wissenschaft und Gesellschaft zu unterstützen. Die Ergebnisse aus dem Syntheseprozess für ein wissenschaftliches Publikum wurden in einem Sammelband veröffentlicht (2011 in Deutsch und 2012 in Englisch: Defila et al. (2011, 2012)).

Auf der Grundlage der Ergebnisse der zehn Verbünde und der bis dahin erreichten Syntheseergebnisse wurde eine Synthese für politische und zivilgesellschaftliche Akteure erarbeitet. Dabei wurden konsumfeldübergreifende Erkenntnisse aus der Forschung zu Nachhaltigkeit im Konsum als verdichtete und zugespitzte „Botschaften zu nachhaltigem Konsum" formuliert (Blättel-Mink et al. 2013). An dieser Synthese beteiligten sich 16 Forschende aus dem Themenschwerpunkt.

Obwohl die Idee, „Konsum-Botschaften" aus dem Schwerpunkt zu formulieren, bereits 2010 erstmals geäußert wurde, begann die intensive Arbeit daran erst im Frühling 2012. Bereits zu Beginn dieser Phase stand fest, dass die „Konsum-Botschaften“ im Entwurf mit dem Personenkreis diskutiert werden sollten, an den sie sich richten, und erst gestützt auf die Ergebnisse dieser Diskussion fertiggestellt werden sollten. Es sollte also ein transdisziplinärer Dialog stattfinden, der der gemeinsamen Arbeit an den Botschaften dienen sollte und nicht lediglich dazu, ein Feedback seitens des Zielpublikums einzuholen. Für diesen Dialog sollten Anwenderinnen und Anwender als externe Beteiligte (Defila et al. 2006, S. 215ff.) punktuell beigezogen werden. Der Dialog wurde in Form einer Fachtagung im November 2012 in Berlin realisiert (Fachtagung „Konsum und Nachhaltigkeit – Botschaften für Politik und Praxis“). An dieser nahmen rund 70 Personen aus Politik und Verwaltung, Wirtschaft sowie zivilgesellschaftlichen Organisationen teil (www.konsumbotschaften.de; zugegriffen 22.12.2013). Eine Teilnahme war nur auf Einladung hin möglich. Eingeladen wurden Akteure, die in Deutschland für den Bereich nachhaltigen Konsums bedeutsam sind und von denen erwartet werden konnte, dass sie bei ihren Tätigkeiten und Beschlüssen einschlägige Ergebnisse der Forschung berücksichtigen würden.

An der Fachtagung wurden Entwürfe der acht „Konsum-Botschaften“ zur Diskussion gestellt, mit dem Ziel, in der gemeinsamen Auseinandersetzung zu Empfehlungen zu gelangen, die innovativ, zweckdienlich und umsetzbar sind. Konkret strebte das Team der 16 Autorinnen und Autoren (das Syntheseteam des Themenschwerpunkts) Erkenntnisse und Hinweise zu folgenden Fragen an:

- *Verständlichkeit und Nachvollziehbarkeit:* Sind die einzelnen Botschaften überzeugend und ausreichend argumentativ unterfüttert? Wo wären welche zusätzlichen Argumente und Beispiele anzuführen, welche Argumente und Beispiele sind unnötig oder sogar irreführend? Sind die einzelnen Botschaften verständlich? Was muss mit Blick auf eine Verbesserung der Verständlichkeit noch geleistet werden?
- *Relevanz und Brisanz:* Als wie relevant werden die einzelnen Botschaften (inkl. Empfehlungen) erachtet mit Blick auf (a) Nachhaltigkeit im Konsum und auf (b) das Zielpublikum? Enthalten die einzelnen Botschaften Aussagen, Beispiele und Empfehlungen, die eine besondere Brisanz haben? Falls ja: was bedeutet dies für die Weiterentwicklung der Botschaften (Entschärfung? Betonung? Bessere Unterfütterung? ...)?
- *Umsetzbarkeit und Gehalt:* Sind die vorgeschlagenen Empfehlungen ausreichend konkret? Sind sie zweckdienlich und umsetzbar? Wie innovativ sind sie? Stimmen die Empfehlungen mit dem überein, was in den einzelnen Botschaften entfaltet ist? Welche weiteren Empfehlungen wären sinnvoll, auf welche sollte verzichtet werden?

Um möglichst reichhaltige Antworten auf diese Fragen zu möglichst allen Botschaften zu erhalten, sollte die Fachtagung durch den Dialog geprägt sein – es sollte also diskutiert und nicht referiert werden. Zudem sollten die Expertise und die Perspektive der geladenen Teilnehmenden im Vordergrund stehen und nicht die der Autorinnen und Autoren der Botschaften. Die Diskussionen sollten in kleinen Gruppen stattfinden, um eine intensive Auseinandersetzung zu ermöglichen, und sie sollten von Mitgliedern des Syntheseteams moderiert werden. Den Teilnehmenden sollte es sowohl möglich sein, interessengeleitet zu bestimmen, welche Botschaften sie diskutieren wollten und so individuelle Schwerpunkte zu setzen, als auch, alle acht Botschaften zu diskutieren. Gleichzeitig waren die zu diskutierenden Themen und die diskussionsleitenden Fragen vom Syntheseteam gesetzt und nicht frei bestimmbar durch die Teilnehmenden. In formaler Hinsicht stand für die Fachtagung lediglich ein einziger Tag zur Verfügung, und es war nicht mit Sicherheit planbar, wie viele Personen tatsächlich kommen würden, d. h. für den Dialog musste eine Methode gewählt werden, die in dieser Hinsicht 'tolerant' war, die also mindestens ein Stück weit unabhängig von der Anzahl Teilnehmenden 'funktionieren' würde.

Die Methode des „Victorian Calling“ wurde für diese Fachtagung entwickelt und sollte den dargelegten Ansprüchen und Bedingungen gerecht werden: Auf eine mündliche Präsentation der Botschaften an der Fachtagung wurde verzichtet. Die Teilnehmenden erhielten etwa eine Woche vor der Tagung eine schriftliche Diskussionsgrundlage (die Botschafts-Entwürfe im Umfang von jeweils drei bis fünf Seiten und einen kurzen Grundlagentext) und wurden gebeten, die Texte zu den Botschaften, die sie diskutieren möchten, im Vorfeld zur Kenntnis zu nehmen. Zu jeder der acht Botschaften fanden an der Tagung vier einstündige Diskussionsrunden statt, die jeweils durch zwei Personen aus dem Syntheseteam moderiert wurden. Die Diskussionen wurden mittels Audioaufnahmen sowie durch Protokollantinnen und Protokollanten festgehalten. Nach der Fachtagung erstellten diese, gestützt auf ihre Notizen und die Audioaufnahmen, ausführliche Protokolle der insgesamt 32 Diskussionsstunden. Diese Protokolle bildeten die Grundlage für die Weiterentwicklung der „Konsum-Botschaften“.

8.3 Inspirationsquelle zum „Victorian Calling"

Patin für die Methode des „Victorian Calling“ war die Idee, dass die zur Tagung eingeladenen Personen zu Gast sind beim Syntheseteam, das die „Konsum-Botschaften“ verfasste und den ‚Gastgeber‘ gibt, dass die ‚Gäste‘ zu Besuch kommen, um mit den Gastgebern und untereinander ins Gespräch zu kommen, und dass die Gäste die Hauptpersonen sind und nicht die Gastgeber. Damit stand bei der Suche nach einer geeigneten Methode die Metapher des Besuchs, speziell des Hausbesuches, im Vordergrund.

Die primäre Inspirationsquelle für die Methode war, worauf der Name der Methode hinweist, das im viktorianischen England entwickelte und gepflegte Ritual des „formal call" (bzw. des „calling") und des „leaving cards", wie man es etwa aus den Romanen von Jane Austen oder den Kriminalromanen von Anne Perry kennt (s. z. B. die hinten im Verzeichnis aufgeführten URLs): Hausbesuche waren ein fester Bestandteil des sozialen Austausches der gehobenen Klasse und folgten klaren Regeln. Innerhalb ganz bestimmter Zeitfenster, meist am Nachmittag, wurden Gäste ohne spezielle Einladung empfangen. Die Gastgeber, meist die Dame(n) des Hauses, war(en) in diesen Zeitfenstern zu Hause und darauf eingestellt, Besuch zu empfangen, d. h. der Besuch musste nicht im Voraus angekündigt werden (die Etikette schrieb vor, wer wen unter welchen Bedingungen besuchen durfte). Die Gäste gingen nach einem von ihnen selbst bestimmten Plan von Haus zu Haus, blieben jeweils nur für eine relativ kurze Zeit und betrieben Konversation (die Etikette schrieb vor, welche Themen zulässig waren). Wer zu Besuch kommen wollte, bat durch die Abgabe seiner Visitenkarte um Einlass. Die in einem Haus versammelte Gruppe der Gäste wechselte im Verlauf der Besuchszeit hinsichtlich Größe und Zusammensetzung, die neu hinzu kommenden Gäste wurden in die laufenden Gespräche integriert. Die Aufgabe der Gastgeber bestand darin, die Konversation am Laufen zu halten, ohne dabei sich selbst in den Mittelpunkt zu rücken, dafür zu sorgen, dass die Etikette eingehalten wurde, die Gäste zu verköstigen, neue Gäste zu integrieren und scheidende Gäste zu verabschieden.

Dieses Ritual bildet die Grundlage für die Methode des „Victorian Calling". Es wurde angepasst an die Gegenwart und angereichert um Elemente aus den Methoden des World Café (v.a. das Element, dass die Ergebnisse der Gespräche festgehalten werden) sowie des Open Space (v. a. das Element, dass alle über die Ergebnisse der Gespräche informiert werden), zu denen es eine formale Verwandtschaft aufweist (v.a. die freie Wahl der Gesprächsrunden und der zulässige Wechsel innerhalb der Gesprächsrunden) (zum Open Space s. z. B. Owen (2001), zum World Café s. z. B. Brown und Isaacs (2007)).

8.4 "Victorian Calling" – Vorgehen und Regeln

Nachstehend ist die Umsetzung des „Victorian Calling" beschrieben. Dabei wird sowohl auf die Teilnehmenden (die 'Gäste'), als auch auf die Moderatorinnen und Moderatoren (die 'Gastgeber') wie auch auf die Protokollantinnen und Protokollanten eingegangen. Die Darstellung wird am Beispiel der Fachtagung konkretisiert, für die die Methode entwickelt wurde, die Übertragung auf andere Kontexte sollte aber leicht fallen. Den methodischen Ausführungen im engeren Sinn vorangestellt wird das Programm der Fachtagung mit den für die einzelnen Elemente vorgesehenen Zeiteinheiten.

8.4.1 *Die zeitliche Gestaltung der Tagung*

Eine Tagung, die als „Victorian Calling" realisiert wird, enthält als Kern einstündige Diskussionsrunden, zwischen denen genügend Zeit für den Raumwechsel und eine kurze Verschnaufpause vorzusehen ist. Zum Schluss werden die Ergebnisse aus den Diskussionsrunden im Plenum präsentiert und zu Beginn der Tagung wird in das Vorgehen eingeführt. Vier Diskussionsrunden im Fall einer eintägigen Veranstaltung sind realistisch, sowohl in zeitlicher Hinsicht als auch mit Blick auf die Konzentration aller. Das Programm der Konsum-Fachtagung zeigt Illustration 1.

Illustration1: Programm der Konsum-Fachtagung

09:00 Eröffnung (5') und Begrüßung (10') (Plenum)

09:15 Die Konsum-Botschaften – Hintergrund, Überblick und Vorgehen an der Fachtagung (Plenum)

- Die Arbeit im Themenschwerpunkt als Hintergrund der Botschaften (Forschung in den Verbünden und Synthesearbeit als Hintergrund der Botschaften; Entstehungsprozess der Botschaften) (10')
- Charakter der Botschaften und Zielpublikum der Botschaften; Teilnehmende der Fachtagung (warum gerade sie eingeladen wurden; was von den Teilnehmenden der Fachtagung erwartet wird); Ziel der Fachtagung (was sich das Syntheseteam von der Fachtagung erhofft) (10')
- Vorgehen an der Fachtagung (Ablauf, Regeln/Etikette) (10')
- Organisation/Einteilung in Gruppen, Raumbezug (15')

10:00 Diskussion der acht Botschaften in acht parallelen Gruppen – Runde 1

11:00 – Kaffeepause

11:30 Diskussion der acht Botschaften in acht parallelen Gruppen – Runde 2

12:30 – Mittagessen

13:30	Diskussion der acht Botschaften in acht parallelen Gruppen – Runde 3
	14:30 – Lüftungspause
14:40	Diskussion der acht Botschaften in acht parallelen Gruppen – Runde 4
	15:40 – Kaffeepause
16:00	Ergebnisse und Ausblick (Plenum) • Ergebnisse der Diskussionen (pro Botschaft) (8x 5'; 5' Wechselzeit/Reserve) • Ausblick (was mit den Ergebnissen geschieht) (10') • Schlusswort (5')
17:00	Ende der Fachtagung

Für die Konsum-Fachtagung wurde beschlossen, dass spätestens um 09:05 Uhr begonnen wird, unabhängig davon, wie viele Personen sich im Plenarraum befinden. Damit sollte signalisiert werden, dass die im Programm angegebenen Zeiten verbindlich sind.

8.4.2 Die ‚Gäste' – Vorbereitung der Teilnehmenden und Informationen vor der Tagung

Die Teilnehmenden, die zu einem „Victorian Calling" geladen werden, müssen im Vorfeld der Tagung die Ziele der Tagung kennen. Allerspätestens eine Woche vor der Tagung müssen sie auch über die diskussionsleitenden Fragen informiert werden. Gleichzeitig mit dieser Information sollten ihnen die Texte, die zur Diskussion stehen, zugestellt werden, zusammen mit der Mitteilung, dass keine Präsentation der Diskussionsgrundlagen vorgesehen ist. Welche Methode angewendet wird, müssen die Teilnehmenden hingegen nicht zwingend im Voraus erfahren. Sie müssen vor der Tagung auch nicht im Besitz des Programms der Tagung sein (die Rahmenzeiten hingegen sind natürlich zu kommunizieren).

Für die Konsum-Fachtagung wurden den Teilnehmenden die Entwürfe der Konsum-Botschaften rund eine Woche vor der Fachtagung als gebundene Broschüre zugeschickt (die Broschüre enthielt auch einen Text zu den Grundlagen der Botschaften); die Broschüre wurde zudem zum Download bereitgestellt. Illustration 2 zeigt, wie die Teilnehmenden auf der ersten Seite der Broschüre angesprochen wurden.

Illustration 2: Ansprache der Teilnehmenden in der Broschüre

„Liebe Teilnehmende

An der Fachtagung „Konsumbotschaften" möchten wir mit Ihnen unsere acht „Botschaften zu nachhaltigem Konsum aus der Forschung" diskutieren. Dieses Heft enthält die Grundlagen für unsere gemeinsame Diskussion. Mit den Konsum-Botschaften beabsichtigen wir, Empfehlungen zur Gestaltung der gesellschaftlichen Transformation in Richtung nachhaltigen Konsum zu formulieren. Die Botschaften richten sich an die Akteure, die den gesellschaftlich-politischen Diskurs zu Nachhaltigkeit im Konsum in Deutschland beeinflussen – es sind also nicht Botschaften für individuelle Konsumentinnen und Konsumenten. Den Boden für die Formulierung unserer Botschaften bildet die Forschung der vergangenen vier Jahre im SÖF-Themenschwerpunkt Nachhaltiger Konsum, die sowohl in den einzelnen Projekten als auch im Rahmen gemeinsamer Synthesearbeiten stattfand. Um solche Botschaften und insbesondere konkrete Empfehlungen zu formulieren, muss es einen Austausch geben mit den Akteuren, an die sich die Botschaften richten. Der Dialog mit Ihnen an der Fachtagung soll nicht nur sicherstellen, dass die Botschaften verständlich sind, er soll insbesondere auch dazu dienen, gemeinsam zu Empfehlungen zu gelangen, die sowohl innovativ als auch zweckdienlich und umsetzbar sind.

Die Tagung ist so gestaltet, dass Sie sich auf die Botschaften konzentrieren können, die Sie besonders interessieren. Sie werden mehrere (oder sogar alle) Botschaften diskutieren können. Die Diskussionen finden in kleinen Gruppen statt, die von Mitgliedern des Syntheseteams moderiert werden (wir werden die Diskussionen protokollieren und Audio-Aufnahmen machen; diese Materialien werden von uns ausschließlich intern, nur in anonymisierter Form und einzig für die Weiterentwicklung der Botschaften verwendet). Damit möglichst viel Zeit für die Diskussion zur Verfügung steht, werden die Botschaften an der Fachtagung nicht präsentiert. Sie erhalten deshalb die Diskussionsgrundlagen wie in Aussicht gestellt im Vorfeld der Tagung: Wir bitten Sie, die Texte zu den Botschaften, die Sie diskutieren möchten, vor der Tagung zu lesen. Im Grundlagentext können Sie sich darüber informieren, wie wir Konsumhandeln fassen, wie wir nachhaltigen Konsum definieren und von welchem Steuerungsverständnis wir ausgehen.

Folgende Fragen, an denen wir auch die gemeinsame Diskussion der Botschaften an der Tagung ausrichten werden, können Ihre 'Botschafts-Lektüre' leiten:

- Verständlichkeit und Nachvollziehbarkeit: Ist die Botschaft überzeugend? Ist sie verständlich? Welche weiteren Argumente und Beispiele wären nötig?
- Relevanz und Brisanz: Wie relevant ist die Botschaft für Nachhaltigkeit im Konsum? Wie relevant ist sie für Ihr Arbeitsgebiet? Enthält die Botschaft Aussagen und Empfehlungen, die eine besondere Brisanz haben?

- Umsetzbarkeit und Gehalt: Sind die vorgeschlagenen Empfehlungen ausreichend konkret? Sind sie zweckdienlich und umsetzbar? Wie innovativ sind sie? Welche weiteren Empfehlungen wären sinnvoll?

Wir wünschen Ihnen eine gute Lektüre und freuen uns auf die Diskussion mit Ihnen am 23. November in Berlin." (Syntheseteam, November 2012)

8.4.3 Die Hausbesuche – Umsetzung vor Ort

Die Realisierung des „Victorian Calling" am Tag, an dem die Tagung stattfindet, geschieht folgendermaßen:

- Die zur Diskussion stehenden Themen (Konsum-Fachtagung: die acht Botschaften) haben je einen fixen Ort, an dem sie während der ganzen Tagung 'zu Hause sind' und 'Gäste' empfangen. Diese Häuser sind Stuhlkreise (ohne Tische), nach Möglichkeit in getrennten Räumen, mindestens durch große Trennwände und leeren Raum voneinander abgetrennt. Die Häuser sind draußen an der Tür angeschrieben und im Haus mit einem individualisierten Erkennungsmerkmal geschmückt (Konsum-Fachtagung: drei Poster mit einer Kurzcharakterisierung der Botschaft).
- Die zur Diskussion stehenden Themen werden immer alle parallel diskutiert, d. h. in jedem Haus werden gleichzeitig Gäste empfangen, die 'Besuchszeiten' sind identisch für alle.
- Die Gäste wechseln interessengeleitet von Haus zu Haus, d. h. sie statten den Themen Besuche ab. Die möglichen Zeiten für Besuche, d. h. die Besuchszeiten, sind definiert (vier Diskussionsrunden à 60 Minuten), die Gäste können aber jeweils so lange zu Besuch bleiben und mitdiskutieren, wie sie wollen, wobei es eine durch die Etikette empfohlene Minimal- und eine Maximalbesuchsdauer gibt (30 Minuten minimal, 60 maximal).
- Die Gäste stoßen also zu laufenden Diskussionen dazu und geben diesen neue Impulse, sie können Diskussionen aber auch verlassen, die noch in Gang sind. Es können mal mehr, mal weniger Besucherinnen und Besucher zu Gast sein.
- Pro Thema, das zur Diskussion steht, übernimmt jeweils ein Team von zwei fachkompetenten Personen die Rolle der 'Gastgebenden' (Moderation und Co-Moderation), und zwar jeweils für zwei Diskussionsrunden hintereinander. Am Mittag wechselt das Team, wobei eine Übergabe erfolgt dergestalt, dass das 'Vormittags-Team' das 'Nachmittags-Team' über die diskutierten Punkte und ggf. über sich abzeichnende Ergebnisse informiert.

- Die Diskussionen werden in jedem Haus aufgezeichnet und schriftlich protokolliert. Das Protokoll wird über alle Diskussionsrunden hinweg von ein- und derselben Person geschrieben. Der Protokollant bzw. die Protokollantin sitzt am einzigen Tisch im Haus. Dieser Tisch steht hinter dem Stuhlkreis, und zwar mit der Möglichkeit, Kontakt aufzunehmen zum Moderationsteam (Sichtkontakt).
- Start des „Calling“: Die Gäste wählen eine 'Eintrittskarte' für das Thema, das sie gerne zuerst diskutieren möchten ('Visitenkarte'), wobei nur eine begrenzte Zahl von Karten pro Thema zur Verfügung steht (die Anzahl Visitenkarten wird abgestimmt auf die Gesamtzahl Gäste, an der Konsum-Fachtagung gab es bei insgesamt 70 Gästen und acht Botschaften zehn Visitenkarten pro Botschaft). Sie gehen zuerst zum Haus, in dem dieses Thema 'wohnt', und beginnen ihre Besuchsrunde dort. Beim Eintreten ins Haus geben sie die Visitenkarte ab. Nach der ersten Runde gibt es keine Visitenkarten mehr (für den Fall, dass die selbstorganisierte Gästelenkung versagt, macht es Sinn, noch ein Set Visitenkarten in einer anderen Farbe bereit zu haben, so dass das 'Visitenkarten-Ritual' zu Beginn des Nachmittags nochmals durchgeführt werden kann).

Abbildung 1: Wahl der Visitenkarte für die erste Besuchsrunde des Victorian Calling, Plan der Häuser, Stuhlkreis-Diskussion in einem der Häuser. © SÖF-Konsum-BF

- Gästelenkung: In jedem Haus steht eine bestimmte Anzahl 'Besucher-Stühle' zur Verfügung. Ist ein Haus voll, muss man ein anderes Haus besuchen gehen und später wieder kommen. Die Regel ist: Niemand steht im Haus herum. Die Anzahl 'Besucher-Stühle' pro Haus wird ebenfalls abgestimmt auf die Gesamtzahl Gäste, so dass es weder überfüllte noch leere Häuser gibt (Konsum-Fachtagung: zwölf 'Besucher-Stühle' pro Haus).
- Jedes Haus ist ausgestattet mit Wasser, Nüssen, Früchten etc. zur Verpflegung der Gäste. Dies dient der Überbrückung des 'kleinen Hängers' zwischendurch und zur Erhaltung der Konzentration.

Die eingeladenen Teilnehmenden werden zu Beginn der Tagung über die Methode informiert. An der Konsum-Fachtagung geschah dies mit den in Illustration 3 aufgeführten Worten.

Illustration 3: Mündliche Information der Teilnehmenden über die Methode

„Was wir Ihnen bereits mitgeteilt haben, ist

- dass die Botschaften nicht präsentiert werden, um möglichst viel Zeit für die gemeinsame Diskussion zu haben, und dass die Diskussion auf der Grundlage von Textentwürfen erfolgt, die Sie im Vorfeld erhalten haben (das Heft mit den Diskussionsgrundlagen);
- dass die Diskussion der Botschaften in acht parallelen Gruppen erfolgt, die von Mitgliedern des Syntheseteams moderiert werden;
- dass Sie sich auf die Botschaften konzentrieren können, die Sie besonders interessieren, dass Sie mehrere Botschaften diskutieren können (es ist sogar möglich, alle zu diskutieren!) – und wir haben Sie gebeten, die Texte zu den Botschaften, die Sie diskutieren möchten, im Vorfeld zur Kenntnis zu nehmen:
- dass wir die Diskussionen protokollieren und aufzeichnen werden, dass dieses Material aber ausschließlich für die Weiterentwicklung der Botschaften und in anonymisierter Form verwendet wird.

Wie soll es nun konkret ablaufen? Unser Ausgangspunkt ist der, dass Sie bei uns zu Gast sind und dass wir mit Ihnen ins Gespräch kommen möchten. Entsprechend haben wir die Methode gestaltet. Wir haben uns orientiert am Gebrauch des „formal call“ und des „leaving cards“ im viktorianischen England, wie man es z. B. aus Romanen von Jane Austen kennt; dieses Ritual haben wir an die inhaltlichen Erfordernisse der Fachtagung angepasst, und wir haben es erweitert um Elemente aus den Methoden „Open Space“ und „World Café“. Heraus kam Folgendes:

- Die acht Botschaften haben je einen fixen Ort, an dem sie 'zu Hause sind'. Diese Häuser sind Stuhlkreise.
- Sie gehen, Ihren Interessen folgend, von Haus zu Haus, d. h. Sie statten den Botschaften Besuche ab.
- In den ‚Häusern‘ der Botschaften finden Sie jeweils ein Team von zwei Personen vor; diese sind die Gastgebenden, sie werden die Diskussion moderieren. Am Mittag wechselt das Team.
- Sie können jeweils so lange zu Besuch bleiben und mitdiskutieren, wie Sie wollen. Selbstverständlich gibt es aber eine durch die Etikette empfohlene minimale und maximale Besuchsdauer; darauf komme ich noch zu sprechen.
- Sie stoßen also als Besucherin bzw. als Besucher in den 'Häusern' der Botschaften zu laufenden Diskussionen hinzu und geben diesen neue Impulse. Sie können aber auch Diskussionen verlassen, die noch in Gang sind. Es können mal mehr, mal weniger Besucherinnen und Besucher zu Gast sein.
- Im Haus jeder Botschaft steht eine bestimmte Anzahl 'Besucher-Stühle' zur Verfügung. Ist ein Haus voll, machen Sie zuerst einen anderen Besuch und kommen später wieder.

[An dieser Stelle wurde den Teilnehmenden die Etikette präsentiert, s. dazu unten, dann erst wurde über den Start des „Calling“ informiert.]

Wie Sie Ihre Besuchsrunde beginnen:

- Sie wählen eine ‚Visitenkarte' für die Botschaft, die Sie gerne zuerst diskutieren möchten. Achtung: Es steht nur eine begrenzte Zahl von Karten pro Botschaft zur Verfügung.
- Sie gehen zuerst zum Haus dieser Botschaft und beginnen Ihre Besuchsrunde dort. Beim Eintreten ins Haus geben Sie die Visitenkarte ab.
- In Runde 2 (oder bereits vorher) gehen Sie zum Haus der nächsten Botschaft, die Sie diskutieren möchten.

Links und rechts neben dem Ausgang stehen zwei Tische, auf denen Sie die Etikette und die Visitenkarten finden. Die Visitenkarten sind mit dem Buchstaben und dem Namen der Botschaft beschriftet. Sie überlegen sich, wo Sie gerne anfangen möchten, und nehmen eine Karte der entsprechenden Botschaft. Sollten diese alle schon weg sein, verschieben Sie Ihren Besuch dieser Botschaft auf eine spätere Runde und wählen eine andere Botschaft für Ihren ersten Besuch." (Syntheseteam, November 2012)

8.4.4 Die 'Etikette' – Verhaltens-Regeln während der Hausbesuche

Für das Ritual des „formal call" und des „leaving cards" im viktorianischen England gab es eine klare Etikette, die tunlichst zu beachten war. Entsprechend gibt es auch für eine Tagung, die als „Victorian Calling" realisiert wird, eine solche Etikette. In Anlehnung an die Regeln der viktorianischen Etikette und in Anpassung der entsprechenden Regeln an die Gegebenheiten der Gegenwart gilt für das „Victorian Calling" folgende Etikette mit folgenden zwölf goldenen Regeln:

(1) Die Diskussion erfolgt geordnet, d. h. alle hören einander zu und unterbrechen sich nicht gegenseitig. Gleichzeitig wird das Gespräch nicht monopolisiert durch lange Monologe.

(2) Während des Besuchs wird nur konstruktiv gestritten, und die Weltanschauung der Anwesenden wird nicht angegriffen.

(3) Es werden keine Bemerkungen über Gäste gemacht, die soeben den Raum verlassen haben.

(4) Die anwesenden Gäste sind geduldig miteinander. Auch wenn ein Argument bereits bekannt ist, wird es angehört, und wenn jemand länger braucht, um seinen Gedanken zu formulieren, erhält er oder sie diese Zeit.

(5) Alle anwesenden Gäste sind dafür verantwortlich, dass die Diskussion fruchtbar verläuft.

(6) Während des Besuchs werden keine Mails gelesen und versandt, die Mobiltelefone bleiben abgeschaltet und in der Tasche. [Das gilt auch für sämtliche anderen vergleichbaren Geräte und Kommunikationsmedien!]

(7) Während des Besuchs wandert man nicht im Haus herum.
(8) Es wird nicht demonstrativ auf die Uhr geschaut – wer den Eindruck hat, die Diskussion sei zäh oder nicht mehr ergiebig bzw. habe sich erschöpft, verlässt diskret das Haus und macht einen anderen Besuch.
(9) Wer am Gehen ist, soll gehen und nicht stehend weiterdiskutieren.
(10) Wenn das Haus voll ist (d. h. alle Stühle sind besetzt), besteht man nicht auf einem Besuch, sondern macht zuerst einen anderen Besuch und kommt später wieder. Es steht niemand im Haus herum.
(11) Ein Besuch von weniger als 30 Minuten ist unhöflich, ein Besuch sollte aber nur im Ausnahmefall mehr als 60 Minuten dauern.
(12) Die Gäste sollen ihre Meinung ohne mögliche Folgen für die eigene Person oder die Organisation, der sie angehören, kundtun dürfen. Außerhalb der Tagung darf also über vorgebrachte Argumente berichtet werden, diese Argumente dürfen dabei aber nicht Sprecherinnen und Sprechern zugeordnet werden.[1]

Die Etikette wird den Teilnehmenden zu Beginn der Tagung mündlich präsentiert. Zusätzlich wird sie ausgedruckt, so dass alle ein Exemplar davon haben. An der Konsum-Fachtagung wurde für den Ausdruck der Etikette eine altertümliche Schrift gewählt und das Dokument wurde mit einem viktorianischen Bild verziert.

8.4.5 Die ‚Gastgeber' – Hinweise für die Moderation

Pro Thema, das zur Diskussion gestellt wird, und pro Diskussionsrunde werden im „Victorian Calling“ zwei Personen für die Moderation eingesetzt. So wird für die Durchführung sichergestellt, dass Konzentrationstiefen 'aufgefangen' werden können und dass das Gespräch nicht unterbrochen werden muss, um auf unerwartete Schwierigkeiten zu reagieren. Mit Blick auf die Auswertung wird so eine bestmögliche Ergebnissicherung sichergestellt. Die Personen, die moderieren, müssen fachkompetent sein bezogen auf das Thema, das sie moderieren. Da die Anzahl Moderatorinnen und Moderatoren dadurch recht groß ist, müssen gewisse Eckpunkte zur Aufgabe der Moderation, zu den Prinzipien, nach denen moderiert werden soll, und zum Moderationsverhalten festgehalten und damit verbindlich vorgegeben werden. Dies ist nötig, um eine gewisse Konsistenz im

1 Regel Nummer 12 ist nicht der viktorianischen Etikette entlehnt, sondern entspricht der „Chatham House Rule“ (s. z. B. www.chathamhouse.org/about-us/chathamhouserule; zugegriffen 22.12.1013).

Auftritt und in der Gewinnung der Ergebnisse zu gewährleisten. Die verbindlichen Eckpunkte sind nachstehend dargelegt:

Die Moderationsteams moderieren die Diskussion gemeinsam, wobei die Moderation die Federführung hat und die Co-Moderation vor allem auch versucht, einen Überblick zu gewinnen über die 'großen Linien' der Diskussion, über besondere Stolpersteine zum Thema, besonders innovative Ideen, besonders gravierende Missverständnisse etc. Zudem unterstützt die Co-Moderation die Moderation bei Bedarf und hilft ihr gegebenenfalls, unangenehme Situationen zu meistern.

Besondere Aufgaben der Moderation, die sich aus der methodischen Anlage ergeben:

- Das Thema, das diskutiert werden soll (Konsum-Fachtagung: die Botschaft), wird nicht vorgestellt, auch nicht ganz kurz. Die Gäste wurden darauf aufmerksam gemacht, dass Vorbereitung erwartet wird, also sollten nicht die vor den Kopf gestoßen werden, die sich vorbereitet haben. Wer sich nicht vorbereitet hat, ist selbst schuld und hat in diesem Sinn Pech gehabt.
- Es gibt keine Vorstellungsrunde, auch keine kurze. Das kostet nur Zeit, die der Diskussion abgeht, und wäre auch deshalb eigenartig, weil die Gäste kommen und gehen können, wie sie wollen: man müsste immer eine erneute Vorstellung vorsehen, wenn jemand neu dazukommt, und das wäre unsinnig. Es gibt auch keine Aufforderung dazu, vor einem Votum seinen Namen zu nennen.[2]
- Wer moderiert, überlegt sich drei bis vier Fragen/Aspekte, mit denen die Diskussion gestartet werden kann oder mit denen die Diskussion wieder in Gang gebracht werden kann, sollte sie erlahmen, oder mit denen sie in neue Bahnen gelenkt werden kann, sollte sie sich irgendwo festfahren.
- Wer moderiert, überlegt sich, wie er/sie neue Gäste willkommen heißen und in die Diskussion eingliedern will (z. B. kurz sagen, wo die Diskussion gerade steht). Es kann durchaus geschehen, dass ca. in der Mitte (also nach rund 30 Minuten) ein paar neue Gäste hintereinander zur Runde hinzustoßen – es könnte also besser sein, sich nicht umgehend auf jede neue Person zu 'stürzen', sondern jeweils zwei bis drei Minuten zu warten, bevor man jemanden in die Diskussion eingliedert.
- 'Worst cases', die eintreten können, sind z. B., dass jemand monopolisiert, dass jemand 'sein eigenes Anliegen' an Mann und Frau bringen möchte,

2 Worauf deshalb besonders zu achten ist: Die Namensschilder müssen so gestaltet sein, dass die Namen auch aus einer gewissen Distanz heraus gut lesbar sind.

dass jemand die Methode kritisiert. Wer moderiert, überlegt sich, wie er/sie damit umgehen könnte/möchte.[3]

- In der zweiten Runde wird zuerst ganz kurz (max. drei bis vier Minuten) rekapituliert, was in der vorherigen Runde diskutiert worden ist. In der ersten Runde am Nachmittag wird kurz gesagt, was in den Diskussionsrunden am Vormittag besprochen wurde (Grundlage dafür ist die 'Übergabe' durch das 'Vormittags-Team' am Mittag). Analoges gilt für die vierte Runde. Falls jemand etwas aufschreiben will, das diskutiert wurde, stehen dafür in jedem Haus eine Flipchart, Stifte, Karten und eine Pinnwand zur Verfügung.
- Die Moderation steht bei Bedarf natürlich inhaltlich Rede und Antwort. Aber sie bewertet die Voten der Gäste nicht, sie 'verteidigt' das, was zur Diskussion gestellt wird, nicht in einer defensiven Haltung und lässt kein 'Ping-Pong' zwischen Gastgebern und Gästen aufkommen. Sie ist vor allem daran interessiert, zu hören und zu merken, wie die Gäste auf das, was zur Diskussion gestellt wird, reagieren, womit sie Mühe bekunden, was sie nicht verstehen und welche Ideen sie haben[4]. Wer moderiert, versucht deshalb, die Diskussion so zu lenken, dass sie zu Antworten auf die Fragen der Tagung führt.
- Wer moderiert, achtet darauf, dass die Etikette eingehalten wird.
- Die Diskussionsrunden beginnen höchstens ein bis zwei Minuten nach der angegebenen Zeit, unabhängig davon, wie viele Personen im Haus sind. Sie enden möglichst ein bis zwei Minuten vor der angegebenen Zeit, keinesfalls später.

3 Konsum-Fachtagung: Ergänzend dazu wurden im Gesamtteam der 16 Moderatorinnen und Moderatoren mögliche Argumentationen und Verhaltensweisen, die aus inhaltlicher Sicht schwierig sein könnten, und Reaktionen darauf zusammengestellt.

4 Konsum-Fachtagung: Ein besonderes Interesse galt konkreten Empfehlungen zur Realisierung der Überlegungen in den Konsum-Botschaften.

Abbildung 2: Gastgeber/in (Moderation) und Protokollführer eines Hauses, Diskussionsgrundlage und Besuchsprogramm für das Victorian Calling. © SÖF-Konsum-BF

8.4.6 Die Ergebnissicherung – Hinweise für das Protokoll

Die Protokollantin, der Protokollant macht sich während der Diskussionsrunden ausführliche Notizen und erstellt im Nachgang zur Tagung gestützt auf diese Notizen ein Ergebnis-Protokoll. Diese Notizen ergänzen die Audio-Aufnahme der Gespräche. Das Protokoll soll helfen, die Diskussionsgrundlage (Konsum-Fachtagung: die Botschaften) weiterzuentwickeln. Inhaltlich interessieren die Dinge, die für die diskussionsleitenden Fragen von Bedeutung sind, d. h. das Protokoll soll die Grundlagen liefern, um die Antworten auf diese Fragen zu identifizieren. Das bedeutet für das Protokoll Folgendes:

- Aus den Protokollen muss hervorgehen, was gesagt wurde (was kam an Anregungen, Fragen, Einwände, Vorschläge etc.), und nicht, wer es gesagt hat.

- Wenn ein Muster ersichtlich ist so, dass ein bestimmter Gast während der ganzen Zeit immer wieder dasselbe sagt, dann sollte aus dem Protokoll hervorgehen, dass dies nicht von x Gästen gesagt wurde, sondern immer von demselben. Dadurch soll verhindert werden, dass die Ansicht einer Person mehr Gewicht erhält als die Ansicht anderer, nur weil sie mehrfach dasselbe sagt.
- Wenn etwas unverständlich ist, darf das Protokoll eingreifen und eine Rückfrage stellen.
- Das fertige Protokoll muss in ganzen Sätzen und nicht in Stichworten verfasst sein.
- Das Protokoll darf und soll auch Einschätzungen enthalten vom Typ „darin waren sich offenbar alle einig", „das wurde zwar gesagt, aber von den anderen eher abgelehnt", d. h. Einschätzungen, die sich z. B. aus nonverbalen Reaktionen der Gäste ergeben. Solche Einschätzungen werden speziell kenntlich gemacht (z. B. durch eckige Klammern). Auch inhaltliche Ideen des Protokollanten, der Protokollantin sind willkommen, müssen aber entsprechend gekennzeichnet werden.
- Aus dem Protokoll sollte immer ersichtlich sein, ob etwas als Frage gemeint war, ob das, was gesagt wurde, eine Kritik darstellte, ein konkreter Vorschlag war etc. Nach Möglichkeit auch, wie wichtig es dem Gast, der es gesagt hat, ist.
- Das fertige Protokoll ist kein Verlaufsprotokoll, d. h. die Themen, Fragen, Vorschläge und Kritikpunkte werden über alle vier Diskussionsrunden hinweg thematisch gebündelt dargestellt, da oft erst aus einer solchen Zusammenschau hervorgeht, dass etwas, das vereinzelt geäußert wurde, doch sehr gewichtig war.
- Wer protokolliert, sollte nur im Ausnahmefall auf die Audioaufnahmen zurückgreifen müssen (das wäre sonst zu aufwendig). Sollte es Passagen geben, bei denen die Person, die das Protokoll führt, den Eindruck gewinnt, diese müssten im Zuge der Weiterentwicklung der Diskussionsgrundlagen eigentlich im O-Ton zur Kenntnis genommen werden (z. B., weil eine Idee besonders detailliert beschrieben wird, ein Argument besonders schön entfaltet wird), sollten diese im Protokoll mit Begründung und Zeitstempel vermerkt werden (auch dabei ist jedoch Zurückhaltung geboten). Ebenfalls kann es hilfreich sein, sich an besonders heiklen Stellen den Zeitstempel zu notieren, um sich dann bei Bedarf genau diese Stelle nochmals anhören zu können.
- Wer protokolliert, steht auch der Person zur Seite, die am Ende der Tagung im Plenum Ergebnisse der Diskussionen berichten wird.

- Wer Protokoll führt, hat zudem Aufgaben im Zusammenhang mit dem Zeitmanagement: Er/sie behält die Uhr im Auge und darf die Moderatorinnen und Moderatoren darauf aufmerksam machen, wenn die Runde sich ihrem Ende nähert. Zudem hat er/sie Schlüssel für 'sein/ihr' Haus und ist dafür verantwortlich, dass dieses rechtzeitig offen (und in den Pausen geschlossen) ist.

Die Moderationsteams prüfen nach der Tagung die Protokolle im Entwurf auf Verständlichkeit und daraufhin, ob sie mit ihren eigenen Gesprächsnotizen übereinstimmen, d. h. jedes Protokoll wird vor der Fertigstellung mit den Teams, die das entsprechende Thema moderierten, abgestimmt.

8.4.7 *Ergebnispräsentation an der Tagung selbst – Hinweise für den Bericht über die Ergebnisse am Ende der Tagung*

Am Mittag erfolgt durch das 'Vormittags-Moderations-Team' eine 'inhaltliche Übergabe' an das 'Nachmittags-Moderations-Team', damit dieses weiß, was in den ersten zwei Runden diskutiert wurde. Das 'Nachmittags-Team' baut das Ergebnis des Vormittags in die Berichterstattung im Plenum am Ende der Tagung ein. Dabei können und sollen lediglich erste Eindrücke und noch keine fundierte Auswertung der Ergebnisse präsentiert werden. Das zu versuchen, wäre auch falsch, weil es den Gehalt der Diskussionen abwerten würde. Zudem ist die Berichterstattung im Plenum sehr kurz (jeweils fünf Minuten pro Thema; Konsum-Fachtagung: pro Botschaft). Die Berichterstattung darf und muss also allgemein gehalten sein. Sie orientiert sich an folgenden Fragen:

- Welche Themen/Fragen hatten in der Diskussion das größte Gewicht?
- Was stieß auf besondere Zustimmung? Was hat sich als besonders umstritten erwiesen?
- Gibt es etwas, das in der Weiterentwicklung der Diskussionsgrundlage besonders zu beachten sein wird?
- Welches ist der wichtigste/innovativste etc. Gedanke, der aus der Diskussion entstand?

8.5 Die Rückmeldung der Teilnehmenden auf das „Victorian Calling" an der Konsum-Fachtagung und Folgerungen daraus

Im Nachgang zur Konsum-Fachtagung erhielten die Teilnehmenden die Gelegenheit, online eine Rückmeldung zur Tagung zu geben, und zwar bezogen auf den Inhalt wie auf die Methode. Dazu erhielten sie folgende Fragen:

(1) Was nehme ich mit aus der Fachtagung Konsumbotschaften (wichtigste Einsichten, Anregungen, Erkenntnisse etc.)?
(2) Was halte ich von der Methode „Victorian Calling“, die für die Diskussion der Botschaften an der Tagung gewählt wurde?
(3) Anregungen zum „Victorian Calling“: Was sollte, wenn in Zukunft diese Methode erneut angewendet wird, unbedingt beibehalten werden (mit „+“ versehen), was sollte anders gemacht werden (mit „-“ versehen)?

Die Antworten auf die Fragen wurden veröffentlicht (www.konsumbotschaften.de/antworten.php; zugegriffen 22.12.2013). Die Methode des „Victorian Calling“ wurde von allen Teilnehmerinnen und Teilnehmern, die sich dazu äußerten, übereinstimmend positiv gewürdigt (27 Personen äußerten sich zu Frage (2) und 25 Personen zu Frage (3), wobei einzelne Antworten textidentisch waren). Die Methode wurde als innovativ und zielführend eingestuft. Dabei wurde mehrfach die gesprächsaktivierende Funktion der Methode betont (z. B.: „Das Format macht das Thema und das Zusammenwirken der unterschiedlichen Akteure hoch interessant und informativ. Guter Ansatz, denn es muss mehr miteinander gesprochen werden als übereinander..."; „Ein interessantes Format, das ich in dieser Form bisher nicht kannte. Durch die Kleingruppen scheint mir eine intensivere Diskussion gewährleistet zu sein, zugleich steigen die Möglichkeiten, sich mit seinem eigenen Anliegen einzubringen. Durch den mehrmaligen Wechsel der Diskussionsrunden ergibt sich die Möglichkeit, unterschiedliche thematische Perspektiven kennen zu lernen bzw. sich darauf einzulassen. Die Anforderung an die eigene Aufmerksamkeit und Konzentrationsfähigkeit sind insgesamt hoch, Überforderungen, insbesondere in der vierten Runde, nicht ausgeschlossen.“). Besonders erwähnt wurde mehrmals nicht nur, dass die Methode lebendige Gespräche erzeugte, sondern auch, dass sie zu sehr ergebnis- und zielorientierten sowie disziplinierten Diskussionen führte durch die zielorientierten diskussionsleitenden Fragen und die darauf ausgerichteten Diskussionen.

In den Rückmeldungen besonders hervorgestrichen wurden auch die Etikette und die Tatsache, dass diese zu Beginn der Tagung vorgestellt wurde (z. B.: „Die Methode hat sich bei dieser Fachtagung sehr bewährt. Hinweise auf 'normal höfliches' Verhalten lassen einen im ersten Moment vielleicht stutzen, erfahren aber durch die explizite Erwähnung eine höhere Wertschätzung. Ich habe mich zumindest genau beobachtet, wie ich in den Gesprächsrunden reagiert und agiert habe. Und die Regel 6 ('keine Mails, keine Mobiltelefone') ist unabdingbar, will man konzentriert arbeiten."; „[beibehalten:] 12 goldene Regeln, vor allem auch Regel 12 (Anonymität gewährleisten; siehe Chatham House Rule"; „[beibehalten:] Die Einführung, z. B. 'was heute das Handy war früher die Melone' oder 'man redet nicht über Leute, die grade gegangen sind'"; „Das Format sollte im Kern so beibehalten werden, da ich es für einen konstruktiven Rahmen zur Schaffung einer intensiven Diskussionsatmosphäre halte. Auch sollte man auf jeden Fall vorher die 12 Grundregeln erläutern, da dies dazu beiträgt, Unsicherheiten (evtl. auch Ängste) in Bezug auf die Vorgehensweise auszuräumen.").

Punkte, die bei einem künftigen Einsatz der Methode zu bedenken sind, und die auch von den Teilnehmenden in ihrer Rückmeldung vorgebracht wurden, sind:

- Die Möglichkeit, innerhalb der Diskussionsrunden zu wechseln, wurde zwar sehr geschätzt, aber wenig genutzt (auffallend war demgegenüber, dass einige der Teilnehmenden von der Möglichkeit Gebrauch machten, sich an mehr als einer Diskussionsrunde zur selben Botschaft zu beteiligen). Einzelne regten an, die Teilnehmenden während der Tagung aktiv zum Wechseln zu ermuntern. Dagegen spricht, dass dies einen Eingriff in die Selbstbestimmung der Teilnehmenden darstellen würde, indem ihnen nahegelegt würde, dass sie eigentlich nicht wechseln dürfen, sondern wechseln müssen. Einem häufigen Wechsel stand an der Konsum-Fachtagung sicher die Situation im Tagungshaus entgegen: Die Häuser befanden sich nicht alle in unmittelbarer Nähe zueinander. Die Anordnung der Räume sollte ein entscheidendes Kriterium sein bei der Wahl des Tagungshauses (im Idealfall befinden sich alle Räume auf derselben Etage).
- Ebenfalls auf die Situation im Tagungshaus zielt ein weiterer Punkt ab, die akustische Trennung der Diskussionsrunden: Im gewählten Tagungshaus war es nicht möglich, sämtliche der Häuser in getrennten Räumen unterzubringen, d. h. es gab zwei Räume, in denen jeweils zwei Häuser untergebracht waren, die durch Trennwände abgetrennt wurden. Das hat sich als erschwerend für die Diskussionen erwiesen, weil sich die beiden Gespräche teilweise gegenseitig störten. Die Anzahl Räume sollte ebenfalls ein entscheidendes Kriterium bei der Wahl des Tagungshauses sein (im Idealfall steht für jedes geplante Haus ein Raum zur Verfügung).
- Bezogen auf das Zeitmanagement regten einzelne Teilnehmerinnen und Teilnehmer an, die Diskussionsrunden auf 45 Minuten zu kürzen, um eine

Runde mehr durchführen zu können, und die minimale Aufenthaltsdauer auf 15 statt auf 30 Minuten festzulegen. Eine andere Anregung bestand darin, die Tagung auf zwei Tage auszudehnen und den gemeinsamen Abend als Gesellschaftsabend zu gestalten. Letzteres ist heikel, weil das Ausdehnen des Formats auf zwei Tage den Rhythmus der Methode, für die eine gewisse Dichte und ein gewisses Tempo kennzeichnend sind, stören würde.

- Einzelnen Teilnehmerinnen und Teilnehmern war zu wenig klar, dass die 'Visitenkarten' nur in der ersten Runde eine Funktion haben, was dazu führte, dass sie für alle Botschaften eine 'Visitenkarte' nahmen, die sie im Lauf des Tages zu diskutieren gedachten. Dass die 'Visitenkarten' nur für die erste Diskussionsrunde von Bedeutung sind, müsste bei der Einführung der Methode sehr deutlich gesagt werden, weil sonst die Besucherlenkung für die erste Diskussionsrunde beeinträchtigt werden kann.
- Mehr als einmal wurde der Wunsch geäußert, in den Häusern die Ergebnisse der vorausgegangenen Gespräche zu visualisieren (z. B.: „Ich würde alle angewendeten Elemente der Methode beibehalten. Das i-Tüpfelchen wäre eine parallele Visualisierung des jeweiligen Diskussionsstandes und -fortschritts gewesen. Nur in einer Gruppe wurde in zwei Sätzen der Diskussionsstand der Vorgängergruppe benannt, das halte ich prinzipiell für wünschenswert.“). Die Rückmeldung unterstreicht, dass es sinnvoll ist, die Diskussionsrunden einzuleiten durch eine kurze Wiedergabe dessen, was in den vorherigen Runden diskutiert wurde. Im „Victorian Calling“ ist eine mündliche Information vorgesehen.[5] Wird eine schriftliche Visualisierung gewünscht, muss darauf geachtet werden, dass deren Erstellung den Rahmen des Hausbesuchs, in dem eine 'gepflegte Konversation' stattfindet, nicht stört.
- Der Rahmen könnte ausgebaut werden, indem, wie es durch einzelne Teilnehmerinnen und Teilnehmer angeregt wurde, die Häuser vermehrt als viktorianischer Salon ausgestattet würden statt mit Stuhlkreisen.

Die Methode kann als erfolgreich und zielführend eingestuft werden, und zwar in zweierlei Hinsicht: Zum einen fanden es die Teilnehmenden (Gäste wie Gastgeber sowie Protokollanten und Protokollantinnen) interessant, anregend und ertragreich. Zum anderen erbrachte die Fachtagung eine Fülle an Ergebnissen für die Weiterentwicklung der Konsum-Botschaften und erfüllte damit den wissenschaftlichen Zweck, für den sie generiert wurde. Sinnvoll eingesetzt werden kann

5 Eine Visualisierung der Ergebnisse erfolgt bei der Methode „World Café“ (dort werden die Ergebnisse auf Papier geschrieben, das als Tischdecke der Tische dient, um die herum sich die Gruppen für das Gespräch setzen).

die Methode dann, wenn eine übersichtliche Zahl Themen zur Diskussion gestellt werden soll, wenn der Textumfang der Diskussionsgrundlage pro Thema leicht zu bewältigen ist und wenn die zu diskutierenden Themen einen inneren Zusammenhang aufweisen, so dass mit Fug und Recht davon ausgegangen werden darf, dass sich grundsätzlich alle Teilnehmenden für alle Themen interessieren können.

8.6 Literatur

Blättel-Mink, B., Brohmann, B., Defila, R., Di Giulio, A., Fischer, D., Fuchs, D., Gölz, S., Götz, K., Homburg, A., Kaufmann-Hayoz, R., Matthies, E., Michelsen, G., Schäfer, M., Tews, K., Wassermann, S., & Zundel, S. (Syntheseteam des Themenschwerpunkts „Vom Wissen zum Handeln – Neue Wege zum nachhaltigen Konsum") (2013). *Konsum-Botschaften. Was Forschende für die gesellschaftliche Gestaltung nachhaltigen Konsums empfehlen.* Stuttgart: Hirzel Verlag.

Brown, J., Isaacs, D. (2007). *Das World Café. Kreative Zukunftsgestaltung in Organisationen und Gesellschaft.* Heidelberg: Carl-Auer Verlag.

Defila, R., Di Giulio, A., & Kaufmann-Hayoz, R. (Hrsg.). (2011). *The nature of sustainable consumption and how to achieve it. Results from the focal topic „From Knowledge to Action – New Paths towards Sustainable Consumption".* Munich: oekom.

Defila, R., Di Giulio, A., & Kaufmann-Hayoz, R. (Hrsg.). (2012). *Wesen und Wege nachhaltigen Konsums. Ergebnisse aus dem Themenschwerpunkt „Vom Wissen zum Handeln – Neue Wege zum nachhaltigen Konsum".* München: oekom.

Defila, R., Di Giulio, A., & Scheuermann, M. (2006). *Forschungsverbundmanagement. Handbuch für die Gestaltung inter- und transdisziplinärer Projekte.* Zürich: vdf Hochschulverlag an der ETH Zürich.

Owen, H. (2001). *Open Space Technology – Ein Leitfaden für die Praxis.* Stuttgart: Klett-Cotta.

8.7 Zitierte URL

Chatham House Rule: z. B. www.chathamhouse.org/about-us/chathamhouserule (zugegriffen: 22.12.1013)

Fachtagung „Konsum und Nachhaltigkeit – Botschaften für Politik und Praxis" vom 23. November 2012 in Berlin: www.konsumbotschaften.de (zugegriffen: 22.12.2013)

Ritual des „formal call" (bzw. des „calling") und des „leaving cards" im viktorianischen England (inkl. der dabei geltenden Etikette), z. B.: home.kendra.com/victorianrituals/Victor/ritualsIII.htm

www.literary-liaisons.com/article026.html
www.logicmgmt.com/1876/etiquette/visiting.htm
www.logicmgmt.com/1876/etiquette/ccards2.htm,
www.angelpig.net/victorian/visiting.html (zugegriffen: 22.12.2013)
Rückmeldungen der Teilnehmenden der Konsum-Fachtagung:
www.konsumbotschaften.de/antworten.php (zugegriffen: 22.12.2013)

9 Die Wertbaumanalyse: Ein diskursives Verfahren zur Bildung und Begründung kollektiv wirksamer Bewertungsmuster[1]

Ortwin Renn

Zusammenfassung

Die Wertbaumanalyse ist ein Verfahren der diskursiven Festlegung und systematischen Zuordnung von Beurteilungskriterien für Handlungs- oder Entscheidungsoptionen. Es beruht auf einer Befragung von unterschiedlichen Interessen- und Wertgruppen in der Gesellschaft, wobei eine Strukturierung nach dem Inklusionsprinzip (Ober- und Unterwerte, Kriterien, Attribute) angestrebt wird. Da die Kriterien selbst keinem Nullsummenspiel unterliegen, können die Wertbäume verschiedener Gruppen zu einem gemeinsamen Wertbaum zusammengefügt werden. Dies kann mechanisch durch eine simple Zusammenfassung aller nicht-redundanten Nennungen (additiver Wertbaum) oder durch eine explizite Diskussion der einzelnen Wertbäume (diskursiver Wertbaum) geschehen. In jedem Falle muss der zusammengefasste Wertbaum von allen beteiligten Gruppen bestätigt werden, soll er seine Funktion als Leitorientierung für die Bewertung von Optionen erfüllen. Ein diskursiv erstellter Wertbaum ist ein wichtiger Schritt zur Legitimierung kollektiv bindender Entscheidungen in einer pluralen Gesellschaft und kann als wichtiges Element von Partizipations- oder Mediationsverfahren eingesetzt werden.

9.1 Einleitung

Jede soziale Gemeinschaft ist auf gemeinsame Regeln und Normen angewiesen. Diese Verhaltensvorschriften müssen auf einem legitimen Verfahren der Entstehung und Begründung beruhen, sollen sie von den Mitgliedern der Gemeinschaft als verbindlich angesehen werden. In modernen pluralistischen Gesellschaften fällt es den Individuen wie den gesellschaftlichen Gruppen zunehmend

---

1 Der hier abgedruckte Aufsatz ist eine Aktualisierung und Erweiterung meines Aufsatzes: Renn (1999)

schwerer, kollektiv verbindliche Normen, die von allen als legitim angesehen und als für einen selbst verpflichtend wahrgenommen werden, aufzustellen bzw. anzuerkennen[2]. Die modernen Begriffe „Akzeptanzkrise“ und „Politikverdrossenheit“ sind beredte Merkmale für die Schwierigkeit, gesamtgesellschaftliche Konsense herzustellen und kollektiv verbindliche Normen zu vereinbaren (Deutsche Akademie der Technikwissenschaften (Acatech) 2011, S. 7; Huth 2004, S. 84, 242ff.; Fuchs 2002).

Aus diesem Grund sind kommunikative Verfahren gefragt, mit deren Hilfe Pluralität von Wissen und von Bewertungen der Wünschbarkeit von Handlungsfolgen abgebildet werden kann. Diese Verfahren müssen zum einen den legitimen Spielraum an Systemwissen über die Folgen verschiedener Handlungsoptionen widerspiegeln, zum anderen die Vielfalt der im Rahmen legaler und ethischer Regelwerke akzeptablen Bewertungen bzw. Bewertungsmaßstäben. Während zur Repräsentation von Wissenspluralität Instrumente wie Meta-Analysen, Delphi-Verfahren und Szenarientechniken inzwischen breite Verwendung gefunden haben, gibt es zur Wiedergabe von pluralen Bewertungskriterien nur wenige Vorschläge in der Literatur und noch weniger in der praktischen Umsetzung von Entscheidungs- und Beteiligungsverfahren.

Ein Verfahren, das sich zur Aufgabe gestellt hat, Bewertungskriterien für unterschiedliche Gruppen zu sammeln, zu systematisieren und auch zu größeren Einheiten zu aggregieren, ist das Verfahren der Wertbaumanalyse. Die Idee dieser Analyse ist die Strukturierung von Bewertungskriterien nach dem Prinzip der Subsumptionslogik. Werte werden nach ihrem Abstraktionsgrad der Inklusion in ein System übergeordneten und untergeordneten Kriterien eingeordnet. Dadurch ergibt sich eine typische Baumstruktur: mit einem Stamm, Hauptästen und Nebenästen. Wesentliche Kennzeichen dieser Methode sind zudem die Verifikation durch die jeweils befragte Gruppe sowie die Möglichkeit einer Aggregation aller einzelnen Wertbäume zu einem nicht-redundanten Gesamtbaum.

Der folgende Beitrag stellt das Konzept der Wertbaumethode vor und führt in die einzelnen Schritte des Verfahrens ein. Im zweiten Abschnitt steht die zunehmende Pluralität der politischen Entscheidungsfindung im Vordergrund, durch die Verfahren wie die Wertbaumanalyse ihren Stellenwert für die kollektiv verbindliche Entscheidungsfindung erhalten. Die konzeptionellen Grundlagen der Wertbaumanalyse werden dann im dritten Abschnitt näher beschrieben. Die

---

2 Nach Ulrich Beck gibt es drei Ausdrucksformen der Pluralsierung und Individualisierung: (1) Die Individuen werden aus den traditonellen Bindungen ausgelöst und können immer wieder neue Bindungen eingehen, (2) Weltbilder und Überzeugungen werden pluralisiert und büßen dadurch an Legitimität ein und (3) neue Integrationsformen sind zeitlich begrenzt und müssen immer wieder neu bestätigt werden. Siehe: Beck (1986, S. 206f.), auch: Walter (2013); Zilleßen (1993, S. 29f.)

nutzentheoretischen Überlegungen, die zu diesem Konzept gehören, schließen sich in Abschnitt 9.4 an. Die Einsatzmöglichkeiten des Verfahrens sowie ein Fallbeispiel fügen sich dann als Abschnitt 9.5 und 9.6 diesen Ausführungen an. Der letzte Abschnitt 9.7 fasst zum Schluss die wichtigsten Ergebnisse nochmals zusammen.

9.2 Kollektiv bindende Entscheidungen in einer pluralen Werteordnung

Vielfalt von Lebensoptionen, Individualisierung von Lebensstilen und Subjektivierung von Sinn sind wesentliche Begleitmerkmale der Modernisierung[3]. Mit zunehmenden Möglichkeiten technischer und organisatorischer Zukunftsgestaltung erweitert sich die Palette der den Menschen verfügbaren Verhaltensoptionen; mit zunehmender Pluralität von Lebensentwürfen und Lebensstilen bilden sich gruppenspezifische Rationalitäten im Sinne von Erkenntnis- und Generalisierungsregeln und Wertmuster im Sinne von normativen Verhaltensorientierungen aus, die nur innerhalb einer sozialen Gruppe oder Subkultur Verbindlichkeit und Geltung beanspruchen. Je weniger gesellschaftsübergreifende Leitbilder oder Verhaltensorientierungen zur Verfügung stehen, desto schwieriger wird der Prozess der Abstimmung über kollektiv verbindliche Handlungsanweisungen. Diese sind jedoch für die Aufrechterhaltung von wirtschaftlicher Kooperation und sozialer Kohäsion unabdingbar (Imbusch und Heitmeyer 2012).

Wie kann unter diesen Umständen gesamtgesellschaftliche Steuerungspolitik legitimiert werden? Wie kann das politische System mit dem Konflikt zwischen der faktischen Vielfalt von akteursspezifischen Rationalitäten und der notwendigen integrativen Steuerungsrationalität des Gemeinwesens umgehen? In der politikwissenschaftlichen und soziologischen Literatur wird meist auf drei Auswege aus dem Steuerungsdilemma moderner Gesellschaften verwiesen[4].

---

3 Der Soziologe Gerhard Schulze hat in seinem Buch „Die Erlebnisgesellschaft" die Merkmale der Modernisierung und Individualisierung in wenigen Kernsätzen zusammengefasst: „Hauptsächlich vier Komponenten machen den Inhalt der Individualisierungsthese gegenwärtig aus: Erstens abnehmende Sicherheit und schwindende Bindungskraft traditioneller Sozialzusammenhänge (Schicht und Klasse, Verwandtschaft, Nachbarschaft, religiöse Gemeinschaft); zweitens zunehmende Bestimmtheit des Lebenslaufs und der Lebenssituation durch individuelle Entscheidungen; drittens Hervortreten persönlicher Eigenarten – Pluralisierung von Stilen, Lebensformen, Ansichten, Tätigkeiten; viertens, Eintrübung des Gefühlslebens: Einsamkeit, Aggressionen, Zynismus, Orientierungslosigkeit." (aus: Schulze 2000, S. 75.).

4 Es geht hier nur um politische Entscheidungen mit kollektiv verbindlichem Charakter. Andere soziale Entscheidungssysteme, die auf Markt, Recht oder Wissenschaft beruhen, sind hier ausgeblendet. Siehe dazu Renn (1997, S. 34ff.); allgemein Schaal und Heidenreich (2006).

Zum ersten wird Legitimation allein als eine Frage des Verfahrens angesehen (Luhmann 1983, S. 32ff.; Vollmer 1996, S. 149ff.). Steuerung bedeutet eine Entscheidungsfindung nach formalen Entscheidungsregeln (etwa Mehrheitswahlrecht). Zum zweiten kann man sich auf die im politischen Meinungsprozess gewachsenen Minimalkonsense (muddling through) verlassen (Lindbloom 1959, 1965). Als legitim werden nur solche Entscheidungsoptionen angesehen, die den geringsten Widerstand in der Gesellschaft hervorrufen. Die dritte Variante setzt auf den Diskurs zwischen den beteiligten Gruppen[5]. Im kommunikativen Austausch der pluralen Rationalitäten kann sich eine Meta-Rationalität, zumindest für moralische Grundsatzfragen ebenso wie für Tatsachenbehauptungen, herausbilden, die als Legitimation für kollektiv verbindliche Anweisungen dienen kann. Die Legitimation von kollektiv verbindlichen Normen ist nach dieser diskursiven Perspektive an zwei Bedingungen geknüpft: Zustimmung aller Beteiligten und substantielle Begründung der im Diskurs gemachten Aussagen (Habermas 1987, S. 369ff.).

Keiner der drei Lösungswege aus dem Steuerungsdilemma kann für sich allein überzeugen; es kommt, wie so häufig in der Politik, auf die richtige Mischung an (Fuchs 2002). Wie müsste eine Mischung aus den drei Elementen (Verfahrensrationalität, Pluralistisches Muddling Through und Diskurs) aussehen, damit ein Höchstmaß an Legitimation zustande kommen kann (Renn 1997)?

- das Verfahren der Entscheidungsfindung muss weitgehend durch einen Grundkonsens in der Bevölkerung getragen sein (etwa demokratische Abstimmungen)
- das Verfahren der Entscheidungsfindung muss transparent und nachvollziehbar sein
- das Verfahren muss gegenüber Nichtbeteiligten als fair (alle beteiligten Interessen- und Wertgruppen kommen zu Wort), kompetent (dem Problem angemessen und mit der notwendigen Sachkenntnis versehen) und effizient (die Mittel bez. Entscheidungskosten sind den Zielen angemessen) erscheinen
- das Produkt des Entscheidungsprozesses muss in seinem normativen wie kognitiven Gehalt nachvollziehbar und intersubjektiv begründbar sein

5 Siehe Habermas (1987, S. 44-71, 114-151). Noch pointierter in: Habermas (1971, S. 101-141). Eine gute Zusammenfassung der Diskurstheorien in: Hüller (2005, S. 94ff.) Sowie: Schweizer (2008, S. 58-74, 206-210); auch die Interpretation in: Renn et al. (2007, S. 188-236).

- das Produkt des Entscheidungsprozesses muss die pluralen Wertvorstellungen der betroffenen Bürger im Sinne eines fairen Konsenses oder Kompromisses widerspiegeln.

Dieser Forderungskatalog macht deutlich, dass Entscheidungen von größerer Reichweite eine Aneinanderreihung verschiedener Steuerungsinstrumente, die jeweils unterschiedliche Teilforderungen abdecken, benötigen. Dieses Kapitel befasst sich mit einem Element eines solchen umfassenden und von Pluralität bestimmten Entscheidungsverfahrens: der Wertbaumanalyse[6]. Dieses Verfahren stellt keinesfalls den Anspruch, alle Forderungen, die zur Legitimation kollektiv bindender Entscheidungen notwendig sind, einzulösen. Es ist bestenfalls ein Glied in einer langen Kette von aufeinander abgestimmten Verfahren[7]. Die Wertbaumanalyse setzt gerade an dem Punkt an, an dem viele andere Entscheidungsverfahren versagen: der Begründung von normativen bzw. evaluativen Aussagen und der Integration von pluralen Wertmustern in ein konsensfähiges Bewertungsraster. Es liefert also keine Begründungen für Tatsachenbehauptungen, noch ersetzt es ein formales Zustimmungsverfahren durch legitimierte Entscheidungsträger.

9.3 Die konzeptionellen Wurzeln des Wertbaumverfahrens

Bevor das Wertbaumverfahren im Einzelnen vorgestellt werden soll, ist es zunächst notwendig, die konzeptionellen Grundlagen, auf dem das Verfahren beruht, kurz zu skizzieren. Bei der Analyse von moralischen Urteilen und moralischem Verhalten (dem Kerngebiet der Ethik) unterscheidet man zunächst deskriptive (gelebte Sittlichkeit) und präskriptive Ansätze (begründbare Prinzipien des individuellen und kollektiven Verhaltens) (Frankena 1963; Hansen 1995, S. 36; WBGU 1999).

In seinen Ursprüngen war das Wertbaumverfahren ausschließlich dem deskriptiven Ansatz verpflichtet. Die ersten theoretischen Vorschläge und praktischen Umsetzungen gingen von einer gegebenen Wertestruktur von Gruppen und Individuen in einer pluralen Wertewelt aus (von Winterfeldt und Edwards 1986, S. 36ff.). Aufgabe der Wertbaumanalyse war es, die latenten Werte einer Person oder einer Gruppe in eine logisch konsistente und kommunikativ nach-

6 Eine ausführliche Beschreibung findet sich in Keeney et al. (1984, 1987); Renn (1997, 1999)

7 Wie ein solches abgestimmtes Hybrid-Verfahren aussehen könnte, beschreiben Renn und Webler (1998) sowie Renn (2008, S. 343-350). In diesem Hybrid-Verfahren stellt die Wertbaumanalyse den ersten Schritt dar.

vollziehbare Form zu bringen[8]. Dazu wurden Vertreter der jeweiligen Gruppen in Einzelinterviews ausführlich danach befragt, nach welchen Werten und Kriterien sie eine Entscheidung über einen bestimmten Gegenstand (etwa Ölbohrungen vor der Küste Kaliforniens oder die Wahl eines umweltverträglichen Energiesystems) treffen würden. Die Wertbaumanalytiker hatten dann die Aufgabe, die Angaben der Interviewpartner in eine hierarchische Baumstruktur zu überführen (Oberwerte im Stamm, Unterwerte in den Ästen) und diesen Strukturierungsversuch von den Interviewpartnern bestätigen zu lassen.

Jeder Wertbaum einer Gruppe spiegelt, sofern er korrekt aufgestellt und von den Gruppenmitgliedern als vollständig und problemangemessen validiert wurde, ein konsistentes Raster an Bewertungskriterien dar, das eine Gruppe zur moralischen Beurteilung von Sachverhalten oder Optionen anwendet oder anwenden würde. Diese strukturierte Form der Bewertung erzeugt demnach ein Abbild der Sittlichkeit, wie es die Mitglieder der jeweiligen Gruppe als normativ sinnvoll und geboten ansehen.

Schon ein solches Abbild eines gruppenspezifischen Wertemusters erfüllt zumindest eine Forderung des oben aufgestellten Legitimationskatalogs. Es erleichtert die Transparenz der Entscheidungsfindung für Außenstehende und trägt auch zu einer pluralen Einbindung von Wertmustern bei, sofern alle relevanten Gruppen an dem Verfahren beteiligt werden. Mit jedem Einzelwertbaum verfügt jede Gruppe über eine Strukturierungs- und Bewertungshilfe für die

8 Der Begriff des „Wertes“ ist einer der schillerndsten Termini in der Philosophie wie in den Sozialwissenschaften. Werte werden bei einigen Philosophen (vor allem bei Max Scheler) als Manifestationen des objektiv Sittlichen oder aber bei anderen Philosophen (etwa bei Kant) als subjektive Grundlage einer ethischen Beurteilung von Handlungen angesehen (Stegmüller 1978, S. 110ff.). Einige moderne Philosophen, wie etwa Gethmann, lehnen die Benutzung des Begriffes „Wert“ wegen der Mehrdeutigkeit und Unschärfe in seinem Gebrauch vollständig ab (Gethmann 2001). In den Sozialwissenschaften hat sich dagegen der Begriff des Wertes in seiner subjektiven Bedeutung als ein latentes, aber empirisch zugängliches Konstrukt des Wünschenswerten weitgehend durchgesetzt. Werte in den Sozialwissenschaften werden als allgemeine Orientierungen verstanden, die es Menschen ermöglichen, Handlungen und Situationen nach dem Grad der allgemeinen Wünschbarkeit zu beurteilen. Allgemein eingebürgert hat sich die klassische Definition von Clyde Kluckhohn: „Unter einem Wert versteht man ein explizites oder implizites Konzept des Wünschenswerten, das als Merkmal eines Individuums oder als Charakteristikum einer Gruppe die Auswahl von verfügbaren Arten, Mitteln und Zielen einer sozialen Handlung beeinflusst“ (Kluckhohn 1962, S. 395). Im Konzept der Wertbaumanalyse sind Werte Messlatten, an denen die Folgen von Handlungsoptionen nach dem Grad ihrer subjektiv empfundenen Erwünschtheit beurteilt werden können. Eine solche Messlatte wäre etwa „Beitrag zur Verteilungsgerechtigkeit“ oder „Beitrag zur Luftqualität“. Diese Beurteilung kann qualitativ, komparativ oder quantitativ erfolgen.

Beurteilung unterschiedlicher Handlungsoptionen. Gleichzeitig eignen sich die einzelnen Wertbäume als Ausgangspunkte eines gemeinsamen Dialoges zwischen den Gruppen, da in der Praxis die Oberwerte häufig übereinstimmen und auf der Basis von ähnlich strukturierten Wertbäumen eine gemeinsame Grundlage für die gegenseitige Kommunikation erreicht werden kann (Keeney et al. 1984, S. 81ff.). Das Problem besteht jedoch darin, eine Art Aggregationsverfahren zu finden, mit dessen Hilfe man verschiedene Wertbäume integrieren oder zu einem gemeinsam getragenen Kriterienkatalog zusammenfassen könnte. Zunächst war es naheliegend, Auswahl und Integration der einzelnen Gruppenwertbäume den politischen Entscheidungsträgern zu überlassen. Diese können sich aus allen Wertbäumen der beteiligten Gruppen die Werte herausgreifen, die ihnen besonders sympathisch sind oder von denen sie annehmen, dass ihre politischen Klienten sie am ehesten bevorzugen. Eine solche Vorgehensweise entspricht weitgehend dem zweiten Lösungsvorschlag aus dem Steuerungsdilemma, nämlich die Auswahl der Entscheidungskriterien nach Maßgabe der faktischen Akzeptanz vorzunehmen. Mit dieser Lösung ist aber die Forderung nach umfassender Berücksichtigung aller relevanter Werte und Interessen eindeutig verletzt. Eine eklektizistische Inanspruchnahme der gerade opportunen Werte durch Entscheidungsträger verwirkt weitgehend den Legitimationsgewinn, der durch die Wertbaumanalyse erzielt werden soll[9].

Aus dieser Schwierigkeit heraus entstand eine zweite, erweiterte Variante der Wertbaumanalyse. Diese anspruchsvollere Variante besteht in der Erarbeitung eines von allen Gruppen gemeinsam getragenen additiven Wertbaumes (Keeney et al. 1984, S. 18ff., 33ff.). Auch dabei stand zunächst ein rein deskriptives Konzept der Erfassung von gemeinsamen Werten im Vordergrund. Aus der Tatsache heraus, dass Wertesammlungen beliebig ausgedehnt werden können, es also keine Nullsummenspiele bei der Aufstellung von Werten gibt, entsprang die Idee, alle Wertbäume additiv zu verknüpfen, also im Prinzip alle Redundanzen zwischen den Wertbäumen wegzuschneiden und die verbleibenden Werte in eine in sich konsistente Ordnung zu bringen. Gemeinsame Wertbäume umfassen also die Gesamtheit der Werte aller an der Analyse beteiligten Gruppen. Ebenso wie die Einzelwertbäume der jeweiligen Gruppen erhält auch der Gesamtwertbaum erst dann seine Gültigkeit, wenn er von allen Gruppen bestätigt wird. Ist dies einmal erfolgt, dann kann man sicher sein, dass eine zweite Forderung aus dem Katalog der Legitimationsanforderungen erfüllt ist, nämlich ein Instrument verfügbar zu haben, das plurale Wertvorstellungen in den Rahmen eines gemeinsam getragenen Bewertungsraster integriert.

9 Die Kritik an einer politisch willkürlichen Werteselektion in Werbik und Zitterbarth (1991).

In der Praxis erwiesen sich die Versuche, gemeinsame Wertbäume zu konstruieren, als schwierige Herausforderung, vor allem bei polarisierten Themen wie Kernenergie oder Naturschutz (Keeney et al. 1987). Zum einen zeigten sich semantische Probleme: Verschiedene Gruppen äußerten häufig identische Wertbegriffe, verbanden mit diesen Begriffen jedoch unterschiedliche Bedeutungen und Assoziationen. Zum anderen hing jede Gruppe an ihrer eigenen Baumstruktur (Anordnungslogik) und war nur schwer dazu zu bewegen, zugunsten eines gemeinsamen Ordnungsprinzips ihre zunächst präferierte Anordnungslogik aufzugeben. Dennoch gelang es in den meisten Fällen, eine von allen Gruppen gemeinsam getragene Wertesammlung aufzustellen (Renn 1997). Bei der Aufgabe, die einzelnen Wertbäume zu aggregieren, kam aber eine Struktureigenschaft der Gruppenwertbäume den Analytikern zu Hilfe. Die meisten Gruppen spezialisieren sich nämlich auf bestimmte Wertmuster. Das heißt: Jede Gruppe hatte einen Ast oder mehrere Äste des Baumes besonders differenziert aufgefächert (und zwar dort, wo deren Interessen und Werte stark tangiert waren) während sie die übrigen Äste, die nur peripher ihre Werte und Interessen berührt, eher kümmerlich ausgebildet hatte. Insofern konnte man in der Regel einen gemeinsamen Wertbaum aus den abgeschnittenen Ästen der Einzelwertbäume mit hohem Differenzierungsgrad zusammenfügen, so dass die Binnenlogik jedes Astes erhalten blieb und nur eine gemeinsam getragene Stamm- und Hauptast-Aufteilung vereinbart werden musste (Renn et al. 1999).

Der Erfolg eines gemeinsamen Wertbaumes, der aus den Ästen aller Einzelwertbäume zusammengesetzt wurde, war jedoch mit der Einschränkung erkauft, dass jede Gruppe durch eine (hypothetische) Nullgewichtung diejenigen Werte außer Kraft setzen konnte, die nicht in ihr Wertetableau hineinpassten.

Wenn es auch mit dieser Methode gelang, eine von allen Gruppen getragene gemeinsame Sammlung von relevanten Entscheidungswerten und -kriterien zu erstellen, so blieben auch bei dieser additiven Zusammenfassung einige Fragen offen. Vor allem ist die Aussagekraft eines gemeinsamen Wertbaums nicht so eindeutig bestimmbar wie bei den Einzelwertbäumen. Denn jeder gemeinsame Wertbaum stellt etwas Neues, auch latent noch nicht Vorhandenes dar (er ist daher mehr als eine Rekonstruktion latenter Wertstrukturen). Er sprengt also die Grenzen einer rein additiven Zusammenschau. Welche normative Kraft kann er dann aber beanspruchen?

Eine formale Zustimmung der Bezugsgruppen ohne explizite Begründung kann normativ nicht überzeugen. Langfristig akzeptabel erscheint nur eine Lösung, bei der nicht nur die pluralen Werte und Interessen formal eingebunden, sondern die getroffenen Einigungsergebnisse der Gruppen auch nachvollziehbar begründet werden[10].

Beide Bedingungen gleichzeitig zu erfüllen, setzt eine diskursive Form der Beratung über den gemeinsamen Wertbaum voraus. Aus dem additiven Wertbaum muss ein von allen Gruppen gemeinsam konstruierter Wertbaum werden. Nach Erstellung der jeweiligen gruppenspezifischen Wertbäume muss in einem diskursiven Verfahren Verständigung darüber erzielt werden, welche Werte in den gemeinsamen Baum aufgenommen und aus welchen Gründen sie ausgewählt werden sollen. Erst wenn alle Gruppen ihre Gründe dargelegt und verteidigt haben, kann in einem gemeinsamen Diskussionsprozess (konsensual) entschieden werden, ob und inwieweit der vorgeschlagene Wert Eingang in den gemeinsamen Wertbaum findet.

Fazit: Lässt man die Entwicklung der Wertbaumanalyse Revue passieren, dann erkennt man die Evolution des Verfahrens von einer relativ einfachen gruppenspezifischen Strukturierungshilfe hin zu einem philosophisch anspruchsvollen Konzept der diskursiven Begründung und Zusammenfassung von kollektiv vereinbarten Werten und Entscheidungskriterien. Diese Evolution ist sicherlich von der Erfahrung zunehmender Legitimationsdefizite in modernen Gesellschaften beeinflusst worden. Bei der gegebenen Brüchigkeit des konsensualen Delegationssystems und der Pluralisierung von Rationalitäten und Wertmustern ist der Legitimationsgewinn durch Einzelwertbäume eher gering einzustufen. Auch der additive Wertbaum kann die Forderung nach intersubjektiver Begründung der aufgenommenen Kriterien nicht vollständig einlösen. Nur der ideale diskursive Ansatz ist zumindest theoretisch in der Lage, die drei Legitimationsfunktionen, die mit der Wertbaumanalyse überhaupt erreicht werden können, zu erfüllen. Ein diskursiver Wertbaum verspricht erstens eine faire und vollständige Erfassung aller relevanter Wertvorstellungen in einer pluralen Gesellschaft, zweitens eine intersubjektive Begründung der in den Wertbaum einfließenden normativen Annahmen und drittens eine nachvollziehbare und transparente Form der Darstellung von Werten für die am Diskurs nicht beteiligten Außenstehenden.

10 „Ein praktischer Diskurs“, so die amerikanische Diskurstheoretikerin Simone Chambers, „ist nicht einem Problem rationaler Wahl ("rational choice“) gleichzusetzen. Vielmehr handelt es sich um einen Prozess kollektiver Interpretation und Re-interpretation und demzufolge auch um die Möglichkeit der Neubildung und Umbildung von Einstellungen und Interessen der Teilnehmer. Im praktischen Diskurs als realem Gesprächsprozess gelangen wirkliche Menschen zur Einsicht, dass bestimmte Prinzipien gerecht, anerkennungswürdig und daher bindend für sie sind“ (Chambers 1992, S. 172).

9.4 Die methodische Vorgehensweise bei der Erstellung von Wertbäumen

Der Prozess der Wertbaumerstellung lässt sich in sieben Phasen unterscheiden. Diese Phasen sind schematisch in Tabelle 9.1 zusammengefasst (Renn 1997). Auf diese Phasen soll im Folgenden kurz eingegangen werden. In der ersten Phase geht es um die Erfassung und Aufnahme der Werte, die von den Mitgliedern einer Gruppe als relevant zur Bewertung der verschiedenen Handlungsoptionen eingestuft werden. Diese Erfassung erfolgt in persönlichen Gesprächen zwischen den Analytikern und Vertretern der jeweiligen Gruppe. Um solche Gespräche zielgerecht und strukturiert zu führen, ist vor allem sozialwissenschaftliche Kompetenz gefragt. Zu dieser Kompetenz gehören zum einen gutes Hintergrundwissen zu den Werten und Interessen der beteiligten Gruppen, zum anderen methodische Fertigkeiten zur konstruktiven Interviewführung und Gruppenmoderation. Vor allem Personen, die bereits Erfahrungen mit qualitativen Methoden und Techniken gesammelt haben, sind besonders gut als Analytiker für das Wertbaumverfahren geeignet.

Sinn der Gespräche mit Vertretern der einzelnen Gruppen ist es, latente oder schon bewusste Verbindungslinien zwischen den einzelnen Werten und den vermuteten Folgen der Optionen in eine logische Struktur einzubinden, die von den Befragten als adäquat und einstellungsgetreu wahrgenommen wird. Es geht also nicht darum, diffuse Gedanken in eine vorgegebene Struktur hineinzupressen. Während des Interviews werden folgende Hauptfragen gestellt:

- Welches sind die wesentlichen Zieldimensionen und Wertebereiche, die durch das Entscheidungsproblem berührt werden?
- Welche Merkmale lassen sich aufzählen, nach denen die verschiedenen Optionen unterschieden werden können (Diskriminationsfähigkeit)?
- Warum wird eine Option als gut oder schlecht, als wünschenswert oder nicht wünschenswert eingeschätzt?

Schritt	Beschreibung
1	Persönliches Interview mit dem oder den Vertreter(n) einer Interessen-, Lebensstil- oder Wertgruppe
2	Strukturierungsvorschlag der Interviewergebnisse in Form eines hierarchisch gegliederten Wertbaums
3	Rückkopplung des Vorschlags an die Interessengruppe und Sammeln von Verbesserungsvorschlägen
4	Iteration von Rückkopplung und Verbesserung, bis Mitglieder der Interessengruppen dem Wertbaum für ihre Organisation zustimmen
5	Ausarbeitung eines gemeinsamen additiven Wertbaumes im Diskurs mit allen beteiligten Gruppen in mehreren Sitzungen: • Definition und Klärung der Begriffe (Extension) • Begründung für normative Geltung aller Werte • Begründung für Anwendbarkeit auf Bewertungsobjekte • Einigung auf Grundstruktur des Baumes • Erarbeitung eines gemeinsamen Wertbaumes
6	Überprüfung des gemeinsamen Wertbaumes nach formalen Gesichtspunkten
7	Validierung des Gesamtwertbaums durch jede Gruppe (mit Möglichkeit der Nullgewichtung einzelner Werte)

Tabelle 9.1: Die Schritte einer Wertbaumanalyse

Die Fragen sind bewusst allgemein gehalten, um den Interviewten die Möglichkeit zu geben, ihre eigene Struktur der Werte zu entwickeln und nach eigenen Konsistenzgesichtspunkten zu gliedern. Grundsätzlich wird jedoch während des Interviews angestrebt, zu einer hierarchischen Baumstruktur mit den allgemeinen Werten an der Wurzel und den speziellen Kriterien und Attributen an der Spitze zu gelangen. Ein wesentliches Kennzeichen der Wertbaumanalyse ist schließlich die iterative Vorgehensweise. Nach der ersten Befragung wird von den Analytikern der Wertbaum aufgestellt und an den oder die Befragten zurückgekoppelt. Alle Änderungsvorschläge, die nicht zu Redundanzen oder Ausbrüchen aus der Strukturlogik führten, werden von den Analytikern aufgegriffen und in den Wertbaum der Befragten integriert. Dieser iterative Prozess kann über mehrere Runden fortgesetzt werden. Sinn des iterativen Verfahrens ist es, die während eines Interviews vergessenen oder zu kurz gekommenen Aspekte noch nachträglich ausfindig zu machen und zu berücksichtigen.

Angesichts der Zielsetzung der Wertbaumanalyse, die latente Struktur von Wert- und Zielvorstellungen möglichst einstellungsgetreu und vollständig zu erfassen, kann der Befragte auch Vertraute zu Rate ziehen oder mit den Analytikern über einzelne Aspekte diskutieren. Dies setzt natürlich voraus, dass eine Wertestruktur im Hinblick auf das Entscheidungsproblem auch wirklich vorliegt und nicht erst durch die Interviewsituation erzeugt wird. Bei Repräsentanten gesellschaftlicher Gruppen, die sich öffentlich mit der Thematik der Befragung befassen, kann man jedoch von dieser Voraussetzung ausgehen. Je überlegter, ausgereifter und abgesicherter ein Befragter seinen Wertbaum erstellt, desto besser ist er für die Darstellung seiner Position zu verwerten, desto fruchtbarer ist dann auch eine Zusammenfassung zu einem umfassenden Gesamtkatalog von Kriterien.

Liegt eine erste Liste von Attributen und Kriterien vor, besteht der nächste Schritt darin, diese Eigenschaften in eine systematische Struktur einzubinden. Zu diesem Zweck sind in der Methodik der Wertbaumanalyse drei Schlüsselfragen entwickelt worden:

- Äußert der Befragte Präferenzen für verschiedene Ausprägungen eines Kriteriums?
- Können die Optionen nach Maßgabe der geäußerten Konsequenzen voneinander unterschieden werden?
- Sind die Bedeutungsinhalte der Kriterien ähnlich oder sind sie hoch korreliert?

Mit Hilfe der ersten Schlüsselfrage lässt sich entscheiden, ob ein Kriterium überhaupt auf einer Wertdimension lädt. Die zweite Schlüsselfrage bezieht sich auf die Diskriminationsfähigkeit jedes Kriteriums. Wenn alle Optionen bei einem gegebenen Kriterium gleich gut oder gleich schlecht abschneiden, dann ist dieses Kriterium irrelevant und sollte aus der Liste gestrichen werden. So mag zwar das Kriterium „Erhalt des Weltfriedens" ein wichtiges, zentrales Kriterium sein; wenn es aber um die Frage nach Auswahl einer Technologie zur Warmwasserbereitung geht (etwa solar, versus Wärmepumpe, versus Biogas), spielt dieses Kriteriums offenkundig keine Rolle. An diesem Punkt ist es auch ratsam, die Menge der Optionen noch einmal zu überdenken und eventuell neue Optionen ausfindig zu machen, die sich auf einem als wichtig angesehenen Beurteilungsmaßstab von den übrigen Optionen unterscheiden. Ansonsten könnten Kriterien ignoriert werden, die in der Tat wichtig sind. Die dritte Schlüsselfrage dient dazu, Redundanz zu vermeiden und funktionale Beziehungen zwischen den aufgelisteten Eigenschaften aufzudecken. Hierbei geht es vor allem darum, zwischen Mitteln und Zielen zu unterscheiden. Zum Beispiel kann die Besorgnis über die Anzahl der Unfälle, die beim Transport von Brennstoffen (z. B. Kohle) zu Kraftwerken auftreten, wegen der möglichen Todesfälle und Verletzungen für die

Befragten relevant sein. Wenn Todesfälle und Verletzungen aber als gesondertes Kriterium in der Liste der wertrelevanten Dimensionen enthalten sind, dann sind „Transportunfälle“ als eigenes Kriterium redundant und sollten demnach nicht gesondert erfasst werden. Soweit möglich sollten die Kriterien in einem Wertbaum eigene intrinsische Inhalte haben und nicht als Mittel für erwünschte andere Ziele anzusehen sein.

Grundsätzlich sollten die einzelnen Eintragungen in den Wertbaum positiv formuliert und wirkungsbezogen sein. In jedem Falle muss eine eindeutige Beziehung zum Grundwert (dem nächst höheren Ast des Wertbaums) ersichtlich sein. Ist eine solche Beziehung nicht erkennbar, sind die Bezeichnungen so zu ändern, dass sich eindeutige Beziehungen zum Grundwert ergeben. Auch die Richtung der Beziehung muss dem Kriterium der Eindeutigkeit genügen. Einfache Kriterien sind meist so definiert, dass entweder „mehr“ im Vergleich zu „weniger“ oder „weniger“ gegenüber „mehr“ vorzuziehen ist (Prinzip der Monotonie). Komplexere Kriterien haben häufig einen Idealpunkt im mittleren Bereich. Derartige nicht-monotone Präferenzen können in einem Wertbaum zur Verwirrung führen und lassen sich dann nicht mehr durch ein einfaches additives Modell der Nutzenaggregation wertgetreu abbilden. Nicht monotone Beziehungen können aber dadurch berücksichtigt werden, dass man die Ziele oder Kriterien so umformuliert, dass eine strukturgetreue Transformation in eine monotone Funktion erfolgt. Betrachtet man zum Beispiel das Kriterium „Entfernung zwischen Verbrauchern und Heizkraftwerk“, so kann als optimale Lösung eine mittlere Entfernung angesehen werden, bei der die den Heizkraftwerken benachbarten Gebiete nicht allzu sehr durch Emissionen belastet werden, gleichzeitig aber die Entfernung gering genug ist, um die Kosten für die Übertragung der Fernwärme auf ein vertretbares Niveau zu halten. Dieser Tatbestand lässt sich durch zwei neue Merkmale im Wertbaum monotonisieren, und zwar durch „Übertragungskosten“ und „Umweltqualität in Standortnähe“.

Nachdem der Wertbaum für eine Gruppe aufgestellt, in eine hierarchische Struktur überführt und in mehreren Sitzungen sukzessiv verbessert worden ist, muss er den anderen Mitgliedern der jeweiligen Gruppe vorgestellt und anschließend als für die Gruppe verbindlich erklärt werden. Gerade bei der Verabschiedung des Baumes spielen strategische Überlegungen oft eine wichtige Rolle. Die Rolle der Analytiker in diesem Prozess besteht darin, bei den Beratungen mit den Gruppenmitgliedern auf innere Konsistenz und optimale Überzeugungskraft des jeweiligen Wertbaums hin zu arbeiten, damit die Gruppenmitglieder mit Zuversicht in den Diskurs mit anderen Gruppen eintreten können. Gleichzeitig sollten die Analytiker aber darauf einzuwirken, dass die Gruppenmitglieder auf strategische Spiele (etwa im Sinne von offensichtlichen Auslassungen von wichtigen Kriterien) verzichten. Wichtiges Argument ist dabei, dass die Gruppensprecher ihren Wertbaum vor allen anderen begründen müssen und dies umso weniger überzeugend gelingt, je mehr strategische Überlegungen in die Auswahl der Werte und ihre Strukturierung eingeflossen sind.

Sind die einzelnen Wertbäume von den Gruppenmitgliedern als verbindlich anerkannt worden, erfolgt der diskursive Prozess der Erstellung eines gemeinsamen Wertbaumes. In diesem Schritt geht es zunächst um die semantische Klärung der Begriffe, dann um die Diskussion der normativen Berechtigung einzelner Kriterien im Rahmen des Problemfeldes, die Festlegung von Minimalzielen oder Ausschlusskriterien und die Erstellung einer gemeinsamen logischen Struktur in Ober- und Unterwerte. Diese Struktur ist keinesfalls ein Abbild der Wichtigkeit der einzelnen Kriterien (die wird erst durch die Gewichtung festgelegt), sondern in diesem Schritt steht allein die logische Inklusion von Teilmengen zu Obermengen an. Beispielsweise können unter dem Oberbegriff „Umweltqualität" die Auswirkungen auf Luft, Wasser, Boden, Klima und Landschaft zusammengefasst werden. Unter dem Oberbegriff Luftqualität können dann wiederum Schadstoffemissionen, Strahlung und Lärm differenziert werden. Bei den Schadstoffemissionen können schließlich Schwermetalle und organische Schadstoffe voneinander getrennt werden. Auf diese Weise erhält man eine vollständige Liste aller Attribute in einen logisch kohärenten Ordnungsrahmen, mit dessen Hilfe man die einzelnen Optionen beurteilen kann.

Nach der Erstellung eines zusammengefassten Wertbaums ist es sinnvoll, Struktur und Aufbau noch einmal unter formalen Gesichtspunkten zu überprüfen, Schwachpunkte zu identifizieren und Modifikationen vorzunehmen. Für diesen Zweck schlagen Keeney und Raiffa (1976) die folgenden Prüfkriterien vor:

- Vollständigkeit
- Operationalisierbarkeit
- Unabhängigkeit
- Redundanzfreiheit
- Kompaktheit.

Das Kriterium der Vollständigkeit erfordert, dass alle relevanten Werte in der Gesamtstruktur des Baums eingeschlossen sind und die Unterstrukturen die Zielsetzungen der höheren Ebene vollständig umfassen. Das Kriterium der Operationalisierbarkeit schließt ein, dass die Werte oder die Kriterien der niedrigsten Ebene aussagefähig und messbar sind, so dass die Entscheidungsperson eine vernünftige Beurteilung von Optionen auf jedem Kriterium abgeben kann. Das Kriterium der Unabhängigkeit besagt, dass die Kriterien jeweils einzeln analysiert werden können, d. h. dass sie unabhängig voneinander wirken. Das Kriterium der Redundanzfreiheit ist dann erfüllt, wenn keine zwei Kriterien oder

Werte den gleichen Bedeutungsinhalt haben. Das Kriterium der Kompaktheit bezieht sich auf die Notwendigkeit, die Anzahl der enthaltenen Kriterien überschaubar zu halten. Diese Erfordernisse widersprechen sich zum Teil. Das Kriterium der Operationalisierbarkeit bedingt häufig einen Grad der begrifflichen Auffächerung, der den Umfang der Kriterienliste zwangsläufig vergrößert. Die Vollständigkeit kann mit dem Erfordernis der Redundanzfreiheit in Konflikt kommen.

In einem letzten Schritt muss der gemeinsame Wertbaum von allen Gruppen bestätigt und als Ausgangspunkt für die weitere Überprüfung von Optionen anerkannt werden. Mit diesem rekursiven Instrument der Validierung ist sichergestellt, dass sich die Vertreter der einzelnen Gruppen nicht als Objekte einer sozialwissenschaftlichen Methode fühlen, sondern als handelnde Subjekte in einem Bewertungsverfahren, das ihnen eine faire und systematische Berücksichtigung ihrer Anliegen ermöglicht.

9.5 Einsatzmöglichkeiten eines zusammengefassten Wertbaumes

Es gibt zahlreiche Anwendungen für die Wertbaumanalyse, vor allem dann, wenn der gemeinsam erstellte Wertbaum in einem diskursiven Verfahren konstruiert und verabschiedet worden ist. Einige Anwendungen sind ihrer Natur nach rein qualitativ, der Wertbaum ist dann ein eigenständiges Produkt eines formalisierten Denkprozesses. Andere Anwendungen sind quantitativer Art und verwenden den Wertbaum als eine Basis für weitere formale Analysen. Der Zweck dieses Abschnittes ist es, einige grundlegende Anwendungen des zusammengefassten Wertbaums zu erläutern.

Zunächst liefert der zusammengefasste Wertbaum eine Basis zur Verfeinerung von Beurteilungskriterien. Diese Verfeinerung kann in einer von drei verschiedenen Arten geschehen. Erstens können zusätzliche Gruppen und Individuen befragt werden, um ihre eigenen Wertbäume einzubringen oder um den zusammengefassten Wertbaum zu revidieren und Vorschläge für Verbesserungen zu machen. Die zweite Möglichkeit, den Wertbaum zu verfeinern, besteht in einer logischen Beurteilung der existierenden Struktur durch externe Gutachter. Eine derartige Beurteilung sollte am besten von Personen durchgeführt werden, die entweder über Kenntnisse hinsichtlich der Gliederung von Kriterien und Werten oder hinsichtlich des Entscheidungsgegenstandes verfügen. Eine dritte Möglichkeit zur Verfeinerung besteht in einer sorgfältigen Definition jedes Kriteriums vor allem auf den unteren Ebenen. Auf diese Weise lassen sich Scheingefechte um den semantischen Gehalt von Begriffe vermeiden, die in öffentlichen Diskussionen oft zu wenig befriedigenden Ergebnissen führen.

Zum zweiten kann der Wertbaum als Orientierungshilfe zur Strukturierung von Debatten dienen. Durch die Einigung auf eine gemeinsame Struktur von Begriffen und Definitionen bietet der zusammengefasste Wertbaum ein gemeinsames Gerüst an Referenzgrößen, die nacheinander abgearbeitet oder schwerpunktmäßig aufgegriffen werden können. Wenn die Teilnehmer explizit der Logik und Vollständigkeit des zusammengefassten Wertbaums zugestimmt haben, dann sollte und kann jedes Argument für oder gegen bestimmte Optionen direkten Bezug auf eines oder mehrere Kriterien des Baums nehmen. Das bedeutet, dass der Wertbaum einen Rahmen vorgibt, in dem jeder Aspekt des behandelten Problems im Prinzip einzuordnen ist. Kontroverse Standpunkte können lokalisiert werden, und Probleme lassen sich so weit auffächern, dass sie diskursiv abgearbeitet werden können. Wenn auch mit dem Konsens über Beurteilungskriterien Konflikte nicht entschieden werden (und auch nicht sollen), so ist doch damit ein wichtiger Schritt getan, um sie überhaupt einer diskursiven Lösung zugänglich zu machen.

Der zusammengefasste Wertbaum stellt drittens ein analytisches Instrument dar, um die verschiedenen Handlungsoptionen vergleichend zu beurteilen. Eine Bewertung der Optionen mit Hilfe der Kriterien kann grundsätzlich auf zwei verschiedene Arten durchgeführt werden (Keeney 1980). Im ersten Fall wird für jedem Kriterium eine numerische Skala zugeordnet oder eine solche neu konstruiert, die es erlaubt, die mögliche Auswirkungen jeder Option auf den einzelnen Skalen abzuschätzen. Die Abschätzungen können deterministisch oder probabilistisch sein. Sie können aufgrund technisch-wissenschaftlicher Modelle, aufgrund physischer Messungen oder aufgrund von Erfahrungswerten von professionellen Eliten zustande kommen. Im zweiten Fall werden Optionen lediglich in eine Rangordnung gebracht, und zwar auf der Basis einer Abschätzung, wie stark jedes Kriterium bei jeder Option erfüllt ist. Diese Aufgabe beruht stets auf subjektiven Schätzwerten, die aber mit Hilfe wissenschaftlich verfügbarer Modelle, Datenerhebungen oder Experten-Meinungen begründet werden können. Diese Methode erfordert keine explizite Messskala und damit keine Quantifizierung jedes Indikators.

Als viertes kann der Wertbaum als Element einer formalen Entscheidungsanalyse dienen. Sind die Dimensionen der Bewertung einmal bestimmt, dann kann man die Gewichtung der Kriterien nach dem Grad ihrer Relevanz vornehmen. Grundsätzlich geht es darum, wie viel jemand bereit ist, bei einem Kriterium aufzugeben, um im Austausch dafür ein „mehr" bei einem anderen Kriterium zu erreichen (Trade-Offs). Vereinfacht stellt sich die Frage, welche Kriterien wichtiger sind als andere und um wie viel. Es gibt logische Prozeduren, um die notwendigen Wertabwägungen für derartige Probleme zu spezifizieren (Keeney und Raiffa 1976; Akademie der Wissenschaften zu Berlin 1992, S. 387ff.). Diese

Prozeduren haben sich für viele Probleme im Zusammenhang mit umweltpolitischen Entscheidungen als sinnvoll erwiesen. Sie stellen sicherlich kein Allheilmittel für das Problem der Wertabwägung zur Verfügung, bieten aber die beste Gewähr dafür, dass unter der Annahme einer monotonen Wertestruktur die insgesamt „wertverträglichste" Option herausgefiltert wird. Hat man die Gewichtungen vorliegen, dann müssen die Optionen auf jedem Kriterium relativ zueinander beurteilt werden. Es geht also um die Frage, ob die Option a beim Kriterium n besser abschneidet als etwa die Option b. Auch hier gibt es wieder eine Reihe unterschiedlicher Verfahren, wie solche Vergleiche auf jedem Kriterium möglichst einstellungsgetreu durchzuführen sind (Keeney und Raiffa 1976; von Winterfeldt und Edwards 1986). Einige dieser Verfahren erfordern lediglich komparatives Messniveau (a größer b), andere dagegen auch eine Abschätzung der Abstände zwischen den Optionen (kardinales Messniveau). Auf der Basis der drei Informationen (Kriterien, Gewichtungen und Beurteilung der Optionen auf jedem Kriterium) ergibt sich eine Rangfolge der Optionen.

Der zusammengefasste Wertbaum lässt sich fünftes als ein wichtiges Element der Konfliktlösung ansehen. Mit Hilfe der Wertbaumanalyse lassen sich Konflikte zwischen verschiedenen Gruppen zunächst einmal diagnostizieren. Der zusammengefasste Wertbaum stellt dabei eine wesentliche Komponente zur Identifikation von konfliktgeladenen Themen (aber auch von z. T. überraschenden Übereinkünften) dar. Konflikte können zum Beispiel auftreten, weil bestimmte Kriterien fehlen. Diese Konflikte lassen sich lösen, indem man die ausgelassenen Kriterien hinzufügt oder aber indem man Ziel-Mittel-Beziehungen weiter spezifiziert, um die mit den ausgelassenen Kriterien verbundenen Anliegen aufzuzeigen und ihre Berücksichtigung im Wertbaum sicherzustellen. Sofern jede Gruppe die Gewichtungen hinzugefügt hat, zeigt der Wertbaum systematisch auf, bei welcher Wertdimension geringe und bei welcher starke Differenzen zwischen den beteiligten Gruppen bestehen. Auf diese Weise kann man sich auf die Themen konzentrieren, bei denen ein besonders hohes Konfliktpotential vorliegt, ohne sich in die zeitraubende Behandlung von kleineren und meist unerheblichen Differenzen zu verlieren.

Darüber hinaus kann der Wertbaum auch eine katalytische Funktion bei der Lösung von Konflikten und bei der Bewertung von kollektiv verbindlichen Optionen ausüben. In Diskursen über die Wahl von Handlungsoptionen schafft der Wertbaum die Möglichkeit, Konflikte nach ihrem Charakter in Sach- oder Wertaussagen zu unterscheiden. Während es bei Auseinandersetzungen über Sachaussagen prinzipiell durch Rekurs auf Regeln der „Wahrheitsfindung" möglich sein sollte, Verfahren der Konfliktschlichtung zu initiieren, müssen bei Wertkonflikten normative und evaluative Begründungsdiskurse geführt werden. Wie diese im Einzelnen zu führen sind, soll hier nicht weiter thematisiert werden

(Renn und Webler 1998; Webler 1995). Die Wertbaumanalyse kann dabei eine Hilfestellung sein, um die Art von Konflikten zu spezifizieren und Instrumente der Konfliktlösung zu identifizieren, die der jeweiligen Form und Qualität des Konflikts angemessen sind.

9.6 Ein Beispiel: Bewertung von Energieszenarien

Im Rahmen eines Arbeitskreises „Energie und Ethik", der von der damaligen Akademie für Technikfolgenabschätzung, dem VDE/VDI Arbeitskreis Gesellschaft und Technik und der Katholischen Akademie Hohenheim gemeinsam organisiert und betreut wurde, wurden in insgesamt acht Sitzungen Bewertungsgrundlagen für Energiesysteme erarbeitet und dann auf vier vorgegebene Szenarien angewandt (Renn 2003, S. 1248f.). In dem Arbeitskreis waren die Gruppen Industrie, Gewerkschaft, Versorgungsunternehmen, Kleinkraftwerksbetreiber, Kirchen, Wissenschaft (Ethiker) und Umweltschützer repräsentiert.

In dreijähriger Arbeit wurde mit Vertretern dieser Gruppen ein zusammengefasster Wertbaum zur Beurteilung von Energiesystemen und Energieszenarien erstellt (Renn 2003). Als Grundlage für die Bewertung dienten die von der Akademie im Rahmen des Projektes *Klimaverträgliche Energieversorgung in Baden-Württemberg* entwickelten Energieszenarien, da diese bewusst verschiedene gesellschaftliche Leitbilder reflektierten und gleichzeitig in unterschiedlichem Ausmaß fossile, nukleare und regenerative Energieträger umfassten (Schade und Weimer-Jehle 1998). In den ersten vier Sitzungen wurden zunächst Einzelinterviews mit den Vertretern der im Arbeitskreis versammelten Gruppen durchgeführt mit dem Ziel, die Beurteilungskriterien der jeweiligen Gruppe zu eruieren und zu ordnen. In mehreren Einzelsitzungen wurde dann der Wertbaum für jede einzelne Gruppe gemeinsam aufgestellt und durch die Gruppenmitglieder validiert. Die jeweiligen Einzelwertbäume wurden dann in den Plenarsitzungen vorgestellt und diskutiert. In mehreren Arbeitssitzungen wurden die verschiedenen Einzelwertbäume zu einem Gesamtwertbaum integriert. Dabei galt die Regel, dass alle Gruppen dem neuen zusammengefassten Wertbaum zustimmen mussten. In oft mühseligen Diskussionen wurde stets ein konsensuales Ergebnis erzielt. In den darauffolgenden vier Sitzungen wurden dann die Szenarien nach dem Verfahren der „Multi-Attribute-Utility Analysis" numerisch gewichtet (Edwards 1980; Akademie der Wissenschaften zu Berlin 1992, S. 376ff.; Renn und Webler 1998). Dieser zweite Schritt soll aber hier nicht weiter verfolgt werden.

Wirtschaftliche Aspekte
• Bedarfsgerechte Bereitstellung von Energie
• Technische Effizienz
• Versorgungssicherheit
• Sicherstellung der Funktion
• Rentabilität
• Volkswirtschaftliche Auswirkungen
Schutz von Umwelt und Gesundheit
• Nutzung der Umwelt als Senke für Emissionen und Abfall
• Nutzung der Umwelt als Reservoir für Ressourcen
• Erhalt von Natur und Ökosystemen
• Flächenverbrauch und Landschaftsschutz
• Gesundheitsrisiken
Soziale und politische Aspekte
• Erhalt von Menschenwürde und Rechten
• Kompetenzerhalt und -gewinn in der eigenen Lebenswelt
• Politische Stabilität und Legitimität
• Vermeidung von Verwundbarkeit (Resilienz)
• Ausstrahlungseffekte auf andere Bereiche der Gesellschaft
• Soziale Gerechtigkeit (im eigenen Land)
• Internationale Verteilungsgerechtigkeit

Tabelle 9.2: Die ersten beiden Ebenen des zusammengefassten Wertbaums zur Beurteilung von Energieoptionen

Der gemeinsame Wertbaum aller an der Wertbaumanalyse beteiligter Gruppen umfasste drei Oberkriterien, 18 Kriterien der ersten Ebene, 74 der zweiten, 188 der dritten und 367 der vierten Ebene. In diesem Wertbaum sind alle in den Einzelbäumen vorkommenden Werte und Kriterien integriert worden. Dadurch ist der Wertbaum sehr umfangreich geworden. Tabelle 9.2 vermittelt einen Überblick über die Oberkriterien und die erste Stufe der Differenzierung des Wertbaumes. Der detaillierte Wertbaum wurde dann nur noch bei der Behandlung von Einzelfragen selektiv genutzt, weil er für jede Fragestellung ein angepasstes und differenziertes Set an Bewertungskriterien bereitstellte. Für die weitere Verwendung des Wertbaums als Instrument zur Generierung und Bewertung von Energieszenarien wurden die Werte auf der zweiten Hierarchieebene eingesetzt (74). Bei Nachfragen über die Bedeutung einzelner Werte konnte aber immer auf der dritten oder vierten Ebene geprüft werden, was der jeweilige Wert bedeutete und was nicht mehr darin enthalten war. Auf diese Weise ließen sich Auslegungskonflikte (was ist mit diesem Kriterium gemeint?) weitgehend ausschließen. Für die weitere Bewertung der Szenarien spielte der gemeinsame

Wertbaum eine entscheidende Rolle. Unterschiede zwischen den Gruppen ließen sich deutlich entweder als Konflikt um relative Gewichtungen (wie viel Wirtschaftlichkeit ist mir wie viel Umweltbelastung wert?) oder als Wissenskonflikte (Schneidet Szenario A auf Kriterium Alpha besser ab als Szenario B und um wie viel?) identifizieren.

9.7 Schlussbewertung

In einer pluralistischen und weitgehend säkularisierten Gesellschaft ist es zunehmend schwierig geworden, Legitimation für kollektiv verbindliche Regeln und Planungen zu erhalten. Zu jeder Entscheidungsfrage stehen verschiedene Optionen offen, bei denen Dissens über die zu erwartenden Folgen und erst recht Uneinigkeit über deren Wünschbarkeit besteht. Dennoch führt kein Weg daran vorbei, dass in arbeitsteiligen sozialen Systemen kollektiv verbindliche Handlungsanweisungen notwendig sind. Teilweise lassen sich diese Normierungen durch individuelle Belohnungssysteme (etwa dem Markt) oder durch Internalisierung von Normen (Sozialisation) erzielen, es besteht aber kein Zweifel daran, dass jedes Sozialsystem darüber hinaus auf explizite Verfahren kollektiver Beschlussfassung angewiesen ist, die auch für diejenigen verbindlich sein müssen, die selbst an der Beschlussfassung nicht haben teilnehmen können (Nullmeier und Dietz 2011, S. 307ff.). In der Einleitung wurden drei Möglichkeiten der Legitimierung solcher Beschlüsse erörtert: Legitimation durch Verfahren, Muddling Through und expliziter Diskurs. Alle drei Verfahren haben ihre Vor- und Nachteile, scheinen aber für sich allein genommen den Bedarf an Legitimation nicht ausfüllen zu können. Kombinationen dieser drei Modelle sind daher notwendig, um eine ausreichende Legitimationsbasis zumindest bei den in der Gesellschaft hoch umstrittenen Themen erzielen zu können. Solche Kombinationen müssen bestimmten Anforderungen genügen. Sie sollten weitgehend durch einen Grundkonsens in der Bevölkerung getragen sein (etwa demokratische Abstimmungen) und sie müssen für Außenstehende transparent und nachvollziehbar sein. Die Ergebnisse des Entscheidungsprozesses müssen in ihrem normativen wie kognitiven Gehalt nachvollziehbar und intersubjektiv begründbar sein und sollten die pluralen Wertvorstellungen der betroffenen Bürger im Sinne eines fairen und kompetenten Konsenses oder Kompromisses widerspiegeln.

Die Wertbaumanalyse lässt sich als eine wichtige Komponente im Rahmen eines solchen Kombinationsverfahrens einsetzen. Ihre wichtigste Funktion besteht darin, die Beurteilungskriterien für Handlungsoptionen systematisch zu erfassen und im Zusammenspiel pluraler Werte und Interessen einvernehmlich festzulegen. Auf diese Weise können plurale Experteneinschätzungen und plurale Werte und Kriterien von Interessengruppen (Stakeholder) identifiziert, dokumentiert und je nach Situation auch zusammengefügt werden. Mit der Einigung über eine Liste gemeinsamer Kriterien bleibt natürlich die Entscheidung weiterhin unbestimmt, und Konflikte sind damit nicht abgehandelt, geschweige denn gelöst. Aber dieser Schritt stellt eine sinnvolle und produktive Vorbedingung dar, um gemeinsam Sach- und Wertkonflikte zu diagnostizieren und angemessene diskursive Formen der Konfliktbearbeitung einzuleiten.

Versucht man eine Gesamtbilanz zu ziehen, dann ist die Wertbaumanalyse kein Patentrezept zur Legitimation kollektiv bindender Entscheidungen. Sie kann bestenfalls ein Baustein eines Gesamtprozesses zur fairen, kompetenten und legitimationsfähigen Entscheidungsfindung sein.

9.8 Literatur

Akademie der Wissenschaften zu Berlin (1992). *Umweltstandards.* Berlin: De Gruyter.

Beck, U. (1986). *Die Risikogesellschaft. Auf dem Weg in eine andere Moderne.* Frankfurt a.M.: Suhrkamp.

Chambers, S. (1992). Zur Politik des Diskurses: Riskieren wir unsere Rechte? In K.-O. Apel, & M. Kettner (Hrsg.), *Zur Anwendung der Diskursethik in Politik, Recht und Wissenschaft* (S. 168-186). Frankfurt a.M.: Suhrkamp.

Deutsche Akademie der Technikwissenschaften (Acatech) (2011). *Akzeptanz von Technik und Infrastrukturen. Anmerkungen zu einem aktuellen Problem. Acatech bezieht Position, Bd. 9.* Heidelberg: Springer.

Edwards, W. (1980). Reflections on and Criticism of a Highly Political Multiattribute Utility Analysis. In L. Cobb, & R.M. Thrall (Hrsg.), *Mathematical Frontiers of Behavioural Policy Systems* (S. 157-186). Boulder: Westview.

Frankena, W.K. (1963). *Ethics.* Englewood Cliffs: Prentice Hall.

Fuchs, D. (2002). Politikverdrossenheit. In M. Greiffenhagen, & S. Greiffenhagen (Hrsg.), *Handwörterbuch der politischen Kultur der Bundesrepublik Deutschland. 2. Auflage* (S. 338-343). Wiesbaden: Westdeutscher Verlag.

Gethmann, C.F. (2001). Participatory Technology Assessment. Some Critical Questions. In M. Decker (Hrsg.), *Interdisciplinarity in Technology Assessment. Implementation and its Chances and Limits* (S. 3-14). Heidelberg und Berlin: Springer.

Habermas, J. (1971). Vorbereitende Bemerkungen zu einer Theorie der kommunikativen Kompetenz. In J. Habermas, & N. Luhmann (Hrsg.), *Theorie der Gesellschaft oder Sozialtechnologie – Was leistet die Systemforschung?* (S. 101-141). Frankfurt a.M.: Suhrkamp.

Habermas, J. (1981). *Theorie des kommunikativen Handelns. Bd. 2. Erste Auflage.* Frankfurt a.M.: Suhrkamp.

Habermas, J. (1987). *Theorie des kommunikativen Handelns. Band 1. Handlungsrationalität und gesellschaftliche Rationalisierung. 4. Auflage.* Frankfurt a.M.: Suhrkamp.

Hansen, U. (1995). Marketing und soziale Verantwortung. In U. Hansen (Hrsg.), *Verbraucher- und Umweltorientiertes Marketing. Spurensuche einer dialogischen Marketingethik* (S. 29-45). Stuttgart: Schäffer und Poeschel.

Hüller, T. (2005). *Deliberative Demokratie. Normen, Probleme und Institutionalisierungsformen.* Münster: LiT Verlag.

Huth, I. (2004). *Politische Verdrossenheit: Erscheinungsformen und Ursachen als Herausforderungen für das politische System und die Kultur der Bundesrepublik Deutschland.* Münster: LiT Verlag: Münster.

Imbusch, P., & Heitmeyer, W. (2012). Dynamiken gesellschaftlicher Integration und Desintegration. In W. Heitmeyer, & P. Imbusch (Hrsg.), *Desintegrationsdynamiken. Integrationsmechanismen auf dem Prüfstand* (S. 9-25). Wiesbaden: Springer VS.

Keeney, R. L. (1980). *Siting Energy Facilities.* New York: Academic Press.

Keeney, R. L., & Raiffa, H. (1976). *Decisions with Multiple Objectives.* New York: John Wiley and Sons.

Keeney, R. L., Renn, O., von Winterfeldt, D., & Kotte, U. (1984). *Die Wertbaumanalyse.* München: HTV Edition „Technik und Sozialer Wandel".

Keeney, R. L., Renn, O., & von Winterfeldt, D. (1987). Structuring West Germany's Energy Objectives. *Energy Policy 15*, 352-362.

Kluckhohn, C. (1962). Values and Value-Orientation in the Theory of Action. An Exploration in Definition and Classification. In T. Parsons, & E.A. Shils (Hrsg.), *Towards a General Theory of Action.* Cambridge, MA: Harvard University Press.

Lindbloom, C. (1959). The Science of Muddling Through. *Public Administration Review 19*, 79-99.

Lindbloom, C. (1965). *The Intelligence of Democracy. Decision Making Through Mutual Adjustment.* New York: Free Press.

Luhmann, N. (1983). *Legitimation durch Verfahren.* Frankfurt a.M.: Suhrkamp.

Nullmeier, F., & Dietz, M. (2011). Gesellschaftsberatung und deliberative Verfahren. *Zeitschrift für Politikberatung 3 (3-4)*, 307-329.

Renn, O. (1997). Die Wertbaumanalyse. Ein diskursives Verfahren zur Bildung und Begründung kollektiv verbindlicher Bewertungskriterien. In A. Holderegger (Hrsg.), *Ökologische Ethik als Orientierungswissenschaft* (S. 34-67). Freiburg, Schweiz: Universitätsverlag Freiburg.

Renn, O. (1999). Die Wertbaumanalyse: Ein diskursives Verfahren zur Bildung und Begründung von Kriterien zur Bewertung von Technikfolgen. In S. Bröchler, G. Simonis, & K. Sundermann (Hrsg.), *Handbuch Technikfolgenabschätzung, Band 2* (S. 617-624). Berlin: Sigma.

Renn, O. (2003). Social Assessment of Waste Energy Utilization Scenarios. *Energy Nr. 28*, 1345-1367.

Renn, O. (2008). *Risk Governance: Coping with Uncertainty in a Complex World.* London: Earthscan.

Renn, O., & Webler, Th. (1998). Der kooperative Diskurs – Theoretische Grundlagen, Anforderungen, Möglichkeiten. In O. Renn, H. Kastenholz, P. Schild, & U. Wilhelm (Hrsg.): *Abfallpolitik im kooperativen Diskurs. Bürgerbeteiligung bei der Standortsuche für eine Deponie im Kanton Aargau* (S. 3-103). Zürich: Hochschulverlag AG an der ETH Zürich.

Renn, O., Schrimpf, M., Büttner, Th., Carius, R., Köberle, S., Oppermann, B., Schneider, E., & Zöller, K. (1999). *Abfallwirtschaft 2005. Bürger planen ein regionales Abfallkonzept.* Baden-Baden: Nomos.

Renn, O., Schweizer, P.-J., Dreyer, M., & Klinke, A. (2007). Risikopartizipation. In dieselben (Hrsg.), *Risiko. Über den gesellschaftlichen Umgang mit Unsicherheit.* München: Oekom.

Schade, D., & Weimer-Jehle, W. (1998). Klimaverträgliche Energieversorgung und Nachhaltigkeit. In A. Knaus, & O. Renn (Hrsg.), *Den Gipfel vor Augen. Unterwegs in eine nachhaltige Zukunft* (S. 293-307). Marburg: Metropolis.

Schaal, G.S., & Heidenreich, F. (2006). *Einführung in die politischen Theorien der Moderne.* Opladen: Barbara Budrich, UTB.

Schulze, G. (2000). *Die Erlebnisgesellschaft: Kultursoziologie der Gegenwart. 8. Auflage.* Frankfurt a.M.: Campus.

Schweizer, P.-J. (2008). *Diskursive Risikoregulierung. Diskurstheorien im Vergleich.* Baden-Baden: Nomos.

Stegmüller, W. (1978). *Hauptströmungen der Gegenwartsphilosophie. Bd. 1.* Stuttgart: Enke.

Vollmer, H. (1996). Akzeptanzbeschaffung: Verfahren und Verhandlungen. *Zeitschrift für Soziologie 25 (2),* 147-164.

von Winterfeldt, D., & Edwards, W. (1986). *Decision Analysis and Behavioral Research.* Cambridge, MA: Cambridge University Press.

Walter, F. (2013). Bürgerlichkeit und Protest in der Misstrauensgesellschaft. In S. Marg, L. Geiges, F. Butzlaff, & F. Walter (Hrsg.), *Die neue Macht der Bürger. Was motiviert die Protestbewegungen?* (S. 301-343). Reinbek bei Hamburg: Rowohlt.

WBGU, Wissenschaftlicher Beirat der Bundesregierung Globale Umweltveränderungen (1999). *Welt im Wandel. Umwelt und Ethik.* Sondergutachten 1999. Metropolis: Marburg.

Webler, T. (1995). ‚Right' Discourse in Citizen Participation. An Evaluative Yardstick. In O. Renn, T. Webler, & P. Wiedemann (Hrsg.), *Fairness and Competence in Citizen Participation. Evaluating New Models for Environmental Discourse* (S. 35-86). Dordecht/Boston: Kluwer.

Werbik, H., & Zitterbarth, W. (1991). Technikbewertung als Problem der Konsensbildung. In W. Bungard, & H. Lenk (Hrsg.), *Technikbewertung. Philosophische und psychologische Perspektiven* (S. 222-233). Frankfurt a.M.: Suhrkamp.

Zilleßen, H. (1993). Die Modernisierung der Demokratie im Zeichen der Umweltproblematik. In H. Zilleßen, P. C. Dienel, & W. Strubelt (Hrsg.), *Die Modernisierung der Demokratie* (S. 17-39). Opladen: Westdeutscher Verlag.

10 Die SWOT-Analyse: Herausforderungen der Nutzung in den Sozialwissenschaften

Volrad Wollny, Herbert Paul

Zusammenfassung

Die SWOT-Analyse wurde in der Betriebswirtschaftslehre für das strategische Management von Unternehmen entwickelt. Aus der Gegenüberstellung der internen Faktoren (Stärken und Schwächen) und der externen Faktoren (Chancen und Bedrohungen) wird schnell und einfach ein ganzheitliches Bild der Unternehmenssituation gewonnen. Die Methode wird auch in vielen anderen sozialwissenschaftlichen Disziplinen eingesetzt. Der Beitrag zeigt und vergleicht den Einsatz dort und in der Betriebswirtschaft anhand von Beispielen. Aus Sicht der Autoren wird das Potenzial der SWOT-Analyse in den Sozialwissenschaften bisher nur teilweise ausgeschöpft, was sowohl an der Methodik als auch an dem Verzicht auf die Ableitung von Handlungsoptionen liegt. Ein Vorteil der SWOT-Analyse liegt in der Möglichkeit, sie nur von Experten und/oder in einer partizipativen Form mit unterschiedlichen Interessengruppen durchzuführen. Auf diese Weise lässt sie sich an unterschiedliche Situationen und Zielsetzungen anpassen. Für den Einsatz der SWOT-Analyse und ihre Durchführung werden Empfehlungen gegeben.

10.1 SWOT in den Sozialwissenschaften – Beispiele und Beobachtungen

Die SWOT-Analyse (**S**trengths, **W**eaknesses, **O**pportunities, **T**hreats) ist ein einfaches Instrument, um wichtige Trends und Faktoren für die Erreichung von Zielen mit den Kategorien interne Stärken und Schwächen sowie externe Chancen und Bedrohungen systematisch zu erfassen. Sie hat ihren Ursprung in der Betriebswirtschaftslehre (BWL) und wird sehr häufig im strategischen Management angewendet. Ihre Entwicklung wird je nach Autor entweder dem Stanford Research Institute (Humphrey 2005) oder der Harvard Business School (Panagiotou 2003) zugeschrieben. Die BWL wird in diesem Artikel als ein Teil der Sozialwissenschaften betrachtet, der im Hinblick auf seine ausgeprägte Anwendungs- und Optimierungsfunktion (Gewinn) Besonderheiten im Vergleich zu anderen Sozialwissenschaften aufweist.

Andere sozialwissenschaftliche Felder machen ebenfalls Gebrauch von der SWOT-Analyse. Die folgende Darstellung greift einige Anwendungsbeispiele heraus, ohne eine systematische Übersicht zur Anwendung der SWOT-Analyse außerhalb der BWL geben zu wollen. Die Raum-, Stadt- und Umweltplanung nutzt die SWOT-Analyse, um systematische Grundlagen für planerische/politische Entscheidungen zu schaffen (BTU Cottbus 2011 oder Diller 2010). In der Bildungspolitik nutzt man sie zur Bestimmung von strategischen Grundsätzen in Schulen (Dubs 2005), zur Implementierung von Lifelong-Learning-Strukturen in Hochschulen (Hanft 2012) oder zur Analyse des Einsatzes von sozialen Medien in Bibliotheken (Fernandez 2009). Beispiele aus der Politik beziehen sich auf die Ermittlung von öffentlichen Förderaktivitäten und Subventionen (Seyfried 2009) oder die Beurteilung des Machtkampfs zwischen den USA und China in Asien (Australia Defense & Security Report 2012). Anwendungen finden sich ferner im Gesundheitswesen, so z. B. zur Untersuchung von Rehabilitationsprogrammen für Kinder (Camden et al. 2009) oder zur Analyse der Organisation und Finanzierung des Gesundheitssektors in Dänemark (Christiansen 2002). In der Arbeitsmarktpolitik wird sie bspw. zur Entwicklung lokaler Beschäftigungsstrategien (Puxi 2008) oder zur Erstellung einer Landkarte für die betriebliche Gesundheitsförderung in Deutschland verwendet (Bindzius und Wanek 2011).

Die SWOT-Analyse gehört zu den verbal-argumentativen Methoden. Diese bewerten ausschließlich durch Argumentation, nicht durch arithmetische oder logische Aggregation. Daher ist kein ausformuliertes Zielsystem notwendig (Fürst und Scholles 2008). Solche Methoden erlauben eine einfache, schnelle und allgemein verständliche Erfassung spezifischer Faktoren und sind damit zeit- und kostengünstig in der Durchführung. Ihre Schwäche liegt in der fehlenden oder geringen Formalisierung. So besteht die Gefahr einer willkürlichen und/oder unvollständigen Festlegung von Bewertungskriterien. Dies kann einen negativen Einfluss auf die Relevanz und Akzeptanz der Ergebnisse ausüben (Diller et al. o.J.). Weiterhin können Wissenslücken und Interpretationsschwierigkeiten mangels Formalisierung verdeckt werden; die Ergebnisse sind mehr oder weniger verfälscht (Weiland 1994). Die SWOT-Analyse ist im Kern ein Instrument, das in hohem Maße mit subjektiven Einschätzungen arbeitet; diverse Bewertungen können zwar skaliert werden, die Bewertungen basieren aber wieder auf subjektiven Einschätzungen.

Die Anwendung der SWOT-Analyse erfordert ein umfangreiches und detailliertes Wissen über den jeweiligen Gegenstand, um Daten und Fakten zu sammeln, sinnvoll zu aggregieren und Prioritäten zu setzen. Deshalb wird eine SWOT-Analyse üblicherweise von Experten durchgeführt. Die Zahl der beteiligten Experten hängt von der Komplexität des Gegenstandes ab, für eine arbeitsfähige Gruppe sind drei bis fünf Experten sinnvoll. Weitere Informationsquellen für die SWOT-Analyse sind z. B. Interviews und Befragungen, die Auswertung von Statistiken oder das Benchmarking (UNIDO 2005). Dabei bietet sich eine Kombination mit der Delphi-Methode an (UNIDO 2005; FhG-ISI o.J.), bei der die befragten externen Experten in einer zweiten Fragerunde mit den Einschätzungen der anderen Experten bezüglich der SWOT-Faktoren konfrontiert werden. Die so gewonnenen Informationen müssen von den Experten, die die SWOT-Analyse durchführen, als interne Faktoren (Stärken/Schwächen) oder externe Faktoren (Chancen/Risiken) identifiziert und bewertet werden.

Die Erfassung und Gegenüberstellung von internen und externen Faktoren gibt der SWOT-Analyse einen ganzheitlichen und systematischen Charakter. Sie verfolgt zwei wesentliche Ziele: Man kann sie nutzen erstens für die Bewertung einer Situation (z. B. Fürst und Scholles 2008) und zweitens für die Entwicklung zukünftiger Handlungsoptionen (z. B.: Wie können Chancen genutzt und Bedrohungen vermieden werden?) (z. B. Diller 2010). Während in betriebswirtschaftlichen Anwendungen beide Möglichkeiten zu finden sind, dominiert in den anderen Feldern der Sozialwissenschaften die Nutzung als Bewertungsinstrument. Dies kann an den oft sehr breiten und heterogenen Zielvorstellungen liegen, die für gesellschaftliche und politische Anwendungen typisch sind. Meist wird die SWOT-Analyse für Untersuchungsgegenstände eingesetzt, die „im Wettbewerb stehen" – z. B. den Standortwettbewerb zwischen Regionen (z. B. Prognos und Viaregio 2006; Dornier Consulting GmbH 2007; Prognos 2010), den Wettbewerb zwischen Technologien (z. B. ENEF 2010) oder politischen Konzepten (z. B. EU-Kommission 2010). Solche Anwendungen entsprechen weitgehend dem betriebswirtschaftlichen Ansatz. Daneben eignet sich die SWOT-Analyse auch für ergebnisoffene Fragestellungen der Raumplanung (Senatsverwaltung für Stadtentwicklung 2009) oder für Konzepte, die zwar eine klare Zielrichtung (Ressourcenschonung), aber keinen Wettbewerbscharakter aufweisen (v. Geibler et al. 2011).

10.2 Die SWOT-Analyse im strategischen Management[1]

Die Anwendung der SWOT-Analyse im strategischen Management zielt auf den Erhalt der gegenwärtigen und die Schaffung zukünftiger Wettbewerbsvorteile für Unternehmen ab. Sie liefert ein vereinfachtes Bild der Unternehmenssituation,

1 Die Darstellung folgt dem Kapitel „Die SWOT-Analyse als methodischer Rahmen" in Paul und Wollny (2014, S. 79-100).

basierend auf der Idee, dass die internen Fähigkeiten eines erfolgreichen Unternehmens mit den Anforderungen der Umwelt übereinstimmen müssen (Ansoff 1965). Die SWOT-Analyse unterstützt die Suche nach einer strategischen Kongruenz (Fit) zwischen dem, was die verschiedenen Stakeholder verlangen, und dem, was das Unternehmen in Form von Produkten und Dienstleistungen leisten kann. Gelingt dies einem Unternehmen, erlangt es einen Wettbewerbsvorteil, der sich in höheren Ergebnissen niederschlägt. Ein gutes Beispiel für die Schaffung eines hohen Fit ist zurzeit der Apple-Konzern. Das Konzept des strategischen Fit ist dynamisch angelegt, d. h. das Unternehmen muss immer wieder an der Kongruenz zwischen Unternehmensleistungen und Umweltanforderungen arbeiten. Der Apple-Konzern hatte in der zweiten Hälfte der 1980er und der ersten Hälfte der 1990er Jahre große wirtschaftliche Probleme; der Fit war verloren gegangen. Mit der Rückkehr von Steve Jobs an die Unternehmensspitze wurden drastische Restrukturierungsprogramme eingeleitet und hohe Investitionen in neue Produkte getätigt. Mit dieser strategischen Neuausrichtung konnte Apple wieder einen guten Fit erreichen.

Im Folgenden werden an einem Beispiel das Vorgehen bei einer SWOT-Analyse und deren Ergebnisse beschrieben. Unter der Vorgabe eines profitablen Wachstums ist in einem regional tätigen mittelständischen Bauunternehmen für die nächsten zehn Jahre die Strategie zu überprüfen. Ein Team aus verschiedenen Abteilungen des Unternehmens stellt zunächst interne Daten und Analysen sowie Branchenberichte, Marktstudien und -prognosen und Informationen über den Wettbewerb zusammen. In einem ersten Schritt werden interne Faktoren, die relativ zu den Wettbewerbern als Stärken (**S**trengths) oder Schwächen (**W**eaknesses) zu bewerten sind, und externe Veränderungen, die als Chancen (**O**pportunities) oder Bedrohungen (**T**hreats) für das Unternehmen einzustufen sind, analysiert. Dazu werden das Unternehmen und seine Abteilungen systematisch untersucht und die Projekte der letzten fünf Jahre ausgewertet. Die Bewertung als Stärke oder Schwäche erfolgt im Vergleich zum Branchendurchschnitt und stützt sich soweit wie möglich auf Fakten und messbare Kennzahlen. Zu den externen Faktoren gehören allgemeine Trends in der Makroumwelt, also politische, ökonomische, sozio-kulturelle, technologische, ökologische und regulatorische Trends. Außerdem findet eine Untersuchung der zu erwartenden Veränderungen bei Lieferanten und Kunden sowie der Wettbewerbsstruktur innerhalb der Baubranche selbst statt. In der Diskussion werden diese Veränderungen als Chancen oder als Bedrohungen für das Unternehmen eingestuft. Die Auswahl der wichtigsten Faktoren ermöglicht eine zugespitzte Darstellung der Situation des Unternehmens in Form einer einfachen Liste (Tabelle 10.1).

Stärken: • Das Unternehmen verfügt über hoch qualifizierte Mitarbeiter. • Es hat eine starke Marktstellung bei öffentlichen Auftraggebern erreicht. • Das Unternehmen genießt aufgrund seiner qualitativ hochwertigen Arbeit, einem guten Preis-Leistungsverhältnis und der Fähigkeit zur engen Zusammenarbeit eine hohe Reputation bei den Architekten. • Das Unternehmen ist in der Lage, flexibel auf Kundenwünsche einzugehen und auch besondere Anforderungen zu realisieren. • Das Unternehmen verfügt über eine hohe Eigenkapitalquote von 45%.
Schwächen: • Die Altersstruktur der Mitarbeiter ist ungünstig, es besteht ein gewisser Nachwuchsmangel. • Das Leistungsspektrum bei den verschiedenen Gewerken ist beschränkt. • Die Produktionskapazität des Unternehmens ist wenig flexibel.
Chancen: • Steigende Energiepreise und höhere energetische Anforderungen an Gebäude erfordern hochwertigeres Bauen und eröffnen neue Teilmärkte (Sanierung). • Die demografischen Veränderungen führen zu neuen Anforderungen und Umbauten (altersgerechte Wohnungen). • Die Anforderungen an Wohnfläche und -qualität steigen.
Bedrohungen: • Mittelfristig sinken die öffentlichen Investitionen für Gebäude. • Steigende Energiepreise führen zu steigenden Kosten für Baumaterialien. • Der Bevölkerungsrückgang führt mittelfristig zu einem sinkenden Neubauvolumen.

Tabelle 10.1: Ergebnis der SWOT-Analyse für ein Bauunternehmen (Quelle: ©Paul und Wollny (2014))

Obwohl die derzeitige Situation positiv zu beurteilen ist, zeigt die Analyse aber auch die Notwendigkeit für Veränderungen.

Eine Erweiterung der SWOT-Analyse ("TOWS-Matrix“ von Weihrich (1982)) stellt in einem zweiten Schritt die einzelnen internen Stärken und Schwächen einerseits und Chancen und Bedrohungen andererseits ("TOWS-Matrix“ von Weihrich (1982)) einander gegenüber. Die Wechselwirkungen zwischen den Faktoren lassen sich so identifizieren und daraus strategische Optionen ableiten. Populäre Darstellungen der SWOT-Analyse konzentrieren sich meist auf diesen zweiten Schritt. In einer Matrix wird die Bedeutung der internen Faktoren für die einzelnen externen Trends systematisch bewertet. Die Bewertung erfolgt quantitativ auf einer Skala von -5 bis +5 (Jacobs et al. 1998).

	Chancen	steigende Energiepreise und energetische Anforderungen Gebäude	demografische Veränderungen -altersgerechtes Bauen	Steigende Ansprüche an Wohnfläche und Qualität	**Bedrohungen**	mittelfristig sinkende öfftl. Investitionen	steigende Materialkosten wg. Energiepreisen	Sinkendes Neubauvolumen wg. Bevölkerungsrückgang	**Summe**
Stärken									
qualifizierte Mitarbeiter		5	5	5		0	0	0	**15**
Gute Marktstellung bei öfftl. Aufträgen		2	1	0		-3	0	1	**+4/-3**
hohe Reputation bei Architekten		1	3	3		1	0	1	**9**
hohe Flexibilität gegenüber Kundenwünschen		1	4	4		1	0	1	**11**
gute Liquidität und hohe EK-Quote		0	0	0		1	1	1	**3**
Schwächen									
ungünstige Altersstruktur Mitarbeiter		-1	-1	-1		0	0	0	**-3**
beschränktes Leistungsspektrum bei Gewerken		-4	-4	-4		-1	0	-1	**-14**
geringe Flexibiliät in Kapazität		-2	-1	0		-4	0	-3	**-10**
Summe		+9/-7	+13/-6	+12/-5		+3/-8	1	+4/-4	

Tabelle 10.2: TOWS-Matrix mit Bewertung der Wechselwirkungen (Quelle: ©Paul und Wollny 2014))

Das Ergebnis zeigt, dass sich heutige Stärken (z. B. eine starke Marktstellung bei öffentlichen Auftraggebern) aufgrund von externen Trends (z. B. den Rückgang der öffentlichen Aufträge) in Schwächen für das Unternehmen verwandeln werden. Die Zeilen- und Spaltensummen, getrennt nach positiven und negativen Vorzeichen addiert, ergeben die relative Bedeutung der jeweiligen internen und externen Faktoren: Die wichtigsten Stärken sind die Qualifikationen der Mitarbeiter, die hohe Reputation bei den Architekten und die Flexibilität bei Kundenwünschen. Die wichtigsten Schwächen beziehen sich auf das eingeschränkte Leistungsspektrum und die geringe Flexibilität bei der Kapazität. Die Chancen werden leicht unterschiedlich bewertet, wobei die steigenden energetischen Anforderungen an Gebäude eine weniger positive Beurteilung erfahren. Die stärksten Bedrohungen für das Unternehmen gehen von den sinkenden öffentlichen Investitionen aus.

Für die so identifizierten relevanten Wechselwirkungen werden in einem Brainstorming Handlungsoptionen entwickelt: Im Quadranten Stärken und Chancen (SO) setzt das Unternehmen offensiv seine Stärken zur Nutzung der externen Chancen ein; im Quadranten Stärken und Bedrohungen (ST) lassen sich mit Hilfe der Stärken defensiv externe Bedrohungen abwehren. Der Quadrant Schwächen und Chancen (WO) steht für den Ausgleich von Schwächen, um die externen Chancen ergreifen zu können und um gegenüber den Konkurrenten aufzuholen, während im Quadranten Schwächen und Bedrohungen (WT) Schwächen ausgeglichen werden müssen, um externen Bedrohungen erfolgreich begegnen zu können. Bei jeder Handlungsoption wird in der Tabelle vermerkt, auf welche Faktoren sie sich bezieht.

Die Bewertung der Wechselwirkungen kann auch ausgelassen werden, wenn die TOWS-Analyse dem Zweck dient, eine pragmatische Diskussionsgrundlage zu schaffen oder wenn die Faktoren und Wechselwirkungen eindeutig sind.

			O1	O2	O3		T1	T2	T3
		Chancen	Steigende Energiepreise und energetische Anforderungen Gebäude	Demografische Veränderungen - altersgerechtes Bauen	Steigende Ansprüche an Wohnfläche und Qualität	**Bedrohungen**	Mittelfristig sinkende öfftl. Investitionen	Steigende Materialkosten wg. Energiepreisen	Sinkendes Neubauvolumen wg. Bevölkerungsrückgang
	Stärken								
S1	Qualifizierte Mitarbeiter	Angebot Qualitätswohnbau S1, S2, S3, O3				Marktanteil bei öfftl. Aufträgen erhöhen, um Umsatz zu halten S1, S2, S3, S4, S5, T1			
S2	Gute Marktstellung bei öfftl. Aufträgen	Angebot energetische Sanierung öfftl. Gebäude S1, S2, S3, S4, O1				PPP-Modelle für öfftl. Sektor entwickeln S1, S2, S4, S5, T1			
S3	Hohe Reputation bei den Architekten	Angebot energetische Sanierung priv. Gebäude S1, S3, S4, O1, O3				Marktanteil bei privaten Aufträgen erhöhen, um Umsatz zu halten (S1, S3, S4, S5, T3)			
S4	Hohe Flexibilität gegenüber Kundenwünschen	Angebot altersgerechtes Bauen und Umbauen S1, S2, S3, S4, O2, O3							
S5	Gute Liquidität und hohe Eigenkapital-Quote								
	Schwächen								
W1	Ungünstige Altersstruktur Mitarbeiter	Jüngere Mitarbeiter mit neuen Berufsperspektiven und Aufgabenfeldern gewinnen W1 O1 02							
W2	Beschränktes Leistungsspektrum bei Gewerken	Leistungsspektrum erweitern durch a) Kooperation b) Akquisition c) Aufbau W2, O1, O2,				Kosten reduzieren durch Generalangebote bei öfftl. Aufträgen, Kooperationen W2, W3, T1			
W3	Geringe Flexibilität der Kapazitäten	Kapazitätsflexibilisierung durch Arbeitszeitmodelle oder Kooperationen W3 O1 O2				Kapazitätsflexibilisierung durch Arbeitszeitmodelle oder Kooperationen W3 T1 T3			

Tabelle 10.3: TOWS-Matrix mit optionalen Maßnahmen (Quelle: Paul und Wollny (2014))

Eine wesentliche neue Einsicht in die Gesamtsituation ist, dass interne Veränderungen zur Nutzung der Chancen notwendig sind und eine klare Schwerpunktsetzung für das Unternehmen zu entwickeln ist. Eine fundierte Entscheidung über die zahlreichen Optionen kann erst nach weiteren Analysen und Bewertungen getroffen werden. Das Team kommt zu dem Entschluss, die Handlungsoptionen zu den vier unterschiedlichen Strategien der Tabelle 10.3 zu bündeln und zunächst nur grob zu charakterisieren (Investitionen, Kosten, Beschäftigte und Umsätze).

In einem dritten Schritt (strategische Planungsmatrix von David (1986)) werden diese Optionen erneut den internen und externen Faktoren gegenübergestellt und einer Nutzwertanalyse unterzogen. Externe und interne Faktoren werden einzeln nach ihrer Bedeutung gewichtet, für beide Gruppen beträgt die Summe der Einzelgewichtungen 1. Die Attraktivität einer Option im Hinblick auf einen internen oder externen Faktor wird mit +1 bis +5 bewertet, eine fehlende Wechselwirkung mit 0 und eine negative Wechselwirkung mit -1 bis -5. Der Nutzwert jeder Strategiealternative ergibt sich aus der Summe der faktorenbezogenen Produkte von Bewertung und Gewichtung. So hat z. B. die Chance „Steigende Ansprüche an Wohnfläche und Qualität" einen positiven Einfluss (0,2) auf die Option „Marktanteile vergrößern, um Umsatz zu halten" und keinen Einfluss auf die Option „Schwerpunkt privater Sektor energetische Sanierung öffentlicher Sektor und PPP-Projekte"[2]. Zusätzliche Informationen entstehen durch eine getrennte Addition negativer und positiver Nutzwerte: Bei Strategien mit einem gleichen Summennutzwert können so Unterschiede im Risikoprofil oder bei den zu erwartenden Umsetzungsproblemen sichtbar gemacht werden. Im Beispiel (Tabelle 10.3) erhält die defensive Strategie „Marktanteile vergrößern" einen deutlich schlechteren Nutzwert; es gibt drei in etwa gleichwertige Alternativen, die sich durch ihr Chancen-Risikoprofil unterscheiden. Die drei Schwerpunktstrategien wären vor einer Entscheidung nun zunächst weiter auszuarbeiten, und es wäre zu prüfen, ob man zwei Schwerpunkte in Angriff nimmt.

2 PPP: Public-Private-Partnership – teilweise Übertragung von öffentlichen Aufgaben auf private Unternehmen, z. B. Errichtung und Betrieb öffentlicher Gebäude.

		Schwerpunkt Marktanteile vergrößern, um Umsatz zu halten		Schwerpunkt privater Sektor energetische Sanierung Bestand		Schwerpunkt energetische Sanierung öfftl. Sektor und PPP-Projekte		Schwerpunkt altersgerechtes Bauen und Umbauen	
	Gewichtung	Bewertung	Nutzen	Bewertung	Nutzen	Bewertung	Nutzen	Bewertung	Nutzen
Chancen									
Steigende Energiepreise und energetische Anforderungen Gebäude	0,3	0	0	5	1,5	5	1,5	1	0,3
Demografische Veränderungen – altersgerechtes Bauen	0,2	0	0	0	0	0	0	5	1
Steigende Ansprüche an Wohnfläche und -qualität	0,1	2	0,2	1	0,1	0	0	3	0,3
Bedrohungen			0						
Mittelfristig sinkende öfftl. Investitionen	0,2	2	0,4	0	0	-3	-0,6	0	0
Steigende Materialkosten wg. Energiepreisen	0,1	-1	-0,1	-1	-0,1	-1	-0,1	-2	-0,2
Sinkendes Neubauvolumen wg. Bevölkerungsrückgang	0,1	1	0,1	0	0	0	0	2	0,2
Stärken									
Qualifizierte Mitarbeiter	0,2	2	0,4	4	0,8	4	0,8	4	0,8
Gute Marktstellung bei öfftl. Aufträgen	0,15	3	0,45	0	0	4	0,6	0	0
Hohe Reputation bei Architekten	0,05	3	0,15	2	0,1	2	0,1	4	0,2
Hohe Flexibilität gegenüber Kundenwünschen	0,2	3	0,6	4	0,8	3	0,6	4	0,8

		Schwerpunkt Marktanteile vergrößern, um Umsatz zu halten		Schwerpunkt privater Sektor energetische Sanierung Bestand		Schwerpunkt energetische Sanierung öfftl. Sektor und PPP-Projekte		Schwerpunkt altersgerechtes Bauen und Umbauen	
	Gewichtung	Bewertung	Nutzen	Bewertung	Nutzen	Bewertung	Nutzen	Bewertung	Nutzen
Gute Liquidität und hohe Eigenkapital-Quote	0,1	3	0,3	1	0,1	3	0,3	1	0,1
Schwächen			0		0		0		0
Ungünstige Altersstruktur Mitarbeiter	0,05	-1	-0,05	-2	-0,1	-2	-0,1	-2	-0,1
Beschränktes Leistungsspektrum bei Gewerken	0,15	-2	-0,3	-3	-0,45	-2	-0,3	-4	-0,6
Geringe Flexibilität in der Kapazität	0,1	-1	-0,1	-1	-0,1	-2	-0,2	-1	-0,1
Nutzwert gesamt			**2,05**		**2,65**		**2,6**		**2,7**
Nutzen/Risiken			+2,6/ -0,55		+3,4/ -0,75		3,9/ -1,3		+3,7/ -1

Tabelle 10.4: QSP-Matrix (Quelle: ©Paul und Wollny (2014))

Die SWOT-Analyse ist geeignet für eine grundlegende Bestandsaufnahme oder zur Vorbereitung einer grundlegenden Neuorientierung des Unternehmens, z. B. wenn das Unternehmen erstmals bewusst strategisch zu planen beginnt, eine vorhandene Strategie grundlegend überarbeitet werden muss oder auf starke interne und externe Veränderungen zu reagieren ist. Für bereits erkannte, konkrete und eingrenzbare Probleme eines Unternehmens gibt es bessere und passendere Analyseinstrumente.

Mit der eindeutigen Einstufung der Faktoren als Stärken oder Schwächen bzw. Chancen oder Bedrohungen polarisiert die SWOT-Analyse, reduziert die Komplexität und lenkt die Aufmerksamkeit auf die Notwendigkeit von Entscheidungen und Maßnahmen. Sie dient im Sinne des strategischen Managements der Schaffung von Wettbewerbsvorteilen. Eine SWOT-Analyse ist ungeeignet, wenn sich die Unternehmen einer Branche sehr ähneln oder die externe Umwelt entweder sehr stabil oder aber völlig unübersichtlich ist. Im ersten Fall liefern marktorientierte Instrumente (z. B. eine Marktanalyse oder eine Kundensegmentierung), im zweiten Fall Konkurrenzanalysen (z. B. Benchmarking) und im dritten Fall Szenariotechniken bessere Ergebnisse. Die SWOT-Analyse zielt ganz allgemein auf den betriebswirtschaftlichen Erfolg (Marktanteile, Umsatz, Gewinn, Wachstum). Sie sucht nach Strategien, die eine Kongruenz zwischen internen und externen Faktoren schaffen; damit lässt sie allerdings Möglichkeiten einer grundsätzlichen Veränderung oder einer revolutionären Strategie (Hamel 1996) mit größeren Erfolgspotenzialen außer Acht.

10.3 Unterschiede einer Anwendung in der Betriebswirtschaftslehre und anderen Feldern der Sozialwissenschaften

Die Sozialwissenschaften nutzen die SWOT-Analyse in allgemeiner Form zur Bewertung von spezifischen Situationen. Sie kann zur Vorbereitung und Unterstützung von diversen Entscheidungs-, Explorations-, Gestaltungs- und Mediationsprozessen eingesetzt werden. In diese Prozesse lassen sich, wie bereits erwähnt, Experten und Stakeholder mehr oder weniger intensiv einbinden. Tabelle 10.5 stellt Unterschiede und Gemeinsamkeiten bei der Anwendung der SWOT-Analyse in der BWL und anderen Bereichen gegenüber.

BWL	**Andere Bereiche der Sozialwissenschaften**
SWOT: Verbal-argumentatives Bewertungskonzept zur Verbindung interner Eigenschaften eines Analysegegenstands mit seiner Umwelt. Das Ziel besteht in der Bewertung einer Situation und der Entwicklung von passenden Handlungsoptionen. Damit ist in der Regel eine ganzheitliche und zukunftsorientierte Sicht verbunden. Es gibt keine genauen methodischen Vorgaben.	
1. Untersuchungsgegenstand	
Untersuchungsgegenstand ist ein Unternehmen, ein Unternehmensbereich oder eine spezifische Unternehmensaktivität.	Untersuchungsgegenstand ist jede zielgerichtete, planbare menschliche Aktivität. An die Stelle des Unternehmens treten einzelne Personen, Gruppen, Organisationen, politische Gebilde oder Staaten.
2. Zielrichtung	
Eine allgemeine betriebswirtschaftliche Zielrichtung ist implizit vorgegeben: Erhalt des Unternehmens bzw. seiner Wettbewerbsposition (Gewinnerzielung, Schaffung von Wettbewerbsvorteilen, Wachstum). Damit bestimmen die Interessen der Eigner bzw. indirekt die des Managements die Zielrichtung.	Die Zielrichtung ist abhängig vom Untersuchungsgegenstand, kann relativ breit ausfallen und mehrere Ziele umfassen (z. B. wirtschaftliche Ziele im Sinne von Effizienz oder ökologische, soziale und religiöse Ziele). Die Stakeholder können sehr unterschiedliche Ziele bzgl. des Untersuchungsgegenstands haben. Die

BWL	Andere Bereiche der Sozialwissenschaften
Spezifische Unternehmensziele können nicht direkt einfließen; sie können jedoch in funktions- oder bereichsorientierten SWOT-Analysen (z. B. Umweltschutz, F&E, Innovation) gezielt adressiert werden.	Ziele müssen daher definiert und benannt werden.
3. Eignung	
Sie eignet sich für eine grundlegende Bestandsaufnahme, erstmalige Strategieentwicklung oder wenn ein grundlegender neuer Strategieansatz notwendig wird. Sie hat nur geringen Nutzen, wenn das strategische Problem bereits bekannt und klar eingrenzt ist.	Sie ist in den Sozialwissenschaften anwendbar, wenn die Situation komplex, unübersichtlich und nicht eindeutig ist, der Handlungsbedarf also noch unklar ist. Der Vorteil der SWOT-Analyse liegt in der Zuspitzung, Aggregation, Vereinfachung und Konzentration auf das Wesentliche. Diese Vorteile gehen bei sehr unterschiedlichen Zielen spätestens in Schritt 2 und 3 verloren.
4. Erster Schritt: Ermitteln der internen und externen Faktoren	
Zunächst wird ein Bild des Unternehmens in seiner Umwelt entwickelt, das die wichtigsten internen Eigenschaften und externen Veränderungen aufzeigt. Damit wird in der Managementgruppe ein Konsens zur Ausgangssituation geschaffen.	Es wird ein Bild des Gegenstandes in seiner Umwelt entwickelt, das die wichtigsten internen Eigenschaften und externen Veränderungen aufzeigt – oft geht es dabei weniger um ein gemeinsames Bild der Beteiligten zur Situation, sondern vielmehr um eine Verständigung über Themen, Probleme und die Auseinandersetzung/Anerkennung unterschiedlicher Ziele und Interessen. Daraus ergibt sich oft die Frage, zu welchen Themen Experten/Stakeholder befragt/beteiligt werden sollen. Dann kann die Erstellung einer SWOT-Analyse recht umfangreich ausfallen; ob ein Konsens erreicht wird, bleibt dennoch offen.
Stärken/Schwächen werden relativ zu den Konkurrenten in einer Branche, also im Vergleich zum Durchschnitt oder zum direkten (oder besten) Wettbewerber, ermittelt. Gesellschaftliche/soziale Anforderungen können mit in die Analyse einfließen (Image/Reputation des Unternehmens). Bewertungen	Stärken und Schwächen werden (1) relativ im Hinblick auf bestimmte vorhandene Vorgehensweisen oder (2) absolut auf der Basis spezifischer Benchmarks (z. B. der PISA-Studie in der Bildungspolitik) oder (3) im Hinblick auf einen wünschenswerten Zustand (z. B. politisch/gesellschaftlich definierte

BWL	**Andere Bereiche der Sozialwissenschaften**
können in Einzelfällen aus externen Erwartungen/Zielen oder Standards abgeleitet werden.[3] Chancen und Bedrohungen ergeben sich aus erwarteten Umweltveränderungen.	Ziele) definiert. Diese können je nach Stakeholder unterschiedlich ausfallen. Chancen und Bedrohungen ergeben sich ebenfalls aus erwarteten Umweltveränderungen und spezifischen Zielen, die von diesen Veränderungen tangiert werden.
Stärken/Schwächen entsprechen oft den Zielen (z. B. hoher Cash-flow).	Dies gilt in gleicher Weise in den Sozialwissenschaften – allerdings in Abhängigkeit von der Interessenlage spezifischer Stakeholder.
BWL	**Andere Bereiche der Sozialwissenschaften**
Aus methodischer Sicht ist in der BWL die Messbarkeit über finanzielle Größen relativ einfach zu handhaben, weil eine Reihe von allgemein akzeptierten Methoden zur Verfügung steht (auch wenn in der BWL ebenfalls subjektive Bewertungen z. B. in Plan-Finanzzahlen einfließen).	Die Messbarkeit ist im Hinblick auf den Gegenstand sehr viel schwieriger und wird sehr viel stärker von subjektiven Einschätzungen geprägt.
5. Zweiter Schritt: Ermitteln von Handlungsoptionen	
Die Ermittlung von Handlungsoptionen erfolgt durch eine Kombination von Stärken und Schwächen einerseits und Chancen und Bedrohungen andererseits (TOWS-Matrix).	Dies kann genauso in den anderen sozialwissenschaftlichen Feldern erfolgen; das setzt allerdings voraus, dass klar zwischen internen und externen Faktoren einerseits und Handlungsoptionen andererseits unterschieden wird; sonst erfolgen Zirkelschlüsse! Allerdings scheint die Anwendung des SWOT-Modells in den Sozialwissenschaften primär in der Situationsbewertung zu liegen.
6. Dritter Schritt: Bewerten von Handlungsoptionen	
Die Handlungsoptionen werden durch eine erneute Konfrontation mit SW und OT (die quantitative strategische Planungsmatrix, eine Nutzwertanalyse) bewertet.	Die Handlungsoptionen können ebenfalls durch erneute Konfrontation mit SW und OT in einer Nutzwertanalyse bewertet werden. Im Hinblick auf unterschiedliche Zielsetzungen kann mit stakeholderspezifischen Gewichtungsfaktoren gearbeitet werden.

Tabelle 10.5: Übersicht der Besonderheiten einer SWOT-Analyse

3 Dies gilt, wenn sie den Charakter fester Vorgaben annehmen. Für die Automobilindustrie wären dies z. B. Sicherheitsvorschriften, Ziele der EU für den Flottenverbrauch der Fahrzeuge oder auch die Erwartungen potenzieller Käufer an die Reichweite von Elektroautos.

10.4 SWOT in den Sozialwissenschaften – kritische Kommentare zur Praxis

10.4.1 Interne und externe Faktoren

Die BWL trennt in der SWOT-Analyse zwischen internen Faktoren (z. B. Ressourcen, Standorte, Wissen oder Marktpositionen des Unternehmens) und externen Faktoren (z. B. Veränderungen in der Makroumwelt, in der Branche oder im direkten Wettbewerb) und schließlich den Handlungsoptionen, die erst aus der Gegenüberstellung abgeleitet werden. Während die Unterscheidung von internen Faktoren (Stärken/Schwächen) und externen Faktoren (Chancen/Bedrohungen) für ein Unternehmen relativ einfach ist, kann es bei Planungsprozessen in anderen sozialwissenschaftlichen Feldern schwieriger sein, Stärken und Chancen sowie Schwächen und Gefahren zu trennen (Fürst und Scholles 2008).

Während Stärken und Schwächen meist mit der Definition der SWOT-Analyse in der BWL übereinstimmen, sind die Chancen und Bedrohungen sehr weit gefasst. Sehr häufig werden mögliche Handlungen oder Maßnahmen bereits als Chancen aufgeführt (Dornier Consulting 2007; Prognos und Viaregio o.J.; Prognos 2010; Dornier Consulting 2006; Haas und Ehrmann 2010). Dies ist im Grunde genommen eine vorgezogene Bewertung einer Maßnahme – in der ursprünglichen SWOT-Analyse erfolgt diese Bewertung erst im dritten Schritt nach der Ableitung der Maßnahmen aus der Gegenüberstellung von internen und externen Faktoren. Bei dieser Vorgehensweise besteht die prinzipielle Gefahr, von Experten oder Interessengruppen gewünschte Maßnahmen als Chancen – also positiv – darzustellen. Die Möglichkeit, Maßnahmen aus einer Kongruenz zwischen internen und externen Faktoren abzuleiten oder sie daraufhin zu überprüfen, wird dabei nicht genutzt.

Die Autoren dieses Beitrags haben für Illustrationszwecke ein relativ komplexes Beispiel aus der Politik ausgewählt, anhand dessen zum einen eine Anwendung der SWOT-Analyse als Ordnungsraster und zum anderen die Probleme bei der Anwendung (Vermischung von SWOT-Kategorien) erörtert werden. Die folgende Darstellung zeigt eine breit aufgefächerte SWOT-Analyse für die Ex-ante-Bewertung eines Programms zur Förderung der regionalen Entwicklung des Landes Niedersachsen für den Europäischen Sozialfonds (Jaedicke und Schwab 2007).[4] Mit dieser Studie sollte untersucht werden, ob vorgeschlagene

4 Diese Studie wurde vom Niedersächsischen Ministerium für Wirtschaft, Arbeit und Verkehr in Auftrag gegeben. Das Projekt umfasste den Zeitraum 2007-2013 und wurde von Wolfgang

Strategien zur Regionalentwicklung in Niedersachsen mit den Prioritäten der Europäischen Union übereinstimmen. Weiterhin sollte der optimale Einsatz der geplanten Haushaltsmittel gewährleistet und die Qualität der Programmplanung verbessert werden. Dazu wurden drei operationelle Programmschwerpunkte (OPs) geschaffen: 1. Anpassungsfähigkeit und Wettbewerbsfähigkeit von Beschäftigten und Unternehmen, 2. Humanpotenzial und 3. Zugang zur Beschäftigung und sozialen Eingliederung. Für jeden Schwerpunkt wurden spezifische Untersuchungsbereiche gebildet.

Anpassungsfähigkeit und Wettbewerbsfähigkeit von Beschäftigten und Unternehmen (zu Schwerpunkt 1 des OP)			
Bereich	**Stärken und Chancen**	**Schwächen und Risiken**	**Ansatzpunkte für Strategie (AP)**
Struktur und Situation der Unternehmen	• Chancen durch Verstärkung von Weiterbildung und Verknüpfung mit betrieblicher Kompetenzentwicklung	• geringer Industriebesatz • merkliche Schwächen bei wissensintensiven Dienstleistungen • ausgeprägte Defizite von KMU bei FuE und Internationalität sowie allgemein hinsichtlich von Innovationen • Risiko sinkender Wettbewerbsfähigkeit aufgrund des Strukturwandels zur Wissensgesellschaft • zu geringe Ausschöpfung der Humanressourcen von weiblichen Erwerbstätigen als Risiko für die Unternehmensentwicklung	AP 3: Forcierung der betrieblichen Weiterbildung und Kompetenzentwicklung vor allem in KMU AP 4: Notwendigkeit im Rahmen von Weiterbildung und Kompetenzentwicklung, spezifische Ansätze zur Nutzung der Humanressourcen von Frauen und zur Vereinbarkeit von Familie und Beruf zu realisieren Ergänzend: AP 7: Fortentwicklung der Aus- und Weiterbildungssysteme auch als Antwort auf die Herausforderungen des demografischen Wandels (Vernetzung, Innovation) AP 5: Sicherung der Erstausbildung in hoher Qualifikation

Jaedicke und Oliver Schwab für das IfS Institut für Stadtforschung und Strukturpolitik GmbH durchgeführt.

Anpassungsfähigkeit und Wettbewerbsfähigkeit von Beschäftigten und Unternehmen (zu Schwerpunkt 1 des OP)			
Bereich	**Stärken und Chancen**	**Schwächen und Risiken**	**Ansatzpunkte für Strategie (AP)**
Qualifikationsniveau der Beschäftigten	• gut ausgebildete Fachkräfte mit Stärken in mittleren Qualifikationen	• unterdurchschnittlicher Anteil hochqualifizierter Beschäftigter • Weiterbildungsbeteiligung zu gering, Weiterbildungsdefizite vor allem bei KMU • steigendes Beschäftigungsrisiko bei stark vertretenen Arbeitnehmergruppen aufgrund des Strukturwandels • längerfristiges Risiko des Fachkräftemangels aufgrund des demografischen Wandels	
Selbstständigkeit/Unternehmertum	• steigende Bedeutung der Selbstständigkeit	• schwache Gründungsneigung in technologie- und wissensintensiven Bereichen	*In den Ansatzpunkten nicht explizit aufgegriffen, teilweise angesprochen mit:* AP 10: gezielte Eingliederung von Arbeitslosen in den 1. Arbeitsmarkt/Abbau von „mismatch“
Humankapital (zu Schwerpunkt 2 des OP)			
Bereich	**Stärken und Chancen**	**Schwächen und Risiken**	**Ansatzpunkte für Strategie (AP)**
Ausbildung der jungen Generation	• überdurchschnittliche Anteile jüngerer Altersgruppen und damit zurzeit noch junges Arbeitskräftepotenzial • Chancen durch Aktivierung von Begabungsreserven und Aufbau einer breiten Basis junger Fachkräfte	• stark überdurchschnittlicher Anteil von Schulabgängern ohne Hauptschulabschluss, stark unterdurchschnittlicher Abiturientenanteil • besondere Bildungsprobleme bei Kindern und Jugendlichen mit Migrationshintergrund, zu wenig betriebliche Arbeitsplätze • hoher Anteil der Ausbildungsplatzsuchenden aus marktbedingten und individuellen Gründen im „Übergangssystem“ • in peripheren Teilen der Region Gefahr zunehmender Abwanderung der besser qualifizierten Jugendlichen und jungen Erwachsenen	AP 6: Verbesserung der Schulerfolge AP 5: Sicherung der Erstausbildung in hoher Qualität
Aus- und Weiterbildungs-	• prinzipiell leistungsfähige Systeme	• Einrichtungen der Aus- und Weiterbildung zu wenig mit-	AP 7: Fortentwicklung der Aus- und Weiterbildungs-

Anpassungsfähigkeit und Wettbewerbsfähigkeit von Beschäftigten und Unternehmen (zu Schwerpunkt 1 des OP)			
systeme		einander verknüpft	systeme auch als Antwort auf die Herausforderungen des demografischen Wandels (Vernetzung, Innovation)
Zugang zur Beschäftigung und soziale Eingliederung (zu Schwerpunkt 3 des OP)			
Bereich	**Stärken und Chancen**	**Schwächen und Risiken**	**Ansatzpunkte für Strategie (AP)**
Beschäftigungs- und Eingliederungsprobleme bei Jugendlichen	• mittelfristig relativ gute Arbeitsmarktchancen bei benachteiligten Jugendlichen, sofern deren Probleme und Defizite frühzeitig abgebaut werden können	• erhebliche Zahl von Jugendlichen, bei denen Bildungs- und Arbeitsmarktprobleme mit individuellen Beeinträchtigungen und sozialen Problemen zusammentreffen • Gefahr dauerhaft geringer beruflicher und sozialer Integration	AP 8: Berufliche und soziale Integration von benachteiligten Jugendlichen durch Förderung im Schnittfeld von Arbeitsmarktpolitik, Bildungspolitik und Jugendhilfe
Beschäftigungs- und Eingliederungsprobleme bei Erwachsenen		• geringe bzw. veraltete Qualifikation vieler Arbeitsloser • Gefahr von wachsendem „mismatch" infolge des Strukturwandels und damit das Risiko hoher Arbeitslosigkeit selbst bei wirtschaftlicher Belebung und steigender Arbeitskräftenachfrage • Gefahr wachsender sozialer Ausgrenzung und zunehmender regionaler Konzentration der Probleme • spezielle Zugangsprobleme bei Teilgruppen der Frauen	AP 10: gezielte Eingliederung von Arbeitslosen in den 1. Arbeitsmarkt / Abbau von „mismatch" AP 9: Zielgruppenförderung durch Verbindung von Bildung und sozialer Eingliederung

Tabelle 10.6: SWOT-Analyse (Auszug) und Ansatzpunkte für die Strategie zur Erreichung des Ziels regionale Wettbewerbsfähigkeit und Beschäftigung (©Jaedicke und Schwab 2007)

Deutlich wird, dass die SWOT-Analyse hier eher beschreibend oder erklärend im Sinne eines Überblicks über die Situation eingesetzt wird. Die Vermischung interner und externer Faktoren wird im Schwerpunkt „Zugang zur Beschäftigung und sozialen Eingliederung" an einem Beispiel für den Bereich Beschäftigungs- und Eingliederungsprobleme bei Jugendlichen erklärt. Die Vermischung kann zu methodischen Problemen führen, weil ein klares Verständnis der Zusammenhänge fehlt; dies erschwert die Ableitung konkreter Handlungsoptionen. So bezieht sich bspw. die Aussage „mittelfristig relativ gute Arbeitsmarktchancen bei benachteiligten Jugendlichen, sofern deren Probleme und Defizite frühzeitig abgebaut werden können“ sowohl auf interne als auch externe Faktoren. Hier wären als Schwächen (intern) die geringe Qualifikation und die daraus resultierenden Probleme der Eingliederung beruflich benachteiligter Jugendlicher aufzuführen. Chancen (extern) könnten bspw. bestehen im demografischen Wandel und dem damit verbundenen geringeren Arbeitskräftepotenzial in der Zukunft sowie der daraus folgenden Bereitschaft der Unternehmen, gewisse Abstriche bei der Qualifikation von neuen Mitarbeitern zu machen. Im Sinne einer Kongruenz von Schwächen und Chancen könnte als Maßnahme eine Förderung der Jugendlichen, um mindestens die Basisqualifikationen der Unternehmen zu erfüllen, abgeleitet werden.

Aus Sicht der Autoren wird das „SWOT“-Schema in den Sozialwissenschaften sehr uneinheitlich verwendet. Die der SWOT-Methode zugrunde liegende polarisierende Bewertung der Faktoren wird von vielen Autoren als Vorteil gesehen, wohingegen die in der BWL oft diskutierte Ambivalenz der Faktoren kaum eine Rolle zu spielen scheint. Die in der Methode eigentlich angelegte klare Trennung zwischen internen und externen Faktoren und den daraus abzuleitenden Optionen wird hingegen selten eingehalten. Praktisch wird die SWOT-Analyse offenbar vor allem als ein begrifflich eingeführtes, intuitiv plausibles Ordnungsschema für eine Beschreibung oder Bewertung der Situation genutzt, wobei man allerdings die Ordnungsprinzipien oftmals unscharf definiert.

Die SWOT-Analyse als „Expertenmethode“

Typischerweise nutzen Expertengruppen die SWOT-Methode (UNIDO 2005; Prognos und Viaregio 2006; Dornier Consulting GmbH 2007; Prognos 2010; ENEF 2010) zur Analyse. Die SWOT-Methode lässt sich aber auch als Ordnungsprinzip ohne weitere analytische Ambitionen verwenden, um externe Experten in einen Prozess einzubinden, z. B. mit Hilfe der Delphi-Methode (Cuhls et al. 2002; Niederberger „Das Gruppendelphi „ in diesem Buch). Analog können Stakeholder durch Interviews, Fragebogen oder durch Workshops integriert werden (Europäische Kommission 2010). Die Experten selbst können stellvertretend für unterschiedlichen Stakeholder verschiedene Perspektiven und Sichtweisen einnehmen (Senatsverwaltung für Stadtentwicklung 2009). Die SWOT-Methode kann also als ein gängiges Mittel zur Einbindung von Experten und Stakeholdern bezeichnet werden. Sie wird dabei mehr als ein Ordnungsprinzip für die Einholung von Meinungen und Bewertungen denn als Ausgangspunkt für eine systematische Analyse verstanden.

Die SWOT-Analyse als ganzheitliche Analysemethode

Eine der Stärken der SWOT-Analyse liegt in der Möglichkeit, relativ schnell eine pointierte Übersicht über eine komplexe Situation zu erhalten. Im Umkehrschluss ist die SWOT-Methode aber wenig geeignet, bereits bekannte und sehr gut eingegrenzte Probleme genauer zu untersuchen (vergl. Abschnitt 10.2). Dies lässt sich am Beispiel der Untersuchung von Systemen zur Verkehrsbeschränkung[5] des privaten und gewerblichen motorisierten Individualverkehrs in Innenstädten zeigen (Europäische Kommission 2010). Ziel der Maßnahmen ist eine Verbesserung des Verkehrsflusses, die Verkehrsverlagerung auf andere Verkehrsträger, die Verringerung hoher Umweltbelastungen und eine Wiederherstellung städtischer Lebensqualität. In dieser Untersuchung wurden verschiedene, aber von der Grundidee ähnliche Varianten (z. B. Mautsysteme oder Umweltzonen wie in deutschen Städten) einer SWOT-ähnlichen Betrachtung unterzogen. Für jede Variante wurden Stärken, Schwächen, Chancen und Risiken ermittelt. Aus Sicht der Autoren wäre eine SWOT-Analyse mit dem Thema „Verkehr in Innenstädten" zur Beschreibung der Situation sinnvoll gewesen, um zunächst eine Übersicht zu gewinnen und dann auf dieser Basis einheitliche Bewertungskriterien abzuleiten (z. B. Systemkosten, Akzeptanz, sozioökonomische Auswirkungen, Flexibilität). Ein Vergleich der einzelnen Systemvarianten (als mögliche Maßnahmenalternativen) anhand der so gewonnenen Bewertungskriterien und nicht frei anhand einer SWOT-Analyse wäre systematischer und aussagekräftiger ausgefallen. Durch eine differenzierte Bewertung der einzelnen Systemvarianten wäre eine bessere Vergleichbarkeit zu erreichen; außerdem hätte eine solidere und direkt nutzbare Entscheidungsgrundlage für die Auswahl von Systemen geschaffen werden können.

---

5 Diese wurde von der Generaldirektion MOVE in Auftrag gegeben, um die Aktion 7 „Zugang zu grünen Zonen" des Aktionsplans zur urbanen Mobilität zu untersuchen (Commission of the European Communities, Brussels, 30.9.2009, COM(2009) 490 final COM(2009), Communication from the Commission to the European Parliament, the Council, the European Economic and Social Committee and the Committee of the Regions, Action Plan on Urban Mobility). Ziel der Untersuchung war, den Stand bei Systemen zur Zugangsbeschränkung in Europa darzustellen. Weiterhin sollten Maßnahmen vorgeschlagen werden, mit denen die EU-Kommission eine höhere Aufmerksamkeit für diese Konzepte, die Umsetzungsoptionen und Auswirkungen erreichen und die Verbreitung und den Austausch der besten Konzepte fördern kann.

10.4.2 Überlegungen zur Anwendung und zu den Perspektiven in den Sozialwissenschaften

Die folgenden Ausführungen enthalten eine Reihe von Hinweisen für den Einsatz einer umfassenden SWOT-Analyse außerhalb der Betriebswirtschaftslehre.

Vorbereitende Maßnahmen. Sie beziehen sich auf die Bildung eines Untersuchungsteams zur Durchführung der SWOT-Analyse. In Abhängigkeit von der Ausrichtung der Untersuchung können zusätzlich externe Experten zu Einzelfragen und/oder Stakeholder-Vertreter (eher für Bewertungsfragen) integriert werden. Letzteres wird häufig unter der Leitung einer Beratungsinstitution oder eines unabhängigen Gutachters erfolgen. Daneben sind vorhandene Informationen zur Themenstellung zu sammeln und zu sichten. Wichtig ist hier die Offenheit, so dass auch von einzelnen Stakeholdern als unliebsam angesehene Fakten aufgedeckt und vorgefasste Meinungen und übliche Vorgehensweisen in Frage gestellt werden können.

Zielsetzung klären. Diese ergibt sich häufig aus politischen Vorgaben und ist mehr oder weniger klar definiert. Wenn Ziele nicht klar formuliert sind, ist es sinnvoll, die Ziele und Wertvorstellungen der einzelnen Stakeholder-Gruppen zu ermitteln (hierzu empfiehlt sich die Benutzung der Stakeholder-Analyse (Paul und Wollny 2011, S. 108 ff.; Ambrosini et al. 1998, S. 152 ff.). In Abhängigkeit von dem zu analysierenden Themenkomplex kann dies u. U. zu einem komplexen Zielkatalog führen, der dann wiederum auf die wesentlichen Ziele verdichtet werden muss. Im Sinne einer guten wissenschaftlichen Praxis sind die Ziele explizit zu benennen.

Bewerten der internen und externen Faktoren. Hier bieten sich zwei Vorgehensweisen an. Entweder erfolgt die Bewertung interner/externer Faktoren direkt im Hinblick auf die Zielsetzung – dies gilt immer dann, wenn die Ziele klar formuliert und von den Stakeholdern akzeptiert sind oder wenn Zieldifferenzen bestehen, die Bewertung im Hinblick auf die eigenen Ziele der Stakeholder erfolgen kann. Als Stärken sind Faktoren zu klassifizieren, welche die Zielerreichung fördern; umgekehrt werden Faktoren, die die Zielerreichung gefährden, als Schwächen charakterisiert. Dies gilt in gleicher Weise auch für die Bewertung von Chancen und Bedrohungen. Für die Bewertung der Chancen und Bedrohungen sind die wichtigsten Umweltveränderungen zu erfassen; hierfür eignet sich das PEST-Modell[6] (Paul und Wollny 2011). Chancen sind externe Faktoren, welche die Erreichung der Ziele fördern; Bedrohungen sind externe Faktoren, welche die Ziele gefährden. In diesem Fall wäre die SWOT-Analyse

6 Die englische Abkürzung PEST steht für die untersuchten Umweltbereiche Political, Economical, Social, Technological.

sehr breit gefächert bzw. bei sehr konträren Zielen wären mehrere SWOT-Analysen zu erstellen. Mit zunehmender Zahl der Stakeholder und ihren jeweiligen Zielen steigt die Komplexität der Analyse – und damit geht einer ihrer wesentlichen Vorteile, nämlich die Übersichtlichkeit, verloren. Externe Gutachter und Experten sind hier nützlich, um Differenzen auszuräumen und Klarheit zu schaffen. Der erste Schritt einer SWOT-Analyse könnte genutzt werden, um aufgrund der Bewertung von Stärken/Schwächen und Chancen/Bedrohungen mögliche Differenzen und Übereinstimmungen von Zielen und Werten bei den Stakeholdern oder Experten zu ermitteln. Derartige Bewertungen sind für die Akteure vermutlich oft einfacher vorzunehmen als eine explizite Beschreibung von Zielen und Werten bezogen auf einen Gegenstand.

In Abhängigkeit von der zu untersuchenden Fragestellung und dem Zweck der Untersuchung lassen sich zwei unterschiedliche Vorgehensweisen unterscheiden: eine SWOT-Analyse, die von einem Untersuchungsteam analytisch, sozusagen am Schreibtisch, aufgrund vorhandener Informationen ausgearbeitet wird oder eine SWOT-Analyse, die in einem dialogischen Vorgehen in mehreren Workshops von den Stakeholdern erarbeitet wird. Sie werden unterstützt von einem SWOT-Arbeitsteam, das die Ergebnisse lediglich aufarbeitet und zusammenstellt, und von Experten, die dabei eine beratende Funktion haben. Die Intensität der Einbindung von Stakeholdern und externen Experten lässt sich zwischen diesen beiden Extremen beliebig anpassen.

Ableiten der Handlungsoptionen. Während die Herausforderungen im ersten Schritt in der Überwindung von Ziel- und Bewertungsdifferenzen liegen, ist im zweiten Schritt ein hohes Maß an Kreativität gefordert, um aus der Gegenüberstellung von internen und externen Faktoren (TOWS-Matrix) zielorientierte Handlungsoptionen zu erzeugen. Dies kann mit Hilfe von Brainstorming-Sitzungen und Expertenbefragungen (Delphi-Methode) geschehen. Wie in dem betriebswirtschaftlichen Beispiel erörtert, können als Zwischenschritt die Wechselwirkungen zwischen internen und externen Faktoren bewertet werden, um auf diese Weise gezielt an den wichtigen Faktorkombinationen anzusetzen. Diese Vorgehensweise eröffnet einen Ausweg aus Ja/Nein-Alternativen. Mögliche Optionen werden aus dem Untersuchungsgegenstand und seiner Umwelt abgeleitet und sind so transparent und rational nachvollziehbar. Zudem erleichtert diese Methode das Suchen nach Alternativen und das Setzen von Schwerpunkten. So lässt sich vermeiden, dass als Ergebnis einer SWOT-Analyse lange Listen von Maßnahmen zur Behebung aller Schwächen, dem weiteren Ausbau aller Stärken, zur Nutzung aller Chancen und zur Abwehr aller Bedrohungen erhalten werden.

Bewerten der Handlungsoptionen. Im letzten Schritt kann mit Hilfe einer Nutzwertanalyse (QSPM-Matrix) eine Bewertung der zuvor identifizierten

Handlungsoptionen erfolgen. Hier empfiehlt sich auch in den anderen sozialwissenschaftlichen Feldern eine ähnliche Vorgehensweise wie jene aus dem oben beschriebenen Beispiel des Bauunternehmens. In der BWL kann aufgrund des rationalen Zielkriteriums Gewinn eine klare und eindeutige Bewertung der Optionen vorgenommen werden. In anderen sozialwissenschaftlichen Anwendungen ist es möglich, dass im Ergebnis die Optionen bevorzugt werden, die für alle Beteiligten den kleinsten gemeinsamen Nenner darstellen. Bei komplexen oder sehr stark divergierenden Zielsystemen werden mit diesem Ansatz zwar alle Stakeholder eingebunden, das Problem aber aufgrund seiner Komplexität mit der SWOT-Analyse vermutlich nicht optimal lösbar ist.

Fazit. Die SWOT-Analyse kann ein interessantes Instrument auch außerhalb der BWL darstellen, wenn es darum geht, eine komplexe Situation erstmals oder ganz neu zu bewerten. Allerdings beschränkt sich der Einsatz der SWOT-Analyse bisher meist auf eine Situationsbeschreibung und -bewertung. Wenig genutzt wird die Möglichkeit, aus der Gegenüberstellung interner und externer Faktoren Handlungsmöglichkeiten bzw. Strategieoptionen abzuleiten. Gerade dieser in der BWL häufig verwendete Ansatz bietet nach Meinung der Autoren auch in anderen Feldern der Sozialwissenschaften einen erheblichen Nutzen. Um dieses Potenzial voll nutzen zu können, empfehlen die Autoren, interne und externe Faktoren klarer voneinander zu unterscheiden und beide nicht mit Handlungsmöglichkeiten zu vermischen.

10.5 Literatur

Ansoff, I. (1965). *Corporate Strategy.* Harmondsworth, Middlesex.

Bindzius, F., & Wanek, V. (2011). *Landkarte der betrieblichen Gesundheitsförderung: Deutschland. Dreiländertagung Betriebliche Gesundheitsförderung.* St. Gallen.

BTU Brandenburgische Technische Universität Cottbus Fakultät 2 Institut für Städtebau und Landschaftsplanung INSL (Hrsg.). (2011). Ausgewählte Methoden der Empirischen Sozialforschung und deren Anwendung im Studiengang Stadt- und Regionalplanung. Cottbus. http://www-docs.tu-cottbus.de/stadtmanagement/public/Homepage/Lehre/Wiss_Arbeiten/handreichung_sozialwissenschaftliche_methoden_insl_2011.pdf. Zugegriffen: 07. Juli 2013.

Camden, C., Swaine, B., Tétreault, S., & Bergeron, S. (2009). SWOT analysis of a pediatric rehabilitation programme: A participatory evaluation fostering quality improvement. *Disability and Rehabilitation, 31. Jg., Nr. 16,* 1373-1381.

Christiansen, T. (2002). A SWOT analysis of the organization and financing of the Danish health care system. *Health Policy 59. Jg., Nr. 2,* 99-106.

Cuhls, K. (o.J.). Delphi Method. http://www.unido.org/fileadmin/import/16959_DelphiMethod.pdf. Zugegriffen: 07. Juli 2013.

Cuhls, K., Blind, K., & Grupp, H. (2002). Innovations for our Future. Delphi '98: New Foresight on Science and Technology. Technology, Innovation and Policy. *Series of the Fraunhofer Institute for Systems and Innovation Research ISI, no. 13.* Heidelberg: Physica.

David, F. (1986). The Strategic Planning Matrix: A Quantitative Approach. *Long Range Planning, 19. Jg., Nr. 5,* 102-107.

Diller, C. (2010). Methoden in der Praxis der deutschen Raumplanung. *DISP, 182. Jg., Nr. 3,* 36-49.

Diller, C. (o.J.). Projektbericht zur Evaluierung von Planungsmethoden. Justus-Liebig-Universität (Hrsg.), Fachbereich 07. Gießen. http://fss.plone.uni-giessen.de/fss/fbz/fb07/fachgebiete/geographie/bereiche/lehrstuhl/planung/pdf-bilder/planungsmethoden/file/Projektbericht_Planungsmethoden3.pdf. Zugegriffen: 08. Juli 2013.

Doerle, J. (2005). Economic Perspectives of Brownfield Development in Germany: An Integrated Approach. Case Study Stuttgart-Feuerbach. City of Stuttgart (Hrsg.). Stuttgart: Department for Environmental Protection.

Dornier Consulting GmbH (2007). Standortkonzept Logistik Rheinland-Pfalz: Zusammenfassung. http://www.isim.rlp.de/no_cache/verkehr/logistik/. Zugegriffen: 08. Juli 2013.

Dubs, R. (2005). *Die Führung einer Schule: Leadership und Management.* Stuttgart.

ENEF (2010). Working Group Opportunities: Subgroup on Competitiveness of Nuclear Power Strengths. Weaknesses, Opportunities, Threats (SWOT) Analysis. http://ec.europa.eu/energy/nuclear/forum/opportunities/doc/competitiveness/swot-report-part1--final.pdf. Zugegriffen: 08. Juli 2013.

EU-Kommission (2010). *Study on Urban Access Restrictions. TREN/A4/103 Final Report.* Rome.

Fernandez, J. (2009). A SWOT Analysis for Social Media in Libraries. http://works.bepress.com/joe_fernandez/4/. Zugegriffen: 09. Juli 2013.

Fürst, D., & Scholles, F. (2008). *Handbuch Theorien und Methoden der Raum- und Umweltplanung.* 3. Auflage. Dortmund.

Haas, S., Ermann, U. (2010). SWOT Analysis for Auf AEG. Nürnberg. http://www.secondchanceproject.eu/wp/wp-content/uploads/2011/07/swot_nuremberg_english_final.pdf. Zugegriffen: 08. Juli 2013.

Hamel, G. (1996). Strategy as Revolution. *Harvard Business Review. 74. Jg., Nr. 4,* 69-82.

Humphrey, A. S. (2005). SWOT Analysis for Management Consulting. In: *SRI Alumni Association Newsletter.* Dezember, 7-8.

Jacobs, T., Shepherd, J., & Johnson, G. (1998). Strengths, Weaknesses, Opportunities and Threats (SWOT) analysis. In: V. Ambrosini (Hrsg.), *Exploring Techniques of Analysis and Evaluation in Strategic Management* (S. 122-136). Harlow, Essex, UK.

Jaedicke, E., & Schwab, O. (2007). Ex-ante-Bewertung: Operationelles Programm des Landes Niedersachsen für den Europäischen Sozialfonds (ESF) in der EU-Strukturfondsperiode 2007-2013. Ziel „Konvergenz". IfS Institut für Stadtforschung und Strukturpolitik GmbH (Hrsg.). Berlin.

Kerres, M., Hanft, A., Wilkesmann, U., & Wolff-Bendik, K. (2011). *Positionen und Perspektiven zum lebenslangen Lernen an Hochschulen.* Münster.

Panagiotou, G. (2003). Bringing SWOT into focus. *Business Strategy Review, 14. Jg., Nr. 2,* 8-10.

Paul, H., & Wollny, V. (2014). *Instrumente des strategischen Managements: Grundlagen und Anwendung.* 2. Aufl. München.

Prognos AG, & Viaregio (2006). *Sozioökonomische Bestandsaufnahme und SWOT-Analyse Programm Interreg IV Oberrhein.* Straßburg.

Prognos AG (2006). SWOT-Analyse Landkreis Teltow-Fläming: Endbericht. Berlin. http://www.regionalbudget-tf.de/SWOT_Analyse.pdf. Zugegriffen: 07. Juli 2013.

Puxi, M. (2007). Konzepterstellung für eine lokale Beschäftigungsstrategie in der Region Leipzig: SWOT-Analyse. Institut für Sozialforschung und Gesellschaftspolitik (ISG) (Hrsg.). http://www.isg-institut.de/download/SWOT-Materialband.pdf. Zugegriffen: 09. Juli 2013.

Senatsverwaltung für Stadtentwicklung (Hrsg.). (2009). *Nachnutzung Flughafen Tegel Grundlagenermittlung.* Berlin.

Seyfried, E. (2009). *Methoden zur Ermittlung von Förderbedarfen und Potentialen: SWOT-Analyse, Strategieplanung und Ex-ante-Bewertung.* Berlin.

Sino-US Power Struggle (2012). *Australia Defence & Security Report, Nr. 2,* 37-47.

Stuttgart (2005). Economic Perspectives of Brownfield Development in Germany: An Integrated Approach. http://citychlor.eu/sites/default/files/economic_perspectives_of_brownfield_development_in_germany.pdf. Zugegriffen: 09. Juli 2013.

United Nations Industrial Development Organization (2005). Unido Technology Foresight Manual Organisation and Methods, Volume 1. Wien. https://www.unido.org/foresight/registration/dokums_raw/volume1_unido_tf_manual.pdf. Zugegriffen: 09. Juli 2013.

von Geibler, J., Rohn, H., Schnabel, F., Meier, J., Wiesen, K., Ziema, E., Pastewski, N., Lettenmeier M. (2011). Resource Efficiency Atlas: An international perspective on technologies and products with resource efficiency potential. Wuppertal Special 44e. Wuppertal. http://epub.wupperinst.org/files/3902/WS44e.pdf. Zugegriffen: 09. Juli 2013.

Weihrich, H. (1982). The TOWS Matrix: A tool for Situational Analysis. *Long Range Planning, 15. Jg., Nr. 2,* 54-66.

Weiland, U. (1994). *Strukturierte Bewertung in der Bauleitplan-UVP: Ein Konzept zur Rechnerunterstützung der Bewertungsdurchführung.* Dortmund.

Welge, M., & Al-Laham, A. (2008). *Strategisches Management.* 5. Auflage. Wiesbaden.

Vorausschau

11 Die Szenariotechnik als Methode der Experten- und Stakeholdereinbindung

Hannah Kosow, Christian D. León

Zusammenfassung

In diesem Beitrag wird die Szenariotechnik als Methode der Experten- und Stakeholdereinbindung vorgestellt. Einerseits ist Experten- und Stakeholdereinbindung sinnvoll, um Szenarien zu konstruieren: Experten und Stakeholdern speisen ihr Wissen und ihre Bewertungen zu unsicheren, komplexen und ambivalenten zukünftigen Entwicklungen ein. Diese Informationen werden über die Szenariotechnik synthetisiert und somit umfassendes Systemwissen erzeugt (Perspektive I). Der Einbezug von Experten und Stakeholdern dient der Datenerhebung, ihr Standing der Sicherung von Glaubwürdigkeit. Andererseits ist die Szenariotechnik aber auch eine Methode, um Experten und Stakeholder zu beteiligen. Sie dient dazu, divergierende Problemsichten nicht nur explizit zu machen sondern auch anzunähern und kommunikativ-diskursive sowie strategiebildende Prozesse zu unterstützen (Perspektive II). Diese Einbindung sichert zugleich die Legitimität der Szenarien und die für ihre Nutzung wichtige Ownership. Beide Perspektiven werden am Beispiel des Einsatzes der Szenariotechnik zur Konstruktion von Szenarien der Wasserzukunft 2040 von Lima, Peru (Projekt LiWa) illustriert.

11.1 Einleitung

In diesem Beitrag wird die Szenariotechnik als Methode der Experten- und Stakeholdereinbindung vorgestellt. *Experten* werden in einem breiten Sinne verstanden als Personen, die Spezialwissen und/oder Überblickswissen über ein Feld besitzen; *Stakeholder* als Akteure, deren Interessen durch eine Sache betroffen sind. *Einbindung* bedeutet zunächst unspezifisch, dass eingebundene Personen irgendeine (aktive) Rolle spielen, während *Beteiligung* den Teilnehmenden eine gewisse Gestaltungsmacht zuweist. Die Szenariotechnik wird eingesetzt, um Szenarien zu konstruieren. Szenarien können definiert werden als Bilder möglicher Zukünfte sowie der Wege, die zu diesen Zukünften führen (von Reibnitz

1991, S. 14; Gausemeier et al. 1996, S. 90; Steinmüller 2002, S. 6). Szenarien treffen im Gegensatz zu Prognosen keine Aussagen über *die eine* Zukunft, sondern betrachten mehrere *alternative* mögliche Zukünfte, d. h. mehrere Szenarien nebeneinander, um der Unsicherheit und Gestaltbarkeit zukünftiger Entwicklungen gerecht zu werden. Szenarien werden gerade dann konstruiert, wenn es um die schlecht vorhersehbare und eben nicht berechenbare Zukunft komplexer und systemischer Zusammenhänge geht. So verlangen z. B. Szenarien künftiger Umweltveränderungen eine inter- und transdisziplinäre Systemperspektive auf gesellschaftliche (ökonomische, politische, soziale) sowie auf ökologische und technische Entwicklungen. Manchmal ist außerdem auch lokales Wissen (Warren 1991) relevant. Schließlich sind Szenarien und die in ihnen enthaltenen Aussagen über die Zukunft wertgeladen (Greeuw et al. 2000). Zum einen durch die gewählte Perspektive, die immer eine Auswahl und eine bestimmte Betrachtung des Gegenstandes darstellt. Zum anderen, weil die Bewertung zukünftiger Entwicklungen immer ambivalent ist, d. h. dass diese von verschiedenen Interessengruppen ganz unterschiedlich bewertet werden können.

Die These dieses Beitrags lautet, dass die Szenariotechnik eine Methode der Experten- und Stakeholdereinbindung in (mindestens) zweifachem Sinne ist. Einerseits ist eine Experten- und Stakeholdereinbindung sinnvoll, um Szenarien zu konstruieren: Experten und Stakeholder werden einbezogen, um ihre Aussagen über, Annahmen zu sowie Bewertungen von zukünftigen Entwicklungen zu erfahren. Diese Informationen werden über die Szenariotechnik synthetisiert und somit umfassendes inter- und transdisziplinäres Systemwissen erzeugt. Experten und Stakeholder dienen als Wissens- und Datenquellen, ihr Standing der Sicherung der Glaubwürdigkeit der Szenarien (Perspektive I).

Andererseits ist die Szenariotechnik aber auch eine Methode, die gewählt wird, wenn Experten und Stakeholder z. B. in angewandten Forschungsprojekten beteiligt werden. Die Methode dient dazu, vielfältige Problemsichten nicht nur explizit zu machen sondern auch anzunähern, sowie die Kommunikation und Zusammenarbeit verschiedener Akteure bis hin zur Entwicklung gemeinsam getragener Handlungsoptionen zu unterstützen. Diese Beteiligung sichert zugleich die Legitimität der Szenarien und die für ihre Nutzung wichtige sog. Ownership (Perspektive II).

Zuerst wird die Szenariotechnik in ihren Grundprinzipien vorgestellt (Abschnitt 11.2). Danach wird der Einsatz der Szenariotechnik im Projekt LiWa zur Konstruktion von Szenarien der Wasserzukunft von Lima, Peru, bis zum Jahr 2040[1] als beispielhafte Anwendung skizziert (Abschnitt 11.3). Dann wird be-

1 „Nachhaltiges Management von Wasser und Abwasser in urbanen Wachstumszentren unter Bewältigung des Klimawandels – Konzepte für Lima Metropolitana (Peru) – LiWa." Gefördert

trachtet, wie Experten und Stakeholder eingebunden werden, um Szenarien zu konstruieren (Perspektive I) (Abschnitt 11.4). Anschließend wird die Perspektive umgedreht und erläutert, wie die Szenariotechnik verwendet wird, um Experten und Stakeholder zu beteiligen (Perspektive II) (Abschnitt 11.5). Beide Perspektiven werden jeweils am Beispiel des Projekts LiWa illustriert. Ein Fazit fasst Leistungen und Grenzen der Szenariotechnik als Methode der Experten- und Stakeholdereinbindung zusammen und bringt die zwei zuvor getrennten Perspektiven wieder zusammen (Abschnitt 11.6).

11.2 Szenariotechnik

Die *Grundidee* der Szenariotechnik ist, dass alternative Zukünfte möglich sind, je nachdem wie sich verschiedene Faktoren entwickeln und je nachdem welche Entscheidungen wir treffen. Um dieser Unsicherheit der Zukunft gerecht zu werden, sind Prognosen vor allem dann wenig sinnvoll, wenn es darum geht, langfristige zukünftige Entwicklungen zu betrachten. Dies gilt besonders, wenn Bereiche in den Blick genommen werden, in denen vielfältige Entwicklungen (z. B. soziale, technische und ökologische) interagieren. Die Szenariotechnik wird eingesetzt, um die Bandbreite möglicher und diffuser Zukünfte in (meist eine Handvoll) distinkter, möglicher Szenarien zu verwandeln. Die Szenariotechnik dient grundsätzlich *nicht* dazu, die Zukunft vorauszusagen – auch wenn diese Erwartung immer wieder aufscheint – sondern im Gegenteil ist sie ein Mittel um *heutige* (implizite) Vorstellungen von Zukunft explizit zu machen (Grunwald 2011) und damit *Orientierungswissen* für heutige Entscheidungen bereitzustellen (Kreibich 2007).
Szenarien sollen sehr unterschiedliche *Funktionen* erfüllen (Steinmüller 2002; Greeuw et al. 2000; Gaßner und Steinmüller 2006). Alcamo und Henrichs (2008, S. 17f.) sehen im Bereich der Umweltszenarien die drei Einsatzbereiche 1) Bildung und Information der Öffentlichkeit; 2) Wissenschaft und Forschung; 3) Strategische Planung und Unterstützung bei Entscheidungen. Kosow und Gaßner (2008, S. 12ff.) schreiben: „Insgesamt kann man die Bandbreite der Funktionen idealtypisch in vier Dimensionen aufspannen: Erstens eine explorative Funktion bzw. Wissensfunktion, zweitens eine Kommunikationsfunktion, drittens eine Zielkonkretisierungs- und Zielbildungsfunktion und viertens eine Entscheidungsfindungs- und Strategiebildungsfunktion." Mit einem Szenarioprozess sollen meist mehrere dieser Funktionen erfüllt werden.

---

vom Bundesministerium für Bildung und Forschung (BMBF) im Rahmen der Forschung für die nachhaltige Entwicklung der Megastädte von morgen (2008-2014).

11.2.1 Ablauf

Die Szenariotechnik ist generell durch den Ablauf von fünf typischen Phasen gekennzeichnet (Kosow und Gaßner 2008, S. 17ff.): Szenariofeldbestimmung, Bestimmung von Schlüsselfaktoren, Analyse von Schlüsselfaktoren, Szenario-Generierung und ggf. Szenario-Transfer (siehe Abbildung 11.1).[2] In der *ersten Phase* jedes Szenarioprozesses wird das Szenariofeld definiert, d. h. es wird festgelegt, was der Gegenstand ist, für den Szenarien entwickelt werden sollen, welche Aspekte des Themas betrachtet werden und genauso, welche Elemente und Aspekte nicht betrachtet werden. Die erste Phase legt sowohl die inhaltliche als auch die zeitliche und räumliche Perspektive des Untersuchungsraums fest.

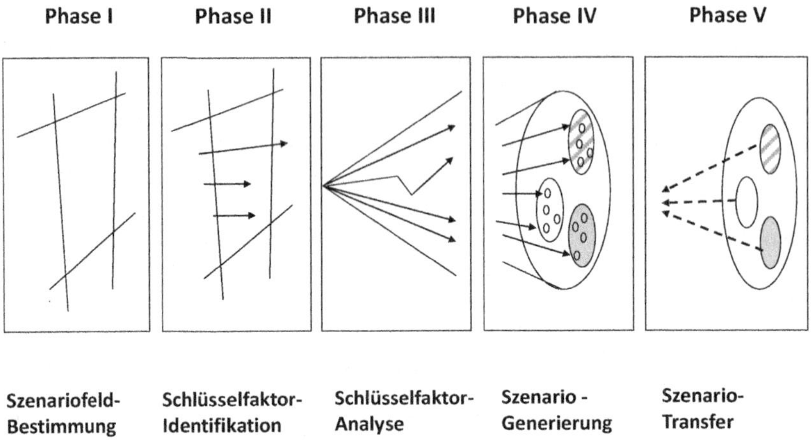

Abbildung 11.1: Ablauf der Szenariotechnik in fünf Phasen (Eigene leicht angepasste Darstellung nach Kosow und Gaßner 2008, S. 18)

In *Phase II* „wird das Szenariofeld über Schlüsselfaktoren beschrieben. Schlüsselfaktoren, teils auch als ‚Deskriptoren' bezeichnet, sind die zentralen Größen, die das Szenariofeld beschreiben bzw. die auf das Feld wirken und/oder über die das Feld nach außen wirkt. Schlüsselfaktoren sind diejenigen Variablen, Parameter,

2 Die Anzahl und Benennung dieser Phasen ist bei den verschiedenen Autoren jedoch nicht einheitlich (s. z. B. Gausemeier et al. (1996) vs. Wilson (1998) vs. Burmeister et al. (2002) vs. Steinmüller (2002)).

Trends, Entwicklungen und Ereignisse, die im weiteren Verlauf des Szenarioprozesses zentral betrachtet werden.“ (Kosow und Gaßner 2008, S. 19).

In *Phase III* werden „die einzelnen Schlüsselfaktoren [...] daraufhin analysiert, welche möglichen zukünftigen Ausprägungen jeweils vorstellbar sind“ (Kosow und Gaßner 2008, S. 19) bzw. welche alternativen Entwicklungen als relevante Alternativen bei der Szenariokonstruktion berücksichtigt werden sollen.

In *Phase IV* werden aus den verschiedenen alternativen Ausprägungen der für das Szenariofeld relevanten Entwicklungen schließlich Szenarien, also in sich stimmige alternative Bilder möglicher Zukünfte, entwickelt. Hierzu werden „konsistente Faktorenbündel zusammengestellt, ausgewählt und zu Szenarien ausgearbeitet. Bei diesem Schritt gibt es große methodische Unterschiede. Die Verdichtung zu Szenarien kann nach narrativ-literarischen bis hin zu formalisiert-mathematischen Verfahren erfolgen“ (Kosow und Gaßner 2008, S. 19). Theoretisch sind häufig sehr viele verschiedene Szenarien vorstellbar, um Szenarien jedoch unterscheidbar und interpretierbar zu halten, muss meist eine Auswahl von üblicherweise ca. drei bis fünf Szenarien getroffen werden.

In *Phase V*, dem Szenario-Transfer, werden die Szenarien auf vielfältige Arten und Weisen verwendet (z. B. als Kommunikationsinstrumente bzw. zur Prüfung von Handlungsoptionen und Strategien) oder weiterverarbeitet (z. B. mit Hilfe von Roadmaps, wie z. B. ein gewünschtes Szenario erreicht bzw. ein nicht erwünschtes vermieden werden kann).

11.2.2 Typen von Szenariotechnik

Über das grundsätzliches Vorgehen in Szenarioprozessen besteht weitestgehend Einigkeit. Allerdings gibt es viele verschiedene Typen von Szenariotechniken (van Notten et al. 2003; Mietzner und Reger 2004; Wilms 2006), in denen die *Ausgestaltung* der gerade vorgestellten Phasen sehr unterschiedlich aussehen kann: So können v. a. die Phasen zwei bis fünf (idealtypisch gesprochen) zum einen entweder durch Literaturrecherchen eines Einzelnen, über Befragungen oder in Form partizipativer Workshops mit vielfältigen Beteiligten durchgeführt werden und zum anderen können die einzelnen Phasen jeweils entweder eher systematisch und formalisiert ablaufen oder im Gegenteil eher kreative und intuitive Elemente betonen (Kosow und Gaßner 2008).

Auch Szenarien als ‚Produkte‘, die mittels Szenariotechnik erstellt werden, können sehr unterschiedliche Charaktere haben, und z. B. *analytisch-explorativ* sein („Was wäre wenn?“) oder aber explizit *normativ* („Welche Zukunft wünschen wir uns?“) (Steinmüller 1997; Greeuw et al. 2000; van Notten et al. 2003).

Sie können dem sog. *Forecasting* dienen, um von heute ausgehend in die Zukunft blickend auszuloten, welche Entwicklungen zu welchen Zukünften führen könnten oder aber dem sog. *Backcasting*, um z. B. die Frage zu beantworten: „Was müssen wir in 15, in 10, in 5 Jahren und was heute tun, um ein bestimmtes Zielszenario zu erreichen?"

Szenarien werden außerdem danach unterschieden, ob sie einen *qualitativen* oder *quantitativen* Charakter haben, d. h. ob sie v. a. verbale Aussagen und Bilder oder v. a. Zahlen und Diagramme verwenden und transportieren (van Notten et al. 2003). „Idealtypisch zugespitzt greifen quantitative Ansätze auf mathematische Modelle zurück, qualitative Ansätze dagegen auf narrativ-literarische Verfahren." (Kosow und Gaßner 2008, S. 24). Eine dritte Gruppe *kombiniert* qualitative Geschichten über die Zukunft, sog. „Storylines", mit quantitativen, auf Computermodellen basierenden Simulationen, wie z. B. der sog. „Story and Simulation (SAS)" Ansatz (Alcamo 2001, 2008).

Insgesamt kann man zwischen *systematisch-analytischen* und *kreativ-partizipativen* Szenariotechniken unterscheiden (Heinecke 2006; Kosow und Gaßner 2008). Zu den systematisch-analytischen Ansätzen gehören z. B. (u. a. Mietzner und Reger 2004): a) Einflussanalysen (Vester 2002) und b) Cross-impact-Analysen (Gordon und Hayward 1968), die sowohl die ‚französische Szenarioschule' nach Godet (1993) als auch die ‚deutsche Szenarioschule' des Batelleinstituts (von Reibnitz 1991; Geschka 1999) geprägt haben; so wie auch c) morphologische Analysen und schließlich d) die auf numerische Modelle gestützte Szenariokonstruktion. Zu den kreativ-partizipativen Ansätzen gehört z. B. die ‚scenario-axes' (Schwartz 1991; van der Heijden 1996), der ‚intuitive logics' genannte Ansatz (Huss und Honton 1987; Wilson 1998) sowie die normativ-narrativen Szenarien (Gaßner und Steinmüller 2006, 2009). Sowohl in systematisch-analytischen als auch in kreativ-partizipativen Szenariotechniken werden Experten und Stakeholder eingebunden. Allerdings unterscheiden sich je nach Funktion und Ziel des Einsatzes der Szenariotechnik die Rollen und die Zeitpunkte der Einbindung (siehe hierzu die Abschnitte 11.4 und 11.5 dieses Beitrags).

11.2.3 Auswahl von Experten und Stakeholdern

Die *Auswahl* bzw. das *Sampling* der Experten und Stakeholder läuft in der Szenariopraxis sehr unterschiedlich ab. Auf einer Foresight Website (FOR-LEARN) wird empfohlen: „Include different backgrounds that could provide useful insights to your scenario building process (i.e. science and technology, social sciences, environmental sciences, economics, demography, etc.). Include people from the outside: if you are running an exercise on the future of an organisation bring in people from other organisations; if you are building scenarios on a policy area you might want to involve people from other policy areas or related fields."[3] Idealerweise basiert das Sampling auf theoretisch-konzeptuell fundierten und gründlichen Akteursanalysen, um die einzubeziehenden Experten und Stakeholder zu identifizieren, zu kartieren und auszuwählen (ein umfassendes Beispiel für den Einsatz von Stakeholdertypologien und -mapping in der Szenariotechnik findet sich z. B. bei RIF 2012[4]). Es sollen die ‚bestmöglichen' Experten einerseits und diejenigen Stakeholder andererseits einbezogen werden, die als Adressaten die Entscheidungsbefugnisse haben, mit den Szenarien auch tatsächlich zu arbeiten bzw. die sie als Multiplikatoren verbreiten können.

In der Praxis ist es aber häufig so, dass die Beteiligung an Szenarioprozessen relativ zeitaufwändig ist (mindestens ein eintägiger Workshop bis hin zu mehrjährigen regelmäßigen Treffen), so dass selten die ‚oberste Entscheidungsetage' eingebunden wird, also nicht der Professor und der Direktor aufeinandertreffen, sondern eher der Doktorand und der Stellvertreter des Abteilungsleiters. Aus forschungspraktischen Gründen werden häufig diejenigen beteiligt, die die nötige Zeit und Motivation mitbringen. Auch deshalb ist es oft nicht sichergestellt, dass die späteren Adressaten, die ‚recipient user' wie z. B. Manager und Entscheidungsträger schon als ‚producer user' (zu dieser Unterscheidung Pulver und VanDeveer 2009) in Szenarioprozesse einbezogen werden. Insgesamt besteht beim Sampling die Herausforderung, die richtige Hierarchieebene zu treffen. Es ist wünschenswert, dass die Teilnehmer sich auf Augenhöhe begegnen können, wodurch im günstigsten Falle die Kommunikation und ggf. auch das Vertrauen und die Kooperation von unterschiedlichen Organisationen auf dieser Arbeitsebene unterstützt werden kann. Allerdings gilt weiterhin, je höher die Ebene, auf der ein Szenarioprozess angebunden wird, desto mehr Wirkung kann er entfalten.

11.2.4 Organisation der Einbindung

Im Rahmen von Szenarioprozessen werden Experten und Stakeholder entweder *individuell* befragt oder in *Workshop*-Situationen zusammengebracht. Das Veranstalten von Workshops scheint in der Szenariotechnik das beliebtere Verfahren zu sein, v. a. da sich divergierenden Perspektiven und Einschätzungen direkt

3 Quelle: http://forlearn.jrc.ec.europa.eu/guide/4_methodology/meth_scenario.htm. Zugegriffen: 24. Juli 2013

4 Siehe http://www.rif2030.eu/projectresult/work-package-4-strategic-options-for-society-and-policy/. Zugegriffen: 19. Juli 2013.

begegnen und im sozialen Prozess diskursiv verarbeitet werden (s. auch Perspektive II: Szenariotechnik, um Experten und Stakeholder zu beteiligen).[5] Zur Durchführung der Szenariotechnik werden erfahrene ‚Szenario-Experten' sowie für die Organisation und Moderation der Einbindung von Experten und Stakeholdern außerdem meist ausgewiesene Moderatoren benötigt. Während Szenario-Experten sehr unterschiedliche disziplinäre – und meist interdisziplinäre – Hintergründe haben, wird die Moderation häufig Sozialwissenschaftlern übertragen.

Als Beispiel (siehe Abschnitt 11.3) wird im nächsten Abschnitt das Projekt LiWa vorgestellt. In diesem Projekt wurde eine Szenariotechnik angewendet, die sowohl zwischen quantitativen und qualitativen Techniken als auch zwischen systematisch-analytischen und kreativ-partizipativen Techniken steht.

11.3 Beispiel: Szenariotechnik im Projekt LiWa

Das Projekt „Nachhaltiges Management von Wasser und Abwasser in urbanen Wachstumszentren unter Bewältigung des Klimawandels – Konzepte für Lima Metropolitana (Peru)" kurz „LiWa" wird von 2008-2014 im Verbund mit verschiedenen Forschungs- und Praxispartnern aus Deutschland und Peru durchgeführt.[6]

11.3.1 Phase I Szenariofeldbestimmung

Im Rahmen dieses angewandten Forschungsprojektes sind von ZIRIUS[7] Szenarien der Wasserversorgung der Stadt Lima (Peru) mit einem Betrachtungszeitraum bis zum Jahr 2040 erstellt worden. Die *Funktion* dieser Szenarien ist vielfältig, zum einen wurden mit ihnen explorative Zwecke im Rahmen des Forschungsprojekts LiWa verfolgt, zum anderen sollen sie aber auch kommunikativ-diskursive Effekte haben und strategiebildende Prozesse vor Ort in Lima unter-

5 Zur Diskussion der Leistungen und Grenzen von Gruppenverfahren vs. individuellen Wissensverfahren siehe z. B. den Vergleich von Delphi vs. Gruppendelphi (Webler et al. 1991, Schulz und Renn 2009) bzw. den Vergleich von Experteninterview und Fokusgruppe (Fleischer et al. 2012).

6 Gefördert vom Bundesministerium für Bildung und Forschung (BMBF) im Rahmen der Forschung für die nachhaltige Entwicklung der Megastädte von morgen. Für weitere Informationen siehe http://www.lima-water.de/; Förderkennzeichen: 01LG0512C.

7 ZIRIUS – Zentrum für Interdisziplinäre Risiko- und Innovationsforschung der Universität Stuttgart.

stützen. Als Szenariotechnik wurde die Cross-Impact-Bilanzanalyse (CIB) (Weimer-Jehle 2006) eingesetzt. Bei der CIB handelt es sich um eine qualitative Szenariotechnik, die ein systematisch-analytisches Vorgehen mit explizit partizipativen Aspekten verbindet (siehe „Cross-Impact-Analyse" in diesem Buch). Das Szenariofeld, die Ziele und die gewählte Szenariotechnik wurden während der Antragstellung und der Vorphase des Projektes vom deutsch-peruanischen Projektteam definiert.

11.3.2 Eingebundene Experten und Stakeholder

Als Projektpartner sind in LiWa von deutscher Seite v. a. verschiedene Forschungseinrichtungen, von peruanischer Seite v. a. verschiedene Akteure aus dem Wassersektor Limas beteiligt. Auf deutscher Seite steht eine interdisziplinäre Forschungsgruppe von Sozialwissenschaftlern und Ökonomen über Landschaftsplaner bis hin zu Wasserbauingenieuren und Hydrologen, die mit unterschiedlichsten Methoden und Perspektiven verschiedene Aspekte der Wasserversorgung Limas untersuchen. Diese Akteure kann man als *wissenschaftliche Experten* charakterisieren, die unterschiedliche disziplinäre Perspektiven und fachspezifisches Wissen im Themenbereich Wasser, bzw. für sehr spezifische Teilaspekte davon haben. Sie sind zum Beispiel Experten für die Modellierung der Auswirkungen des Klimawandels auf Flusseinzugsgebiete oder aber für die Wirkungen verschiedener Tarifsysteme auf soziale Einkommensgruppen. Aufgabe dieser Fachexperten ist es, ihre allgemeine fachliche Forschungsexpertise einzusetzen, um weiterführendes Wissen über die spezifische Situation in Lima, Peru zu generieren und in den Szenarioprozess einzuspeisen.

Außerdem findet sich eine weitere Gruppe von Experten unter den Forschern aus Deutschland, nämlich eine Gruppe von drei ‚*Szenario-Experten*'. Sie zeichnen sich weniger über thematische Expertise – ursprünglich kommen sie aus den Sozialwissenschaften und der Physik – als über methodische Expertise aus. Sie sind sowohl die Initiatoren des Szenarioprozesses als auch für die tatsächliche Konzeption und Durchführung (Organisation und Moderation) der Szenariotechnik verantwortlich.[8]

Auf peruanischer Seite stehen zum einen die (auch finanziell eingebundenen) offiziellen lokalen Projektpartner: der Wasserversorger der Hauptstadt Lima (das staatliche Unternehmen SEDAPAL, das im Besitz der Zentralregie-

8 Die Szenario-Experten arbeiten teils in Stuttgart, teils vor Ort in Lima, die Hauptverantwortung für den Prozess liegt bei einem deutsch-peruanischen Forscher von ZIRIUS, der für die Projektdauer vor Ort in Lima arbeitet.

rung ist); zwei Nicht-Regierungsorganisationen (NGOs), darunter eine, die zum Thema Wassergerechtigkeit und Zugang zu Trinkwasser arbeitet (FOVIDA) und eine andere, die in den Bereichen Umwelt und Stadtentwicklung aktiv ist (FCPV); außerdem der Fachbereich Umweltingenieurwesen der Universidad Nacional de Ingeniería, ein Experte aus dem Bereich Abwasserwirtschaft, sowie seit 2012 auch das städtische Institut für Stadtplanung (IMP). Darüber hinaus gibt es eine Reihe assoziierter Projektpartner wie z. B. die für den Wassersektor zuständige staatliche Regulierungsbehörde SUNASS und das für Hydrologie und Meteorologie zuständige staatliche Institut SENAMHI. Diese Akteure kann man zum einen als *Stakeholder* charakterisieren, zum andern aber auch als *lokale Experten* mit Spezial- und Überblickswissen zur Situation in Lima.

11.3.3 Phasen II und III Identifikation und Analyse der Schlüsselfaktoren

Eine *Szenariogruppe*, besetzt mit Vertretern aller offiziellen peruanischen Projektpartner hat sich regelmäßig von 2009 bis 2012 im Kreis von jeweils ca. 7-10 Personen in Lima getroffen. Organisiert und moderiert wurden diese Treffen von dem deutsch-peruanischen Szenario-Experten von ZIRIUS. Diese Szenariogruppe hat 13 Schlüsselfaktoren aus vier Bereichen identifiziert:

- Governance (u. a. Art der Regierung, Organisationsform des Wasserunternehmens)
- Bevölkerung und Territorium (u. a. Bevölkerungswachstum, Armut, Anschlussrate von Privathaushalten ans Wassernetz, Stadtentwicklung)
- Technische Wasserinfrastruktur (u. a. Verlustrate des Trinkwassernetzes, Anteil der geklärten Abwässer, Beitrag von Stauseen und Grundwasserbrunnen zum Wasserdargebot)
- Klimawandel (u. a. Veränderung der Niederschläge in den Flusseinzugsgebieten und der Abflüsse der drei Flüsse, die durch das Stadtgebiet fließen).

Ebenfalls von der Szenariogruppe wurden für jeden Schlüsselfaktor zwei bis drei alternative zukünftige Entwicklungen ausgewählt, z. B. für die Organisationsform des Wasserunternehmens: a) privat, b) staatlich mit politischer Einflussnahme und c) staatlich ohne politische Einflussnahme; oder, um ein anderes Beispiel zu nennen, für das Bevölkerungswachstum: a) stark, b) mittel, c) schwach steigende Bevölkerung bis 2040. Diese alternativen Entwicklungen wurden dann in der Szenariogruppe systematisch auf ihre möglichen Wechselwirkungen untereinander untersucht und in eine sog. CIB-Matrix (siehe „Cross-Impact-Analyse“ in diesem Buch) überführt.

11.3.4 Phase IV Szenario-Generierung und -Ausarbeitung

Anschließend wurden von den Szenario-Experten über die CIB-Matrix in sich konsistente Konstellationen von Schlüsselfaktoren bestimmt und insgesamt vier Szenario-Familien ausgewählt.[9]

- Szenario A: „Klimastress trifft Governance-Desaster“
- Szenario B: „Die Tragödie der isolierten Maßnahmen“
- Szenario C: „Die Chancen der Akteure auf der Meso-Ebene“
- Szenario D: „Klimaresilienz dank Governance“

Die Auswahl der Szenario-Familien wurde in einem Workshop gemeinsam mit der peruanischen Szenariogruppe durchgeführt.

Vor der Nutzung der LiWa Szenarien im Rahmen der Entwicklung eines Aktionsplans (Phase V Szenario-Transfer) sind sie zunächst weiter ausgearbeitet worden. Von der peruanischen Szenariogruppe wurden sie in qualitative *Storylines* umformuliert, und im Rahmen spezieller Veranstaltungen (Runde Tische) einem breiteren Publikum vorgestellt und diskutiert. Die Szenarien wurden daraufhin teilweise revidiert oder spezifiziert, und schließlich auch (soweit möglich) *quantifiziert*. Hierzu wurden sowohl deutsche Fachexperten und Forschungspartner als auch peruanische projektinterne und -externe Experten mit punktuellem Fachinput hinzugezogen. Im Rahmen des Projekts wurde am ifak Magdeburg[10] ein numerisches Stoffstrommodell des Wasser- und Abwassersystems der Stadt, das sogenannte „LiWatool“ entwickelt, mit diesem wurden die quantifizierten Szenarien *simuliert* (Kosow et al. 2013).[11] Dieses Modell bildet das Wassersystem der Stadt Lima ab, und zwar in grober aber umfassender Form beginnend mit den Wasserquellen (Oberflächen- und Grundwasser); über die Trinkwasseraufbereitung und die Verteilung; die Nutzung durch Privathaushalte, Industrie, Landwirtschaft und Grünflächen bis zur Sammlung und Aufbereitung von Abwasser und schließlich entweder zur Wiedernutzung für die Bewässerung oder Einleitung in den Ozean bzw. Fluss. Durch die Simulationen konnte u. a. die Wasserbilanz der Stadt der verschiedenen Szenarien berechnet werden.

9 Für weitere Informationen zu den Szenarien siehe http://www.lima-water.de/

10 Siehe http://www.ifak.eu

11 http://www.lima-water.de/documents/scenariobrochure.pdf

11.3.5 Phase V Szenario-Transfer

Schließlich sind die Szenarien in die Erstellung eines gemeinsamen *Aktionsplanes* für die Wasserversorgung von Lima eingeflossen. Die teilweise bereits in den Szenarien enthaltenen Handlungsoptionen, ergänzt durch weitere Maßnahmen, sind für diesen Aktionsplan zu einem Maßnahmenpaket geschnürt worden, das schließlich von lokalen Verantwortlichen (Stadtverwaltung, Wasserversorger, u. v. m.) im Konsens in einem offiziellen Akt unterzeichnet worden ist. Die Szenariogruppe war an der Entwicklung dieses Maßnahmenpaketes maßgeblich beteiligt.[12] Sowohl die Erstellung und Ausarbeitung der Szenarien (Phase IV) als auch die Entwicklung des gemeinsamen Aktionsplanes wurden von einem größeren partizipativen Design in Form von Workshops und vier sog. Runder Tische flankiert, an denen jeweils ca. 40 weitere projektexterne lokale Stakeholder und Experten teilgenommen haben.

Tabelle 11.1 fasst die Einbindung der verschiedenen Akteure während der verschiedenen Phasen des Szenarioprozesses zusammen.

12 http://www.lima-water.de/documents/limaactionplan.pdf

Akteursgruppe	Hauptbeiträge im Szenarioprozess	Phase I Szenariofeld-Bestimmung	Phase II Schlüsselfaktor-Identifikation	Phase III Schlüsselfaktor-Analyse	Phase IV Szenario-Generierung	Phase V Szenario-Transfer
Szenario-Experten (D & PE)	Prozessgestaltung, Moderation, Konsensfindung	x	x	x	**X**	x
Szenariogruppe (gleichzeitig Stakeholder und lokale Experten) (PE)	Input von lokalem Wissen, Auswahl, Priorisierung, Auswertung	x	**X**	**X**	x	x
Forschergruppe (wissenschaftliche Experten, u. a. Ökonomen, Landschaftsplaner, Wasserbauingenieure und Hydrologen) (D)	Wissensinput Forschungsergebnisse	**X**	x	x		
projektexterne Experten (PE)	Wissensinput		x	x		x
projektexterne lokale Stakeholder (PE)	Kommentierung, Validierung, Multiplikatoren					**X**

Tabelle 11.1: Beiträge und Einbezug von verschiedenen Gruppen in den fünf Phasen des Szenarioprozesses des Projekts LiWa (D = aus Deutschland, PE = aus Peru; x = Beitrag, X = entscheidender Beitrag pro Phase)

11.3.6 Sampling und Organisation der Experten- und Stakeholdereinbindung

Das *Sampling* der Stakeholder basierte auf einer Akteursanalyse, die verschiedene Gruppen von Akteuren im Wassersektor von Lima identifiziert hat. Ziel war es, zentrale Stakeholder und lokale Experten als Projektpartner zu integrieren. Die Szenariogruppe wurde mit diesen Projektpartnern besetzt, da von den Teilnehmern die Motivation und die Bereitschaft zu jahrelanger kontinuierlicher Mitarbeit verlangt werden musste. Zudem wurde dadurch versucht, die Breite der gesellschaftlichen Gruppen möglichst gut abzudecken (Unternehmen, Verwaltung, Wissenschaft, Zivilgesellschaft). Der Kern der beteiligten Fachexperten aus der Forschung ist identisch mit dem Projektkonsortium, da die Szenarien auch eine integrierende Funktion innerhalb des Forschungsprojektes leisten sollten. Experten und Stakeholder wurden hauptsächlich über unterschiedlich große Workshops und Runde Tische eingebunden. Punktuell wurde die Expertise von wissenschaftlichen Experten, projektexternen Experten und lokalen Stakeholdern aber auch in individuellen Interviews bzw. Kleingruppengesprächen eingeholt.

Nun werden die zwei Perspektiven der Szenariotechnik als Methode der Experten- und Stakeholdereinbindung dargestellt und jeweils am Beispiel LiWa illustriert.

11.4 Perspektive I: Experten- und Stakeholdereinbindung, um Szenarien zu konstruieren

Experten und Stakeholder werden in Szenarioprozesse als ‚Wissenslieferanten' eingebunden. Ziel ihrer Einbindung ist es, möglichst gute, d. h. solide, plausible und glaubwürdige Szenarien zu konstruieren. Diese *erste* Perspektive entspricht vor allem dem Einsatz der Szenariotechnik zu explorativen Zwecken, bzw. in ihrer Wissensfunktion (siehe Abschnitt 11.2 dieses Beitrags).

11.4.1 Wissensinput

Idealtypisch gesehen leisten Experten und Stakeholder in der Szenariotechnik oft den entscheidenden Informations-Input. Ihr Wissen, ihre Einschätzungen und ihre Bewertungen sind zentral, um Szenarien zu konstruieren und auszuwerten. Da es um die Einschätzung *unsicherer zukünftiger* Entwicklungen geht, gibt es kein umfassendes sicheres und schon gar kein Lehrbuchwissen, auf das die Szenario-Experten z. B. über Literaturstudien zugreifen könnten. Dies gilt auch angesichts der *Komplexität* der Themen, die mit der Szenariotechnik bearbeitet werden: Es gibt meist kein Wissen in Form von Theorien und Modellen, sondern man greift ersatzweise auf Expertenurteile zurück, um das bestmögliche Systemverständnis zu erhalten. In der Szenariotechnik werden *Experten* einbezogen, die entweder besonderes Spezialwissen über bestimmte Aspekte des Szenario-Gegenstandes oder besonderes Überblickswissen über das gesamte Szenariofeld besitzen (Wilson 1998). Experten werden v. a. bei der Auswahl und Analyse von Schlüsselfaktoren sowie ggf. auch bei der Szenarioauswahl und dem Szenario-Transfer eingesetzt. Bei der Auswahl der Experten bestehen zahlreiche Schwierigkeiten, unter anderem werden häufig nicht nur disziplinäre Fachexperten benötigt, sondern gerade solche, die eine Expertise für das ‚Dazwischen' besitzen, z. B. für das Zusammenspiel von gesellschaftlichen *und* ökologischen Entwicklungen. Auch wird vorausgesetzt, dass jemand, der sich durch Expertise in Bezug auf vergangene und heutige Entwicklungen in einem Gebiet auszeichnet, auch der entsprechende Experte für zukünftige Entwicklungen dieses Gebietes ist.

Im Projekt LiWa speisten sowohl die lokalen Stakeholder als auch die Fachexperten aus der Forschung ihr Wissen und ihre Einschätzungen in den Szenarioprozess ein. Zum Beispiel bei der Definition der alternativen Entwicklungen der Schlüsselfaktoren (und in besonderem Maße dann auch bei der Umwandlung dieser qualitativen Szenario-Aussagen in Inputparameter für die Modellrechnungen mit LiWatool) waren diese Expertenurteile essentiell. So konnte zwar für unterschiedliche Prognosen der Bevölkerungsentwicklung auf offizielle Berechnungen des nationalen Statistikamts (INEI) zurückgegriffen werden, Aussagen über die zukünftige Entwicklung der Armut dagegen sind politisch so hoch sensibel, dass es keine offiziellen Schätzungen gibt, und schon gar keine in Zahlen ausgedrückten Aussagen, so dass im Endeffekt allein auf eigene Abschätzungen der lokalen Experten zurückgegriffen wurde, um verschiedene Entwicklungen des Schlüsselfaktors ‚Armut' zu definieren und zu quantifizieren.

11.4.2 Auswahl- bzw. Relevanzbewertungen

Wie in der Einleitung ausgeführt, sind Szenarien und die in ihnen enthaltenen Aussagen über die Zukunft *wertgeladen* (Greeuw et al. 2000). Deshalb werden *Stakeholder* einbezogen, wenn es in der Szenariotechnik um Bewertungsfragen geht, d. h. um Fragen von Relevanz, der Definition von Perspektiven (u. a. der Auswahl von Schlüsselfaktoren), sowie besonders bei der Bewertung der Wünschbarkeit von zukünftigen Entwicklungen bzw. Szenarien. Dieser Input kann von der ersten Phase an, d. h. bei der Definition des Szenariofeldes benötigt werden, um sicherzustellen, dass die Szenarioperspektive der Problemsicht a) der

Betroffenen und/oder b) der Adressaten der Szenarien gerecht wird. Dies gilt genauso in der Phase der Szenarioauswahl. In der Schlussphase, dem Szenario-Transfer, sind Stakeholder ebenfalls die entscheidenden Akteure, besonders bei der Priorisierung von Maßnahmen und Strategien. Der Einbezug von Stakeholdern ist jedoch meist nicht allein wie hier dargestellt funktional begründet, sondern spielt eine wichtige Rolle in Bezug auf die Legitimität der Szenarien (s. Perspektive II, Unterabschnitt 11.5.2).

Im Projekt LiWa waren die lokalen Stakeholder zentral an der Auswahl und Analyse der Schlüsselfaktoren beteiligt. Welche alternativen Ausprägungen betrachtet werden sollen, war Gegenstand langer und teils heftiger Diskussionen, so bestand z. B. anfangs keine Einigkeit über die mögliche Organisationsform des Wasserunternehmens: Soll die Variante ‚privates Unternehmen' überhaupt als eine Option in der Zukunft in Betracht gezogen werden? Ebenfalls deutliche Diskussionen gab es um die Fragen, welche zukünftigen Entwicklungen der Anschlussrate ans Trinkwassernetz oder der Verlustrate des Netzes möglich seien und im Szenario betrachtet werden sollen. Hier gab es durch die Doppelrolle der Szenariogruppe als lokale Experten einerseits und als Stakeholder mit deutlich divergierenden Interessen andererseits teils einen offensichtlichen normativen Bias im Wissensinput in der Form „weil nicht sein kann was nicht sein soll". In diesen Fällen kam der Moderation durch die Sozialwissenschaftler von ZIRIUS eine wichtige Rolle für die Konsensfindung zu.

11.4.3 Standing für Glaubwürdigkeit

Insgesamt sind Experten und Stakeholder in der Szenariotechnik wichtige Wissenslieferanten. Über den rein inhaltlichen Input hinaus werden Experten aber auch eingebunden, um *glaubwürdige* Szenarien zu produzieren: Expertenwissen und Experteneinschätzungen dienen als Ersatz für eine empirische Fundierung, die bei Szenarien, deren Gegenstand in der Zukunft liegt, nun mal nicht gegeben ist, sowie als Ersatz für solide Theorien und Modelle, wie sie gerade bei komplexen disziplin- und bereichsübergreifenden Themen fehlen. Allerdings besteht immer die Möglichkeit der *subjektiven Verzerrung* der Expertenurteile, da Zukunftsaussagen nicht empirisch nachprüfbar sind: Im drastischsten Falle divergieren die Einschätzungen z. B. zu relevanten alternativen Entwicklungen eines Schlüsselfaktors, je nachdem welcher Experte gefragt wird. Und da selten *alle* Experten befragt werden können, ist die Bandbreite der als relevant eingeschätzten Entwicklungen möglicherweise subjektiv verzerrt. Szenarien haben zwar keinen Wahrheitsanspruch, doch um von außen, d. h. von Rezipienten, die nicht am Entstehungsprozess teilgenommen haben, als glaubwürdig wahrgenommen und bewertet zu werden, sind das Standing, d. h. die Position, die Autorität und der Ruf der eingebundenen Experten wichtige Faktoren.

Im Projekt LiWa war es v. a. der Wissensinput durch die deutschen Forschungsexperten, der die Neutralität und Glaubwürdigkeit der Szenarien aus Sicht peruanischer Adressaten gesteigert hat, sowohl durch die *methodische* Fundierung des Szenarioprozesses als auch z. B. in Bezug auf Aussagen zu möglichen Effekten des Klimawandels auf die Wasserverfügbarkeit. Andererseits hat der (wahrgenommene) Einfluss der Szenario-Experten v. a. auf die Szenario-Auswahl die Ownership der Szenarien durch die peruanische Szenariogruppe zeitweise bedroht, wie im nächsten Abschnitt ausgeführt wird.

Insgesamt werden über die Szenariotechnik vielfältige Experten- und Stakeholderinformationen nicht nur gesammelt sondern auch zusammengefasst und integriert. Hierdurch entsteht umfassendes Systemwissen und die Szenariotechnik kann deshalb als Methode *der inter- und transdisziplinären Wissensintegration* verstanden werden. Scholz und Tietje (2002) plädieren dafür, die Szenariotechnik in inter- und transdisziplinärer Forschung ausdrücklich als *Synthesetechnik* einzusetzen, um die verschiedenen Einzelperspektiven zusammenzubringen und die Fachexpertise und -analyse in Gesamtbildern zu bündeln. Dies dient nicht allein der Konstruktion ‚hochwertiger' Szenarien sondern auch den teilnehmenden Experten und Stakeholdern, wie im nächsten Abschnitt ausgeführt wird.

11.5 Perspektive II: Szenariotechnik, um Experten und Stakeholder zu beteiligen

Experten und Stakeholder werden mit Hilfe der Szenariotechnik zusammengebracht, um ihre heterogenen Perspektiven miteinander ins Gespräch zu bringen und anzunähern und um somit ihre Kommunikation und Zusammenarbeit zu unterstützen. Diese *zweite* Perspektive entspricht dem Einsatz der Szenariotechnik in ihrer kommunikativ-diskursiven sowie strategiebildenden Funktion. Durch die Beteiligung von Experten und Stakeholdern werden im Idealfall außerdem die Legitimität der Szenarien und die sog. Ownership gesichert.

11.5.1 Kommunikativ-diskursive Funktion

Die Szenariotechnik wird erstens eingesetzt, um die sog. *mentalen Modelle* der Beteiligten offenzulegen (Wilson 1998; Greeuw et al. 2000). Wir handeln und entscheiden immer unter bestimmten Annahmen über die Zukunft und über

Wirkungszusammenhänge, diese Annahmen sind jedoch meist nicht explizit. Heterogene Zukunftsvorstellungen von Stakeholdern und Experten können durch Szenariotechnik transparent gemacht werden, da offengelegt werden muss, welche zukünftigen Entwicklungen als (un-)wichtig, (un-)möglich und ggf. als (nicht) wünschenswert angesehen werden. So wurde im Projekt LiWa in der Szenariogruppe durch die intensive Beschäftigung mit Schlüsselfaktoren und mit ihren Wechselwirkungen die mentalen Modelle der verschiedenen Stakeholder zur Wassersituation und ihrer angenommenen zukünftigen Entwicklungen sowie zu erwarteten Folgen offengelegt. Beispielsweise bestanden innerhalb der Szenariogruppe unterschiedliche Auffassungen darüber, ob eine Privatisierung des Wasserunternehmens zu einer Zu- oder Abnahme von Investitionen in das Trinkwassernetz führen würde.

Durch den Austausch der verschiedenen Perspektiven soll zweitens das gegenseitige Verständnis und die gegenseitige Anregung unterstützt werden. Im Idealfall wird eine *gemeinsame und neue Problemsicht und Perspektive* entwickelt. Die Szenariotechnik hat a) zum Ziel, heterogene Akteure aus vielfältigen (disziplinären) Hintergründen dabei zu unterstützen, eine gemeinsam geteilte Sprache und ein gemeinsames Verständnis für den Gegenstand zu entwickeln (siehe zur Funktion der Wissensintegration Perspektive I: Experten- und Stakeholdereinbindung, um Szenarien zu konstruieren). Außerdem kann idealerweise b) durch die gegenseitige Anregung in einer mit vielfältigen Akteuren besetzten Workshopsituation auch eine neue und kreative(re) Sicht entwickelt werden, wenn es gelingt, Denkbarrieren aufzubrechen und Raum für Kreativität zu schaffen. Dann können Zukunftshorizonte erweitert und generell ein ‚Anders' Denken ermöglicht werden (Gaßner und Steinmüller 2006; Minx und Böhlke 2006). Im Projekt LiWa wurde z. B. bei der Definition von Schlüsselfaktoren deutlich, dass unterschiedliche Akteure verschiedene Verständnisse zentraler Konzepte verwendeten. Das anschließende kontinuierliche Ringen um gemeinsame Definitionen war ein durchaus anstrengender aber sehr lohnender Prozess, um eine gemeinsam geteilte Problemwahrnehmung und ein erweitertes Systemverständnis über disziplinäre und kulturelle Grenzen hinweg zu gewinnen. In der Szenariogruppe haben außerdem mit dem Wasserversorger und den NGOs ideologische und historisch etablierte Gegner zusammengearbeitet, ihre gegenseitigen Positionen kennengelernt und sich schließlich auf ein weitestgehend gemeinsames qualitatives Modell der Wasserversorgung von Lima geeinigt. Ausgehend von einer Akteurskonstellation, die durch Fragmentierung (keine Kooperation) und gegenseitiges Misstrauen gekennzeichnet war, haben die über ca. vier Jahre regelmäßig organisierten Treffen der Szenariogruppe dazu beigetragen, die Kooperation und das Vertrauen zwischen den lokalen Stakeholdern zu fördern. Alle institutionell verankerten Animositäten konnten nicht ausgeräumt werden, aber auf der persönlichen Ebene der direkt Beteiligten hat sich eine sehr überwiegend wertschätzende und vertrauensvolle Zusammenarbeit etabliert.

Bedingung sowohl für einen offenen und transparenten Umgang mit heterogenen Zukunftsvorstellungen sowie für die Entwicklung *gemeinsamer* und ggf. sogar *neuer* Perspektiven ist eine offene, anregende sowie möglichst hierarchiearme Atmosphäre, in der die Beteiligten möglichst frei denken und sprechen können. Dies wurde im Projekt LiWa vor allem dadurch sichergestellt, indem die Größe der Szenariogruppe über die Projektlaufzeit wenig verändert wurde und Informationen und Zwischenergebnisse nicht ohne vorherige Zustimmung nach außen gegeben wurden. Zudem kam der Moderation eine wichtige Rolle zu, bei Konfliktsituationen unparteiisch zu bleiben und Lösungen zu suchen, die von allen mitgetragen wurden. Wenn jedoch Stakeholder allein aus strategischen Gründen an Szenarioprozessen teilnehmen – was mitunter vorkommt – und sich nicht aufeinander und auf neue Perspektiven einlassen, sind die diskursiv-kommunikativen Funktionen eher auf das Aufdecken der divergierenden Zukunftsperspektiven denn auf deren Integration beschränkt.

Auf Grundlage einer gemeinsam geteilten Perspektive auf den Gegenstand können Szenarien anschließend gut genutzt werden, um gemeinsam mit den beteiligten Experten und Stakeholdern Maßnahmen und auch mögliche Strategien zu entwickeln, zu diskutieren und zu analysieren.

11.5.2 Legitimität

Mit Hilfe der Szenariotechnik werden aus der unendlichen Vielfalt möglicher Zukünfte einige wenige distinkte Zukunftsbilder herausgeschält. Diese Auswahl von Schlüsselfaktoren und Szenarien wird gesteuert durch die gewählte Problemstellung und wird durch die Perspektiven und Präferenzen der beteiligten Experten und Stakeholder beeinflusst. Insgesamt stehen Szenarioprozesse somit immer unter dem Druck, sich rechtfertigen zu müssen, wieso gerade *diese* (Schlüsselfaktoren oder) Szenarien gewählt wurden und nicht andere und wieso diese Szenarien genau*so* aussehen und nicht anders. Wenn nun aber möglichst *vielfältige* Experten und Stakeholder in die Konstruktion und Auswahl der Szenarien einbezogen werden, können Szenarien an (inter- und transdisziplinärer) Legitimität gewinnen. Denn idealerweise sind dann die Sichtweisen aller relevanter Akteure bzw. ihre jeweiligen Interessen und Wahrnehmungsfilter eingeflossen und werden in der Ausgestaltung der Szenarien hinreichend berücksichtigt. Dies ist wiederum besonders wichtig, wenn auf Basis dieser Szenarien tatsächlich Entscheidungen getroffen, Strategien entwickelt bzw. nachhaltige Lösungen gesucht und langfristige Planung betrieben werden sollen. Die Legitimität der Szenarien hängt erstens entscheidend von einem möglichst ausgewogenen Sampling der Beteiligten ab, bei dem a) alle relevanten Interessengruppen vertreten sind und b) die gewählten Vertreter auch als repräsentativ für ihre Interessengruppen angesehen werden. Zweitens hängt es auch davon ab, ob der gesamte Szenarioprozess als fair, offen und transparent angesehenen wird.

Im Projekt LiWa wurde die Szenariogruppe mit Stakeholdern aus den verschiedenen gesellschaftlichen Gruppen besetzt, um eine möglichst große Bandbreite an Perspektiven und Betroffenheit zu repräsentieren (siehe Abschnitt 11.3). Wichtig für die Legitimität des Prozesses war die bis zuletzt regelmäßige und aktive Teilnahme der Vertreter des Wasserunternehmens, das in diesem Fall ein Hauptakteur des Wassersektors ist. Dennoch fehlten über weite Strecken des Prozesses weitere relevante Stakeholder, und zwar aus der Stadtverwaltung von Lima, da diese während der Projektlaufzeit im fast ständigen politischen Umbruch begriffen war, und im Besonderen aus dem Amt für Stadtplanung, das zu Projektbeginn quasi inexistent war und erst in den letzten zwei Projektjahren wieder aufgebaut wurde. Der Versuch, diese über Jahre nicht beteiligten Akteure in den bereits laufenden Szenarioprozess zu integrieren, erwies sich als schwierig. Die fehlende Beteiligung und der geringe Einfluss durch Stadtverwaltung und Stadtplanung hat die Legitimität der im Projekt entstandenen Szenarien aus Sicht dieser Akteure vermutlich reduziert.

11.5.3 Ownership

Während im vorherigen Punkt die diskursiv-demokratische Legitimation der Szenarien im Fokus stand, betrifft der letzte Punkt v. a. die Anschlussfähigkeit an Forschungs- und Entscheidungsprozesse und damit ihre tatsächlichen Nutzung. Beteiligung, d. h. auch das Engagement und Commitment der teilnehmenden Akteure bildet eine wichtige Grundlage dafür, dass diese eine sog. „*Ownership*“ entwickeln, d. h. Szenarien als ihre eigenen anerkennen und schließlich auch tatsächlich für ihre weitere Arbeit nutzen und einsetzen (Wilson 1998, S. 81). Denn wer sich an der Entstehung von Szenarien beteiligt fühlt, wird sie eher als Multiplikator in Institutionen und Organisationen kommunizieren und sie z. B. für die Entwicklung von Strategien verwenden, als jemand, der diese Szenarien nur von außen rezipiert. Idealerweise werden somit die Adressaten bzw. die späteren Nutzer der Szenarien in den Szenarioprozess soweit einbezogen, dass sie diese Ownership entwickeln können bzw. zumindest kein ‚not invented here-Effekt‘ auftritt, d. h. dass Szenarien als nicht eigene abgelehnt werden (Kosow und Gaßner 2008, S. 77).

Im Projekt LiWa hat die Stadtverwaltung gemeinsam mit anderen lokalen Institutionen den aus den Szenarien heraus erarbeiteten Aktionsplan in einem öffentlichen Akt unterzeichnet und die Szenarien wurden als Input bei der Erstellung der städtischen Klimaanpassungsstrategie berücksichtigt. Dies geschah, obwohl die Ownership der Szenarien durch die Beteiligten der Szenariogruppe nicht jederzeit hundertprozentig gegeben war. Die Auswahl der Szenarien war vor allem durch die Szenario-Experten vorbereitet aber mehrfach in der Szenariogruppe und bei den Runden Tischen zur Diskussion gestellt worden. Kurz vor Prozessende wurde jedoch deutlich, dass die Szenarien zwar in ihrer generellen Form, nicht aber in allen Aspekten von der gesamten Szenariogruppe als ihre *eigenen* angesehen wurden. So wurde kurz vor der abschließenden Veröffentlichung eines der (seit zwei Jahren bekannten und bis dato nicht kritisierten) Szenarien durch einzelne Mitglieder der Szenariogruppe noch deutlich verändert – und damit schließlich doch noch angeeignet. Dies weist darauf hin, dass einzelne Mitglieder der Szenariogruppe nicht zum richtigen Zeitpunkt und/oder nicht intensiv genug einbezogen worden waren. Denn erst gegen Projektende, beim Gang an die breitere Öffentlichkeit, wurde die Auswahl der Szenarien für diese Stakeholder zu einem wichtigen Thema, bei dem es sich für sie lohnte, aktiv zu werden, um die gewählten Szenarien dann auch gegenüber Außenstehenden als ‚die eigenen' vertreten zu können. Auch die (zu) spät in den Prozess eingetretenen Akteure der Stadtverwaltung und der Stadtplanung (siehe Unterabschnitt 11.5.2 in diesem Beitrag) haben sich nicht vollständig mit den Szenarien identifiziert.

Die Szenariotechnik ist eine Methode der Experten- und Stakeholdereinbindung, doch kann sie auch als Beteiligungs- bzw. Partizipationsmethode angesehen werden? Die Erfahrung im Projekt LiWa spricht dafür, dass die partizipative Dimension der Szenariotechnik in den meisten Fällen nur dann effektiv sein kann, wenn sie mit einem breiter angelegten partizipativen Design kombiniert wird. Denn die Größe der einbezogenen Gruppe ist bei der Szenariotechnik deutlich begrenzt bzw. größere Beteiligtengruppen sind nur bei einzelnen Schritten der Technik praktikabel. Den Szenario-Experten kommt eine Mehrfachrolle zu, so müssen sie zum einen die Methodenexpertise mitbringen aber zum anderen auch das partizipative Verfahren steuern, Motivation bei den Beteiligten wecken (v .a. bei längeren Szenarioprozessen entscheidend) und eine neutrale Moderatorenrolle übernehmen. Dies kann nur dann funktionieren, wenn – wie im Beispiel des Projekts LiWa – ein eingespieltes Team zusammenarbeitet.

11.6 Zusammenfassung und Fazit

Zusammenfassend lassen sich die folgenden Leistungen und Grenzen der Szenariotechnik als Methode der Stakeholder- und Experteneinbindung festhalten: Aus Perspektive I werden Experten und Stakeholder funktional als ‚Wissenslieferanten' eingebunden. Experten speisen ihr Wissen zu unsicheren und komplexen zukünftigen Entwicklungen ein, das dann über die Szenariotechnik zu umfassendem Systemwissen integriert wird. Doch diese Experteneinschätzungen stellen kein ‚hartes' Wissen dar, sondern allein heutige Annahmen über mögliche Zukünfte. Außerdem bewerten und wählen Experten und Stakeholder bestimmte Szenarioaspekte (v. a. Schlüsselfaktoren, deren alternative Entwicklungen, Szenarien, Maßnahmen) hinsichtlich ihrer Relevanz bzw. Wünschbarkeit; diese Bewertungen sind jedoch immer von normativen Filtern und subjektiven Verzerrungen beeinflusst. Szenarien haben keinen Wahrheitsanspruch, dennoch benötigen sie eine gewisse Glaubwürdigkeit, um Geltung zu erlangen. Deshalb spielen Standing und Renommee der beteiligten Experten für die Rezeption und Bewertung der Szenarien von außen eine Rolle.

Aus Perspektive II wird die Szenariotechnik wegen ihrer kommunikativ-diskursiven Leistung eingesetzt, um die heterogenen Zukunftsvorstellungen von Experten und Stakeholdern explizit zu machen, diese miteinander ins Gespräch zu bringen und um im Idealfall eine gemeinsame und neue Sicht auf den Gegenstand zu entwickeln. Hierzu ist jedoch eine gewisse Offenheit der Beteiligten und ein sich aufeinander einlassen, über den Austausch bereits bekannter (divergierender) Positionen hinaus und auch über einen längeren Zeitraum hinweg, notwendig. Wenn die Auswahl der Beteiligten die Breite und Vielfalt der Perspektiven auf den Gegenstand gut abdeckt, kann dies die Legitimität der Szenarien erhöhen. Schließlich kann der frühzeitige Einbezug von späteren Adressaten in den Szenarioprozess die Entwicklung von Ownership und damit eine tatsächliche Kommunikation und Nutzung der Szenarien unterstützen.

Wie am Beispiel LiWa illustriert, fallen die in diesem Beitrag analytisch getrennten Perspektiven in Szenarioprozessen oft zusammen. Experten und Stakeholder sind zum einen als ‚Wissenslieferanten', zum anderen aber auch als Adressaten bzw. Nutzer eingebunden. Denn Szenarien werden selten zu rein explorativen Forschungszwecken und allein wissenschaftsintern verwendet, sondern spielen meist eine Rolle als „boundary objects" (Garb et al. 2008, S. 3) zwischen Forschung und Gesellschaft und sollen auch gesellschaftlichen Akteuren z. B. als Kommunikations- oder Strategiebildungsinstrumente nützen. In der Szenariopraxis sind verschiedene Gewichtungen zu Gunsten der einen oder anderen Perspektive möglich.

Allerdings können die Erwartungen auseinanderfallen, wenn von den Initiatoren und Durchführenden die eingebundenen Experten und Stakeholder vor allem als Informationslieferanten angesehen werden (Perspektive I: Experten- und Stakeholdereinbindung, um Szenarien zu konstruieren), diese sich aber selbst vor allem als Beteiligte im Sinne eines quasi-partizipativen Prozesses (Perspektive II: Szenariotechnik, um Experten und Stakeholder zu beteiligen) sehen und im Anschluss entweder von ihrem Einfluss auf den Szenarioprozess oder aber von der Wirksamkeit und Nützlichkeit der Szenarien für ihre eigenen Agenden enttäuscht sind. Diese Spannung sollte man durchaus ernst nehmen, da teilweise beachtliches (zeitliches) Engagement von Experten und Stakeholdern benötigt wird, und eine solche Diskrepanz zwischen den Erwartungen der Durchführenden und der Teilnehmer Szenarioprozesse gefährden können.

Insgesamt ist die Szenariotechnik eine Methode, die der Integration von inter- und transdisziplinärem Wissen dient. Sie profitiert erheblich von der Einbindung von Experten und Stakeholdern, um glaubwürdige und nützliche Szenarien zu konstruieren. Heterogene Experten- und Stakeholdergruppen wiederum können in kommunikativ-diskursiven und strategiebildenden Prozessen von der Szenariotechnik wirksam unterstützt werden.

11.7 Literatur

Alcamo, J. (2001). Scenarios as tools for international environmental assessments. Environmental issue report No 24. European Environment Agency (EEA). http://www.eea.europa.eu/publications/environmental_issue_report_2001_24. Zugegriffen: 05. Juli 2013.

Alcamo, J. (2008). Chapter Six. The SAS Approach: Combining Qualitative and Quantitative Knowledge in Environmental Scenarios. In J. Alcamo (Hrsg.), *Developments in Integrated Environmental Assessment: Environmental Futures – The Practice of Environmental Scenario Analysis* (S. 133-150). Volume 2. Amsterdam: Elsevier.

Alcamo, J., & Henrichs, T. (2008). Towards Guidelines for Environmental Scenario Analysis. In J. Alcamo (Hrsg.), *Developments in Integrated Environmental Assessment: Environmental Futures – The Practice of Environmental Scenario Analysis* (S. 13-35). Volume 2. Amsterdam: Elsevier.

Burmeister, K., Neef, A., & Beyers, B. (2004). *Corporate Foresight: Unternehmen gestalten Zukunft.* Hamburg: Murmann.

Fleischer, T., Haslinger, J., Jahnel, J., & Seitz, S. (2012). Focus group discussions inform concern assessment and support scientific policy advice for the risk governance of nanomaterials. *International Journal of Emerging Technologies and Society 10*, 79-95.

Garb, Y., Pulver, S., & VanDeever, S. (2008). Scenarios in society, society in scenarios: toward a social scientific analysis of storyline-driven environmental modeling. *Environmental Research Letters 3 (4)*. doi:10.1088/1748-9326/3/4/045015

Gaßner, R., & Steinmüller, K. (2006). Narrative normative Szenarien in der Praxis. In F. Wilms (Hrsg.), *Szenariotechnik. Vom Umgang mit der Zukunft* (S. 133-144). Bern: Haupt Verlag.

Gaßner, R., Steinmüller, K. (2009). Welche Zukunft wollen wir haben? Visionen, wie Forschung und Technik unser Leben verändern sollen. Zwölf Szenarios und ein Methodenexkurs. WerkstattBericht Nr. 104. IZT – Institut für Zukunftsstudien und Technologiebewertung Berlin. https://www.izt.de/fileadmin/downloads/pdf/IZT_WB104.pdf. Zugegriffen: 05. Juli 2013.

Gausemeier, J., Fink, A., & Schlake, O. (1996). *Szenario-Management: Planen und Führen nach Szenarien*. 2., neu bearbeitete Auflage. München, Wien: Hanser.

Geschka, H. (1999). Die Szenariotechnik in der strategischen Unternehmensplanung. In D. Hahn, & B. Taylor (Hrsg.), *Strategische Unternehmensplanung – Strategische Unternehmensführung* (S. 518-545). 8. Auflage. Würzburg: Physika.

Godet, M. (1993). From Anticipation to Action. A Handbook of Strategic Prospective. http://en.laprospective.fr/dyn/anglais/articles/from_anticipation.pdf. Zugegriffen: 19. Juli 2013.

Gordon, T., & Hayward, H. (1968). Initial Experiments with the Cross Impact Matrix Method of Forecasting. *Futures 1(2)*, 100-116.

Greeuw, S., van Asselt, M., Grosskurth, J., Storms, C., Rijkens-Klomp, N., Rothman, D., Rotmans, J. (2000). Cloudy Crystal Balls. An assessment of recent European and global Scenario studies and Models. Environmental issues series 17. European Environment Agency (EEA). http://www.eea.europa.eu/publications/Environmental_issues_series_17/page001.html. Zugegriffen: 04. Juli 2013.

Grunwald, A. (2011). Energy futures: Diversity and the need for assessment. *Futures 43(8)*, 820-830.

Heinecke, A. (2006). Die Anwendung induktiver Verfahren in der Szenario-Technik. In F. Wilms (Hrsg.), *Szenariotechnik. Vom Umgang mit der Zukunft* (S. 183-213). Bern: Haupt Verlag.

Huss, W., & Honton, E. (1987). Alternative Methods for Developing Business Scenarios. *Technological Forecasting and Social Change 31*, 219-238.

Kosow, H., Gaßner, R. (2008). Methoden der Zukunfts- und Szenarioanalyse. Überblick, Bewertung und Auswahlkriterien. WerkstattBericht Nr. 103, IZT – Institut für Zukunftsstudien und Technologiebewertung Berlin. https://www.izt.de/fileadmin/downloads/pdf/IZT_WB103.pdf. Zugegriffen: 08. Juli 2013.

Kosow, H., Leon, C., Schütze, M. (2013). Escenarios para el futuro – Lima y Callao 2040. Escenarios CIB, storylines & simulación LiWatool. http://www.lima-water.de/documents/scenariobrochure.pdf. Zugegriffen: 19. Juli 2013.

Kreibich, R. (2007). Wissenschaftsverständnis und Methodik der Zukunftsforschung. *Zeitschrift für Semiotik 29 (2-3)*, 177-198.

Mietzner, D., Reger, G. (2004). Scenario-Approaches – History, Differences, Advantages and Disadvantages. Proceedings of the EU-US Scientific Seminar: New Technology Foresight, Forecasting & Assessment Methods in Seville, Spain, 3-14 May 2004. http://forera.jrc.ec.europa.eu/fta/papers/Session%201%20Methodological%20Selection/Scenario%20Approaches.pdf. Zugegriffen: 20. Juli 2013.

Minx, E., & Böhlke, E. (2006). Denken in alternativen Zukünften. *IP Zukunftsfragen 61*, 14-22.

Pulver, S., & VanDeever, S. (2009). Thinking About Tomorrows: Scenarios, Global Environmental Politics, and Social Science Scholarship. *Global Environmental Politics 9 (2)*, 1-13.

RIF (Research & innovation futures 2030) (2012). Deliverable 4.1 Stakeholder in the STI system. http://www.rif2030.eu/projectresult/work-package-4-strategic-options-for-society-and-policy/. Zugegriffen: 19. Juli 2013.

Scholz, R., & Tietje, O. (2002). *Embedded Case Study Methods: Integrating Quantitative and Qualitative Knowledge.* Thousand Oaks: Sage.

Schulz, M., & Renn, O. (2009). Das Gruppendelphi: Konzept und Vorgehensweise. In M. Schulz, & O. Renn (Hrsg.), *Das Gruppendelphi* (S. 11-21). Wiesbaden: VS Verlag.

Schwartz, P. (1991). *The Art of the Long View: Planning for the Future in an Uncertain World.* New York: Currency Doubleday.

Steinmüller, K. (1997). *Grundlagen und Methoden der Zukunftsforschung: Szenarien, Delphi, Technikvorausschau. WerkstattBericht 21.* Gelsenkirchen: SFZ Sekretariat für Zukunftsforschung.

Steinmüller, K. (2002). *Workshop Zukunftsforschung. Teil 2 Szenarien: Grundlagen und Anwendungen.* Essen: Z_punkt GmbH.

van der Heijden, K. (1996). *Scenarios: the Art of Strategic Conversation.* Chichester: Wiley.

van Notten, P., Rotmans, J., van Asselt, M., & Rothman, D. (2003). An updated scenario typology. *Futures 35*, 423-443.

Vester, F. (2002). *Die Kunst vernetzt zu denken. Ideen und Werkzeuge für einen neuen Umgang mit Komplexität.* München: Dtv.

von Reibnitz, U. (1991). *Szenario-Technik. Instrumente für die unternehmerische und persönliche Erfolgsplanung.* Wiesbaden: Gabler.

Warren, D. (1991). *Using Indigenous Knowledge in Agricultural Development. World Bank Discussion Paper No.127.* Washington, D.C.: The World Bank.

Webler, Th., Levine, D., Rakel, H., & Renn, O. (1991). A Novel Approach to Reducing Uncertainty: The Group Delphi. *Technological Forecasting and Social Change. 39 (3)*, 253-263.

Weimer-Jehle, W. (2006). Cross-impact balances: a system-theoretical approach to cross-impact analysis. *Technological Forecasting and Social Change 73*, 334-361.
Wilms, F. (2006). *Szenariotechnik. Vom Umgang mit der Zukunft.* Bern: Haupt Verlag.
Wilson, I. (1998). Mental Maps of the future: An Intuitive Logics Approach to Scenario Planning. In L. Fahey, & R. Randall (Hrsg.), *Learning from the Future: Competitive Foresight Scenarios* (S. 81-108). New York: John Wiley and Sons.

12 Cross-Impact-Analyse

Wolfgang Weimer-Jehle

Zusammenfassung

Die Cross-Impact-Analyse ist eine traditionelle, in den 1960er Jahren entwickelte Analysemethode, die ursprünglich im Bereich des Technology Foresight entstanden ist. Sie verwendet Experteneinschätzungen, um die Interdependenzen komplexer, interdisziplinärer Systeme zu diskutieren, zu formulieren und zu analysieren. Der Rückgriff auf Expertenschätzungen erfolgte ursprünglich eher aus einer Verlegenheit, da es für die behandelten Fragestellungen häufig keine Möglichkeit gab, empirische oder theoretisch begründete Daten zu verwenden. Dadurch eröffnet diese Analysetechnik aber auch ein strukturiertes Angebot, Systembeschreibungen und -analysen in diskursiven Verfahren unter Einbindung von Experten und Stakeholdern durchzuführen und dadurch Modelle und Schlussfolgerungen zu generieren, die sehr direkt das Systemverständnis der einbezogenen Gruppe repräsentieren. Gewissermaßen als Nebenprodukt wurde so ein neues und originelles Format der Expertenbefragung mit spezifisch analytischem Schwerpunkt entwickelt. Dieser Artikel führt aus, wie die Methodik dazu beitragen kann, den „analytischen Tiefgang" von Expertenbefragungen gegenüber einer „naiven" direkten Befragung zum Verhalten komplexer interdisziplinärer Systeme zu steigern. Er beschreibt einen Anwendungsfall aus dem Bereich der Übergewichtsprävention und diskutiert die Chancen und Grenzen der Methode.

12.1 Einleitung

Experten[1]- und Stakeholder-Einbindungen können vielfältige Zielsetzungen haben, wie auch in den Beiträgen zu diesem Buch deutlich wird. Zu diesen Zielsetzungen gehört die gemeinschaftliche und diskursive Abklärung komplexer Sachverhalte, z. B. im Vorfeld von Maßnahmenerörterungen und -bewertungen in partizipativen Planungsprozessen. Die Entwicklung regionaler Anpassungs-

---

1 Der Begriff „Experte" wird aus Gründen der sprachlichen Vereinfachung in der männlichen Form verwendet, wobei jedoch sowohl Expertinnen als auch Experten angesprochen sind.

strategien an den Klimawandel, um ein Beispiel zu nennen, erfordert zunächst die Erörterung der Zusammenhänge zwischen Klimatrends und lokalen Vulnerabilitäten, bevor Wissenschaft, Politik und Stakeholder Anpassungsmaßnahmen diskutieren können[2].

Dieses Beispiel ist in einer Hinsicht recht typisch für viele Verfahren der Experteneinbindung: sie beinhalten häufig einen Arbeitsschritt, in dem Experten, teilweise auch Stakeholder, ihr Verständnis eines komplexen Systems formulieren und darauf basierend Schlussfolgerungen ableiten. Ein gängiges Vorgehen hierfür ist, dass die Experten gebeten werden, aufgrund ihrer Fachkenntnis einzuschätzen, welche Ursachen hinter dem gegenwärtigen Systemzustand stehen, wie sich das System wohl in der Zukunft weiterentwickeln wird und wie es auf etwaige Steuerungseingriffe reagieren würde.

Dieses Vorgehen ist angemessen, sofern man disziplinär abgrenzbare Systeme bearbeitet. Wenn man sich jedoch, wie im Beispiel der regionalen Klimaadaptionsstrategien, mit stark interdisziplinären Problemfeldern befassen muss, dann ist keiner der eingebundenen Experten ein Experte für das Gesamtsystem. Denn dieses besteht in diesem Beispiel aus Interaktionen von klimatologischen, demographischen, ökonomischen, soziologischen, politischen, ökologischen, technologischen und kulturellen Faktoren. Expertise für das Gesamtsystem hat in diesem Fall erst die Expertengruppe als Ganzes und eine adäquate Systemanalyse kann nur erfolgen, wenn es den Experten als Gruppe gelingt, ihre Teilexpertisen zueinander in Beziehung zu setzen und zu integrieren.

Diese Integration in Gruppenarbeiten zu leisten ist methodisch eine beträchtliche Herausforderung. Sie erfordert die Konzeption der erforderlichen Systemanalyse in Form einer für alle beteiligten Disziplinen geeigneten Leitfrage, und sie erfordert eine disziplinunabhängige Metasprache, um diese Leitfrage zu bearbeiten. Einen solchen Zugang bietet das Methodenfeld der *Cross-Impact-Analysen*, die in den 1960er Jahren ursprünglich als Ergänzung zur Delphi-Technik[3] entwickelt wurden, um in Expertenbefragungen zu Technologieentwicklungen die in der klassischen Delphi-Technik ausgeblendete Frage der Interdependenz der Technologiefortschritte zu erfassen (Gordon und Hayward 1968). Seitdem wurden zahlreiche Methodenvarianten für unterschiedliche Anwendungsbereiche entwickelt (Gordon 2009). Diese sind teilweise ebenso wie der

2 Das im Artikel „Szenariotechnik“ dieses Buches beschriebene Projekt zur partizipativen Konstruktion von Umfeldszenarien als Vorbereitung für die Entwicklung von Maßnahmenvorschlägen zur Verbesserung der Wasserversorgung in Lima gehört in diesen Themenbereich.

3 Vgl. den Beitrag „Das Gruppendelphi als Instrument zur Experteneinbindung“ in diesem Buch.

ursprüngliche Vorschlag von Gordon und Hayward stark quantitativ formuliert, teilweise aber auch stärker semi-quantitativ oder qualitativ orientiert.

Die in Cross-Impact-Analysen verwendete Leitfrage ist die Frage nach den paarweisen Einflussbeziehungen zwischen den relevanten Faktoren. Es wird Schritt für Schritt erörtert, wie sich eine potenzielle Entwicklung in einem Bereich auf die potenziell möglichen Entwicklungen in einem anderen Bereich auswirken würde („cross-impacts“). Das Diskussionsergebnis wird auf einer Ordinalskala von stark hemmend bis stark fördernd formuliert. Auf diese Weise entsteht sukzessiv ein in einer disziplinunabhängigen Metasprache formuliertes, gemeinschaftlich erarbeitetes Systembild, das als Grundlage für Schlussfolgerungen dienen kann.

Cross-Impact-Techniken können daher als strukturierendes Element in Experten- und Stakeholder-Diskursen zur Erörterung von Systemzusammenhängen eingesetzt werden, beispielsweise mit dem Ziel einer Szenarien-Entwicklung. In Abschnitt 12.2 dieses Artikels wird diskutiert, welche Effekte Cross-Impact-Analysen in Expertendiskursen bewirken können. Abschnitt 12.3 beschreibt den typischen Ablauf einer speziellen Form der Cross-Impact-Analyse, der sogenannten Cross-Impact-Bilanzanalyse (CIB), die in Abschnitt 12.4 durch ein Projektbeispiel veranschaulicht wird. Zum Abschluss erfolgt in Abschnitt 12.5 eine kritische Würdigung der Chancen und Grenzen des Ansatzes.

12.2 Vom Systemverhalten zur Systemarchitektur: Die Explitizierung mentaler Modelle im Experten- und Stakeholder-Diskurs

In konventionellen Expertenbefragungen, z. B. in Delphi-Befragungen, werden Experten gebeten, Einschätzungen zum *Systemverhalten* abzugeben. In der Delphi-Studie ′98 des Fraunhofer Instituts für Systemtechnik und Innovationsforschung (Cuhls et al. 1998) wurden Experten z. B. befragt, wann „Fusionsreaktoren (mit magnetischem Plasmaeinschluß) [...] in nennenswertem Umfang zur Energieversorgung (Elektrizität und Wasserstoff) bei[tragen]“. Die Beantwortung dieser und ähnlicher Fragen setzt voraus, dass die Experten alle wichtigen Treiber des für die Frage relevanten Geschehens in Forschung, Wirtschaft, Gesellschaft und Politik (auch außerhalb ihrer Kernexpertise) bedenken, ihr Zusammenspiel reflektieren und daraus plausible Schlussfolgerungen ziehen. Es wird bei der Befragung der Experten also implizit angenommen, dass die Experten in der Lage sind, ein hinreichendes mentales Modell zu der Fragestellung aufzubauen und es – ebenfalls mental – zu prozessieren.

Dies führt gleich zu mehreren Schwierigkeiten. Zum einen ist aus der Kognitionsforschung bekannt, dass mentale Modelle nur eine sehr geringe Zahl von

Faktoren umfassen können (Brockhoff 1977, S. 75). Bei komplexen Fragestellungen führt dies schnell zur Überforderung der Experten und zu inadäquaten Aussagen. Zum anderen zwingen interdisziplinäre Problemfelder den einzelnen Experten bei Befragungen zum resultierenden Systemverhalten zwangsläufig dazu, entweder über ihm fremde Sachgebiete zu „dilettieren“, oder aber disziplinär fremde Aspekte – mögen sie so wichtig sein, wie sie wollen – gleich ganz aus seinen Überlegungen auszublenden. Drittens, und dies ist nicht der unwichtigste Punkt, das mentale Modell, das der Experte für seine Antwortfindung verwendet hat, bleibt bei den konventionellen Formaten der Expertenbefragungen weitgehend undokumentiert. Eine nachträgliche Überprüfung der Stichhaltigkeit der gegebenen Antwort durch andere Forscher wird so unmöglich.

Expertenbefragungen zum Verhalten komplexer, interdisziplinärer Systeme auf Basis von Cross-Impact Verfahren bieten hier eine Chance. Die zentrale Idee ist, die Experten nicht zum *Verhalten* eines Systems interdependenter Faktoren zu befragen, sondern zur *Architektur* der Interdependenz selbst. Dieser Paradigmenwechsel hat das Potenzial, die oben beschriebenen Probleme zu lösen oder zumindest zu mildern: Die Systemarchitektur muss nicht von jedem einzelnen Experten vollständig verstanden und mental prozessiert werden, sondern jeder disziplinäre Experte kann seinen Teil zur Systembeschreibung beitragen. Erst der interdisziplinären Expertengruppe als Ganzes wächst die Rolle zu, die vollständige Systemsicht zu erzeugen. Die Befragung der Experten auf der Ebene der Systemarchitektur entlastet diese auch von der Notwendigkeit, komplexe Schlussfolgerungen aus ihrer Systemsicht zu ziehen, sondern beschränkt ihre Aufgabe darauf, ihre Systemsicht zu formulieren und im Diskurs mit anderen Experten zu verteidigen.

Damit diese Form der Expertenbefragung nicht auf einer rein deskriptiven Ebene verhaftet bleibt, erfordert der Ansatz eine Analysemethode, die es erlaubt, das Systemverhalten zumindest in groben Zügen aus der formulierten Systemarchitektur zu konstruieren. Die Methode muss in der Lage sein,

- qualitatives Systemwissen zu verwerten (andernfalls wäre der Ansatz auf viele Fragestellungen gerade aus dem wichtigen Bereich der sozialen und politischen Systeme nicht anwendbar)
- aber dennoch systemanalytische Fähigkeiten besitzen (ansonsten wäre keine Basis für die Behandlung komplexer Systeme gegeben) und
- sie muss dennoch in ihrem Analysemechanismus so transparent sein, dass beteiligte Experten auch aus Mathematik-fernen Disziplinen in der Lage sind, die durch den Expertenprozess gewonnenen Schlussfolgerungen am Ende nachzuvollziehen und ihre Konsistenz mit der eigenen Systemsicht zu beurteilen.

Diese drei Eigenschaften klingen zunächst nahezu unvereinbar und idealtypisch sind sie wohl tatsächlich auch nicht gemeinsam zu realisieren. Gefragt sind daher Methoden, die diese Eigenschaften hinreichend gut besitzen, um in der praktischen Anwendung bei komplexen, interdisziplinären Fragestellungen einen Vorteil gegenüber klassischen Expertenbefragungen zu ermöglichen. Die verschiedenen Formen der Cross-Impact-Analyse haben hierbei unterschiedliche Stärken- und Schwächen-Profile gegenüber diesen Kriterien. Als Beispiel wird im folgenden Abschnitt der Ablauf einer Cross-Impact-Analyse auf Basis der „Cross-Impact-Bilanz-Methode" (CIB) (Weimer-Jehle 2006) beschrieben. Diese Form der Cross-Impact-Analyse baut auf dem Gedankengut von Cross-Impact-Methoden wie BASICS (Honton et al. 1985) und Szenariomethoden wie der Konsistenzanalyse (Rhyne 1974; Gausemeier et al. 1996) auf. Sie ist besonders darauf ausgelegt, auf der Grundlage von sehr einfachen Systembeschreibungen und Auswertungsprozeduren zu arbeiten, um dadurch gerade auch Fragestellungen mit nur qualitativ beschreibbaren Systemzusammenhängen einer Systemanalyse zugänglich zu machen.

12.3 Ablauf einer Cross-Impact-Bilanzanalyse

Typischerweise sind drei Personengruppen mit spezifischen Bedürfnissen, Kompetenzen und Rollen an einer CIB beteiligt: Ein Auftraggeber (oder seine Beauftragten) definieren die Ziele der Analyse, wirken bei der Systemdefinition mit und beeinflussen (z. B. durch Zeit- und Kostenvorgaben) das Design und den Umfang der Analyse. Ein methodisch geschultes Kernteam organisiert, moderiert und dokumentiert den Prozess und übernimmt in der Regel auch die Auswertungsarbeiten. Die dritte Gruppe stellen die Experten dar, die ihr Wissen und ihr Systemverständnis zur Verfügung stellen und die Ergebnisse kommentieren. Die empfehlenswerte Anzahl der Experten ergibt sich einerseits aus der fachlichen Struktur des Gegenstands (jedes erforderliche Fachgebiet sollte mehrfach besetzt sein, wichtige Fachkontroversen sollten personell abgebildet sein), andererseits aus dem gewählten Format der Expertenbeteiligung: bei schriftlichen oder interviewbasierten Formaten können zahlreiche Experten eingebunden werden, soweit die Projektressourcen dies erlauben. Bei Workshop-basierten Formaten ist mit rund 8-10 Experten pro Workshop am leichtesten eine effiziente Arbeitsatmosphäre zu erreichen.

Die grundlegenden Arbeitsprozesse in einer CIB bestehen für die beteiligten Experten darin, dass sie die wichtigsten Faktoren benennen, die zur Beschreibung des Systems und zum Verständnis seiner wesentlichen Interdependenzen erforderlich sind. In der Regel sind dies ca. 10-15 Faktoren, gelegentlich mehr.

Diese Faktoren werden als *Deskriptoren* bezeichnet. Als nächstes werden jedem Deskriptor eine Anzahl von alternativen Verhaltensweisen zugeordnet (die *Varianten*, in der Regel 2-4) und damit auch insgesamt für das System der Raum des Möglichen abgesteckt. Diese Varianten können im Fall einer Akteursanalyse alternative Handlungsstrategien der Akteure sein oder im Fall von Szenarioanalysen denkbare Zukunftsentwicklungen für die Faktoren etc. Die Varianten können grundsätzlich kardinal (Intervalle oder gestufte Werte auf einer quantitativen Skala), oder ordinal (nichtquantitativ, aber mit Rangordnung) oder rein nominal sein (qualitativ unterschiedliche Ausprägungen ohne Rangordnung, Abbildung 12.1). Die Beschränkung auf einen kleinen Satz diskreter Ausprägungen für den Deskriptor, auch im Fall kardinaler Größen, ordnet das Verfahren in diesem Schritt in den Bereich der qualitativen Methoden ein.

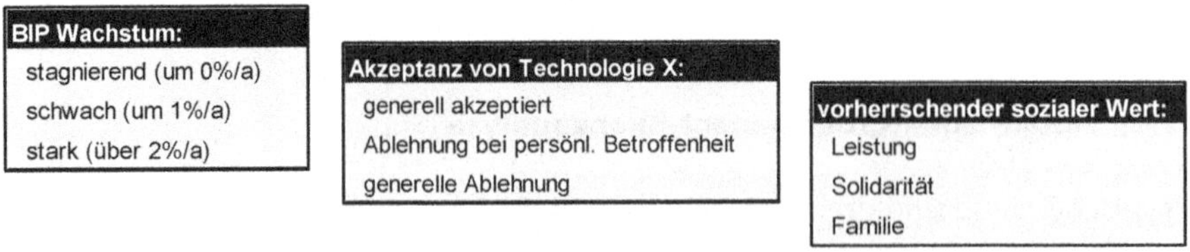

Abbildung 12.1: Drei Typen von Deskriptoren und Varianten.
Links: kardinal, Mitte: ordinal, rechts: nominal.

Der dritte Schritt der Systembeschreibung besteht darin, dass die Experten die Interdependenzen zwischen den Deskriptoren beurteilen. Dazu beurteilen sie, ob z. B. das Auftreten der Variante A1 in Deskriptor A das Auftreten von Variante B2 in Deskriptor B fördern oder hemmen würde, und ob diese Wirkung im Vergleich zu den anderen Wirkungen auf den Deskriptor B als schwach, mittel oder stark einzuschätzen ist. Diese Cross-Impacts bilden zusammengenommen ein qualitatives Einflussnetzwerk und damit ein Systembild, das mit systemanalytischen Verfahren ausgewertet werden kann. Ein idealtypischer Arbeitsablauf besteht damit aus folgenden Schritten (Abbildung 12.2). In Klammern sind jeweils die Gruppen benannt, die an dem Schritt beteiligt sind:

1. Formulierung der Analyseziele, Definition der Systemgrenzen, Vereinbarung der Rahmenannahmen (Kernteam, Auftraggeber, mit möglichem Feedback der Experten).

2. Auswahl der Deskriptoren und ihrer Verhaltensvarianten (Experten, moderiert durch Kernteam). Beschreibung der Deskriptoren und Varianten durch „Deskriptoren-Essays", die ihre Definition, ihre Bedeutung für das untersuchte System sowie ihre Verhaltensspielräume skizzieren (Kernteam, mit Prüfung durch Experten).
3. Festlegung der Cross-Impact-Urteile (Experten, moderiert durch Kernteam). Die Urteile unterliegen einem Begründungsdiskurs. Neben den Urteilen werden auch die Begründungen zur Unterstützung der späteren Interpretation der Auswertungsergebnisse festgehalten. Signifikanter Dissens unter den Experten zu bestimmten Wechselbeziehungen wird dokumentiert.
4. Das so entstandene qualitative Systemmodell in Form einer Cross-Impact-Matrix wird mit dem CIB-Verfahren ausgewertet.[4] Im Expertendiskurs aufgetretener Einschätzungsdissens wird in Form von Variantenanalysen aufgegriffen (Kernteam).
5. Die Auswertungsergebnisse werden von den Experten diskutiert und die Wirkungslogik der Ergebnisse wird anhand der Urteilsbegründungen kritisch überprüft. In begründeten Fällen können Urteile revidiert werden, wenn die Auswertungsergebnisse deutlich machen, dass das formulierte System noch inkonsistent mit dem Systemverständnis der Experten ist. Außerdem können die Experten weitergehende Auswertungsaufträge erteilen (Experten, moderiert von Kernteam).
6. Ggf. wird die überprüfte und verbesserte Cross-Impact-Matrix nochmals ausgewertet (Kernteam).
7. Der Expertenkreis interpretiert die Auswertungsergebnisse, formuliert die Analyseergebnisse mit Blick auf die anfangs benannten Analyseziele und spricht Empfehlungen für die Verwendung der Ergebnisse aus (Experten, moderiert von Kernteam). Die Ergebnisse werden dokumentiert (Kernteam, mit Prüfung durch Experten).

Die Einbindung der Experten in die verschiedenen Prozessschritte kann grundsätzlich durch schriftliche Befragungen, Experteninterviews mit Feedbackelementen, durch Expertenworkshops oder durch Kombinationen aus diesen Elementen erfolgen. Grundsätzlich ist mit Workshops ein intensiverer Austausch zwischen den Experten zu erreichen, sie erfordern aber auch eine höhere Bereitschaft der Experten, sich aus ihren Alltagsverpflichtungen zu lösen.

4 Vgl. www.cross-impact.de

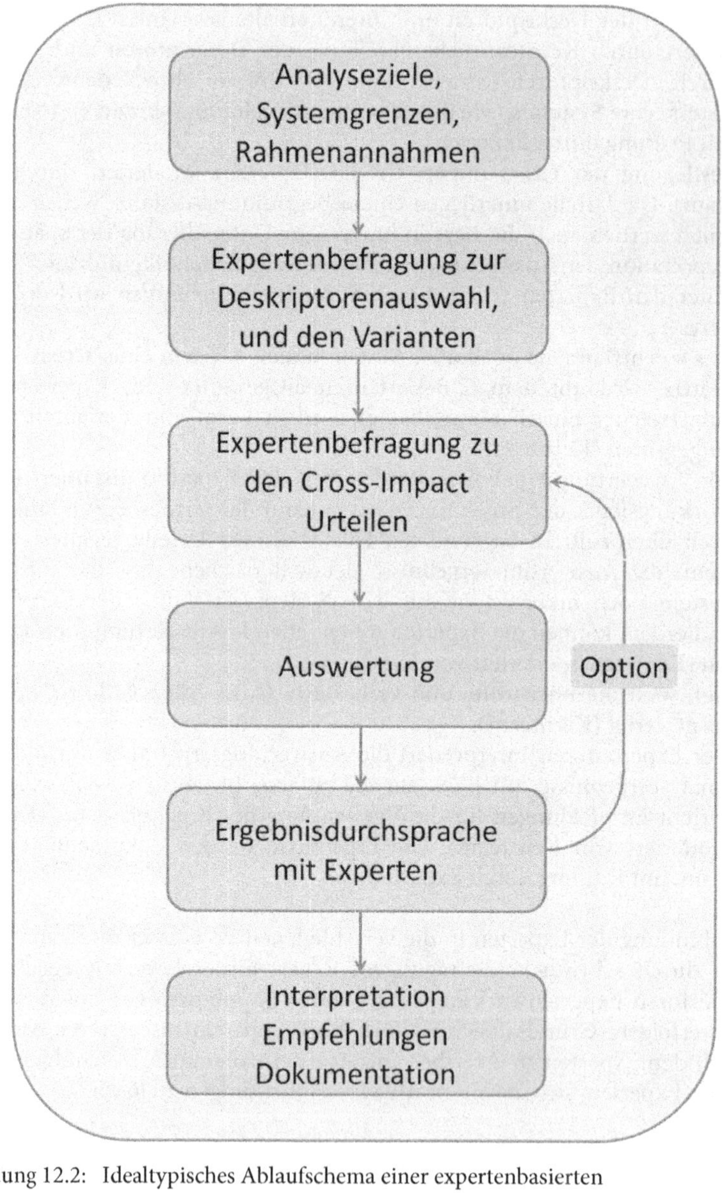

Abbildung 12.2: Idealtypisches Ablaufschema einer expertenbasierten Cross-Impact-Analyse

Zu den kritischen Elementen dieses Verfahrens, aber auch anderer Verfahren der Expertenbeteiligung, gehört die Auswahl der Experten, die in der Regel durch das Kernteam erfolgt. In manchen Projekten erfolgt dies in Absprache mit dem Auftraggeber, in anderen Projekten ganz in eigener Verantwortung. Je nach Fragestellung kann der Prozess wissenschaftliche Experten, aber auch Stakeholder als Experten für Interessenslagen oder Laien (z. B. Laien als Experten für durch Bauprojekte betroffene Lebenswirklichkeiten) erfordern. Die Auswahl hat eine fachliche Seite, die im Fall von wissenschaftlichen Experten durch Recherchen des Kernteams zu relevanten Publikationen in den erforderlichen Wissensbereichen und durch die Suche nach wichtigen wissenschaftlichen Dissens-Feldern und ihren Vertretern vorbereitet werden kann. Kriterium für die Vollständigkeit der Expertenauswahl ist sowohl die Herstellung einer problemadäquaten Interdisziplinarität in der Gruppe als auch die Abbildung von wissenschaftlichem Dissens, sofern ein solcher bei der Vorrecherche identifiziert wurde.

Neben den fachlichen Kriterien sind auch prozedurale Kriterien für die Expertenauswahl relevant. Erfahrungen oder zumindest eine erkennbare Bereitschaft zu interdisziplinärer Arbeit sind von großer Bedeutung, wenn ein interdisziplinärer Expertenkreis erforderlich ist. Finden Expertenworkshops statt, um Daten zu erheben oder zu validieren oder die Ergebnisse zu diskutieren, dann muss die Expertenwahl auch die Voraussetzungen für einen hierarchiefreien Diskurs in den Workshops im Blick behalten. Günstig ist hier die Vermeidung großer Rangunterschiede in der Gruppe, es sei denn, die Experten sind als Persönlichkeiten erkennbar, die auf der einen Seite von Rangunterschieden unbeeindruckt bleiben bzw. die auf der anderen Seite nicht dazu neigen, Rangunterschiede auszuspielen.

12.4 Beispiel: Expertendiskurs Adipositasprävention

Am Zentrum für interdisziplinäre Risiko- und Innovationsforschung der Universität Stuttgart (ZIRIUS) bzw. seinem Vorgänger ZIRN wurden in den vergangenen Jahren zahlreiche Expertendiskurse mit dem CIB-Verfahren u. a. zu den Themen Energieversorgung, Nachhaltigkeit und Innovation durchgeführt. Eine Liste mit Projektdokumentationen befindet sich auf der Methodenhomepage www.cross-impact.de. Als Veranschaulichung wird im Folgenden ein Expertendiskurs zum Thema Adipositasprävention beschrieben.

In diesem im Rahmen der Präventionsforschung des Bundesministeriums für Bildung und Forschung im Zeitraum 2009-2012 geförderten Projekt wurde angestrebt, die Adipositasprävention (Vorbeugungsmaßnahmen gegen starkes Übergewicht) für die Zielgruppe der 12-16 jährigen Mädchen und Jungen aus sozial benachteiligten Verhältnissen zu verbessern. Das Projekt bestand aus einer explorativen Forschungsphase, der Entwicklung eines Evaluationsinstruments für Präventionsmaßnahmen und der Überführung der Ergebnisse in die Praxis. Das Projekt wurde in Zusammenarbeit mit dem Institut für Soziologie der Universität Hannover (Projektleitung) und dem Katalyse-Institut für angewandte Umweltforschung durchgeführt. Als Teil der explorativen Forschungsphase wurde eine CIB der sozialen, psychologischen und physiologischen Einflussfaktoren auf die Entstehung von Adipositas bei Kindern und Jugendlichen durchgeführt. Die nachfolgenden Prozess- und Ergebnisbeschreibungen sind Weimer-Jehle et al. (2012) sowie Deuschle und Weimer-Jehle (2011) entnommen.

Angesichts der aus der Fachdiskussion bekannten Vielschichtigkeit des Adipositasrisikos wurde für die Formulierung des Netzwerkes ein Expertenkreis zusammengestellt, der durch seine interdisziplinäre Zusammensetzung die besondere fachliche Spannweite des Themas repräsentieren kann. Für die Auswahl von 18 Fachleuten aus den Bereichen Ernährung, Bewegung, Medizin, Soziologie, Psychologie, Therapie- und Präventionspraxis sowie Kultur (Jugendesskultur und türkische Kultur) waren zwei Kriterien entscheidend: eine ausgewiesene Expertise zum Thema des juvenilen Übergewichts und eine deutlich interdisziplinäre Ausrichtung der Forschungsarbeit und damit verbunden Erfahrungen in der Kommunikation mit anderen Disziplinen.

Die für das Modell erforderlichen Informationen wurden in vier eintägigen und einem zweitägigen Workshops erhoben. Zwischen den Workshops wurden teilweise vorbereitende schriftliche Befragungen durchgeführt. Der erste Workshop diente der Auswahl der wichtigsten Faktoren, die im Modell berücksichtigt werden sollten. Die folgenden drei Workshops hatten die Funktion, die Faktoren im Hinblick auf ihre Interdependenzen und Wirkung auf die Modell-Zielgröße – die Energiebilanz[5] einer übergewichtigen (aber noch nicht adipösen) Person – zu bewerten. Auf dieser Grundlage wurde durch das Projektteam ein qualitatives Wirkungsmodell erstellt und mit Hilfe des CIB-Algorithmus ausgewertet. Das qualitative Modell bestand aus 43 Faktoren. 21 davon waren „Systemfaktoren", deren Verhalten im Modell erklärt wird (einer davon die Zielgröße „Energiebilanz-Überschuss"). Daneben gab es 22 gesellschaftliche und individuelle Rahmenbedingungen („Kontextfaktoren") wie z. B. Geschlecht, genetische/epigenetische Disposition, gesellschaftliche Schlankheitsnormen etc. Mit Rücksicht auf die qualitative Art der von den Experten bereitgestellten Informationen, wurden die Faktoren nicht quantitativ definiert, sondern nur als binäre Faktoren interpretiert (Merkmal vorhanden vs. Merkmal nicht vorhanden). Die Interde-

5 Die Energiebilanz einer Person ergibt sich aus der Summe der aufgenommenen Nahrungsenergie abzüglich des Energieverbrauchs durch Stoffwechsel und Bewegungsaktivitäten.

pendenz der Faktoren wurde durch 198 Einflussbeziehungen repräsentiert. Abbildung 12.3 zeigt einen Ausschnitt dieses Modells.

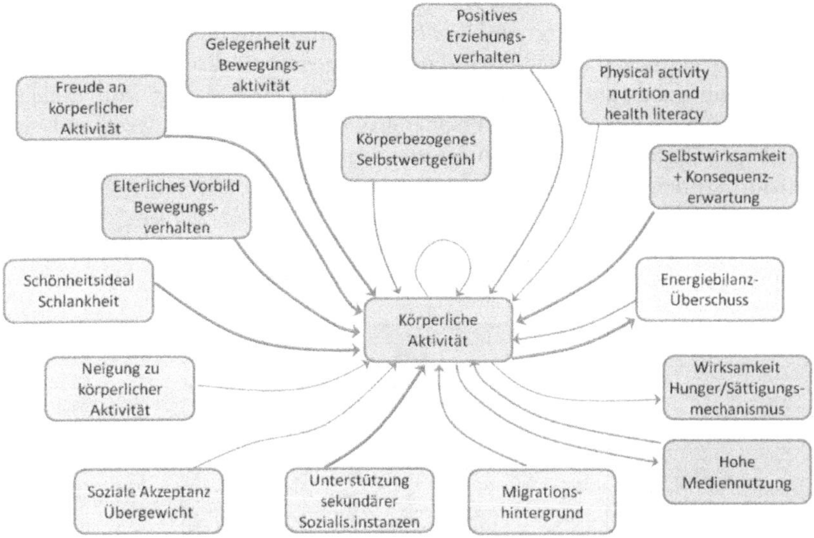

Abbildung 12.3: Das qualitative Modell der Einflüsse und Wirkungen des Faktors „Körperliche Aktivität" als Beispiel für die Ergebnisse der Cross-Impact Workshops. Systemfaktoren sind grau, Kontextfaktoren sind blau hinterlegt (Text). Grüne Pfeile entsprechen fördernden Einflüssen, rote Pfeile bezeichnen hemmende Wirkungen. Die Pfeildicken repräsentieren drei Klassen für die Einflussstärke (schwach, mittel, stark). Das Gesamtmodell entsteht durch die Zusammenschaltung aller Faktormodelle.

Mit Hilfe der CIB-Methodik konnte das so entstandene qualitative Modell ausgewertet werden und systemanalytische, der Empirie gegenüberstellbare Schlussfolgerungen gezogen werden. Als zentrales Instrument für die Auswertung des Modells wurde das Konzept des „Risikoprofils" entwickelt, das bei Eingabe der gemeinsamen Merkmale einer Personengruppe in das Modell Tendenzen aufzeigt, wie viele der durch die Kontextfaktoren aufgespannten Fallklassen eine eindeutige Gewichtszunahme-Tendenz (roter Anteil des Risikoprofils), eine eindeutige Gewichtsabnahme-Tendenz (grüner Anteil des Risikoprofils) und welcher Anteil der Fallklassen Ambivalenz und damit eine starke Anfälligkeit für individuelle Kontingenz zeigt (gelber Anteil des Risikoprofils).

Ein Beispiel für eine Modellanalyse zeigt Abbildung 12.4. Hier wurde untersucht, wie das vom Modell bestimmte Risikoprofil von den (unvollständigen) Informationen abhängt, die über die Risikofaktoren einer Personengruppe vorliegen. Wenn keine Informationen vorliegen (erste Spalte alle „Kontextspezifikationen" grau), dann dominieren unklare Fallklassen. Wenn man jedoch die heute in der Realität vorliegenden, überwiegend adipogenen gesellschaftlichen Bedingungen vorgibt, aber andererseits keine Informationen über die individuellen Bedingungen der beschriebenen Personengruppe besitzt, dann verschiebt sich das Risikoprofil stark zu hohen Adipositasrisiken. Die „Zuschaltung" einiger resilienzfördernden individuellen Faktoren (während die anderen individuellen Faktoren offen bleiben) und schließlich eine schrittweise Reform des gesellschaftlichen Kontextes (Kontextspezifikationen 3-6 in Abbildung 12.4) können die Adipositasrisiken im Modell wieder zurückdrängen.

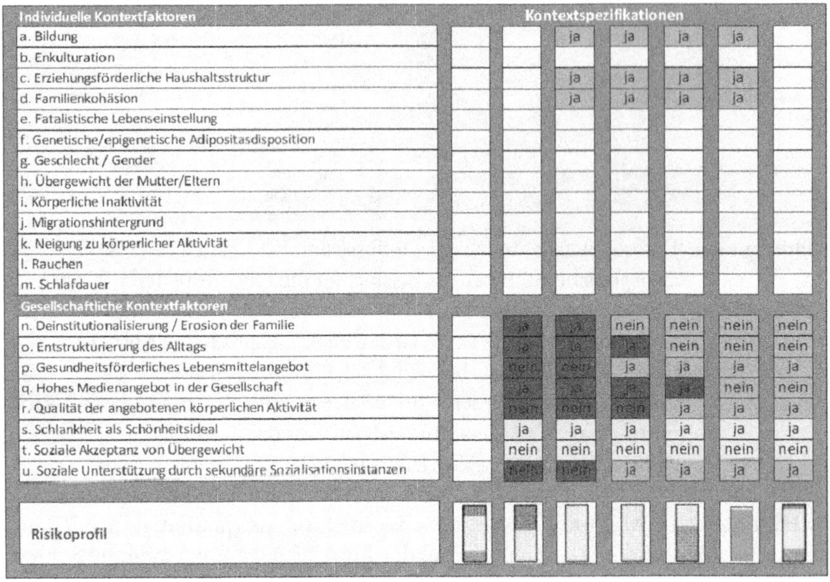

Abbildung 12.4: Beispiele für mit dem Adipositas-Modell durchgeführte Fallanalysen. Je nachdem ob Kontextfaktoren unbestimmt bleiben (grau) oder ob sie mit ja/nein Setzungen auf eine für die Adipositasprävention günstige (grün) oder ungünstige (rote) oder ambivalente (gelb) Weise gesetzt werden, reagiert das Risikoprofil mit Tendenzen zu mehr Risikofällen (rot), mehr risikoarmen Fällen (grün) oder mehr unbestimmten, kontingenzsensiblen Fällen (gelb). Text.

Das gesamte qualitative Modell wurde anschließend auf Basis von Interviews des Katalyse-Instituts mit Betroffenen und ihren Angehörigen mit gutem Erfolg plausibilisiert, indem die im Interview deutlich gewordenen individuellen Bedingungen in das Modell eingegeben und die resultierenden Modellaussagen mit dem Gewichtsstatus der Betroffenen verglichen wurden. In einem abschließenden Workshop mit den beteiligten Experten und einem weiteren Workshop mit Präventionspraktikern wurden die Ergebnisse diskutiert und Vorschläge für die Prävention abgeleitet.

Als Ergebnis der Cross-Impact-Analyse konnte somit das komplexe und über das individuelle Ess- und Bewegungsverhalten weit hinausreichende Ursachengeflecht juveniler Adipositas aus breiter disziplinärer Perspektive aufgearbeitet und die mentalen Teilmodelle der verschiedenen disziplinären Experten zu einem ineinandergreifenden Gesamtbild formuliert werden. Von den Beteiligten wurde dies als ein hilfreicher Schritt zur Überwindung von Unterkomplexität und disziplinärer Verengung in der Präventionsdiskussion bewertet. Eine schlichte Befragung des Expertenkreises zu möglichen Präventionsansätzen hätte die Experten dagegen dazu angeleitet, aus dem jeweils eigenen isolierten disziplinären Blickwinkel heraus zu argumentieren, fachlich isolierte Maßnahmen zu empfehlen und mögliche Wechselwirkungen mit dem Geschehen in anderen relevanten Bereichen außer Acht zu lassen.

12.5 Kritische Bewertung

Cross-Impact-Verfahren zur Experteneinbindung können als diskursives Verfahren zur partizipativen Systemmodellierung verstanden werden,[6] wobei das Ziel bei Cross-Impact-Verfahren nach der CIB-Methode eine im Wesentlichen qualitative Systemmodellierung ist. Wie bei allen diskursiven Verfahren hängt die Qualität des Ergebnisses stark von der Qualität der Verfahrensführung und von der Eignung der Teilnehmer ab. Neben diesen kontingenten Einflüssen gibt es auch systematische positive und negative Einflüsse der Methodik auf die Ergebnisqualität, die im Folgenden diskutiert werden. Zu den positiven Einflüssen und den daraus erwachsenden Chancen einer Cross-Impact-Analyse mit der CIB-Methode gehören folgende Punkte:

Die Notwendigkeit, das eigene Bild von den Systemzusammenhängen durch Cross-Impact-Urteile explizit zu machen, im Begründungsdiskurs zu vertreten und sich gleichzeitig mit den Vorstellungen anderer auseinanderzuset-

6 Vgl. den Aufsatz „Partizipative Modellierung: Erkenntnisse und Erfahrungen aus einer Methodengenese“ in diesem Buch.

zen, stimuliert die beteiligten Experten oft zu einem Überdenken ihrer mentalen Modelle und zu einer erneuerten Systemsicht.

Der Begründungsdiskurs in einer peer-to-peer-Diskussion erschwert dabei das Vorbringen von Vorurteilen, das Verfolgen von „hidden agendas" oder das Einbringen von taktischen Urteilen, die auf ein gewünschtes Analyseergebnis hinwirken sollen. Der Begründungsdiskurs dient also als Qualitätssicherung und zur Ausfilterung von sachfremd motivierten Urteilsvorschlägen.

Auf der anderen Seite wird durch das Verfahren identifiziert, zu welchen Systemteilen und Beziehungen ein sachlich begründbarer Dissens unter den Beteiligten besteht. Daraus lassen sich häufig ebenso bedeutsame Erkenntnisse gewinnen, wie aus den konsensualen Anteilen des Urteilsprozesses.

Mit der Erhebung von Systemeinschätzungen auf der Ebene von Einflussbeziehungen und der automatisierten Konstruktion der damit verbundenen indirekten, systemischen Wirkungen wird eine Arbeitsteilung zwischen Mensch und Methode verwirklicht, die auf beiden Seiten die Stärken nutzt und die Schwächen umgeht: Die Erkennung von Zusammenhängen ist eine dezidierte Stärke des menschlichen Verstandes, während die simultane Verfolgung von vielen verketteten Einzelprozessen eine markante Schwäche darstellt.

Die im Expertendiskurs erarbeitete Cross-Impact-Matrix stellt ein erstes, selbstständiges Ergebnis des Analyseprozesses dar, das auch unabhängig von der eigentlichen Auswertung genutzt werden kann: z. B. zur Erstellung von grafischen Systemdarstellungen oder für Reflexionsprozesse zum Auftreten von Rückkopplungsschleifen.

Die transparente Analyselogik von CIB vermeidet in der Regel „blackbox"-Resultate und ermöglicht es, im Anschluss an die Auswertung, die Ursachen für bestimmte Resultate bis auf die Ebene der vergebenen Urteile und ihrer Begründungen zurückzuverfolgen und die Resultate dadurch zur Diskussion zu stellen und überprüfbar zu machen. CIB vermeidet mit seiner Transparenz eine Entfremdung zwischen den Wissensgebern und den mit ihrer Hilfe gewonnenen Resultaten, wie dies bei komplexen und nur noch für Spezialisten durchschaubaren mathematischen Rechenmodellen leicht eintreten kann. Dadurch wird die Identifikation der Beteiligten mit den Resultaten begünstigt und ihre Aufgabe erleichtert, die Ergebnisse zu interpretieren und daraus Handlungsempfehlungen abzuleiten.

Zu den Schwierigkeiten, Grenzen und Nachteilen der Methode gehören folgende Aspekte:

Eine sorgfältige Durchführung der Verfahrensschritte, insbesondere die Erhebung der Cross-Impact-Urteile erfordert einen durchaus erheblichen Zeitaufwand für die Experten. Das Kernteam kann und sollte den Aufwand für die Experten durch eigene Zuarbeit verringern; dies ist jedoch nur in begrenztem

Umfang möglich. Das Commitment der Beteiligten zu dem Analyseprojekt muss daher erheblich und belastbar sein.

Das entstandene Systemmodell ist grundsätzlich, aufgrund der kleinen Anzahl alternativer Ausprägungen für die Deskriptoren (Varianten), ein *qualitatives* Modell. Entsprechend skizzenhaft sind die Aussagen, die sich aus diesem Modell gewinnen lassen.

Dass die Anzahl der im Expertendiskurs behandelbaren Deskriptoren begrenzt ist, müssen Cross-Impact-Analysen stets auf einem hoch aggregierten Niveau erfolgen. Die Details der Wirkungszusammenhänge zwischen den Themenbereichen lassen sich dadurch nicht immer vollständig ausleuchten.

Das erarbeitete Systemmodell kann grundsätzlich nicht den Anspruch erheben, unmittelbar die Wirklichkeit zu repräsentieren. Das Ziel des Verfahrens ist es vielmehr, ein Abbild der mentalen Systemmodelle der Beteiligten zu erzeugen. Dementsprechend ist das Validitätskriterium für das Verfahren nicht die Konsistenz des Modells mit der Realität, sondern die Konsistenz des Modells mit den Systemvorstellungen der beteiligten Experten. Das Erfolgskriterium für die Methode ist entsprechend, diese Konsistenz besser zu erreichen, als es mit anderen Methoden möglich wäre.

Aus diesem Grunde kann auch nicht erwartet werden, dass das Verfahren mit der gleichen Problemstellung aber einem anderen Expertenkreis zu den identischen Resultaten führt. Das von einer Expertengruppe nach einem Begründungsdiskurs formulierte Systembild ist intersubjektiv, aber nicht objektiv. Selbst der gleiche Expertenkreis kann zu einem späteren Zeitpunkt zu anderen Ergebnissen kommen, da sich die Systemsicht der Personen unter dem Eindruck neuer Entwicklungen und Erkenntnisse verändern kann. Für die Methode ist es dann nichts weniger als schlicht die Erfüllung ihrer Funktion, wenn sie daraufhin zu anderen Ergebnissen führt. Je eindeutiger und stabiler die Wissensbestände in den berührten Fachgebieten jedoch sind, desto ähnlicher werden auch die Ergebnisse von verschiedenen Gruppen und zu unterschiedlichen Zeiten sein.

Die Relevanz der Analyseergebnisse und die Legitimität, auf Basis ihrer Ergebnisse Entscheidungen zu treffen, muss daher mit der Glaubwürdigkeit und Legitimität der beteiligten Experten begründet werden, sei es, weil sie persönlich als die entscheidenden Wissensträger für die berührten Themengebiete anzusehen sind, sei es weil der Expertenkreis als repräsentativ für die berührten Wissens-Communities gewertet werden kann.

12.6 Literatur

Brockhoff, K. (1977). *Prognoseverfahren für die Unternehmensplanung.* Wiesbaden: Gabler-Verlag.

Cuhls, K., Blind, K., & Krupp, H. (1998). *Delphi-Studie '98: Befragung zur globalen Entwicklung von Wissenschaft und Technik.* Karlsruhe: Fraunhofer Instituts für Systemtechnik und Innovationsforschung.

Deuschle, J., & Weimer-Jehle, W. (2011). *Projektbericht „Cross-Impact Analyse" im Projekt „Adipositasprävention für sozial benachteiligte Kinder und Jugendliche".* ZIRN, Universität Stuttgart.

Gausemeier, J., Fink, A, & Schlacke O. (1996). *Szenario-Management – Planen und Führen mit Szenarien.* München: Hansen Fachbuch.

Gordon, T. J. (2009). Cross-Impact Analysis. In: The Millennium Project (Hrsg.), *Futures Research Methodology V3.0.* Washington D.C.: The Millennium Project.

Gordon, T. J., Hayward, H. (1968). Initial Experiments with the Cross Impact Matrix Method of Fore-casting. *Futures 1,* 100-116.

Honton, E. J., Stacey, G. S., & Millett, S. M. (1985). *Future Scenarios – The BASICS Computational Method. Economics and Policy Analysis Occasional Paper No. 44.* Columbus, Ohio, USA: Batelle Columbus Division.

Rhyne, R. (1974). Technological Forecasting Within Whole Futures Projections. *Technological Forecasting and Social Change, 6,* 133-162.

Weimer-Jehle, W. (2006). Cross-Impact Balances: A System-Theoretical Approach to Cross-Impact Analysis. *Technological Forecasting and Social Change, 73:4,* 334-361.

Weimer-Jehle, W., Deuschle, J., & Rehaag, R. (2012). Familial and societal causes of juvenile obesity – a qualitative model on obesity development and prevention in socially disadvantaged children and adolescents. *Journal of Public Health, 20(2),* 111-124.

Beratung

13 Partizipative Modellierung: Erkenntnisse und Erfahrungen aus einer Methodengenese

Marion Dreyer, Wilfried Konrad, Dirk Scheer[1]

Zusammenfassung

Dieser Beitrag widmet sich der partizipativen Modellierung (PM). Als solche fassen wir die Mitwirkung von gesellschaftlichen Anspruchsgruppen und Wissensträgern bei der Erstellung und/oder Nutzung konzeptioneller und computergestützter Modelle. PM ist bisher vor allem in den Natur- und Technikwissenschaften zur Anwendung gekommen. Sie scheint aber zunehmend als ein Ansatz verstanden zu werden, bei dem Sozialwissenschaftler wichtige Aufgaben übernehmen können. Dieser Beitrag, der konzeptionelle wie anwendungsorientierte Aspekte behandelt, stellt diese Aufgaben auf Basis einer Literaturanalyse heraus. Vorab wird PM als ein generischer Begriff für eine Vielzahl konzeptioneller und praktischer Formate der Akteurseinbindung präsentiert und die transdisziplinäre Nachhaltigkeitsforschung als Haupteinsatzgebiet von PM bestimmt. Nach der Erörterung der Rolle und Relevanz der Sozialwissenschaften in PM-Prozessen wird PM anhand des Forschungsprojekts CO2BRIM veranschaulicht. In diesem Projekt werden sozialwissenschaftliche Zugänge zur partizipativen Modellierung in Bezug auf eine energie- und klimapolitisch relevante Technologieentwicklung erprobt. Dem Anwendungsbeispiel folgt eine Diskussion der Chancen und Herausforderungen von PM in transdisziplinären Projekten.

13.1 Einleitung

Wir stellen in diesem Beitrag zur partizipativen Modellierung (PM) einen Ansatz vor, der keine genuin sozialwissenschaftliche Methode der Stakeholder- und Experteneinbindung ist. Vielmehr handelt es sich um einen integrativen Ansatz, der bisher vor allem in den Natur- und Technikwissenschaften zur Anwendung gekommen ist. Er scheint aber zunehmend als ein Ansatz verstanden zu werden, in dem Sozialwissenschaftler wichtige Aufgaben übernehmen können.

---

1 Die Autoren danken Holger Class, Alexander Kissinger, Stefan Knopf und Vera Noack für wertvolle Kommentare zu früheren Fassungen dieses Aufsatzes.

Wir fassen PM in Anlehnung an jüngere Literaturbeiträge (Hare 2011; Bots und van Daalen 2008) als die Mitwirkung von gesellschaftlichen Anspruchsgruppen und Wissensträgern bei der Erstellung und/oder Nutzung konzeptioneller und computergestützter Modelle. Die qualitativen oder quantitativen Modelle dienen der Analyse von Problemen und Problemlösungsstrategien und bedienen sich häufig einer systemischen Betrachtungsweise. Ein prominentes Beispiel sind Computersimulationen, die auf einer systemdynamischen Methodik aufbauen. PM öffnet den Modellierungsprozess für Akteure, die nicht wie die Modellierungsexperten selbst über Ausbildung und Erfahrung in der Analyse und formalen Repräsentation von Systemen verfügen (Bots und van Daalen 2008). Unter PM ist allerdings kein eindeutig definiertes Konzept zu verstehen. Vielmehr handelt es sich dabei in erster Linie immer noch um ein Forschungsobjekt, das über die Auswertung durchgeführter empirischer Projekte auf sein konzeptionelles Vermögen und seine Anwendungsfähigkeit untersucht und erprobt wird. Das Lernen über PM hat in diesen Projekten deshalb oftmals den gleichen Stellenwert wie die Erzeugung anwendungsspezifischen Wissens in den adressierten Themenfeldern.

Konzeptionelle wie anwendungsorientierte Aspekte stehen im Mittelpunkt dieses Beitrags. Zunächst wird in Abschnitt 13.2 der Werkzeugkasten und darauf folgend in Abschnitt 13.3 das vornehmliche Einsatzgebiet der PM bestimmt. Abschnitt 13.4 beleuchtet auf Grundlage einer Literaturanalyse Rolle und Relevanz der Sozialwissenschaften in Bezug auf PM. Abschnitt 13.5 berichtet dann über das Forschungsprojekt CO2BRIM, bei dem sozialwissenschaftliche Zugänge zur partizipativen Modellierung am Beispiel einer energie- und klimapolitisch relevanten Technologieentwicklung erprobt werden. Es handelt sich hier um die sog. CCS-Technologie zur Abscheidung und Speicherung von Kohlendioxid, das etwa bei der Verstromung von Kohle entsteht. Chancen und Herausforderungen von PM in transdisziplinären Projekten werden schließlich in Abschnitt 13.6 mit Fokus auf partizipative Computersimulationen eruiert. Mit einem kurzen Ausblick auf den weiteren Forschungsbedarf endet der Beitrag.

13.2 Werkzeugkasten Partizipative Modellierung

Partizipative Modellierung ist ein *generischer Begriff* für eine Vielzahl konzeptioneller und praktischer Formate der Einbindung von gesellschaftlichen Anspruchsgruppen und Wissensträgern in modellbasierte Projekte. Sie ist kein klar definiertes Konzept und kann nicht im Sinne einer Standardmethode spezifiziert werden. In der Literatur wird sie als ein besonders flexibler Ansatz porträtiert. Dazu wird häufig das Bild von Partizipativer Modellierung (PM) als einem

Werkzeugkasten gezeichnet, aus dem die für das jeweilige Problem passenden Werkzeuge zu wählen und zu kombinieren sind (Vennix 1996).

Dieser Werkzeugkasten scheint sich immer mehr zu füllen. Die Frage, wie Partizipation und Modellierung sinnvoll miteinander verbunden werden können, wird intensiv erforscht. Es gibt bereits einige spezifische Ansätze der PM. Prominente Beispiele sind *Group Model Building (GMB)*, ein Ansatz, der vor allem zur Strategieentwicklung bei komplexen Organisationsproblemen angewendet wird (Richardson und Andersen 1995); *Mediated Modeling (MM)*, ein ähnlicher Ansatz, der speziell auf Konsensfindung für umweltrelevante Fragen abstellt (van den Belt 2004); oder *Companion Modeling (CM)*, das Agentenbasierte Modelle mit Rollenspielen für kollektives Lernen im Bereich Management natürlicher Ressourcen kombiniert (Simon und Etienne 2010) (für einen Überblick s. Voinov und Bousquet 2010). Zur Anwendung kommen dann häufig PM-Prozesse, die Variationen dieser und weiterer Ansätze darstellen, oft gemeinsame Elemente aufweisen, und daher nicht leicht voneinander abzugrenzen sind.

Ein Grund für das relativ hohe Maß an Heterogenität der PM-Formate ist, dass PM sich sowohl auf die Generierung und Nutzung quantitativer Modelle wie auf die Entwicklung und den Gebrauch qualitativer Modelle beziehen lässt. Erstere sind in der Regel computergestützte Modelle, die eine quasi-experimentelle Simulation von Prozessen und Szenarien erlauben. Sie werden z. B. mit Hilfe von System Dynamics (wie bei *GMB* und *MM*) oder über Agenten-Basierte Modellierung (wie bei *CM*) entwickelt. Wirkungs- und Einflussdiagramme und ähnliche visuelle Instrumente (Vennix 1996) gehören zu den qualitativen, konzeptionellen Modellen; bei *GMB* bilden sie entweder den ersten Schritt hin zum quantitativen Modell oder das Hauptprodukt. PM kann sich also auch auf einen Prozess beziehen, der qualitative und quantitative Modellierung verbindet, z. B. in dem Letztere auf Erstere aufbaut.

Mit der zunehmenden Experimentierfreudigkeit beim Einbezug von Stakeholdern in modellgestützte Projekte hat sich in den letzten Jahren zudem ein erweitertes Verständnis von PM entwickelt. Unter diesen Oberbegriff werden zunehmend auch Prozesse gefasst, in denen Stakeholder lediglich in Schritte zur Vorbereitung der Modellbildung wie etwa die Sammlung und Verarbeitung von Daten und/oder in die Verfeinerung, Validierung und Nutzung des Modells eingebunden werden. Bis etwa Ende der 1990er Jahre wurde unter PM üblicherweise Ko-Konstruktion verstanden, wie es u. a. für die Ansätze *GMB*, *MM* und *CM* zutrifft. Inzwischen wird diese als eine allgemeine Form von PM neben anderen gefasst.

Bei dem erweiterten Verständnis von PM wird Partizipation auf den *Gesamtprozess* der Modellierung mit seinen unterschiedlichen Phasen[2] bezogen. Partizipative Modellierung geht hier über partizipative Modellstrukturbildung hinaus und wird zum Dachbegriff für einen hoch variablen Beteiligungstypus. Dessen Vielfältigkeit ist in verschiedenen Klassifikationsansätzen ausbuchstabiert worden (Bots und van Daalen 2008; Hare et al. 2003; für eine Übersicht über Klassifikationsansätze s. Hare 2011).

Wir schließen uns hier diesem erweiterten Verständnis an und verstehen PM allgemein als den Einbezug gesellschaftlicher Akteure und/oder Projekt-„externer" Fach-/Praxisexperten in einzelne oder mehrere Phasen der Modellierung mit dem übergeordneten Ziel, dass diese Akteure einen spezifischen Input für die Aktivitäten leisten, die in den jeweiligen Phasen durchzuführen sind.

13.3 Einsatzgebiet transdisziplinäre Nachhaltigkeitsforschung

Die Wurzeln von PM liegen im Bestreben, effektive Interventionsprozesse zur Bearbeitung komplexer Probleme in Organisationen zu entwickeln (Richardson und Anderson 1995). Rasch wurde in PM dann ein Ansatz vermutet, der bei der Erforschung und im Umgang mit den oft hochkomplexen Problemen im Bereich Umweltschutz, Ressourcenschutz, und Nachhaltigkeit (Funtowicz und Ravetz 1993) besonderes Potential besitzen könnte. Inzwischen ist PM als Element einer „Experimentalisierung von Partizipation" im Bereich Umwelt beschrieben worden (Bogner et al. 2011). Bei dieser tritt neben die „Protestpartizipation" (ebd.), über die sich in den 70er und 80er Jahren Beteiligungsansprüche im Hinblick auf Umweltfragen vorrangig ausdrückten, eine neue Form der Partizipation. Diese findet auf Einladung „etablierter" Institutionen in den Bereichen Forschung, Technologieentwicklung und Politik statt und ist nicht auf Protest, sondern vielmehr auf Kooperation ausgerichtet. Kennzeichnend für PM als Beispiel für ein solches „Einschwenken von Partizipation auf die kommunikativen Normalwege" (ebd., S. 78) ist, dass:

- die Initiative zum Einbezug von Stakeholdern in modellbasierte Unternehmungen zumeist von Seiten der Wissenschaft, oft aus drittmittelfinanzierten, multidisziplinären Forschungsprojekten erfolgt

2 Hare (2011) unterscheidet fünf Hauptphasen des Modellierungsprozesses, für die gesellschaftliche Akteure einen Input leisten könnten: Datensammlung; Modelldefinition; Modellkonstruktion; Modellverifikation und Modellvalidierung; Modellnutzung.

- mit Modellierung ein Bereich, der früher ausschließlich Experten vorbehalten war, für Nicht-Experten (in unterschiedlichem Grade) geöffnet wird
- die Partizipation auf die Komplexität der gesellschaftlichen Transformation in Richtung Nachhaltigkeit bezogen ist
- die Partizipation bei sog. Zukunftstechnologien zu einem (relativ) frühen Zeitpunkt stattfindet.

Unser Beitrag ist auf dieses Einsatzgebiet von PM bezogen. Es lässt sich als *transdisziplinäre* (Gibbons et al. 1994) *projektbasierte, auf Nachhaltigkeit (unmittelbar oder mittelbar) bezogene Forschung* beschreiben. Diese Forschung ist einmal charakterisiert durch ein Zusammenwirken von Wissenschaftlern der Natur- und Gesellschaftswissenschaften und deren Beschäftigung mit hochkomplexen Herausforderungen und Problemen, die im Überschneidungsbereich von Natur und Gesellschaft angesiedelt sind. Darüber hinaus ist die Forschung dadurch gekennzeichnet, dass außerwissenschaftliche Akteure in den Forschungsprozess einbezogen werden. Ein häufig verwendetes Auswahlkriterium für diese gesellschaftlichen Akteure ist, dass ihnen eine Schlüsselfunktion und mit dieser verbundenes Praxis- oder anderes Spezialwissen im jeweiligen empirischen Feld zugeschrieben werden kann (z. B. als Ressourcennutzer, Technologieentwickler oder Regulationsbehörde).

In diesem Einsatzbereich stellt die Forschung zum Management natürlicher Ressourcen derzeit das zentrale Versuchs- und Anwendungsfeld von PM dar. Formen von PM scheinen bisher überwiegend in Forschungsprojekten zum Wassermanagement zum Einsatz gekommen zu sein (Hare 2011; Refsgaard et al. 2005; Cockerill et al. 2006; Webler et al. 2011), finden sich aber zunehmend auch in Projekten zum Land- und Fischereimanagement (Antunes et al. 2006; Bogner et al. 2011; Röckmann et al. 2012; Mäntyniemi et al. 2013).

Mit dem Einsatz von PM in der transdisziplinären, auf Nachhaltigkeit bezogenen Forschung verbinden sich *zwei Ziele*, die in der Literatur besonders herausgehoben werden (Dreyer und Renn 2011). Das eine Ziel ist, robuste und im idealen Fall von Schlüsselakteuren gemeinsam getragene *Handlungsempfehlungen* für Politik und/oder Management zu entwickeln. Ein Unterziel hier ist häufig, über eine Integration von Wissen und Wissensformen die Modellqualität und/oder die Modelllegitimität und darüber die Chancen zu erhöhen, dass die Empfehlungen inner- und außerwissenschaftliche Resonanz erfahren. Das andere Forschungsziel besteht darin, über PM *kollektives Lernen* innerhalb einer Akteursgruppe zu unterstützen. Es wird vermutet, dass die Ko-Konstruktion (insbesondere konzeptioneller Modelle) gemeinsames Lernen über die Natur des komplexen Problems und die Ursachen unterschiedlicher Problemwahrnehmungen initiieren oder befördern kann. Der Gebrauch von Simulationsmodellen könnte kollektives Lernen über die unterschiedliche Wirksamkeit und Angemessenheit von Politik- und Managementoptionen stimulieren.

Es kommt nicht selten vor, dass über ein komplexes Forschungsdesign beide Ziele in Projekten verfolgt und sowohl qualitative wie auch quantitative Modellierung dafür eingesetzt werden. Wie die Einbindung der Akteure in Abhängigkeit von der jeweiligen Zielrichtung variiert werden kann, zeigt Tabelle 13.1 beispielhaft.

Häufig ist PM gleichzeitig Instrument und Objekt der Forschung. Ihre Anwendung dient dann auch oder vorrangig dem Erkenntnisgewinn über Potential, Anforderungen und Herausforderungen dieses Beteiligungsansatzes im Rahmen der *angewandten Forschung zur partizipativen Gestaltung einer nachhaltigen Ressourcennutzung.* Als direkte Entscheidungshilfe in Management und Politik spielt PM bisher eine kaum erkennbare Rolle (Drakeford et al. 2009).

Das Projekt CO2BRIM, das wir in diesem Aufsatz als ein Beispiel für die Anwendung von PM in der Forschung vorstellen, ist insofern innovativ als es PM auf eine Thematik im Bereich *Technikfolgen- und Risikoabschätzung* anwendet. Nicht nur im Ressourcenmanagement, auch in der Technikfolgenabschätzung und -bewertung spielt der Gebrauch von Modellen eine zunehmend wichtige Rolle (Tulbure 2002). Damit gewinnt die Frage an Relevanz, ob auch dieser Bereich ein geeignetes Anwendungsfeld für PM sein könnte. Die Befassung mit dieser Frage heißt Neuland zu betreten, und CO2BRIM hat einen wichtigen Schritt in diese Richtung unternommen.

Ziel	**Einbindung in…**
Kollektives Lernen über komplexes Problem und unterschiedliche Problemwahrnehmungen	Modellkonstruktion
Formulierung robuster Handlungsempfehlungen • Wissensintegration für eine höhere Modellqualität und/oder -legitimität	zumindest Modellnutzung • so viele Phasen wie möglich, zumindest aber Modellevaluation und Modellnutzung

Tabelle 13.1: PM-Ziele und Akteurseinbezug (Quelle: eigene Darstellung angelehnt an Dreyer und Renn 2011, S. 12; Röckmann et al. 2012, S. 1081)

13.4 Rolle der Sozialwissenschaften

PM bezeichnet also keinen genuin sozialwissenschaftlichen Ansatz zur Einbindung gesellschaftlicher Akteure oder Experten in den Forschungsprozess. Sie wird Disziplinen übergreifend angewendet. Bisher agieren Sozialwissenschaftler in der Regel in Aufgabenteilung mit Kolleginnen und Kollegen (der eigenen Institution oder anderen Forschungsinstitutionen) aus den Natur-, Technik- und Ingenieurwissenschaften und Disziplinen übergreifenden Ausbildungsbereichen wie den Umweltsystemwissenschaften. Das erklärt sich vor allem aus dem Haupteinsatzgebiet der auf Nachhaltigkeit bezogenen Forschung, die einen multidisziplinären Ansatz erfordert. Wir sehen gegenwärtig drei Aufgabenbereiche, in denen Wissenschaftler mit sozialwissenschaftlicher Expertise in PM-Projekten vor allem (mit)tätig sind und für die sozialwissenschaftliche Expertise besonders relevant ist.

13.4.1 Problembestimmung: Erhebung von Akteurswahrnehmungen und Organisation wechselseitiger Akteurskommunikation

Der erste Aufgabenbereich enthält einmal die strukturierte Ermittlung der *Wahrnehmungen* und des *Wissens* der Stakeholder hinsichtlich der jeweiligen Problem- und Konfliktstruktur. Dafür können klassische Methoden der qualitativen empirischen Sozialforschung wie etwa Leitfadeninterviews (Flick 2007) oder Fokusgruppen[3] (Schulz et al. 2012) zur Anwendung kommen. Qualitative Modelle können unterstützend als Strukturierungs- und Visualisierungsinstrumente in der Anwendung dieser Methoden eingesetzt werden. Ein Beispiel sind Wirkungsdiagramme, die Vorstellungen über den Zusammenhang von Konflikten, Konfliktursachen und Lösungsmöglichkeiten abbilden (Newig et al. 2007, S. 52-53). Auch qualitativ/quantitative Modelle können zu diesem Zweck verwendet werden. Ein Beispiel sind Bayessche Netze (*Bayesian Belief Networks, BNN*) zur Abbildung von Vermutungen über die Faktoren, die den Zustand einer natürlichen Ressource beeinflussen (Haapasaari et al. 2012). Abbildung 13.1 zeigt zur Veranschaulichung ein Wirkungsdiagramm, das mit Hilfe des BBN-Ansatzes erstellt wurde. Es stellt die Sicht eines Fischers (als Vertreter der Stakeholder-Gruppe der Fischer) auf die Beschaffenheit der Problematik des Managements

3 Bei diesem Verfahren diskutiert eine Gruppe von Bürgern in einer circa zweistündigen Veranstaltung vorgegebene Themenbereiche. Fokusgruppen kommen in der qualitativen Sozialforschung vor allem dann zum Einsatz, wenn es darum geht, die Meinungen von Zielgruppen zu konkreten Stimuli zu analysieren (Schulz et al. 2012).

der Heringsfischerei in der zentralen Ostsee dar.[4] Wurden subjektive Vermutungen und Vorstellungen über komplexe Sachverhalte (sog. *Mental Models*) individuell erhoben, wird im Anschluss daran oft eine wechselseitige Kommunikation über die (zumeist) unterschiedlichen Wahrnehmungen zwischen den Akteuren organisiert. Diese Kommunikation kann als offener Austausch über Medien wie Poster im Pausenprogramm größerer Veranstaltungen oder strukturierter im Rahmen eines Workshops (Haapasaari et al. 2013) stattfinden. Sie kann auch stärker formalisiert sein, z. B. als ein Diskussions- und Synthesebildungsprozess, der im Sinne von *GMB* auf die gemeinsame Erstellung integrierter Diagramme ausgerichtet ist (Newig et al. 2007, S. 52). Der Austausch dient in der Regel dazu, zu einem besseren und geteilten Verständnis der Natur des Problems und des Konflikts zu gelangen (van Asselt und Rijkens-Klomp 2002, S. 172), und/oder dichtere Informationen für die Bildung eines Simulationsmodells zu generieren. In manchen Projekten arbeiten die Sozialwissenschaftler die gewonnenen Informationen für ein Simulationsmodell auf, und die Stakeholder nehmen dann an der Verfeinerung, Validierung und/oder Nutzung des Modells teil (Bogner et al. 2011, S. 89).

Dieser erste Aufgabenbereich widmet sich also überwiegend der Bestimmung des Problems, das mit Hilfe von PM-Techniken bearbeitet werden soll. Er dient der Konzeptionalisierung bzw. ist ein Element der Konzeptionalisierungsphase in einem komplexeren PM-Prozess.

---

4 Die graphische Modellstruktur kann beim BNN-Ansatz durch das Einfügen probabilistischer Information in eine quantitative Form transformiert werden (Haapasaari et al. 2012). Die Ostseeheringsfischerei ist ein Fallbeispiel partizipatorischer Modellierung des EU-FP7-Projekts JAKFISH (Fördervertrag 212969). Die Autorin des vorliegenden Aufsatzes war in dieses Projekt involviert (Dreyer und Renn 2011; Drakeford et al. 2009).

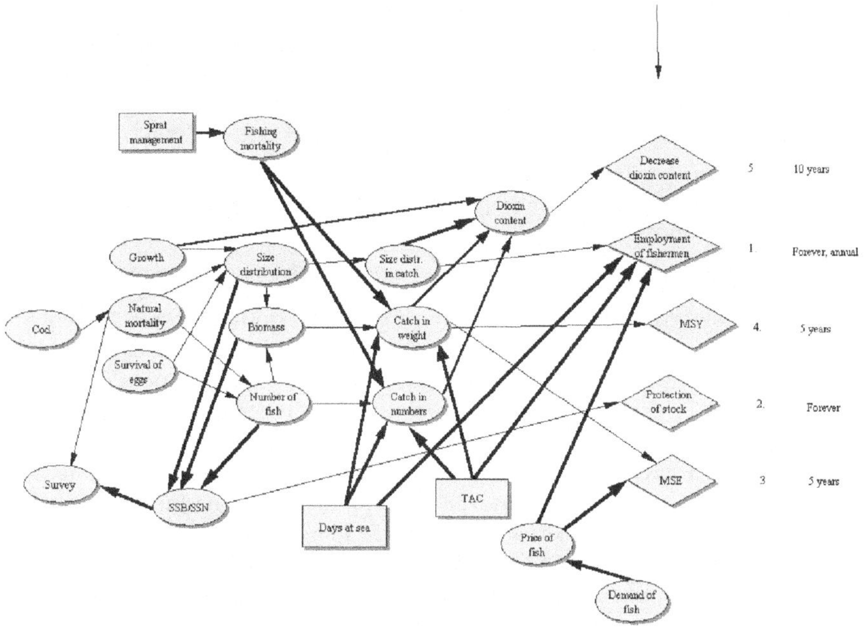

Abbildung 13.1: *Mental Model* eines Fischers zur Managementproblematik Heringsfischerei in der zentralen Ostsee (Quelle: © Haapasaari et al. 2012 (Titel im Original: „The Fisher's model"))

13.4.2 Optionengenerierung: Erhebung von Akteursvorstellungen für die Szenarien- oder Strategieentwicklung

Ein zweiter Aufgabenbereich, in dem Sozialwissenschaftler oft (mit)tätig sind, ist zumeist der Simulation als Modellnutzungsphase vorgeschaltet. Es handelt sich um die partizipative Entwicklung oder Überprüfung von Szenarien oder Strategien (van Asselt et al. 2001, S. 176), die anschließend in Zusammenarbeit mit Kollegen aus Natur- und Ingenieurwissenschaften für eine Simulation aufbereitet (v. a. Übersetzung in die Modellterminologie) und dann getestet bzw. evaluiert werden. Auch hier kommen Fokusgruppen zur Anwendung. In einem Verbundprojekt zu Agrarintensivregionen entwickelten z. B. Akteure in solchen Gruppendiskussionen Szenarien in Form von Erzählungen darüber, wie die jeweilige Region zu einem bestimmten Zeitpunkt in der Zukunft unter Annahme unterschiedlicher Rahmenbedingungen beschrieben werden könnte (Newig et al. 2007, S. 42f.). Ebenso können mit Hilfe von Gruppendiskussionen Managementoptionen zur Nutzung einer natürlichen Ressource wie etwa Fisch partizipativ entwickelt werden (Squires und Renn 2011), um diese dann einer simulationsbasierten Strategiebewertung zu unterziehen (Motos und Wilson 2006).

13.4.3 Prozessgestaltung

In manchen Projekten übernehmen Sozialwissenschaftler zusätzlich (oder speziell) die Organisation und/oder Moderation von Reflexionsprozessen in den Arbeitsgruppensitzungen, die in einem PM-Prozess anfallen (Bogner et al. 2011, S. 89; Garrod et al. 2013, S. 78). Manchmal sind sie auch – wie im unten dargestellten CO2BRIM-Projekt – für die Ausgestaltung des Prozesses der PM insgesamt zuständig (Bogner et al. 2011, S. 89). Es kennzeichnet PM, dass ihre Durchführung zum einen Expertise für den Einsatz analytischer und technischer Instrumente und geeigneter Software erfordert, zum anderen solche für Kommunikation und Partizipation (Cockerill et al. 2006, S. 466; Voinov und Bousquet 2010, S. 1269). Auch wenn die in PM-Projekten beteiligten Sozialwissenschaftler keine ausgewiesenen Experten für Kommunikation und Partizipation sein sollten, scheint eine gewisse Kompetenz dafür in Anspruch genommen und auch zugestanden zu werden.

13.5 Das Anwendungsbeispiel CO2BRIM-Projekt

Projekte zum Management natürlicher Ressourcen sind bislang das zentrale Test- und Praxisfeld der partizipativen Modellierung. Einen Versuch, die Potentiale der PM über diesen Bereich hinaus für die Risiko- und Technikfolgenabschätzung fruchtbar zu machen, stellt das Forschungsprojekt CO2BRIM dar (www.co2brim.hydrosys.uni-stuttgart.de). Das Akronym steht für ein Verbundvorhaben im Bereich der CCS-Technologie (s. unten), mit dem das Ziel einer Charakterisierung potentieller unterirdischer Kohlendioxid-Speicherformationen unter besonderer Berücksichtigung von Risiken des Salzwasseraufstiegs verfolgt wird. Das Projekt wird vom Bundesministerium für Bildung und Forschung (BMBF) im Rahmen des Geotechnologien-Programms gefördert (www.geotechnologien.de).[5] Es basiert auf einem integrierten Ansatz, der geologische,

5 CO2BRIM wird vom BMBF unter dem Förderkennzeichen 03G0802A geführt und hat eine Laufzeit von September 2011 bis Februar 2015.

hydrologische, modellierungstechnische und sozialwissenschaftliche Expertise mit Blick auf die Einbindung von gesellschaftlichen Stakeholdern und Praxisexperten in den Forschungsprozess kombiniert. Dieser Anspruch wird durch die Partnerstruktur des Projekts gespiegelt. So sind der Lehrstuhl für Hydromechanik und Hydrosystemmodellierung (LH2) der Universität Stuttgart und die Bundesanstalt für Geowissenschaften und Rohstoffe (BGR) für die Durchführung der naturwissenschaftlichen und simulierungstechnischen Arbeitsinhalte zuständig, während die sozialwissenschaftliche DIALOGIK gemeinnützige Gesellschaft für Kommunikations- und Kooperationsforschung den PM-Prozess konzipiert und organisiert.

Zum Zeitpunkt der Abfassung dieses Artikels ist CO2BRIM noch nicht abgeschlossen, so dass die folgenden Ausführungen als Zwischenstand laufender Arbeiten zu verstehen sind. Im kommenden Abschnitt werden zunächst Grundzüge der CCS-Technologie und ihres Entwicklungsstandes dargestellt. Darauf folgt die Beschreibung des in CO2BRIM verwendeten Konzeptes der partizipativen Modellierung. Schließlich richten sich die Ausführungen auf die Umsetzung dieses Konzeptes bei der Untersuchung der Forschungsfragen des Projektes.

13.5.1 Die CCS-Technologie

Der thematische Fokus des CO2BRIM-Projektes ist auf Fragestellungen im Zusammenhang der Technologie zur Abscheidung und Speicherung von Kohlendioxid (CO_2) (Carbon Dioxide Capture and Storage, CCS) ausgerichtet. CCS wird als eine Option zur klimafreundlichen Gestaltung des Übergangs von einer nuklear-fossilen zu einer auf Erneuerbaren Energien beruhenden Energie- und Stromerzeugung diskutiert. Den Hintergrund für den avisierten Bedarf an dieser Brückentechnologie bildet der Umstand, dass die fossile Stromwirtschaft selbst in Energiewende-Ländern wie Deutschland noch auf Jahrzehnte hinaus beträchtliche Kapazitäten an Kohle- oder Gaskraftwerken zur Elektrizitätserzeugung bereitstellen muss, um die durch Windkraft oder Photovoltaik noch nicht zu deckende Nachfrage zu befriedigen (IEA 2012, 2013).

Zentral für die CCS-Technologie ist einerseits die Abscheidung des bei der Verbrennung fossiler Energieträger freigesetzten Kohlendioxids durch die Anwendung einer der drei hierfür zur Verfügung stehenden Verfahren. Eine Option besteht darin, das CO_2 nach der Verbrennung aus den Abgasen herauszufiltern (Post-Combustion), eine weitere Möglichkeit ist es, das Kohlendioxid bereits vor der Verbrennung aus der Kohle oder dem Gas zu lösen (Pre-Combustion), und schließlich kann das CO_2 mit dem Oxyfuel-Prozess durch die Verbrennung von

Sauerstoff abgetrennt werden (Ekardt et al. 2011). Neben der Abscheidung des CO_2 an der Emissionsquelle besteht der zweite wesentliche Aspekt der CCS-Technologie in der Speicherung des Klimagases in tiefen geologischen Schichten, um es auf diese Weise mit Blick auf die Dämpfung des Treibhauseffekts dauerhaft von der Erdatmosphäre fernzuhalten. Potentielle Speicherstätten sind ausgebeutete Öl- und Gasfelder, nicht abbaubare Kohleflöze und saline Aquifere, also unterirdische Sedimentgesteine, deren Poren mit stark salzhaltigem Wasser gefüllt sind. Am Speicherstandort wird das zum Beispiel per LKW, Bahn oder Pipelines von der Emissionsquelle herantransportierte CO_2 durch eine speziell zu diesem Zweck abgeteufte Bohrung in den vorgesehenen geologischen Horizont injiziert (IPCC 2005).

Während die Injektion von CO_2 in Erdöllagerstätten zum Zwecke einer verbesserten Ölproduktion Stand der Technik ist, handelt es sich bei dem CCS-Verfahren für bloße Speicherzwecke keineswegs um eine ausgereifte und weiträumig eingesetzte Klimaschutztechnologie, bei der Computersimulationen zur Technikentwicklung und -regulierung von herausragender Bedeutung sind (Scheer 2011, 2013). Der aktuelle Stand der Entwicklung lässt sich vielmehr als Übergangsphase von Pilotvorhaben zu großtechnischen Demonstrationsprojekten charakterisieren, wobei eine Anwendung in industriellem Maßstab nach Einschätzung von Experten nicht vor 2020 zu erwarten ist. In Deutschland ist die zulässige Umsetzung der CO_2-Sequestrierung auf wenige Pilotprojekte begrenzt (von Goerne 2009). Zum Beispiel betreibt der Energiekonzern Vattenfall auf dem Gelände des Industrieparks Schwarze Pumpe (Brandenburg) eine Testanlage zur Entwicklung des Oxyfuel-Verfahrens. Und in Ketzin bei Potsdam befindet sich Deutschlands einziger Pilot-Speicherstandort, an dem unter der Koordination des Deutschen GeoForschungsZentrums (GFZ) zwischen Juni 2008 und August 2013 rund 67.000 Tonnen Kohlendioxid in ein etwa 650 Meter tiefes salines Aquifer zur Untersuchung von Verhalten und Ausbreitung des CO_2 im Untergrund injiziert wurden (www.co2ketzin.de). Geplante Kraftwerksprojekte, etwa in Jänschwalde (Vattenfall) oder Hürth (RWE), wurden mit Verweis auf die fehlende Rechtsgrundlage und die mangelnde gesellschaftliche Akzeptanz der CCS-Technologie wieder eingestellt (Schulz et al. 2010; Scheer et al. 2013).

13.5.2 Das Konzept der partizipativen Modellierung im CO2BRIM-Projekt

Vor dem Hintergrund einer sehr kritischen Rezeption der CCS-Technologie in Deutschland ist es das Ziel des CO2BRIM-Vorhabens, durch die Beteiligung von Stakeholdern an der Untersuchung ausgewählter Kernaspekte der CCS-Entwicklung gesellschaftlich konsensfähige Erkenntnisse zu generieren. Das zu diesem Zweck entwickelte PM-Konzept beruht angesichts bislang fehlender PM-Projekte zur Technikfolgenabschätzung auf einer umfassenden Auswertung der Erfahrungen mit partizipativer Modellierung im Ressourcenmanagement, die für den Anwendungsfall der Kohlendioxid-Speicherung spezifiziert wurden.

Charakteristisch für CO2BRIM ist der Ansatz, partizipative Praktiken als konstitutives Element der auf disziplinärer und modellierungstechnischer Expertise basierenden Bearbeitung der naturwissenschaftlichen Fragestellungen aufzufassen. Der Forschungsprozess besteht so aus einer Reihe von Teilaufgaben, für die jeweils ein integriertes Arbeitsprogramm aus beispielsweise geologischen und hydrosystemischen Analysemethoden und sozialwissenschaftlichen Beteiligungsformaten entwickelt wird. Federführend für die Konzipierung von letzteren sind die Sozialwissenschaftler (DIALOGIK), wobei dies mit Blick auf die adäquate Berücksichtigung etwa von zeitlichen Anforderungen oder fachlichen Zusammenhängen in enger Abstimmung mit den naturwissenschaftlichen Projektpartnern geschieht. Grundlegend für die Rolle von DIALOGIK ist eine strikt neutrale Haltung, die sich in der Konzentration auf die methodischen Herausforderungen der partizipativen Modellierung und die oben dargelegten Anforderungen an die Rolle der Sozialwissenschaften in PM-Projekten ausdrückt. Diese Selbstverpflichtung zur Indifferenz erstreckt sich sowohl auf die CCS-Technologie als auch auf die von den Projektpartnern und Stakeholdern vertretenen Inhalte, Ergebnisse und Bewertungen. Sie ist eine wesentliche Voraussetzung für die Mitwirkungsbereitschaft gesellschaftlicher Akteure und die Anerkennung von deren Beiträgen durch die Naturwissenschaftler und Modellierer in CO2BRIM.

Die für den PM-Prozess aktivierten Teilnehmer repräsentieren im CCS-Bereich engagierte oder fachkundige Unternehmen und Verbände der Strom- und Wasserwirtschaft, geowissenschaftliche Institute sowie Regulierungsbehörden wie zum Beispiel die Staatlichen Geologischen Dienste der Bundesländer. Diese Teilnehmerauswahl reflektiert die Fokussierung von CO2BRIM auf die Erzeugung generischen Wissens, welches bei Bedarf als Teil des hydrogeologischen Kenntnisstandes in umfassendere sozio-technische Bewertungsprozesse konkreter potentieller Speicherstandorte eingebracht werden kann. Analysen und numerische Simulationen im Zusammenhang mit der Erkundung und Auswahl eines realen CO_2-Speichers sind dagegen explizit nicht Gegenstand des Untersuchungsspektrums von CO2BRIM, so dass keine Bürger oder lokalen Akteure in den Kreis der PM-Beteiligten aufgenommen wurden.

Konzeptionell beruht dieser Zuschnitt der Teilnehmerstruktur auf der Risikocharakterisierung des International Risk Governance Council (IRGC 2005, S. 44f., 51f.). Diese umfasst vier Typen, die nach ihrem dominanten Merkmal als einfache, komplexe, *unsichere* und *mehrdeutige* Risiken gekennzeichnet werden (nur die letzten beiden Typen sind für unsere Studie relevant). Unter Partizipationsgesichtspunkten korrespondiert mit jedem dieser vier Typen eine idealtypische Akteursstruktur, wobei die Beteiligung der breiten zivilgesellschaftlichen Öffentlichkeit insbesondere für mehrdeutige Risiken vorgeschlagen wird. Standortentscheidungen im CCS-Bereich entsprechen diesem Typ, da Risiken bzw. Risikoinformationen hier unter der Perspektive einer hohen interpretativen und normativen *Mehrdeutigkeit* verhandelt werden, insofern verschiedene gesellschaftliche Gruppen deren Relevanz, Bedeutung oder Auswirkungen nach Maßgabe je eigener Kriterien und Wertorientierungen beurteilen. Partizipation ist hier notwendig, um diese Differenzen kooperativ zu diskutieren und beizulegen, was auch die Integration betroffener Bürger erforderlich macht. Die von CO2BRIM adressierten Forschungsfragen dagegen sind mit Risiken verbunden, die sich durch bislang nicht gelöste *Unsicherheiten* auszeichnen und für die deshalb unter dem Aspekt des Vorsorgeprinzips Grundlagenwissen bereitzustellen ist, das der Gesellschaft zum Beispiel die Verständigung über Worst Case-Szenarien ermöglicht. Partizipation im Kontext dieses Risikotyps setzt vor allem die Mobilisierung von wissenschaftlicher und institutioneller Fachexpertise voraus, was in CO2BRIM durch die beschriebene Teilnehmerauswahl gewährleistet wird.

Mit der Einbindung von Stakeholdern in das Verbundprojekt werden hauptsächlich zwei Ziele verfolgt. Erstens sollen Annahmen, Vorgehensweisen und Ergebnisse der Modellierungsprozesse auf ihre Nachvollziehbarkeit geprüft und einer kritischen Bewertung unterzogen werden. Zweitens zielt die Integration externer Akteure auf die Erschließung weiterer Wissensressourcen für die Gestaltung, Auswahl und Interpretation von alternativen Szenarien, mit denen auf der Grundlage eines geologischen Modells verschiedene Möglichkeiten der Salzwasserverdrängung durch die CO_2-Injektion simuliert werden können. Der hier verfolgte Ansatz partizipativer Modellierung entspricht mithin weitgehend der von Hare (2011) als Back-End PM bezeichneten Variante, insofern er sich in erster Linie auf Aspekte der Modellnutzung und Modellevaluation bezieht, während die Modellkonstruktion selbst weitgehend in den Händen der naturwissenschaftlichen Projektpartner liegt.

Zur übergeordneten inhaltlichen Kategorisierung der in CO2BRIM durchgeführten Beteiligungsverfahren wurde schließlich ein Konzept entwickelt, das vier Kategorien der Einbindung von Stakeholdern und Experten in PM-Vorhaben unterscheidet:

- Die Kategorie *Wissen* beinhaltet das Einsammeln und die Aufbereitung von Wissen, Wahrnehmungen und Einschätzungen der Stakeholder zur Problemstellung. Dies betrifft etwa Einschätzungen zu bestimmten Wirkungszusammenhängen, Szenarioverläufen, Parametern oder Randbedingungen sowie Grundannahmen des Systems. Sozialwissenschaftliche Methoden wie Delphi-Umfrage, Leitfaden-Interviews oder Szenarioverfahren sind hier Erfolg versprechend.

- Die Kategorie *Bewertung* umfasst Stellungnahmen, wie akzeptabel oder inakzeptabel entweder Teilbereiche oder die gesamte Modellierung aus Sicht der Stakeholder sind. Für die Koordinatoren des PM-Prozesses ist dabei wichtig, sowohl Methoden zur Bewertung bereitzustellen, wie z. B. Gruppen-Delphi oder Konsensuskonferenz (Joss 2000), als auch die hinter der Bewertung liegenden Motivationen und Kriterien zu eruieren und in den Austausch mit den Modellierern einzubringen.
- Die Kategorie *Entscheidung* bezieht Stakeholder in Entscheidungsprozesse ein, die vielfach im Verlauf eines Modellierungsprozesses zu treffen sind. Parameterwerte, Grundannahmen, Wirkungszusammenhänge etc. sind bei einer Modellierung immer mit bestimmten Entscheidungen verbunden. Die Entscheidungsoptionen und -auswahl mit Stakeholdern aufzubereiten und durchzuführen ist ein Grundelement einer PM. Gruppenverfahren bzw. Workshops wie Citizens' Jury, das Charette-Verfahren (Steyaert et al. 2006) oder Fokusgruppen können hierbei viel versprechend sein.
- Die vierte Kategorie *Verstehen* ist allgemeiner gefasst und der Zielsetzung einer PM im Sinne kollektiven Lernens und der Erarbeitung robuster Handlungsempfehlungen verpflichtet. Dabei werden sowohl Stakeholder als auch Modellierer einbezogen. Einerseits sollen erstere fachspezifische, objektive Sachverhalte besser verstehen lernen; andererseits ist für Modellierer wichtig zu erkennen, dass ihre Modelle immer in einen sozialen Raum eingebettet und nicht losgelöst davon zu betrachten sind. Methodisch sind auf Evaluierung ausgerichtete Gruppendiskussionen, Interviewbefragungen oder Umfragen zielführend.

13.5.3 Die Umsetzung partizipativer Modellierung im CO2BRIM-Projekt

Der Forschungsprozess des CO2BRIM-Projektes greift zwei Facetten der CCS-Debatte auf, die für die Zukunftsperspektiven dieser Technologie von entscheidender Bedeutung sind. Dabei handelt es sich um die Themen Speichereffizienz und Solemigration, deren Analyse spezifische Untersuchungs- und Modellierungsdesigns sowie die Konzeption jeweils darauf abgestimmter PM-Formate erfordert.

13.5.3.1 Analysefokus Speichereffizienz

Die erste Problemstellung betrifft die Frage nach der Charakterisierung von Regionen, die generell für die CO_2-Speicherung geeignet sind. Neben einer Vielzahl von geologischen, hydrologischen, ökonomischen oder sozialen Kriterien ist die Speichereffizienz ein wichtiger Auswahlgesichtspunkt. Diese bezieht sich auf die Effizienz der Ausnutzung eines gegebenen Porenraums, für welche die so genannte Gravitationszahl (Gr) als einfach und schnell zu kalkulierende Kennziffer in der Literatur vorgeschlagen wurde (Kopp et al. 2009a, 2009b). Diese setzt zwei Kräfte, die Auftriebskraft und die viskose Kraft, zueinander ins Verhältnis, die die Ausbreitung des CO_2 im Untergrund maßgeblich bestimmen. Dabei gilt folgende Regel: je größer der Einfluss der Auftriebskräfte, desto schlechter ist die Speichereffizienz, je größer der Einfluss der viskosen Kräfte, desto besser ist die Speichereffizienz. Es war bislang jedoch eine offene Frage, ob dieser postulierte Einfluss von Gr auf die Speichereffizienz tatsächlich ausreichend Signifikanz besitzt und das Kriterium der Gravitationszahl mithin zur Erstellung eines qualitativen Rankings potentieller Speicherregionen in frühen Phasen von Auswahlprozessen geeignet ist (Kissinger et al. 2014). Zur Klärung dieses Sachverhalts wurde die Gravitationszahl im CO2BRIM-Projekt zunächst für die im Projekt Speicher-Kataster Deutschland (Müller und Reinhold 2011) ausgewiesenen untersuchungswürdigen Gebiete des Speicherkomplexes „Mittlerer Buntsandstein" im Norddeutschen Becken jeweils für Rasterzellen der Größe 1 x 1 km berechnet. Sodann wurden von den an CO2BRIM beteiligten Modellierern exemplarische numerische Simulationen durchgeführt, um erstens den Einfluss der a-priori errechneten Gravitationszahl auf die für ausgewählte Rasterzellen berechnete Speichereffizienz zu zeigen und zweitens die Aussagekraft von Gr im Vergleich zu den Parametern Porosität und Reservoir-Mächtigkeit zu prüfen.

Der Partizipationsansatz im Kontext der Untersuchung des Gr-Kriteriums zielte auf die Einbindung von Stakeholdern zur Eruierung von Verständnis und Bewertung der Gr-Methode sowie der Berechnungs- und Simulationsergebnisse. Als Beteiligungsformat wurde das Gruppendelphi ausgewählt. Mit diesem diskursiven Verfahren können existierende Meinungsverteilungen im Sinne von Konsens über Bereiche übereinstimmender oder abweichender Bewertungen erkennbar gemacht und die hierfür maßgeblichen inhaltlichen Begründungen erfasst werden (s. Niederberger „Das Gruppendelphi" in diesem Buch). Der Gruppendelphi-Workshop zur Gravitationszahl fand am 28. November 2012 mit 14 Teilnehmern statt. Vertreten waren Unternehmen der Energiewirtschaft und Geotechnik, Bundes- und Landesbehörden sowie Einrichtungen der (außer-) universitären Geowissenschaft und Wasserforschung. Den Teilnehmern des Gruppendelphis wurde im Vorfeld der Veranstaltung ein elfseitiges Hintergrund- und Ergebnispapier als Informations- und Diskussionsgrundlage zur Verfügung gestellt. Die Methode erwies sich als probates partizipatives Instrument zur Generierung schneller und qualitativ hochwertiger Rückmeldungen zu modellierungsbasierten Analysen. So kristallisierte sich im Gruppenprozess einerseits der weitgehende Konsens heraus, dass die Gr-Zahl und die mit ihr verbundenen Grundlagen und Ideen in hohem Maße verständlich sind. Zum anderen provozierten die Simulationen zur Überprüfung der Verlässlichkeit der Gr-Methode kritische Stellungnahmen z. B. mit Blick auf ihren Zweck und Aussagegehalt. Dabei verschafften der offene Austausch von Argumenten und die damit einhergehenden Bemühungen zur präzisen Begründung kontrastierender Einsichten den Workshop-Resultaten eine hohe Validität bei den Stakeholdern wie bei den Modellierern.

13.5.3.2 Analysefokus Solemigration

Die zweite in CO2BRIM erforschte Fragestellung nimmt ein häufig thematisiertes Risiko der CO_2-Speicherung in den Blick. Dabei handelt es sich um die Sorge, dass infolge der Injektion von Kohlendioxid in den Untergrund saline Formationswässer in höhere Schichten mit dem Effekt einer Versalzung von Süßwasservorkommen verdrängt werden. Dieses Risiko des Soleaufstiegs beziehungsweise der Gefährdung von Trinkwasserressourcen wird anhand numerischer Simulationen von Szenarien analysiert. Grundlage hierfür ist ein vom Projektpartner BGR erstelltes geologisches 3D-Modell, das stellvertretend für ähnliche Strukturen im Norddeutschen Becken herangezogen wird. In diesem Modell können verschiedene Szenarien der Solemigration (z. B. Störungen im Deckgebirge über dem Injektionshorizont) abgebildet und numerisch simuliert werden.

Die Integration von Stakeholdern in den Szenarienprozess geschah im ersten Schritt in der Form von offenen, leitfaden-gestützten Interviews, in denen diejenigen Strukturen und Mechanismen des CO_2-induzierten Salzwasseraufstiegs thematisiert wurden, die für die Befragten die höchste Priorität hatten. Um die Reflektionen der Gesprächspartner auf das geologische Modell zu fokussieren und diese zugleich durch eine Visualisierung von dessen Struktur zu unterstützen, wurde in den Interviews eine graphische Modellskizze verwendet, in der auch Ideen für Szenarien zeichnerisch festgehalten werden konnten. Die Nutzung dieses Schemas gab den Stakeholdern außerdem die Möglichkeit, durch modellkritische Anmerkungen einen Beitrag zur Modellkonstruktion zu leisten, d. h. in der Terminologie von Hare (2011) als Co-Constructors zu wirken. Auch wurde die ursprüngliche Modellskizze auf der Grundlage von zwei Pretest-Gesprächen teilweise überarbeitet, um von den Gesprächspartnern bemerkte zeichnerische Unstimmigkeiten zu beheben. In den folgenden Interviews kam dann diese korrigierte Skizze zum Einsatz. Insgesamt wurden zehn Gespräche mit Behörden- und Unternehmensvertretern, Geowissenschaftlern und unabhängigen Sachverständigen geführt.

Als Ergebnis liegt eine große Bandbreite an Vorschlägen für mögliche Migrationswege des Salzwasseraufstiegs vor, die sich übergreifend in anthropogene (z. B. schadhafte alte Bohrungen) und strukturgeologische (z. B. unterbrochene Deckschicht) Szenarien unterscheiden lassen. Zum Zeitpunkt der Abfassung dieses Artikels ist der Prozess der Auswertung und Systematisierung dieses Materials noch nicht abgeschlossen. Die Aufgabe besteht darin, die Erkenntnisse aus den Gesprächen zu verschiedenen modellbasierten Szenarien des Soleaufstiegs zu verdichten und diese wiederum an die interviewten Stakeholder zur Bewertung zurückzuspiegeln. Auch in die weiteren Schritte des Simulationsprozesses bis hin zur Interpretation der Szenarienresultate und die Unsicherheits- und Risikoeinschätzung werden Stakeholder und Praxisexperten eingebunden. Über die hierfür geeigneten Beteiligungsformate wird auf der Grundlage der Erfahrungen mit der partizipativen Szenariengestaltung entschieden.

13.6 Diskussion: Chancen und Herausforderungen von PM in transdisziplinären Projekten

Der derzeitige Forschungsstand und die im CO2BRIM-Projekt gemachten Erfahrungen verweisen darauf, dass PM eine hochgradig offene, prozedural angelegte Forschungsmethode ist, die noch keine verallgemeinerbare Blaupause für Konzept und Durchführung von PM erlaubt. Allenfalls lassen sich derzeit Eckpunkte für ein Grundgerüst der PM identifizieren, welche Hinweise für eine fallspezifisch flexibel auszugestaltende Anwendung liefern. Unabhängig von Verfahrensfragen zeigt die bisherige PM-Praxis jedoch, dass der mit PM verbundene Kerngedanke der Öffnung des Modellierungsprozesses für Nicht-Modellierer, die Chancen zur Erzeugung geteilter Perspektiven und Lösungen für transdisziplinäre Probleme beträchtlich erhöht. So finden sich in der Literatur vielfach Hinweise auf kollektive Lerneffekte im Sinne eines wachsenden Bewusstseins und Verständnisses für die Sichtweisen anderer Akteure oder der Herausbildung gemeinsamer Gruppenziele und einer geteilten Wahrnehmung des Problems bzw. Systemumfeldes. Beobachtet wird die Anerkennung der Herausforderung, die mit der Aufgabe verbunden ist, tragfähige Lösungen für komplexe transdisziplinäre Settings zu erarbeiten, die durch ein System interdependenter Beziehungen natürlicher, technischer und sozialer Strukturen und Akteure charakterisiert sind. Der kollektive PM-Prozess kann zur Objektivierung von

Sachverhalten, d. h. zu einem Perspektivwechsel von der Suche nach den Schuldigen für ein Problem zur Frage danach führen, wie eine Sachlage beschaffen ist und warum sie sich im Zuge von Interventionen in einer bestimmten Weise verändert (Antunes et al. 2006; Stave 2003, 2010; Webler et al. 2011).

Andererseits stellt die partizipative Modellierung hohe Anforderungen an die Mitwirkungsbereitschaft aller Beteiligten mit Blick auf die Aktivierung zeitlicher, kommunikativer und kognitiver Ressourcen. Dabei birgt die Komplexität von Modellierungsprozessen die Gefahr, dass Modelle für gesellschaftliche Akteure weitgehend eine Black-Box mit obskurer Logik und verborgenen Annahmen bleiben, was ein sinkendes Interesse und Vertrauen in den PM-Prozess zur Folge haben kann (Brown Gaddis et al. 2007). Ein für Stakeholder unübersichtlicher Modellierungsansatz kann zudem dazu führen, dass sich Denk- und Diskursprozesse nicht ungehindert entfalten können, was die Herausbildung von Konsens und einem gemeinsamem Verständnis erschwert (Squires und Renn 2011). Aber auch der gegenläufige Effekt ist zu beobachten, nämlich die Ablehnung des Modells durch die Stakeholder als unterkomplex, idealisierend und vereinfachend. Der Abgleich des Modells mit der Wirklichkeit ist eine zentrale Bewertungskategorie von Rezipienten simulationsbasierten Wissens (Scheer 2013, S. 173ff.). Die Modellierungsexperten im Rahmen von PM-Projekten sind mit der Herausforderung konfrontiert, die gewohnten Standards einer modellgestützten wissenschaftlichen Untersuchung zugunsten der Inkorporierung von qualitativem Stakeholderwissen zu adaptieren. Wie Fallstudien zeigen, gelingt dies nicht immer auf zufriedenstellende Weise, vielmehr finden sich Hinweise auf Frustration und Desillusionierung von Modellierern, die PM-basierte Modelle ihrerseits als oberflächlich, unpräzise und unzuverlässig einstufen (Ravera et al. 2011). Für systematische Aussagen über die Perspektiven von Modellierern und Stakeholdern auf den PM-Prozess des CO2BRIM-Projektes ist es derzeit noch zu früh. Über eine Evaluationsstudie zum Projektende werden diese erhoben, um die Faktoren für wechselseitige Akzeptanz, Missverständnisse oder Konflikte zu analysieren.

13.6.1 Akteursintegration als konstitutives Element einer PM

Diese Einsichten in die Chancen und Herausforderungen der partizipativen Modellierung verweisen auf den Charakter von PM als ein konstitutiv auf Kooperation und Austausch basierender Forschungsansatz. Bei PM-Projekten, für die Computersimulationen zentral sind, wie dies bei CO2BRIM der Fall ist, bringt PM drei unterschiedliche Akteursgruppen zusammen. Zunächst sind vornehmlich aus den Natur- und Technikwissenschaften Modellierungsexperten beteiligt, die die Simulation konzeptionell und technisch auf- und umsetzen. Sie verfügen über detailliertes Wissen in der betreffenden Fachwissenschaft und über die Abbildung der Problemstellung in eine virtuelle Computerumgebung. Ihr Expertenwissen über fachbezogene Problemstellungen und Wirkungszusammenhänge sowie deren Umsetzbarkeit in eine technische Modellierung verleiht ihnen eine herausgehobene Entscheidungsbefugnis in der Akteurskonstellation. Letztendlich entscheiden die Modellierer, welcher externe Input in eine Modellierung aufgenommen werden soll und kann. Dabei spielt der hohe Formalisierungsgrad einer Modellierung eine große Rolle. Oftmals steht das zu benutzende Simulationswerkzeug bereits zu Beginn eines PM-Prozesses fest. Modellierungsexperten verwenden bereits erprobte Simulationssoftware, die entweder eigens entwickelt oder kommerziell beschafft wurde. Damit sind der Integration von externem Input enge Grenzen gesetzt. Es lassen sich etwa neue Parameter hinzufügen oder Parameterwerte verändern, die Berücksichtigung neuer Wirkungsbeziehungen, wie sie z. B. von außen an die Modellierer herangetragen werden können, ist im Modell aber nicht mehr integrierbar. Dies birgt Risiken für eine erfolgreiche Projektkoordination und kann zu Frustrationen bei den externen Akteuren, aber auch den Modellierern führen.

Als zweite Akteursgruppe lassen sich die über die Partizipation eingebundenen externen Schlüsselakteure identifizieren. Ein wichtiges Charakteristikum dieser Akteursgruppe ist ihre rollen- und wissensspezifische Heterogenität. Die eingebundenen Akteure entstammen unterschiedlichen gesellschaftlichen Subsystemen, Organisationen und Interessensgruppen, und verfügen über sehr heterogene Wissensbestände und Rollenverständnisse. Zwar ist in transdisziplinären, hochgradig komplexen Problemstellungen gerade die Integration dieser Heterogenität notwendig und erwünscht. Es stellt aber auch eine Herausforderung für die Projektkoordination dar, diese Heterogenität zu bündeln und zu synthetisieren. Das Fallbeispiel CO2BRIM hat beispielsweise gezeigt, dass bei der Thematik CO_2-Speicherung im Untergrund überwiegend externe geologische Fachexperten einzubinden waren, da bei Laien zu wenig Wissen über Wirkungszusammenhänge im Untergrund existiert. Entsprechend ist allgemein bei PM zu beobachten, dass als externe Akteursgruppe vorwiegend Personen eingebunden werden, die sich als Entscheider oder Betroffene eng mit der Thematik des Forschungsgegenstandes befassen.

Als vermittelnde Instanz zwischen Externen und Modellierern fungieren Verantwortliche für Konzeption und Umsetzung des Partizipations- und Integrationsprozesses. Die oftmals von sozialwissenschaftlich geschulten Beratern oder Wissenschaftlern übernommene Aufgabe beinhaltet drei grundlegende Funktionen: eine Gestaltungs-, Kommunikations- und Synthesefunktion. Bei diesen Funktionen müssen inhaltliche Frage- und Problemstellungen identifiziert werden, mit denen sich die Partizipation befassen soll. Im CO2BRIM-Projekt war dies z. B. die Bewertung der Gr-Methode sowie beim Analysefokus Solemigration die Konzentration auf alle szenarienbezogenen Schritte bezüglich potentieller Aufstiegswege, Interpretation der Simulationsergebnisse sowie Bewertung von Unsicherheit und Risikoeinschätzung. Neben der inhaltlichen Spezifizierung umfassen diese Funktionen auch deren konzeptionelle, operative und kommunikative Ausgestaltung, d. h. Auswahl und Einsatz sozialwissenschaftlicher Methoden im Partizipationsprozess. Dabei steht grundsätzlich das gesamte sozialwissenschaftliche Methodenset zur Verfügung; die Auswahl muss dabei fallspezifisch sein und die Charakteristika des Forschungsgegenstandes berücksichtigen.

13.7 Ausblick

Computersimulationen gehören mittlerweile in einer Vielzahl von Wissenschaftsdisziplinen zum methodischen Standard des Erkenntnisgewinns. Ihre epistemische Bedeutung für die Wissenschaft wird weiter zunehmen, und ihre Anwendung gerade in den Natur- und Technikwissenschaften wird sich weiter vertiefen und ausdifferenzieren. Aber auch in der Risikoabschätzung, bei der Risiken identifiziert, charakterisiert und wenn möglich quantitativ abgeschätzt werden, sind Simulationen ein unverzichtbares Instrument. Damit sind Simulationen als Instrument der Systemanalyse auch relevant für Entscheidungsträger, Interessengruppen und Betroffene. PM gilt dabei als ein integrativer und transdisziplinärer Ansatz zur Einbindung von Nicht-Modellierungsexperten in den Prozess der Wissensproduktion.

Für die Weiterentwicklung von PM ergeben sich aus unserer Sicht für die Sozialwissenschaften einige zentrale Herausforderungen. Da derzeit nur vereinzelt empirisch gestützte PM-Forschungsprojekte aus unterschiedlichen Anwendungsbereichen vorliegen, sind weitere Fallstudien an der Schnittstelle von Natur, Technik und Mensch unerlässlich. Anhand systematisch ausgewählter Anwendungsbeispiele in der sozial-ökologischen Forschung sollte Wissen darüber gewonnen werden, bei welcher Problemstellung welche Interessensvertreter, Praxisexperten und Fachexperten über welche sozialwissenschaftliche Methoden in den Modellierungsprozess eingebunden werden sollten. Erst aus der Analyse einer Vielzahl von Fallstudien lassen sich dann generalisierende Bausteine, Vorgehensweisen und Blaupausen deduzieren, die den PM-Ansatz als Methode der Systemanalyse etablieren helfen.

13.8 Literatur

Antunes, P., Santos, R., & Videira, N. (2006). Participatory decision making for sustainable development – the use of mediated modelling techniques. *Land Use Policy 23*, 44-52.

Bogner, A., Gaube, V., & Smetschka, B. (2011). Partizipative Modellierung. Beteiligungsexperimente in der sozialökologischen Forschung. *Österreichische Zeitschrift für Soziologie 36*, 74-97.

Bots, P. W. G., & van Daalen, C. E. (2008). Participatory model construction and model use in natural resource management: A framework for reflection. *Systemic Practice and Action Research 21*, 389-407.

Brown Gaddis, E. J., Vladich, H., & Voinov, A. (2007). Participatory modeling and the dilemma of diffuse nitrogen management in a residential watershed. *Environmental Modelling and Software 22*, 619-629.

Cockerill, K., Passell, H., & Tidwell, V. (2006). Cooperative modeling: building bridges between science and the public. *Journal of the American Water Resources Association 42*, 457-471.

Drakeford, B., Borodzicz, E., Dreyer, M., & Renn, O. (2009). *Review of literature about participatory modelling in natural resource governance: Findings from forestry management (Part 1) and water resources / river basin management (Part 2). Bericht 2.4 des EU Projekts JAKFISH (Vertragsnr. 212969).* Stuttgart: DIALOGIK.

Dreyer, M., & Renn, O. (2011). Participatory approaches to modelling for improved learning and decision-making in natural resource governance: an editorial. *Environmental Policy and Governance 21*, 379-385.

Ekardt, F., van Riesten, H., & Hennig, B. (2011). CCS als Governance- und Rechtsproblem. *Zeitschrift für Umweltpolitik & Umweltrecht 34*, 409-436.

Flick, U. (2007). *Qualitative Sozialforschung. Eine Einführung* (vollständig überarbeitete und erweiterte Neuausgabe). Reinbek bei Hamburg: Rowohlt.

Funtowicz, S. O., & Ravetz, J. R. (1993). Science for the post-normal age. *Futures 25*, 739-755.

Garrod, G., Raley, M., Aznar, O., Espinosa, O. B., Barreteau, O., Gomez, M., Schaft, F., & Turpin, N. (2013). Engaging stakeholders through participatory modelling. *Proceedings of the ICE – Engineering Sustainability 166*, 75-84.

Gibbons, M., Limoges, C., Nowotny, H., Schwartzman, S., Scott, P., & Trow, M. (1994). *The new production of knowledge: the dynamics of science and research in contemporary societies.* London: Sage.

Haapasaari, P., Mäntyniemi, S., & Kuikka, S. (2012). Baltic herring fisheries management: stakeholder views to frame the problem. *Ecology and Society 17: 36.* http://dx.doi.org/10.5751/ES-04907-170336. Zugegriffen: 15. April 2013.

Haapasaari, P., Mäntyniemi, S., & Kuikka, S. (2013). Involving stakeholders in building integrated fisheries models using Bayesian methods. *Environmental Management 51*, 1247-1261.

Hare, M. (2011). Forms of participatory modelling and its potential for widespread adoption in the water sector. *Environmental Policy and Governance 21*, 386-402.

Hare, M., Letcher, R. A., & Jakeman, A. J. (2003). Participatory modelling in natural resource management: a comparison of four case studies. *Integrated Assessment 4*, 62-72.

IEA (International Energy Agency) (2012). *Medium-Term Coal Market Report 2012. Market Trends and Projections to 2017.* Paris: IEA.

IEA (International Energy Agency) (2013). *Medium-Term Gas Market Report 2013. Market Trends and Projections to 2018.* Paris: IEA.

IPCC (Intergovernmental Panel on Climate Change) (2005). *Special Report on Carbon Dioxide Capture and Storage, Contribution of Working Group III, Report of the Intergovernmental Panel on Climate Change.* Cambridge: Cambridge University Press.

IRGC (International Risk Governance Council) (2005). *Risk governance – towards an integrative approach, White Paper no 1.* Genf: IRGC.

Joss, S. (2000). *Die Konsensuskonferenz in Theorie und Anwendung.* Stuttgart: Akademie für Technikfolgenabschätzung in Baden-Württemberg.

Kissinger, A., Noack, V., Knopf, S., Scheer, D., Konrad, W., & Class, H. (2014). Characterization of reservoir conditions for CO_2 storage using a dimensionless gravitational number applied to the North German Basin. *Sustainable Energy Technologies and Assessments* 7: 209-220. DOI: 10.1016/j.seta.2014.06.003.

Kopp, A., Class, H., & Helmig, R. (2009a). Investigations on CO_2 storage capacity in saline aquifers – Part 1. Dimensional analysis of flow processes and reservoir characteristics. *International Journal of Greenhouse Gas Control 3*, 263-276.

Kopp, A., Class, H., & Helmig, R. (2009b). Investigations on CO_2 storage capacity in saline aquifers – Part 2. Estimation of storage capacity coefficients. *International Journal of Greenhouse Gas Control 3*, 277-287.

Mäntyniemi, S., Haapasaari, P., Kuikka, S., Parmanne, R., Lehtiniemi, M., & Kaitaranta, J. (2013). Incorporating stakeholders' knowledge to stock assessment: central Baltic herring. *Canadian Journal of Fisheries and Aquatic Sciences 70*, 591-599.

Motos, L., & Wilson, D. C. (2006). The role of science within modern management processes with the development of model-based evaluation tools. In L. Motos, & D. C. Wilson (Hrsg.), *The knowledge base for fisheries management* (S. 425-436). Amsterdam et al.: Elsevier.

Müller, C., & Reinhold, K. (Hrsg.). (2011). *Informationssystem Speichergesteine für den Standort Deutschland – eine Grundlage zur klimafreundlichen geotechnischen und energetischen Nutzung des tieferen Untergrundes (Speicher-Kataster Deutschland).*

Abschlussbericht. Berlin, Hannover: Bundesanstalt für Geowissenschaften und Rohstoffe.

Newig, J., Gaube, V., Berkhoff, K., Kaldrack, K., Karsten, B., Lutz, J., Schlußmeister, B., Adensam, H., Haberl, H., Pahl-Wostl, C., Colard, A., Aigner, B., Maier, R., & Punz, W. (2007). Partizipative Modellbildung, Akteurs- und Ökosystemanalyse in Agrarintensivregionen. Schlussbericht des deutsch-österreichischen Verbundprojektes. *Beiträge des Instituts für Umweltsystemforschung der Universität Osnabrück (USF), Beitrag Nr. 39.* Osnabrück: USF. http://www.usf.uos.de/usf/literatur/beitraege/texte/039-newig.pdf. Zugegriffen: 10. Juni 2013.

Ravera, F., Hubacek, K., Reed, M., & Tarrasón, D. (2011). Learning from experiences in adaptive action research: a critical comparison of two case studies applying participatory scenario development and modelling approaches. *Environmental Policy and Governance 21,* 433-453.

Refsgaard, J. C., Henriksen, H. J., Harrar, W. G., Scholten, H., & Kassahun, A. (2005). Quality assurance in model based water management – review of existing practice and outline of new approaches. *Environmental Modelling & Software 20,* 1201-1215.

Richardson, G. P., & Andersen, D. F. (1995). Teamwork in group model building. *System Dynamics Review 11,* 113-137.

Röckmann, C., Ulrich, C., Dreyer, M., Bell, E., Borodzicz, E., Haapasaari, P., Hauge, K. H., Howell, D., Mäntyniemi, S., Miller, D., Tserpes, G., & Pastoors, M. (2012). The added value of participatory modeling in fisheries management – what has been learnt? *Marine Policy 36,* 1072-1085.

Scheer, D. (2011). Computer simulation at the science-policy interface: assessing the policy relevance of CCS simulations. *Energy Procedia 4,* 5770-5777.

Scheer, D. (2013). *Computersimulationen in politischen Entscheidungsprozessen: Zur Politikrelevanz von Simulationswissen am Beispiel der CO_2-Speicherung.* Wiesbaden: Springer VS.

Scheer, D., Konrad, W., & Scheel, O. (2013). Public evaluation of electricity technologies and future low-carbon portfolios in Germany and the USA. *Energy, Sustainability and Society 3:8.*

Schulz, M., Mack, B., & Renn, O. (Hrsg.). (2012). *Fokusgruppen in der empirischen Sozialwissenschaft. Von der Konzeption zur Auswertung.* Wiesbaden: Springer.

Schulz, M., Scheer, D., & Wassermann, S. (2010). Neue Technik, alte Pfade? Zur Akzeptanz der CO_2-Speicherung in Deutschland. *GAIA 19/4,* 287-296.

Simon, C., & Etienne, M. (2010). A companion modelling approach applied to forest management planning. *Environmental Modelling & Software 25,* 1371-1384.

Squires, H., & Renn, O. (2011). Can participatory modelling support social learning in marine fisheries? Reflections from the Invest in Fish South West Project. *Environmental Policy and Governance 21,* 403-416.

Stave, K. A. (2003). A system dynamics model to facilitate public understanding of water management options in Las Vegas, Nevada. *Journal of Environmental Management 67*, 303-313.

Stave, K. A. (2010). Participatory system dynamics modeling for sustainable environmental management: Observations from four cases. *Sustainability 2*, 2762-2784.

Steyaert, S., Lisoir, H., & Nentwich, M. (Hrsg.). (2006). *Leitfaden partizipativer Verfahren. Ein Handbuch für die Praxis*. Brüssel, Wien: Flemish Institute for Science and Technology Assessment, König-Baudouin-Stiftung, Institut für Technikfolgen-Abschätzung. http://epub.oeaw.ac.at/ita/ebooks/Leitfaden_pTA_DE_Feb06.pdf. Zugegriffen: 10. April 2013.

Tulbure, I. (2002). Anwendung integrativer Modellierung zur Technikbewertung. *Technikfolgenabschätzung 11*, 98-103.

van Asselt, M. B. A., Middelkoop, H., van't Klooster, S. A., van Deursen, W. P. A., Haasnoot, M., Kwadijk, J. C. J., Buiteveld, H., Können, G. P., Rotmans, J., van Gemert, N., & Valkering, P. (2001). *Development of flood management strategies for the Rhine and Meuse basins in the context of integrated river management. Report of the IRMA-SPONGE-project (3/NL/1/164 / 99 15 183 01)*. Maastricht, Utrecht. http://www.icis.unimaas.nl/publ/downs/01_24.pdf. Zugegriffen: 16. September 2009.

van Asselt, M. B. A., & Rijkens-Klomp, N. (2002). A look in the mirror: reflection on participation in Integrated Assessment from a methodological perspective. *Global Environmental Change 12*, 167-184.

van den Belt, M. (2004). *Mediated modeling. A system dynamics approach to environmental consensus building*. Washington et al.: Island Press.

Vennix, J. A. M. (1996). *Group model building: Facilitating team learning using system dynamics*. Chichester: John Wiley & Sons.

Voinov, A., & Bousquet, F. (2010). Modelling with stakeholders. *Environmental Modelling & Software 25*, 1268-1281.

von Goerne, G. (2009). *CO_2-Abscheidung und -Lagerung (CCS) in Deutschland. Germanwatch-Hintergrundpapier*. Bonn, Berlin: Germanwatch.

Webler, T., Tuler, S., & Dietz, T. (2011). Modellers' and outreach professionals' views on the role of models in watershed management. *Environmental Policy and Governance 21*, 472-486.

14 Bürgerkonferenzen als Instrument der Experteneinbindung

Sophia Alcántara, Marlen Niederberger

Zusammenfassung

Bürgerkonferenzen sind ein Verfahren der politischen Partizipation. Bürger haben die Möglichkeit, ihre Wünsche und Vorstellungen zu einem gesellschaftlich relevanten Thema zu diskutieren, aufzuschreiben und der Politik zu übergeben. Das damit assoziierte Ziel ist die Teilhabe und aktive Mitbestimmung an politischen Entscheidungen. Experten werden in diesem Verfahren als Berater eingeladen und gebeten, die Bürger bei Fragen zu unterstützen und aufzuklären. Sie selbst sollen allerdings keinen direkten Einfluss auf die Ergebnisse des Verfahrens nehmen. Dementsprechend müssen sich die Experten teilweise stark zurücknehmen, was ihnen unserer Erfahrung nach nicht immer leicht fällt. Das Format der Bürgerkonferenz wird anhand des Bürgerdialogs zum Thema „Energietechnologien für die Zukunft" dargestellt und diskutiert.

14.1 Einleitung

Die großen gesellschaftlichen Herausforderungen (wie Finanz- und Wirtschaftskrisen, demografischer Wandel, Klimawandel etc.) sind durch ein hohes Maß an Unsicherheit gekennzeichnet. Obwohl es niemals zuvor in der Geschichte so einfach war an Informationen zu kommen wie heute, fehlt es an integrativem Wissen und adäquaten Governancemodellen. Politische Entscheidungsverfahren und etablierte Wissenssysteme sind oft überfordert, angesichts der Pluralität von Lebensentwürfen und den damit verbundenen Wahrheitsansprüchen. In diesem Zusammenhang wird oftmals der Ruf nach mehr Partizipation laut. Bürger, Experten und Stakeholder sollen gleichermaßen im politischen Prozess Gehör finden und ihre Ansichten aktiv und direktdemokratisch einbringen können.

Eines der Hauptargumente für die direkte Einbindung von Stakeholdern und Experten in politische Prozesse ist die Integration von externem Wissen, welches je nach Thema sowohl wissenschaftlich-theoretisch als auch erfahrungsbasiert und von praktischer Natur sein kann. Zahlreiche Verfahren und Methoden wie Expertendelphis, Szenarioanalysen etc. zielen genau auf diese Integration ab (siehe Niederberger „Das Gruppendelphi" und Kosow und León „Die Szenariotechnik als Methode der Experten- und Stakeholdereinbindung" in diesem Buch). Dabei wird versucht, durch eine gezielte Auswahl der Experten, einer systematischen, regelgeleiteten, transparenten und ergebnisoffenen Vorgehensweise, den Problemen vorzubeugen, die aufgrund von sektoralem Wissen oder Expertendilemmata entstehen. Allerings sind politische Entscheidungen oftmals Richtungsentscheidungen, die weit in die Zukunft reichen, das heißt sie berühren Werte wie zum Beispiel die Frage nach einem wünschenswerten Leben. Diese Enscheidungen sollten nicht von einer Handvoll Experten oder Stakeholdern getroffen werden. Denn zum einen können beispielsweise zukünftige Generationen ihre Interessen nicht artikulieren und zum anderen wissen manche gesellschaftliche Gruppen eventuell nicht, dass sie von einer Entscheidung betroffen sind (fehlendes Empowerment).

Die Antwort auf diese Probleme sehen viele in einer Beteiligung des „normalen" Bürgers an politischen Prozessen. Problematisch ist hierbei oftmals das fehlende Wissen und Know-How über fachliche Aspekte, die für die Bewertung und Einschätzung eines Themas relevant sind. Deshalb wird in unterschiedlichen Verfahren eine indirekte Form der Experteneinbindung praktiziert und zwar insofern, dass Experten nicht die Politik selbst beraten sollen, sondern lediglich die Bürger bei ihrer Entscheidungs- und Meinungsfindung unterstützen. In Verfahren, wie zum Beispiel der Planungszelle, Konsensuskonferenzen oder Bürgerkonferenzen sind Expertenanhörungen ein fester Bestandteil. Idealerweise werden dabei möglichst alle Expertenmeinungen zu einem Thema abgebildet damit dem Bürger die Frage nach der Glaubwürdigkeit einzelner Positionen selbst überlassen bleibt. Gleichzeitig erhält er auf diese Weise die Möglichkeit einer fachlich fundierten Meinungsbildung und Missverständnisse können ausgeräumt werden.

Bei allen Verfahren bleibt die Ergebnishoheit bei den Bürgern, das heißt die Experten können und sollen die Ergebnisse nicht direkt beeinflussen. Assoziiertes Ziel der Experteneinbindung ist zudem die Sicherstellung der Qualität und Anschlussfähigkeit der Forschungsergebnisse. Experten sind in ihrer Beraterfunktion Teil der Methode und nicht der Untersuchungsgegenstand selbst.

14.1.1 Das Format der regionalen Bürgerkonferenzen

Bürgerkonferenzen als Instrument der politischen Partizipation werden in Deutschland bisher selten angewendet. Sie weisen diverse Parallelen zum Format der Konsensuskonferenz auf, weshalb es häufiger zu Verwechslungen kommt (Burow und Kühnemuth o. J.; Zimmer 2002). Zur besseren Abgrenzung werden die typischen Unterschiede und Gemeinsamkeiten im Folgenden dargestellt. Allerdings sei einschränkend vermerkt, dass bei beiden Verfahren Modifikationen möglich sind und die gelisteten Attribute entsprechend angepasst werden können.

Merkmale	Bürgerkonferenz	Konsensuskonferenz
Zielsetzung	Urteils- und Meinungsbildung zu gesellschaftlich relevanten Zukunftsfragen.	
Ergebnis	Bürgervotum mit den im Konsens erzielten Stellungnahmen, Empfehlungen und deren Begründung.	
Adressaten	Politik, Wirtschaft, Kultur und Wissenschaft	Politik und Presse
Teilnehmerzahl	50 bis 200 Personen	10 bis 30 Personen
Teilnehmer-zusammensetzung	Möglichst hohe Varianz hinsichtlich Alter, Geschlecht, Bildung und Kultur.	
Zeitrahmen	1 Tag (in der Regel am Samstag).	2 bis 3 aufeinanderfolgende Tage (in der Regel am Wochenende).
Arbeitsweise	Veranstaltung mit verschiedenen Tischdiskussionen	3 Phasen: 1. Thematische Einarbeitung mit Hilfe von Hintergrundberichten, Zeitungsartikeln, Stellungnahmen etc. 2. Vorbereitungssitzung 3. Formulierung und Übergabe des Bürgervotums an Politik und Presse
Experteneinbindung	Ja	Ja
Verbreitung	Deutschland	Dänemark, Niederlande, Schweiz und USA
Anschlussfähigkeit	Vorgesehen	Hoch[1]

Tabelle 14.1: Vergleich Bürgerkonferenz und Konsensuskonferenz

1 In Dänemark etwa haben die Ergebnisse direkten Einfluss auf die Gesetzgebung gehabt, so dass man von einer neuen Form der Beratung der Politik durch repräsentativ ausgewählte und entsprechend informierte Bürger sprechen kann (Burow und Kühnemut o. J.). Aber auch in Deutschland gibt es Beispiele. So wurde 2001 in Dresden eine Konsensuskonferenz zum Thema „Streitfall Gendiagnostik" durchgeführt. Ziel war es, einen Dialog zwischen Wissenschaft und Gesellschaft zu initiieren und die von Experten dominierte Diskussion, um Beiträge nicht-betroffener Laien zu ergänzen (Zimmer 2002, S. 17).

Die Vergleichstabelle macht deutlich, dass die Unterschiede insbesondere in der Teilnehmerzahl und der Durchführungsdauer liegen. Die hohe Teilnehmerzahl der Bürgerkonferenzen führt dazu, dass Einzelmeinungen nicht wie bei Konsensuskonferenzen in vollem Umfang zum Tragen kommen (Reinert 2003). Die kurze Dauer wiederum kann sich positiv auf die Teilnahmebereitschaft eher uninteressierter Bürger auswirken.

Bürgerkonferenzen wurden in Deutschland zum Thema Energiewende durchgeführt, z. B. die Bürgerkonferenz Berlin 2010: Wie sieht die Energienutzung der Zukunft in Deutschland aus? und die Bürgerkonferenz Karlsruhe 2010: Visionen und Empfehlungen zur Energienutzung der Zukunft (Wissenschaft im Dialog o.J.; Goldschmidt et al. 2012). Oftmals werden mehrere Bürgerkonferenzen durchgeführt, so auch bei dem für den vorliegenden Artikel ausführlich skizzierten Bürgerdialog „Energietechnologien für die Zukunft" und bei einer Europäischen Bürgerkonferenz 2009. Hier haben an 27 identischen Bürgerkonferenzen Bürger aus allen 27 EU-Mitgliedsstaaten die Frage diskutiert: Was kann die EU zur Gestaltung unserer sozialen und wirtschaftlichen Zukunft beitragen? Im Fazit kann eine Bürgerkonferenz aufgrund der vergleichbaren Vorgehensweise und Zielsetzung als eine Modifikation des Modells der Konsensuskonferenz angesehen werden.

Im Folgenden soll anhand von ausgewählten Evaluationsergebnissen des Bürgerdialogs „Energietechnologien für die Zukunft" die Experteneinbindung bei einer Bürgerkonferenz dargelegt werden. Dabei wird diskutiert, was die Integration von Experten in Bürgerbeteiligungsprozesse in Bezug auf die in sie gesetzten Ziele (z. B. ausgewogene Beratung der Bürger) leisten kann, was dabei beachtet werden muss und wo die Grenzen liegen.

14.2 Der Bürgerdialog Energietechnologien für die Zukunft

Unter dem Motto „Einblick gewinnen und mitreden" hat das Bundesministerium für Bildung und Forschung (BMBF) im Jahr 2011 den „Bürgerdialog Zukunftsthemen" ins Leben gerufen (http://www.buergerdialog-bmbf.de/). In der Projektlaufzeit fanden drei Bürgerdialoge zu verschiedenen Themen statt: Energietechnologien für die Zukunft, Hightech-Medizin und demografischer Wandel. Insgesamt verfolgte jeder Bürgerdialog vier Ziele:

- Information der Bürger über das jeweilige Thema
- Möglichkeit einer fundierten Meinungsbildung durch den offenen Austausch mit Experten

- Diskussion mit Vertretern aus Politik, Wirtschaft, Wissenschaft und Gesellschaft
- Formulierung von Meinungsbildern und Handlungsempfehlungen für Politik, Wirtschaft, Wissenschaft und Gesellschaft.

Jeder Bürgerdialog bestand aus vier Kernformaten:[2]

1. Regionale Bürgerkonferenzen: Jeweils bis zu 100 nach repräsentativen Gesichtspunkten ausgewählte Bürger kamen an einem Tag mit dem Ziel zusammen, Handlungsansätze für den politischen und gesellschaftlichen Umgang mit dem jeweiligen Zukunftsthema zu formulieren. Kriterium für die Auswahl der Teilnehmer war eine ausgewogene Zusammenstellung im Hinblick auf Alter, Geschlecht und Bildungsstand. Die erste Kontaktaufnahme erfolgte nach einer Zufallsauswahl. Bereits im Vorfeld der regionalen Bürgerkonferenzen erhielten die Teilnehmer Informationsmaterial über das Thema.

Das zentrale Element der Bürgerkonferenzen waren die Tischdiskussionen. An runden Tischen mit je maximal zehn Personen diskutierten die Bürger unter der Leitung eines Moderators. Neben den Bürgern wurden pro Konferenz zwischen drei und fünf Fachexperten eingeladen, die je nach Bedarf mit den Bürgern diskutierten und bei Fragen zum Thema aufklärten. Die Experten variierten in den verschiedenen Städten. Sie hatten häufig einen regionalen Bezug, kamen meist aus der Industrie und waren mit dem gesamten Bürgerdialog vertraut. Einige waren auch Teil des Beraterkreises, welcher vorab fachliche Einschätzungen zum jeweiligen Thema für die erste Information der Bürger formuliert hatte. Während der Bürgerkonferenzen hatten die Experten am Anfang die Möglichkeit, ihre Sicht der Dinge kurz darzustellen und gemeinsam mit den Bürgern im Plenum zu diskutieren. Gegen Ende des Tages kommentierten sie die von den Bürgern erarbeiteten Ergebnisse, bevor diese an das BMBF übergeben wurden.

Einen exemplarischen Tagesablauf zeigt Abbildung 14.1.

2 Weiterführende Informationen zu den Dialogelementen finden sich auch auf der Homepage www.buergerdialog-bmbf.de

9.30 Uhr	Eintreffen der Teilnehmer
10.00 Uhr	Begrüßung durch Vertreter des BMBF
10.15 Uhr	Einführung in den Bürgerdialog
10.25 Uhr	Bericht aus dem Beraterkreis
10.35 Uhr	Experteninput: Diskussion mit allen Experten im Plenum
10.50 Uhr	Vorstellungsrunde an den Tischen
11.10 Uhr	Erste Tischdiskussion: Hoffnungen und Bedenken zum Thema
12.10 Uhr	Mittagspause
13.10 Uhr	Präsentation der Zwischenergebnisse: So arbeiten wir weiter
13.25 Uhr	Kommentierung der Ergebnisse durch die Experten
13.55 Uhr	Zweite Tischdiskussion: Zielvorgaben an die Politik formulieren
15.15 Uhr	Kaffeepause
16.00 Uhr	Vorstellung der Ergebnisse im Plenum
16.30 Uhr	Kommentierung der Ergebnisse durch die Experten
17.00 Uhr	Übergabe des Ergebnisses an Vertreter des BMBF
17.30 Uhr	Ende

Abbildung 14.1: Beispielablauf einer regionalen Bürgerkonferenz

2. **Online-Dialog:** Während des gesamten Dialogs hatten interessierte Bürger die Möglichkeit, sich über die Webseite des Bürgerdialogs zum jeweiligen Dialogthema zu informieren und online über verschiedene Thesen zum Thema mit zu diskutieren.

3. **Bürgergipfel:** Auf dem abschließenden Bürgergipfel erarbeiteten Bürger auf Basis der Ergebnisse aus den Bürgerkonferenzen und dem Online-Dialog den Bürgerreport. Dieser enthielt konkrete Handlungsempfehlungen und floss mit Unterstützung des BMBF in den politischen Prozess ein.

4. **Beraterkreis:** Der Beraterkreis war mit Experten aus Wissenschaft, Wirtschaft und Zivilgesellschaft sowie ausgewählten Bürger besetzt. Die Hauptaufgabe bestand in der Beratung während des gesamten Bürgerdialogs.

Der folgende Artikel konzentriert sich auf die Ergebnisse des Bürgerdialogs „Energietechnologien für die Zukunft“, da sich die Aussagen zwischen den Dialogen im Hinblick auf die Experteneinbindung kaum unterscheiden. Zudem werden ausschließlich die Bürgerkonferenzen im Hinblick auf die Experteneinbindung diskutiert. Denn die eintägigen regionalen Bürgerkonferenzen sind das Kernelement des Bürgerdialogs. Beim Bürgerdialog „Energietechnologien" wurden acht Bürgerkonferenzen in verschiedenen Regionen Deutschlands durchgeführt.

Untermauert werden die Ausführungen mit Evaluationsdaten. Das BMBF hat ZIRIUS, ein interdisziplinäres Zentrum an der Universität Stuttgart, mit der externen Evaluation des Bürgerdialogs beauftragt. Im Rahmen dieser Evaluation haben alle Teilnehmer der Bürgerkonferenzen drei standardisierte Fragebögen erhalten: einen direkt vor der Veranstaltung, einen unmittelbar danach und einen zwei Monate nach der Veranstaltung (Schneider et al. 2013, S. 8). So sollte eine Änderung des Meinungsbildes festgestellt werden können. Von 791 Teilnehmern insgesamt, haben an der ersten Welle 688, an der zweiten Welle 630 und an der dritten Welle 323 Personen teilgenommen (Schneider et al. 2013, S. 8). Inhaltlich ging es zum Beispiel um Fragen, wie die Bürger die Auswahl der Experten sowie das vorhandene Informationsmaterial beurteilen. Zusätzlich wurde im Rahmen der Evaluation die Kommunikation zwischen den Bürgern und Experten durch eine strukturierte Beobachtung bewertet. An ausgewählten Veranstaltungen waren Beobachter anwesend, welche anhand eines vorstrukturierten Beobachtungsbogens stichprobenartig die Interaktion zwischen den Teilnehmenden und den Experten beobachteten und notierten (Schneider et al. 2013, S. 8ff.).

Für den vorliegenden Artikel werden die Ergebnisse der Evaluation genutzt, um zwei Forschungsfragen zu beantworten: Wie haben die Experten im Bürgerdialog Energietechnologien ihre Beratungsfunktion wahrgenommen? Welche Erkenntnisse lassen sich dadurch für die Experteneinbindung bei politischen Bürgerbeteiligungsverfahren gewinnen?

14.3 Experteneinbindung bei den Bürgerkonferenzen

Die folgenden empirischen Ergebnisse ergeben sich aus der Evaluation der acht regionalen Bürgerkonferenzen. Dabei werden die Ergebnisse der standardisierten Befragung der Teilnehmer und der strukturierten Beobachtung gemeinsam präsentiert.

Konkret geht es vor allem um die Frage, inwieweit die Experten ihre Beraterrolle gerecht werden. Als Berater sollten sich die Experten auf einen indirekten Input beschränken, das heißt, den Teilnehmenden auf Nachfrage Sachinformationen zu bestimmten Themen liefern. Weder die Urteilsfunktion der Experten war in diesem Zusammenhang gefragt, noch deren persönliche Meinungen und Standpunkte. Die Formulierung der Ergebnisse blieb in der Hand der Bürger. Hierbei war vor allem die Analyse des Kommunikationsprozesses interessant: ob zum Beispiel die Kontaktaufnahme eher von den Bürgern oder Experten ausging oder von der Moderation forciert wurde und wie oft die Experten insgesamt zu Rate gezogen wurden. Dabei spielte auch die Frage nach der Ausgewogenheit der Informationen und Positionen eine wichtige Rolle, denn nur so konnte eine einseitige Beeinflussung der Bürger vermieden werden.

14.3.1 Experteneinbindung als Teilnahmemotivation

Im Vorfeld der jeweiligen Bürgerkonferenz wurden die Bürger nach der Motivation ihrer Teilnahme befragt. Der Kontakt mit Experten spielte dabei für die meisten Bürger eine wichtige Rolle. Er war jedoch im Vergleich zum Interesse am Kennenlernen unterschiedlicher Meinungen zum Thema Energie und dem Wunsch, einen Beitrag für die Gesellschaft zu leisten, nicht besonders stark ausgeprägt.

	N[3]	Modus	Median	Mean	S
Ich möchte durch den Kontakt mit anerkannten Fachleuten gezielt mehr wissenschaftliche Fakten zum Thema Energie erhalten.	668	1	2	2	1,5
Ich möchte gern mehr über unterschiedliche Meinungen und Positionen zum Thema Energie kennenlernen.	678	1	2	2	1,1
Ich möchte mit meiner Teilnahme an dem Bürgerdialog einen Beitrag für die Gesellschaft leisten.	673	1	2	2	1,3

Tabelle 14.2: Teilnahmemotivation (Auswertung standardisierte Befragung (erste Welle), Skala: von 1 = stimme voll und ganz zu, 2 = stimme zu, 3 = stimme teilweise zu, 4 = stimme nicht zu, 5 = stimme überhaupt nicht zu)

Ein Grund für die Teilnahme vieler Bürger lag also auch in der Erwartung, durch den Austausch mit Experten das persönliche Wissen zu einem Thema zu erwei-

3 N: Fallzahl, Modus: häufigster Wert, Median: der zentrale Wert, Mean: Durchschnitt, S: Standardabweichung

tern. 71% der Befragten gaben zudem an, bisher keinen festen Standpunkt zum Thema zu haben und deshalb mehr Informationen zu benötigen. Gleichzeitig lehnten viele Teilnehmer es sowohl vor, als auch nach der Veranstaltung ab, die Entscheidung über die Zukunft der Energie, den Experten zu überlassen (63%). Die Bürger wollten also eine politische Mitsprache!

	N	Modus	Median	Mean	S
Ich benötige mehr Informationen, um zu einem festen Standpunkt zu kommen.	658	1	2	2,9	1,9
Die Entscheidung über Energiefragen würde ich lieber den Expert/innen überlassen.	659	7	5	5	1,8

Tabelle 14.3: Wissenseinschätzung (Auswertung standardisierte Befragung (erste Welle), Skala: von 1 = stimme voll und ganz zu, 2 = stimme zu, 3 = stimme teilweise zu, 4 = stimme nicht zu, 5 = stimme überhaupt nicht zu)

Für die meisten teilnehmenden Bürger hat sich ihre Erwartungshaltung bezüglich der Interaktion zwischen Bürgern und Experten nach der Veranstaltung bestätigt. Dies zeigt die hohe Zustimmung (87%) zur Aussage, dass diese Art der Konferenzen den Austausch zwischen Experten und Bürgern fördere, siehe Tabelle 14.4.

	N	Modus	Median	Mean	S
Der Austausch zwischen Expert/innen und Bürger/innen wird durch solche Konferenzen sehr verbessert.	624	1	2	2,2	1,2

Tabelle 14.4: Bürgerkonferenz als Austauschplattform (Auswertung standardisierte Befragung (zweite Welle), Skala: von 1 = stimme voll und ganz zu, 2 = stimme zu, 3 = stimme teilweise zu, 4 = stimme nicht zu, 5 = stimme überhaupt nicht zu)

Die Bürger hatten also eine klare Erwartung an die Experten, nämlich dass diese ihnen helfen und sie durch sie etwas lernen können. Die Möglichkeit sich mit Experten auszutauschen, konnte sich deshalb positiv auf die Teilnahmemotivation auswirken. Mit der Teilnahme war auch der Wunsch der Bürger impliziert, die Entscheidung über Energiefragen nicht den Experten zu überlassen.

14.3.2 Auswahl der Experten

Bei jeder Bürgerkonferenz waren Experten mit regionalen Kenntnissen aus unterschiedlichen Institutionen, z. B. aus der Wissenschaft oder von Energieversorgern anwesend. Im Hinblick auf die inhaltliche Expertise wurde die Auswahl der Experten (ähnlich wie die Zeit, die zum Gespräch zur Verfügung stand) eher kritisch bewertet. So konnten knapp 1/3 der Befragten der Aussage nicht zustimmen, dass die Auswahl sehr gelungen war.

	N	Modus	Median	Mean	S
Die Auswahl an Expert/innen ist bezüglich der Breite des Diskussionsthemas sehr gelungen.	622	2	2	2,7	1,4

Tabelle 14.5: Auswahl der Experten (Auswertung standardisierte Befragung (zweite Welle) Skala: von 1 = stimme voll und ganz zu, 2 = stimme zu, 3 = stimme teilweise zu, 4 = stimme nicht zu, 5 = stimme überhaupt nicht zu)

Dementsprechend bezogen sich die Verbesserungsvorschläge der Bürger, die offen in der standardisierten Befragung erhoben wurden, unter anderem darauf, dass bei der Auswahl der Experten mehr auf eine ausgewogene Mischung von unterschiedlichen Disziplinen geachtet werden sollte. Man hatte vereinzelt das Gefühl, die Experten seien nicht unabhängig, sondern als Lobbyvertreter am Prozess beteiligt. Auch wäre eine transdisziplinäre Auswahl wünschenswert, so wurden beispielsweise politische Vertreter vermisst.

14.3.3 Kompetenzgewinn durch Experteneinbindung

Die Bürger haben durch die Teilnahme an der Veranstaltung ihre Kompetenzen erweitert. Sie erlangten neues Wissen, ihr Interesse nahm zu, sie wollten sich mit dem Thema mehr auseinandersetzen und engagieren (Niederberger et al. 2013). Doch inwiefern ist dieser Kompetenzgewinn wirklich auf die Experteneinbindung zurückzuführen oder nicht beispielsweise auf den Austausch mit anderen Bürgern?

Die Ergebnisse der Evaluation zeigen, dass ein Teil der Bürger ihren wahrgenommenen Wissenszuwachs auf den Austausch mit den Experten zurückführte. 65% stimmten dieser Aussage zu, wohin gegen 20% dies ablehnten, siehe auch Tabelle 14.6. Die Ablehnung war eher bei Personen zu finden, die vor der Veranstaltung bereits über ein vergleichsweise großes Wissen zum Thema verfügten. Wie auch die Beobachtungen zeigten, haben sich bei den Tischdiskussionen einige Bürger selbst als Experten präsentiert und wurden von anderen Bürgen auch als solche wahrgenommen. Zudem hatten einige wenige Teilnehmer das Gefühl, dass ihre wichtigsten Fragen nicht vollständig beantwortet wurden (8%). Insgesamt sah aber eine Mehrzahl der Befragten durch den Kontakt mit Experten einen persönlichen Erkenntnisgewinn.

	N	Modus	Median	Mean	S
Ich habe durch den Kontakt mit anerkannten Fachleuten gezielt mehr wissenschaftliche Fakten über Energie erhalten.	619	3	3	3,2	1,9
In den Gesprächen mit Expert/innen wurden unsere wichtigsten Fragen vollständig beantwortet.	614	2	2	2,7	1,4

Tabelle 14.6: Kompetenzgewinn durch Experteneinbindung (Auswertung standardisierte Befragung (zweite Welle) Skala: von 1 = stimme voll und ganz zu, 2 = stimme zu, 3 = stimme teilweise zu, 4 = stimme nicht zu, 5 = stimme überhaupt nicht zu)

14.3.4 Dialog mit den Experten

Ein wichtiger Gradmesser für die Frage, inwieweit die Experteneinbindung gelungen und relevant war, zeigt die Analyse der Dialoge zwischen den Bürgern und den Experten: sowohl im Hinblick auf ihre Häufigkeit als auch auf die Kommunikationsstruktur.

Grundsätzlich zeigten die Beobachtungen, dass durchaus Beratungsbedarf bei den Bürgern vorhanden war. Die Experten wurden regelmäßig von den Bürgern oder dem Moderator an die Tische gerufen. Nur vereinzelt verzichteten Tische auf die Unterstützung durch die Experten. Dabei offenbarte sich ein Zusammenhang zwischen der Kompetenz der Bürger an dem jeweiligen Tisch und der Häufigkeit der zu Rate gezogenen Experten. Saßen Bürger am Tisch, die selbst sehr viel Erfahrung und Wissen über das Thema verfügten, wurden die geladenen Experten seltener oder sogar gar nicht gerufen. Gleichzeitig fiel auf, dass nicht alle Experten gleich häufig gerufen wurden: In der Regel waren es die „sympathischeren" Experten, in diesem Fall eher die jüngeren Männer.

Wenn sie nicht gebraucht wurden, saßen die Experten an einem extra Tisch und arbeiten an ihrem Laptop. Einzelne Experten waren allerdings auch unaufgefordert an die Tische gegangen und haben dort für sie wichtige Aspekte eingebracht. In der Einweisung durch das Organisationsteam der Veranstaltung wurden die Experten zwar explizit gebeten, dies nicht zu machen, aber möglicherweise aus Langeweile, oder auch aus der Überzeugung, wichtige Dinge blieben ansonsten unberücksichtigt, war dies vereinzelt zu beobachten.

Die Dialoge zwischen den Bürgen und Experten waren sachlich und bezogen sich ausschließlich auf Faktenfragen. Die Bürger folgten den Erläuterungen der Experten aufmerksam, machten sich teilweise Notizen und scheuten sich nicht, bei Unklarheiten nachzufragen. Die grundsätzlich positive Bewertung der Expertenbeiträge bestätigten auch die Ergebnisse der standardisierten Befragung, siehe Tabelle 14.7. So empfanden 89% der Befragten die Beiträge der Experten als sehr verständlich. Vereinzelt waren die Antworten der Experten allerdings sehr lang und erinnerten an Vorträge. Dabei kam es vor, dass der Experte nicht nur auf die Frage der Bürger antwortete, sondern einige Minuten über das Thema referierte. Dies blieb allerdings die Ausnahme.

Die Zeit für die Gespräche mit den Experten wurde von 16% der Befragten teilweise als nicht ausreichend empfunden und die Zustimmung zu diesem Item lag nur bei 65%. Auch bei der Bitte um Verbesserungsvorschläge wurde immer wieder der Wunsch nach mehr Zeit für den Austausch mit den Experten formuliert. Das enge Zeitfenster war dem Tagesablauf der Bürgerkonferenz geschuldet, bei dem die meiste Zeit für die Tischdiskussionen unter den Bürgern vorgesehen war. Die Experten selbst hatten darauf keinen Einfluss. Das Verhalten der Experten auf der Veranstaltung, vor allem die längeren Monologe und das Aufsuchen der Tische ohne Aufforderung, deuten darauf hin, dass auch sie gern mehr Austausch mit den Bürgern gehabt hätten.

	N	Modus	Median	Mean	S
Die Beiträge der Expert/innen zum Thema waren sehr verständlich.	624	2	2	2,1	1,0
Die Zeit für Gespräche mit den Expert/innen war völlig ausreichend.	618	2	3	2,9	1,5

Tabelle 14.7: Experten im Dialog (Auswertung standardisierte Befragung (zweite Welle) Skala: von 1 = stimme voll und ganz zu, 2 = stimme zu, 3 = stimme teilweise zu, 4 = stimme nicht zu, 5 = stimme überhaupt nicht zu)

Die Beurteilung des Dialogs zwischen Bürgern und Experten fiel aus Sicht der Bürger ambivalent bis positiv aus, siehe Tabelle 14.8. So waren 65% von ihnen der Meinung, die Diskussion mit den Experten hat viel zum Erfolg der Veranstaltung beigetragen. Wichtiger als die Diskussion mit den Experten erschien aber der Austausch unter den Bürgern. Hier gaben 93% der Bürger eine positive Bewertung ab. Zentrales Element der Bürgerkonferenz war und blieb damit der Austausch zwischen den Teilnehmern. Die Experten wurden von den Bürgern zwar als zusätzliche Informationsquelle, als eine Art „Telefonjoker" bei unklaren Aspekten wahrgenommen, die Qualität des Outputs hing aber von den Vorkenntnissen der Bürger ab.

	N	Modus	Median	Mean	S
Diskussionen mit den Expert/innen (im Rahmen der Tischdiskussionen in Kleingruppen)	604	3	3	3,1	1,6
Gespräche mit anderen Teilnehmer/innen in den Kleingruppen oder Tischen (gesamte Konferenz)	615	1	2	1,9	1

Tabelle 14.8: Bewertung der Diskussion mit Experten im Vergleich (Auswertung standardisierte Befragung (zweite Welle) Skala: von 1 = hat sehr viel beigetragen, 2 = hat viel beigetragen, 3 = teils/teils, 4 = hat wenig beigetragen, 5 = hat überhaupt nichts beigetragen)

Die Ergebnisse zeigen, dass die Teilnehmer spezifische Bedürfnisse im Zusammenhang mit der Experteninteraktion hatten. Bei einer insgesamt hohen Erwartungshaltung der Bürger an die Experten und einer positiven Bewertung des

Austauschs, blieben allerdings Unterschiede in der Erfüllung dieser Erwartungen bestehen, was das differenzierte Meinungsbild bezüglich der Bewertung der Diskussion mit den Experten und des stattgefundenen Wissensaustausches bzw. -zuwachses offenbart.

14.4 Diskussion der Ergebnisse

Die Ergebnisse zeigen, dass die Bürger eine klare Erwartungshaltung an die Experten in einem politischen Beteiligungsverfahren haben und sie darin eine wichtige Funktion erfüllen. Sie werden als Informations- und Inputgeber benötigt, man erwartet von ihnen wissenschaftliche Fakten sowie die Beantwortung von Fragen. Der Austausch zwischen Experten und Bürgern erleichtert im Idealfall die gesellschaftliche Anschlussfähigkeit der Ergebnisse, des Weiteren lernen Bürger und Experten gegenseitig voneinander. So zeigen bisherige Studien, dass der Lernerfolg nicht nur auf Seiten der Bürger zu finden ist, sondern auch die Experten selbst lernen, u. a. die Sichtweisen von Bürgern besser zu verstehen und sich mit ihnen face-to-face auseinanderzusetzen (Joss 2000).

Trotz ihrer Expertise, sollten Experten nicht die politischen Stellungnahmen formulieren, sondern den Bürgern bei ihrer Darstellung und Entscheidungsfindung helfen. Wichtig ist deshalb auch die Auswahl der Experten: Sie sollten neutral auftreten und die gesamte Bandbreite an Meinungen zu einem Thema vertreten. Stakeholder-Experten, die sich aktiv für ihre Interessen einsetzen, sind in diesem Zusammenhang eher ungeeignet. Damit kann der Veranstalter dem Versprechen einen ergebnisoffenen und politisch wirksamen Prozess zu führen, gerecht werden. Auf diesen Aspekt achten auch die Bürger besonders kritisch.

Eine wesentliche Voraussetzung für eine gelungene Veranstaltung und fundierte und anschlussfähige Ergebnisse, ist eine gut funktionierende Kommunikation zwischen den Teilnehmern und Experten. Deshalb sollten Letztere verständlich kommunizieren, sympathisch sein und am besten einen regionalen Bezug aufweisen. Wichtig dabei ist, dass die Experten sich auch zurücknehmen können und von ihrer zugewiesenen Rolle nicht abweichen. Dies kann sich in der Praxis als große Herausforderung erweisen, gerade wenn Experten eher selten zu Rate gezogen werden, ihnen etwas stark am Herzen liegt oder sie sich langweilen. Denn für die Experten ist es nicht immer einfach abzuwarten, wann und ob die Bürger ihren Rat einholen wollen. Zudem finden Partizipationsverfahren, wie die Bürgerkonferenzen zum Thema „Energietechnologien für die Zukunft", in der Regel am Wochenende statt, d. h. auch die geladenen Experten „opfern" ihre Freizeit und wollen dann auch „gebraucht" werden. Ein Vorschlag wäre, die vorhandene Expertise zu nutzen, in dem man mit den Experten parallel ein Verfahren durchführt, zum Beispiel eine Fokusgruppe (Schulz et al. 2012). Die müsste jedoch so flexibel gestaltet sein, dass die Experten jederzeit ihrer ursprünglichen Beratungs-Funktion nachkommen können. Alternativ wäre es denkbar, die Experten als wirkliche „Telefonjoker" einzubinden. Das hieße, sie wären nicht persönlich anwesend, würden aber telefonisch bei Fragen jederzeit zur Verfügung stehen. Damit wäre möglicherweise auch der Effekt der „sympathischen" Experten weniger relevant. In der Praxis wurden beide Konzepte bisher kaum angewendet und entsprechende Erfahrungen sind nicht dokumentiert.

Inwieweit Experten bei Partizipationsverfahren eingesetzt werden sollten, ist auch themenabhängig. So zeigt die Gesamtevaluation aller drei Bürgerdialoge (Energietechnologien, High-Tech Medizin sowie Demografischer Wandel) einen Unterschied bezüglich des Bedarfs an Expertise. Während die hier vorgestellten Ergebnisse der Bürgerkonferenzen zum Thema „Energietechnologien für die Zukunft" einen zusätzlichen Bedarf an ausgewogenen Informationen bzw. Zeit mit den Experten ausweisen, war die Rolle der Experten beim Thema Demografischer Wandel vergleichsweise weniger wichtig. Die Beobachtungsdaten zeigen, dass der Alltagsbezug der Fragestellung eine Kommunikation ermöglichte, die weitgehend ohne wissenschaftliche Fakten und Expertise auskam (Schneider et al. 2013, S. 76). Partizipationsverfahren zu eher technologiebezogenen Fragestellungen haben demnach einen höheren Bedarf an zusätzlicher Expertise, während bei Verfahren mit stark alltagsbezogenen Fragestellungen eventuell darauf verzichten werden kann. Dies ist jedoch kontextabhängig und muss für den Einzelfall geprüft werden.

14.5 Fazit

Insgesamt bestätigen die Erfahrungen mit den Bürgerkonferenzen zum Thema „Energietechnologien für die Zukunft" die grundsätzliche Relevanz von Experteneinbindungen bei politischen Partizipationsformaten. Immer wieder tauchen in den Diskussionen der Bürger konkrete Fragen auf, die sie ohne Expertenunterstützung nicht beantworten können. Damit erhöht sich auf der Outputseite die Chance der fachlichen Richtigkeit der Bürgervoten und damit der politischen Anschlussfähigkeit der Ergebnisse und auf der individuellen Ebene die Chance einer fundierten Meinungsbildung. Allerdings zeigen die Erfahrungen auch Spezifika, die bei der Auswahl der Experten und dem Vorgehen insgesamt beachtet werden müssen. So werden vor allem „sympathische" Experten angefragt. Unabhängig von ihrer Expertise, spielen also Persönlichkeitsmerkmale eine Rolle, deren Einfluss noch nicht systematisch untersucht wurde. Dieser Aspekt ist aber bei der Auswahl der Experten zu beachten.

Außerdem fällt es Experten mitunter schwer, sich selbst und die eigene Position zurückzunehmen. Nur eine gute Vorbereitung der Experten auf die Situation und ein ausführliches Briefing kann dieses Risiko minimieren. Gleichzeitig wünschen sich die Bürger und die Experten mehr Zeit für einen Austausch. Eine zusätzliche sinnvolle Beschäftigung der Experten während der Veranstaltung (zum Beispiel durch eine Fokusgruppe) wäre eine zusätzliche Motivation und könnte ebenfalls dazu beitragen, dass sich die Experten gegenüber den Bürgern auf ihre Rolle als Informations- und Inputgeber konzentrieren.

14.6 Literatur

Burow, O.-A., & Künemuth, K. (o. J.). Brauchen Wissenschaft und Politik Bürgerberatung? Möglichkeiten und Grenzen der Bürgerkonferenz. http://www.uni-kassel.de/fb1/burow/aob/burow_texte/MDC-Burgerkonferenz.pdf. Zugegriffen: 18. März.2014.

Europäische Bürgerkonferenzen (2009). Die Europäische Bürgerkonferenz in Deutschland 2009. Deutschlands Ausblick auf die wirtschaftliche und soziale Zukunft Europas. 28.-29. März 2009. Auswärtiges Amt. http://www.bosch-stiftung.de/content/language1/downloads/ECC2009_Abschlussdokumentation_final.pdf. Zugegriffen: 18. März.2014.

Goldschmidt, R., Scheel, O., & Renn, O. (2012). Zur Wirkung und Effektivität von Dialog- und Beteiligungsformaten. Stuttgarter Beiträge zur Risiko und Nachhaltigkeitsforschung. Nr. 23. http://elib.uni-stuttgart.de/opus/volltexte/2012/7264/pdf/AB023_Goldschmidt_et_al_2012.pdf. Zugegriffen: 18. März.2014.

Joss, S. (2000). Participation in parliamentary technology assessment. In N. J. Vig, & H. Paschen (Hrsg.), *Parliaments and Technology. The development of technology assessment in Europe* (S. 325-362). New York: Albany.

Niederberger, M., Keierleber, V., & Schneider, I. (2013). Kompetenzerwerb und Meinungsbildung in Bürgerkonferenzen. *Zeitschrift für Politikwissenschaft. Jg. 23 Heft 1*, 39-76.

Reinert, A. (2003). Konsensuskonferenz. In A. Ley, & L. Weitz (Hrsg.), *Praxis Bürgerbeteiligung. Ein Methodenhandbuch. Arbeitshilfen für Selbsthilfe- und Bürgerinitiativen Nr. 30.* (S. 154-163). Bonn: Verlag Stiftung Mitarbeit.

Schneider, I., Niederberger, M., Keierleber, V., & Kohler, N. (2013). Evaluation des Bürgerdialogs Zukunftsthemen: Evaluationsergebnisse zu den Bürgerdialogen „Energietechnologien für die Zukunft", „Hightech-Medizin" und „Demografischer Wandel", Stuttgart: Stuttgarter Beiträge zur Risiko- und Nachhaltigkeitsforschung 29. http://elib.uni-stuttgart.de/opus/volltexte/2014/9019/. Zugegriffen: 14. März 2014.

Schulz, M., Mack, B., & Renn, O. (Hrsg.). (2012). Fokusgruppen in der empirischen Sozialwissenschaft. Von der Konzeption bis zur Auswertung. Wiesbaden: VS Verlag für Sozialwissenschaften.

Wissenschaft im Dialog (o.J.). Wissenschaft debattieren. Mitdenken, Mitreden, Mitgestalten: Das Veranstaltungsformat Bürgerkonferenz. http://www.wissenschaft-im-dialog.de/topmenu/presse/detail/browse/11/article/das-veranstaltungsformat-buergerkonferenz.html?tx_ttnews%5BbackPid%5D=321&cHash=22b07ea19a75b9b53dfdb340d528b62d. Zugegriffen: 18. März.2014.

Zimmer, R. (2002). Begleitende Evaluation der Bürgerkonferenz „Streitfall Gendiagnostik". http://www.isi.fraunhofer.de/isi-de/publ/download/isi02b11/gendiagnostik.pdf. Zugegriffen: 18. März 2014.

Verzeichnis der Autorinnen und Autoren

Sophia Alcántara
M.A. Politikwissenschaft und Soziologie. Projektmitarbeiterin am Zentrum für Interdisziplinäre Risiko- und Innovationsforschung (ZIRIUS) der Universität Stuttgart, sowie bei DIALOGIK, gemeinnützige Gesellschaft für Kommunikations- und Kooperationsforschung.
Forschungsschwerpunkte: Energiewende, Partizipationsverfahren und Bürgerbeteiligung, sowie qualitative Methoden der empirischen Sozialforschung.

Rico Defila
Fürspr. (Rechtsanwalt), Rechtswissenschaft. Stv. Leiter der internationalen und interuniversitären Forschungsgruppe Inter-/Transdisziplinarität (Fg Id/Td), seit 2014 angesiedelt beim Programm Mensch Gesellschaft Umwelt (MGU) der Universität Basel; bis 2013 zudem Leiter des Ressorts Planung und Betrieb der Interfakultären Koordinationsstelle für Allgemeine Ökologie (IKAÖ) der Universität Bern.
Forschungsschwerpunkte: Gestaltung inter-/transdisziplinärer Prozesse in Forschung und Lehre; Organisationsentwicklung interdisziplinärer Institutionen; nachhaltiger Konsum.

Antonietta Di Giulio
Dr. phil., Philosophie, Neuere Deutsche Literatur und Germanistische Mediävistik. Leiterin der internationalen und interuniversitären Forschungsgruppe Inter-/Transdisziplinarität (Fg Id/Td), seit 2014 angesiedelt beim Programm Mensch Gesellschaft Umwelt (MGU) der Universität Basel; bis 2014 zudem Dozentin für Allgemeine Ökologie, speziell allgemeine Wissenschaftspropädeutik und Interdisziplinarität an der Universität Bern.
Forschungsschwerpunkte: Gestaltung inter-/transdisziplinärer Prozesse in Forschung und Lehre; gutes Leben und nachhaltiger Konsum; Bildung und Nachhaltige Entwicklung.

Marion Dreyer

Dr. rer. pol., Studium der Soziologie, Politikwissenschaft und Erziehungswissenschaft in Münster und anschließende Promotion in Politik- und Sozialwissenschaften am Europäischen Hochschulinstitut in Florenz, Stellv. Wissenschaftliche Direktorin und Mitgesellschafterin von DIALOGIK, gemeinnützige Gesellschaft für Kommunikations- und Kooperationsforschung mbH. Forschungsschwerpunkte: Risk Governance, Partizipation.

Ruth Kaufmann-Hayoz

Prof. em. Dr. phil., Studium der Psychologie, Zoologie und Psychopathologie an der Universität Bern. 1992-Januar 2011 Professorin für Allgemeine Ökologie und Direktorin der Interfakultären Koordinationsstelle für Allgemeine Ökologie (IKAÖ) der Universität Bern. Forschungsschwerpunkte: Bedingungen individueller und gesellschaftlicher Veränderungs- und Lernprozesse im Hinblick auf nachhaltige Entwicklung; Inter- und Transdisziplinarität.

Wilfried Konrad

Dr. phil., Studium der Betriebswirtschaftslehre und Soziologie in Mainz und Frankfurt am Main sowie Promotion am Institut für Sozialforschung in Frankfurt am Main, Projektleiter bei der DIALOGIK gemeinnützige Gesellschaft für Kommunikations- und Kooperationsforschung mbH in Stuttgart. Forschungsschwerpunkte: Sozialwissenschaftliche Energie- und Technikforschung, Nachhaltigkeit, Partizipation.

Hannah Kosow

Dipl. Sozialwissenschaften. Wissenschaftliche Mitarbeiterin und Doktorandin am Zentrum für Interdisziplinäre Risiko- und Innovationsforschung (ZIRIUS) der Universität Stuttgart.
Forschungsschwerpunkte: Umwelt- und Risikosoziologie, Technikfolgenabschätzung, Integration inter- und transdisziplinären Wissens sowie Methoden der Zukunftsforschung: Szenariotechnik und Simulation.

Melanie Kröger

M.A. Politikwissenschaft, Soziologie, Psychologie. Promotion in Politikwissenschaft über die Modernisierung der Landwirtschaft. Wissenschaftliche Mitarbeiterin am Zentrum Technik und Gesellschaft der TU Berlin und an der Hochschule für Nachhaltige Entwicklung (HNEE) in Eberswalde.
Forschungsschwerpunkte: Nachhaltigkeitsforschung (insbesondere nachhaltige Landnutzung und Landwirtschaft, nachhaltige Entwicklung des ländlichen Raums), Agrarpolitik, Ökolandbau sowie inter- und transdisziplinäre Forschung.

Christian D. León
Dipl.-Ing.sc., Agrarwissenschaften Universität Hohenheim, Schwerpunt Wirtschafts- und Sozialwissenschaften. Projektleiter am Zentrum für Interdisziplinäre Risiko- und Innovationsforschung (ZIRIUS) der Universität Stuttgart. Forschungsschwerpunkte: Nachhaltige Entwicklung, Szenarioanalyse, Partizipation.

Marlen Niederberger
Dr. Marlen Niederberger ist Geschäftsführerin bei COMPARE Consulting (www.compare-consulting.de). Außerdem arbeitet sie als Leiterin des Bereichs Evaluation bei der gGmbH Dialogik. Ihre Expertise liegt vor allem im Bereich der empirischen Sozialforschung. Inhaltlich beschäftigt sie sich vor allem mit den Themen Energie, Klimawandel, Migration, Technikbildung und Foresightprozessen.

Dörte Ohlhorst
Promovierte Politikwissenschaftlerin. Projektleiterin am Forschungszentrum für Umweltpolitik der FU Berlin, Mitbegründerin des Instituts für nachhaltige Energie- und Ressourcennutzung (INER). Zuvor wissenschaftliche Mitarbeiterin beim Sachverständigenrat für Umweltfragen; Bereichsleiterin „Klima und Energie" am Zentrum Technik und Gesellschaft der TU Berlin. Forschungsschwerpunkte: Energie-, Umwelt- und Innovationspolitik, Governance im Mehrebenen-System, Nachhaltigkeits- und Partizipationsforschung, Methoden interdisziplinärer Forschung.

Herbert Paul
Dr. rer. pol., Studium der Betriebswirtschaftslehre in Mainz und in den USA; anschließende Promotion zum Thema Unternehmensentwicklung an der Justus-Liebig-Universität in Gießen. Professor für Strategisches und Internationales Management an der University of Applied Sciences in Mainz und Lecturer für Strategic Management an der TiasNimbas Business School (Tilburg University) in Tilburg und Utrecht.
Forschungsinteressen: Unternehmensentwicklung, Internationales Management

Ortwin Renn
Prof. Dr. Dr. h.c., Studium der Soziologie, Volkswirtschaftslehre und Journalistik. Direktor des Zentrums für Interdisziplinäre Risiko- und Innovationsforschung (ZIRIUS) der Universität Stuttgart.
Forschungsschwerpunkte: Risk Governance, Partizipationsforschung, Technikakzeptanz und -kommunikation sowie soziale Aspekte der nachhaltigen Entwicklung.

Dirk Scheer
Dr. rer. pol., Studium der Politikwissenschaft und Romanistik an der Universität Heidelberg und Sevilla sowie Promotion an der Universität Stuttgart. Dirk Scheer ist Projektleiter bei der DIALOGIK gemeinnützige Gesellschaft für Kommunikations- und Kooperationsforschung mbH sowie am Zentrum für Interdisziplinäre Risiko- und Innovationsforschung (ZIRIUS) der Universität Stuttgart. Seine Forschungsschwerpunkte sind sozialwissenschaftliche Energieforschung und Technologieakzeptanz, Wissenstransfer und -management sowie Aspekte der Partizipations- und Risikoforschung.

Sandra Wassermann
M.A. Politikwissenschaft, Soziologie und Volkswirtschaftslehre. Projektleiterin am Zentrum für Interdisziplinäre Risiko- und Innovationsforschung (ZIRIUS) der Universität Stuttgart.
Forschungsschwerpunkte: Innovationsforschung, Organisationssoziologie, Technikakzeptanz und -kommunikation sowie qualitative Methoden der empirischen Sozialforschung.

Wolfgang Weimer-Jehle
Dr. rer.nat., Dipl.-Physiker. Wissenschaftlicher Geschäftsführer und Projektleiter am Zentrum für Interdisziplinäre Risiko- und Innovationsforschung (ZIRIUS) der Universität Stuttgart.
Forschungsschwerpunkte: Qualitative und semiquantitative Methoden der Systemanalyse, Szenariomethodik, Gesellschaftliche Einflüsse auf die Energieversorgung und -nutzung.

Volrad Wollny
Dr. Ing., Professor an der FH Mainz, FB Wirtschaft.
Forschungsschwerpunkte: Strategisches Management, Supply Chain Management, Umwelt- und Nachhaltigkeitsmanagement.

Made in the USA
Las Vegas, NV
11 November 2024

11562611R00174